BUROCRACIA TEAMSTER

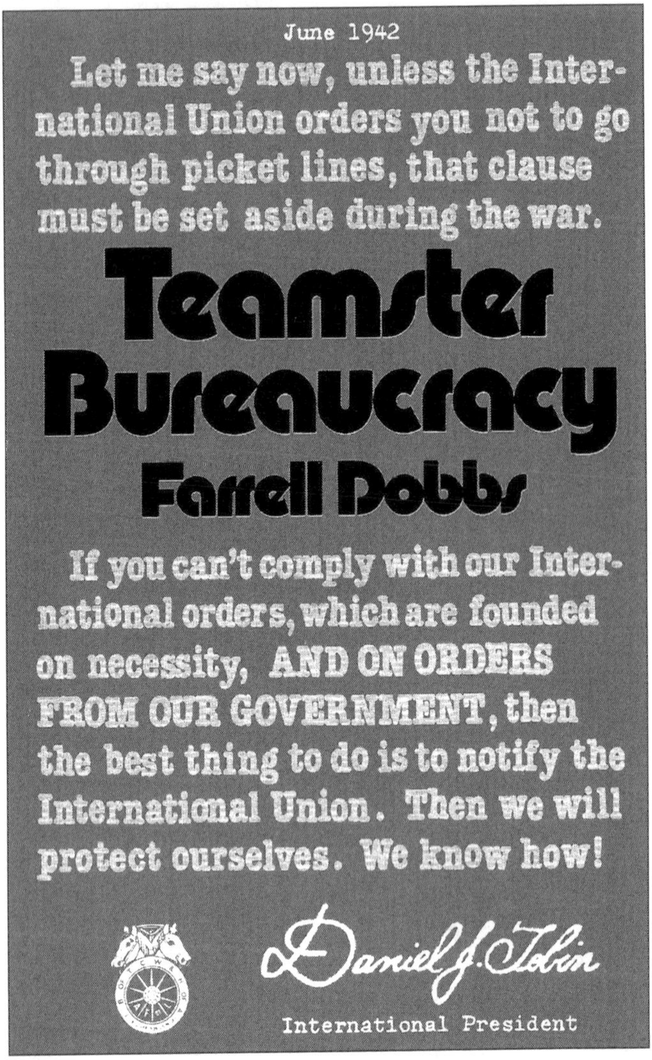

Primera edición del libro, publicada en 1977. La portada reproduce el ultimátum que Daniel Tobin, presidente del sindicato Teamsters, dio en junio de 1942 a sindicalistas opuestos a subordinar los intereses de los trabajadores a la regimentación bélica por parte de Washington. Tobin colaboró con el gobierno federal para encarcelar bajo cargos fabricados a 18 dirigentes del Partido Socialista de los Trabajadores y del Local 544 del Sindicato General de Choferes.

En sus palabras reproducidas en la portada, Tobin advirtió:

"A menos que el Sindicato Internacional les dé la orden de no cruzar líneas de piquetes, esa cláusula debe obviada durante la guerra. Si no pueden cumplir con las órdenes de nuestra Internacional, que se fundan en la necesidad, Y EN LAS ÓRDENES DE NUESTRO GOBIERNO, lo mejor es notificar al Sindicato Internacional. Entonces sí nos protegeremos. ¡Sabemos cómo hacerlo!"

BUROCRACIA TEAMSTER

FARRELL DOBBS

Pathfinder
NUEVA YORK   LONDRES   MONTREAL   SYDNEY

ISBN 978-1-60488-100-4
Número de Control de la Biblioteca del Congreso
(Library of Congress Control Number) 2017952613

Impreso y hecho en Estados Unidos de América
Manufactured in the United States of America

FOTO DE LA PORTADA: Miembros del Partido Socialista de los Trabajadores y del Local 544-CIO —los primeros en ser condenados bajo la Ley Smith de control del pensamiento— se reportan a alguaciles federales en Minneapolis para comenzar sus sentencias, 31 de diciembre de 1943. "Nuestro partido no traicionó, no mintió", dice James P. Cannon, secretario nacional del PST, en la cita que aparece en la portada del folleto. "Dijimos la verdad. Por eso nos encarcelan bajo cargos fabricados".

DISEÑO DE LA PORTADA Y PÁGINAS DE FOTOS: Toni Gorton

Pathfinder
www.pathfinderpress.com
E-mail: pathfinder@pathfinderpress.com

A los militantes trotskistas del
Local 544 del Sindicato General de Choferes
y a los compañeros del Partido Socialista de los Trabajadores
que tan fielmente los respaldaron en tiempos
de gran necesidad

TABLA DE MATERIAS

Secciones de fotos: después de las pp. 78, 162, 350

Otras fotos e ilustraciones

SOBRE EL AUTOR

Farrell Dobbs (1907–1983) se incorporó a la Liga Comunista de América (Communist League of America, antecesora del Partido Socialista de los Trabajadores) en 1934, cuando trabajaba en un depósito de carbón en Minneapolis. Fue uno de los dirigentes surgidos de las filas en las huelgas y la campaña de sindicalización de los Teamsters en 1934, y después fue electo secretario-tesorero del Local 574 (luego llamado 544). A fines de los años 30 fue uno de los principales dirigentes de la campaña de sindicalización de los choferes de larga distancia en 11 estados, en la cual se organizó a decenas de miles de trabajadores en la industria del transporte por camión. En 1939 fue nombrado organizador general para el sindicato internacional de los

Teamsters; renunció al cargo en 1940 para ser secretario nacional responsable del trabajo sindical del Partido Socialista de los Trabajadores (Socialist Workers Party).

En 1941 el gobierno federal presentó cargos contra Dobbs y otros 17 dirigentes del Local 544 y del PST y los declaró culpables bajo la Ley Smith —una ley de control del pensamiento— por oponerse a los objetivos imperialistas del gobierno norteamericano en la Segunda Guerra Mundial. Estuvo recluido 12 meses en una prisión federal en 1944–45.

Dobbs fue director del periódico *The Militant* de 1943 a 1948. Fue presidente nacional del PST de 1949 a 1953 y secretario nacional de 1953 a 1972. En 1948, 1952, 1956 y 1960 fue candidato del partido a la presidencia de Estados Unidos, y utilizó estas campañas para oponerse activamente a las guerras de Corea y Vietnam y a la caza de brujas anticomunista, como también para apoyar el movimiento por los derechos civiles y la Revolución Cubana.

Además de su serie de cuatro tomos sobre las batallas del sindicato de camioneros Teamsters en los años 30 —*Rebelión Teamster, Poder Teamster, Política Teamster* y *Burocracia Teamster*— es autor de los dos tomos de *Revolutionary Continuity: Marxist Leadership in the U.S.* (Continuidad revolucionaria: Liderazgo marxista en Estados Unidos). Entre sus obras también están *The Structure and Organizational Principles of the Party* (La estructura y los principios organizativos del partido), *Countermobilization: A Strategy to Fight Racist and Fascist Attacks* (Contramovilización: Una estrategia para combatir los ataques racistas y fascistas) y *Selected Articles on the Labor Movement* (Artículos escogidos sobre el movimiento obrero).

AGRADECIMIENTOS

Este libro, que es de mi exclusiva responsabilidad como autor, fue escrito con la generosa ayuda de todas las personas a las que se pidió cooperar en su preparación.

Marvel Scholl, mi íntima y querida compañera durante toda nuestra vida adulta, recurrió libremente a sus abundantes cualificaciones para brindar ayuda. Al haber compartido conmigo toda la experiencia de los Teamsters, fue una valiosa fuente para suplementar mis propios recuerdos de sucesos antes no documentados y para relatar esos episodios en consonancia con el espíritu de esa época. Sharon Lee Finer cumplió la ardua tarea de mecanografiar las copias finales del manuscrito, y con tanto esmero y precisión que serán un deleite para el tipógrafo. Además lo hizo con atención inmediata cada vez que se le entregaba el borrador del siguiente capítulo, sin importar las otras cosas que ocupaban su tiempo y energía; y su entusiasmo por el proyecto fue una inspiración constante.

Ray Rainbolt, quien se desempeñó como secretario de actas del Local 544 durante los acontecimientos críticos de 1941, puso a disposición su archivo con las actas de las asambleas de los delegados sindicales. Jack Maloney narró una experiencia personal que ofrece un ejemplo de los métodos inescrupulosos que el FBI usó al tratar de preparar falso testimonio contra víctimas de casos fabricados. Harry DeBoer, un combativo dirigente de los Teamsters durante toda la época de 1934 a 1941, revisó cada capítulo del manuscrito para verificar su exactitud.

Gracias a la iniciativa de Pauline (Swanson) DeBoer tuve acceso a archivos valiosos que el fallecido Harold Swanson de la Sección de Trabajadores Federales del Local 544 había conservado. Margaret Winter indagó en voluminosos tomos de registros legales para brindar datos sobre los antecedentes judiciales de la Ley Smith. George Breitman aportó información de fondo sobre la enmienda Ludlow. George Tselos, al hacer sus propias investigaciones sobre la correspondencia oficial de la Federación Americana del Trabajo (AFL) disponible en los registros públicos, tuvo la amabilidad de copiarme documentos que encontró en relación a los asuntos internos de la Hermandad Internacional de Teamsters (International Brotherhood of Teamsters).

Tanto la Sociedad Histórica de Minnesota como la biblioteca pública en Berkeley, California, respondió gentilmente a las solicitudes de ayuda para obtener materiales de referencia. También se recibió ayuda de la rama en Berkeley del Partido Socialista de los Trabajadores, que se empeñó en brindarme unas excelentes instalaciones para trabajar.

Algunos de los hechos presentados en este libro provienen de archivos que yo guardé como organizador tanto sindical como político. Además recurrí a los periódicos de los Teamsters de Minneapolis, el *Northwest Organizer* y el *Industrial Organizer*, y los órganos de la AFL, el *Minneapolis Labor Review* y el *Minnesota Teamster*. Se hizo uso extenso de los semanarios *The Militant* y *Socialist Appeal*, junto con la revista *Fourth International*. Sobre ciertos temas pertinentes, se tomaron citas de los diarios capitalistas en Minneapolis y Saint Paul, Minnesota.

Al describir el juicio por sedición de 1941, se tomaron extensas citas del documento judicial "Abstract of Record,

United States Circuit Court of Appeals, Eighth Circuit, No. 12,195 Criminal: *United States of America v. V.R. Dunne et al*". Esa fuente se suplementó con materiales de dos folletos, *El socialismo en el banquillo de los acusados*, por James P. Cannon, y *In Defense of Socialism* (En defensa del socialismo) por Albert Goldman.

Durante el proceso de redactar mi aporte a la historia de los Teamsters tuve el beneficio de las habilidades editoriales de George Novack. Unos años atrás, él y Ray Dunne empezaron a insistir en que yo emprendiera la tarea. Pero yo tenía una dificultad al respecto. Mi experiencia se había concentrado principalmente en actividades de trabajo sindical, organización política y hablar en público en relación a esas funciones. Había escrito muy poco. Por lo tanto, tenía dudas en cuanto a tratar de escribir un relato sobre los acontecimientos de los Teamsters en los que yo había sido partícipe. George se percató de mi dificultad y ofreció su plena colaboración sobre los aspectos literarios del proyecto. Una vez que me encaminó con ese estímulo, brindó su ayuda continua y generosamente. Y es con profundo agradecimiento de la ayuda de George Novack que ahora puedo considerar completada la tarea.

PREFACIO

Este es el tomo final de una serie sobre la historia de los Teamsters. Tres libros anteriores han tratado sobre los siguientes temas:

Rebelión Teamster describió las huelgas sangrientas a través de las cuales el Local 574 del Sindicato General de Choferes, afiliado a la Hermandad Internacional de Teamsters (IBT), AFL, se estableció como una fuerza en la industria del transporte por camión en Minneapolis.

Poder Teamster narró cómo el Local 574 se defendió de un intento del presidente Daniel Tobin de la IBT de expulsarlo del sindicato internacional; logró ser readmitido bajo una nueva carta constitutiva como el Local 544; y después encabezó una campaña de sindicalización entre los choferes de larga distancia en la cuenca superior del valle del Mississippi, la cual abrió paso a la transformación de la IBT en un movimiento masivo y potencialmente dinámico a nivel nacional.

Política Teamster abordó temas relativos a la acción política obrera independiente, especialmente según se reflejaron en el Partido de los Agricultores y Trabajadores (Farmer-Labor Party, FLP) en Minnesota; los contraataques de los patrones al Local 544 cuando el ascenso obrero nacional de los años 30 empezó a menguar; un ataque del FBI contra locales de los Teamsters en el Medio Oeste; y una huelga nacional en 1939 contra la Administración del Progreso de Obras (Works Progress Administration,

WPA), seguida por un caso fabricado judicial por el gobierno federal contra dirigentes de la huelga de la WPA en Minneapolis.

El presente tomo finaliza la serie con extensas exposiciones sobre una campaña antibélica iniciada por los Teamsters de Minneapolis; un nuevo choque que surgió entre el Local 544 y Tobin en torno a la cuestión de la guerra; y la formulación de cargos federales de sedición contra militantes del Local 544 y del Partido Socialista de los Trabajadores, cargos fabricados bajo los cuales los 18 fueron encarcelados.

Campaña sindical contra la guerra

I

'Que el pueblo vote sobre la guerra'

Poco después de las elecciones de 1936, el presidente Franklin D. Roosevelt inició un cambio de política hacia la derecha, el cual tendría un profundo efecto en el movimiento obrero de Minnesota. Este viraje tuvo dos aspectos fundamentales. Roosevelt se alejó de sus promesas anteriores de enfocarse en reformas sociales en este país y más bien concentró su atención en la "defensa de los intereses americanos" en el exterior. El propósito de este cambio de énfasis era promover un plan imperialista premeditado y disfrazado, cuya esencia se capta haciendo un breve recuento de los hechos anteriores.

Cuando Roosevelt asumió la presidencia en 1933, el país estaba paralizado por una profunda depresión económica. Las penurias provocaron crecientes ánimos de rebeldía entre los trabajadores y pequeños agricultores. El descontento de las masas era tan extenso que los capitalistas empezaron a preocuparse del peligro de que brotara una situación revolucionaria.

Para salir de este aprieto, la clase patronal aceptó que el presidente entrante prometiera un "Nuevo Trato" a los "mal alimentados, mal vestidos, mal albergados" de la nación. Pero su programa consistía mayormente en aumentar el gasto público para "cebar la economía", junto con regulaciones de "comercio justo" destinadas a incrementar los precios y aumentar las ganancias.

Solo hicieron las concesiones sociales suficientes para reavivar la fe entre los trabajadores y agricultores de que sus problemas podrían ser resueltos con la reparación del sistema capitalista. Fue en ese sentido, ante todo, que la burocracia sindical, los socialdemócratas y —a partir de 1935— el Partido Comunista apoyaron los objetivos del Nuevo Trato.

A consecuencia de esta combinación de factores, el ascenso del movimiento obrero quedó limitado a luchas sindicales. Se impidió que los trabajadores emprendieran el camino de la acción política independiente y formaran su propio partido. Y la clase gobernante capitalista mantuvo su firme control sobre las riendas del gobierno.

Sin embargo, el "milagro" del Nuevo Trato seguía deficiente en un aspecto. No había logrado superar la crisis económica. Aunque se había producido una limitada y temporal recuperación industrial en respuesta a las medidas para "cebar la economía" y al repunte de la economía mundial, las contradicciones inherentes al sistema capitalista continuaron y, a partir de 1937, se produjo otra profunda baja. Ante esa tendencia, se hizo imperativo que los estrategas de la clase dominante buscaran otras formas de apuntalar su sistema anticuado. Recurrieron a un método que se podría incorporar a los planes para resolver otro problema que enfrentaban: en el plano internacional.

Los rivales imperialistas estaban incursionando en territorios del mundo que la clase dominante de este país, con sus intereses mundiales, reclamaba con fines de explotación. Entre estas pandillas de gobiernos rivales, dos se perfilaban como los contrincantes más formidables de sus homólogos en Wall Street. Una tenía su base en la Alemania de Hitler; la otra en Japón, donde imperaba un régimen militarista. Ambas tenían sus ojos puestos en las superganancias que los consorcios bancarios y empresas monopólicas estadounidenses estaban cosechando en sus posesiones internacionales; Alemania y Japón pretendían apropiarse de una tajada más grande del negocio.

Era en el marco de esta rivalidad entre imperialistas despiadados que Roosevelt se empeñó en proteger los "intereses americanos". Pero durante las elecciones de 1936 él no habló de eso. Más bien hizo campaña usando su falsa imagen —cultivada durante su primer mandato— de defensor de las masas explotadas. Una vez que fue reelecto, empezó a aplicar su verdadera línea en la política exterior. Se asignaron fondos del presupuesto para incrementar el gasto militar, con el argumento de que eso aumentaría los empleos industriales y reduciría las listas de desempleados. Por otra parte, Washington usó todos sus recursos propagandísticos para justificar un manejo de la política exterior que condujera a la guerra.

En esa coyuntura, el Local 544 del Sindicato General de Choferes en Minneapolis, Minnesota, se dispuso a organizar la oposición sindical a los preparativos de Roosevelt para utilizar a los trabajadores como carne de cañón del imperialismo. El Local 544 de la Hermandad Internacional de Teamsters (IBT), afiliada a la Federación Americana del Trabajo (AFL), estaba dirigido por militantes trotskistas. Eran socialistas revolucionarios, cuya preparación y experiencia les permitía comprender el verdadero significado del ardid que estaba siendo tramando en Washington.

Los dirigentes del Local 544 además eran militantes experimentados, muy duchos en la organización de acciones de masas. Por tanto, les era evidente que la primera tarea era advertir a las filas del sindicato sobre los peligros que surgían del nuevo rumbo de la Casa Blanca, y explicar por qué se veían amenazados los intereses vitales de los trabajadores. Solo así se podría aglutinar las fuerzas necesarias para iniciar un amplio movimiento de protesta.

Afortunadamente, contábamos con un excelente vehículo para iniciar esa campaña. Los Teamsters de Minneapolis tenían un semanario, el *Northwest Organizer*, publicado inicialmente por el Sindicato General de Choferes. En 1936 se había convertido en el órgano oficial del Consejo Unido de Teamsters, organismo integrado por representantes de todos los locales de la IBT en la ciudad. Su director era Miles Dunne, uno de los principales dirigentes del Local 544. Se había elaborado un mecanismo por el cual todos los miembros de las filiales del Consejo recibían el periódico con regularidad; y se distribuía de forma parecida entre las filas de otros sindicatos que colaboraban estrechamente con las fuerzas de la IBT, por ejemplo, las organizaciones de los trabajadores de mueblerías y de la electricidad. También había muchos militantes sindicales en toda la ciudad y el estado que se suscribían al periódico en calidad individual. En general, el órgano de los Teamsters tenía un grupo idóneo de lectores, entre los cuales se podría movilizar las fuerzas iniciales de protesta.

La fase educativa de la campaña se lanzó con un editorial en el número del 22 de abril de 1937. El tema del artículo se vinculó a la celebración del Primero de Mayo, el día internacional de la clase trabajadora que había surgido en relación directa con batallas de clases en las últimas décadas del siglo 19. Los políticos capitalistas liberales frecuentemente tratan de aprovechar ocasiones como estas con fines contrarios a los intereses de los trabajadores, y esto se usó como oportunidad para iniciar un debate sobre el tema de la guerra y sus implicaciones para el movimiento obrero.

"El Primero de Mayo continuará expresando el carácter entrelazado de lo político y lo económico", dijo el editorial. "Pero si bien es posible que políticos de pacotilla intenten convertirlo en un mitin electoral mezquino, los trabajadores estarán enfocando su atención en implicaciones mucho más amplias y sensatas: es decir, la acción obrera independiente. Los temas económicos pertinentes, sean la jornada laboral, los salarios, los empleos, la asistencia social y la sindicalización, se verán de manera más amplia al considerar cuestiones políticas tales como las libertades civiles, la guerra, y las otras luchas venideras...

"Las guerras y los rumores de guerra son... instrumentos necesarios para los grandes rivales capitalistas. Ninguno de ellos puede permanecer en paz, sino que cada uno tiene que empeñarse, hasta que se quebrante su poder, en lograr la supremacía mundial recurriendo al terror despiadado y a la destrucción. También en este caso, la politiquería mezquina es inútil. ¿Por qué? Porque el gobierno, 'el comité ejecutivo de la clase dominante', no solo necesita librar la guerra a favor de su amo, sino que necesita allanar el camino suprimiendo toda la oposición y asegurando 'la unidad a toda costa' al interior del país. Por lo tanto, el Primero de Mayo nos exige una renovada defensa de los derechos de los trabajadores".

Unas semanas después, en julio de 1937, las fuerzas armadas japonesas invadieron China del Norte. Poco después, resultaron heridos dos soldados estadounidenses apostados en la zona de combate, y los propagandistas capitalistas aprovecharon el incidente para atizar los sentimientos antijaponeses en este país. Ante esa coyuntura, el periódico de los Teamsters se dispuso a contrarrestar esa línea patriotera, empezando con un editorial que afirmaba:

"La razón por la que Estados Unidos mantiene sus cuarteles en China y sus buques de guerra en el Lejano Pacífico es para proteger el capitalismo americano en el Oriente. El trabajador americano no tiene intereses ahí en absoluto, mientras que los patrones americanos tienen millones de dólares en inversiones que tienen que proteger. El trabajador americano no tiene nada que ganar y todo que perder en una guerra librada para proteger el capitalismo americano... En la crisis actual en el Lejano Oriente, los intereses de los trabajadores americanos coinciden con los del pueblo oprimido de China.

"Para comprender el problema global del imperialismo y su relación con el movimiento sindical americano, el *Northwest Organizer* recomienda a sus lectores una serie de artículos sobre este tema que se publicarán a partir del próximo número".

Se publicaron cinco artículos escritos por Tex Norris, un educador socialista revolucionario. Sus puntos principales, que fueron ilustrados con ejemplos históricos, se pueden resumir así:

Los imperialistas son capitalistas con inversiones en países extranjeros. Ya para 1937 los intereses empresariales estadounidenses estaban haciendo inversiones cada vez más grandes en todos los rincones posibles del mundo. Los beneficiados de esto intentaban mantener los hechos ocultos de los trabajadores, quienes siempre resultaban ser los perdedores en dichas situaciones, y era el deber del movimiento obrero explicar lo que estaba pasando.

Las ganancias exprimidas de los trabajadores en Estados Unidos, agregó Norris, se estaban usando como capital para explotar a los trabajadores en otros países pagando salarios de miseria, aún más bajos que los que pagaban aquí. Para aumentar esta explotación al máximo, los imperialistas, actuando igual que lo hacían aquí, pretendían usar a los gobiernos de estos países para romper las huelgas de los trabajadores autóctonos y, donde fuera posible, aplastar sus sindicatos. Además, cuando los imperialistas lograban esos objetivos, les ayudaba a mantener bajos los salarios en este país, permitiéndoles así extraer superganancias a expensas tanto de los trabajadores en Estados Unidos como en el exterior.

Para tratar de afrontar este problema, algunas fuerzas en el movimiento sindical promovían campañas a favor de "Comprar americano", con la esperanza de que esto protegería los empleos y salarios en este país. Pero estos conceptos era engañosos, señaló Norris. A largo plazo, ninguna nación podría venderles más a otras naciones de lo que les compran. Por lo tanto, todo intento de construir muros en torno a una nación llevaría inevitablemente a una producción limitada y al deterioro del nivel de vida. En vez de seguir ese rumbo falso, la solución de esta dificultad radicaba en la cooperación entre los trabajadores en Estados Unidos y en otros países, en una lucha común por mejores condiciones para todos.

El capitalismo además tenía otros rasgos que conducían al imperialismo, explicó Norris, entre ellas el desarrollo del monopolio. Ya que esta tendencia se encaminaba al dominio total de las industrias, era natural que los monopolios se extendieran más allá de la nación para controlar suministros, fábricas y mercados en el exterior. También se daba la concentración y el monopolio en la banca, con unos pocos grupos bancarios que competían para extender su control por todo el mundo.

El desarrollo del imperialismo, agregó, era un fenómeno natural en toda nación capitalista avanzada. También había empresas británicas, franceses, italianos y japoneses que, igual que las estadounidenses, operaban más allá de su base nacional. La competencia entre los diferentes intereses imperialistas dentro de un mercado mundial contraído se acentuaba día a día, y eso estaba conduciendo a la consecuencia más terrible del imperialismo: la guerra.

La protección de los intereses de las empresas estadounidenses en este creciente conflicto, subrayó Norris, se había convertido en la principal preocupación de la administración Roosevelt. El Departamento de Estado tenía a sus cónsules buscando oportunidades para inversiones en el extranjero. A los posibles inversionistas les estaban mostrado dónde se les podía ofrecer protección diplomática y militar. Washington estaba adquiriendo bases militares en regiones donde se concentraban inversiones capitalistas, y se iba preparando para arrastrar a millones de trabajadores a las fuerzas armadas para una guerra contra sus rivales.

Si los trabajadores en Estados Unidos iban a resistir este rumbo desenfrenado, concluyó Norris, tendrían que luchar contra el propio capitalismo, del cual el imperialismo era una progenie mortífera. Y eso a su vez requería tender la mano a los trabajadores de otros países en una cadena de solidaridad obrera internacional.

Al presentar esta explicación del imperialismo, el *Northwest Organizer* agregó en un editorial: "El ejército no es nuestro ejército, sino que pertenece a los gobernantes de Estados Unidos y es para *SU* uso: para proteger *SUS* inversiones e intereses en tierras foráneas, y en caso de una crisis nacional, para proteger esos mismos intereses contra los trabajadores en este país... No hay país capitalista en el mundo que no haya usado su ejército, en un momento u otro, contra trabajadores en huelga en su propio territorio. Mientras exista el capitalismo, no hay gobierno —sin importar quién lo dirija— que se atrevería a tratar de abolir su ejército profesional y depender de una milicia popular para mantener el orden público".

El periódico Teamster también se enfocó en la situación concreta en Asia, sobre la cual dijo: "En esta época en que vivimos con sucesos tan rápidos, ya quedaron atrás los días cuando el movimiento obrero podía darse el lujo de descuidar lo que sucedía al otro lado del mundo. La realidad es que hoy el mundo está tan entrelazado e interdependiente que una crisis en cualquier país del mundo pronto se hace sentir en todos los demás países. Ejemplo de esto es la Guerra sino-japonesa… La prensa patronal, acatando los mandatos de sus amos, señala más y más abiertamente los enormes intereses que los empleadores americanos tienen en el Lejano Oriente. El gobierno se vuelve diariamente más agresivo en defensa de estos intereses… Todas estas palabras sobre 'defensa nacional'… no son más que una pantalla con la que los explotadores cubren sus apetitos depredadores y sus sangrientas trifulcas por el botín…"

El 5 de octubre de 1937, Roosevelt pronunció un importante discurso sobre política exterior. Si triunfaba la "agresión" en otras partes del mundo, sostuvo Roosevelt, sería una amenaza para Estados Unidos. Con ese argumento propuso una "cuarentena" contra "naciones agresoras". Sin embargo, al presentar esa línea el escurridizo demagogo no brindó una clara definición de lo que significaba "cuarentena". Entonces el *Northwest Organizer* ofreció una explicación de lo que obviamente tenía en mente el presidente.

"Ya se ha iniciado formalmente la movilización oficial de la opinión pública, piedra angular de los preparativos bélicos en el mundo moderno", previó el órgano sindical. "De ahora en adelante, los trabajadores podrán anticipar que las noticias antijaponesas crezcan en número y fervor. Se puede esperar un gran incremento en el presupuesto de armamentos en la próxima sesión del Congreso, junto con la promulgación de diversos planes de movilización industrial y militar… 'Cuarentena' no es otra cosa que un método nuevo y singularmente ingenioso para convertir el sentimiento a favor de la paz en apoyo a una guerra. Al amenazar con tragarse a China entera, el imperialismo japonés finalmente ha dado un golpe demasiado cercano a los intereses vitales de las empresas americanas… Estas consideraciones explican la nueva y agresiva política de Roosevelt en los asuntos del Lejano Oriente".

Los próximos sucesos no tardaron en confirmar ese análisis. El 12 de diciembre de 1937, aviones japoneses bombardearon el buque USS *Panay*, un cañonero anclado en el río Yangtse, y tres buques petroleros de la Standard Oil. Esto fue seguido por una masiva ola de propaganda antijaponesa en este país. "Nuestra" bandera había sido ultrajada, chillaba la prensa capitalista. "Nosotros" teníamos que tomar medidas fuertes para garantizar la seguridad de los ciudadanos de Estados Unidos en China.

"¿Qué quieren decir con 'nosotros' y 'nuestro'?" respondió el periódico Teamster. "¿Quiénes son los ciudadanos [estadounidenses] en China? ¿Quién los envió allá? ¿Representan al pueblo americano? No, son empresarios que fueron a China con el fin de extraer ganancias de las masas chinas terriblemente oprimidas y explotadas. ¿Por qué deberíamos enviar un solo centavo o un solo hombre a China para 'protegerlos'? Si peligran las inversiones de la Standard Oil Company, es problema de Rockefeller, no de nosotros… Ya tenemos bastante guerra aquí en este país. La guerra de los oprimidos y explotados, contra sus opresores y explotadores… ¡Libremos esa guerra y ganémosla! Y ahoguemos los aullidos de los belicistas con el grito de paz de las masas. ¡Que retiren de China todas las fuerzas armadas americanas!"

Entonces el *Northwest Organizer* hizo una reseña de las experiencias del movimiento obrero en Minnesota durante la Primera Guerra Mundial. El objetivo era que los lectores conocieran los métodos astutos que se habían empleado para embaucar a los trabajadores, dividir sus filas, y utilizarlos para promover los objetivos imperialistas. Este proyecto educativo se llevó a cabo con una serie de artículos de Carlos Hudson, un periodista socialista revolucionario.

Poco después de estallar el primer conflicto mundial en 1914, recordó Hudson, en este país brotaron muchas sociedades a favor de la paz. Esas agrupaciones se dedicaban a movilizar un gran movimiento pacifista, creyendo que con esas acciones se podría impedir la intervención estadounidense en la matanza imperialista. Entre ellas estaba la Sociedad Pacifista de Minnesota, que creció rápidamente hasta alcanzar unos 70 mil miembros. Pero su tamaño en sí no la convertía en un instrumento antibélico eficaz, lo cual muy pronto se confirmó ante la prueba de los acontecimientos.

En 1916 el Partido Demócrata postuló a Woodrow Wilson para ser reelegido a la presidencia de Estados Unidos bajo el lema "Nos mantuvo fuera de la guerra". El movimiento pacifista se tragó esa línea y aplaudió el regreso de Wilson a la presidencia. Al mismo tiempo los embusteros imperialistas lanzaron una campaña a favor de un programa armamentista "no sectario" para tener un "sistema de defensa adecuado". También en este caso quedó expuesto el pacifismo atolondrado cuando el doctor Cyrus Northrup, presidente de la Sociedad Pacifista de Minnesota, respaldó el plan. "Debemos prepararnos contra la guerra", dijo Northrup. "Esto no es militarismo y no creemos en el militarismo. Pero estamos conscientes de que no estamos suficientemente preparados en caso de tener que defendernos…" Fue así que los miles de personas que anhelaban la paz, que habían depositado su confianza en esa organización pacifista, fueron puestos en la trampa de apoyar a los preparativos bélicos.

En el movimiento obrero en Minnesota también había surgido oposición a la intervención de Washington en el conflicto europeo, dijo Hudson. En 1915 las fuerzas del ala izquierda lograron que la Federación Estatal del Trabajo de la AFL se pronunciara oficialmente en contra del "absurdo clamor de los patrioteros" a favor de la guerra. Este sentir continuó manifestándose durante los dos años siguientes, especialmente con protestas de masas contra el cambio de política que Wilson hizo después de ser reelecto.

Las protestas obreras fueron provocadas cuando el presidente que "nos mantuvo fuera de la guerra" rompió relaciones diplomáticas con Alemania en febrero de 1917. Al mismo tiempo armó los barcos de la marina mercante que transportaban pertrechos bélicos a Inglaterra y Francia, con el pretexto de que corrían el riesgo de ser atacados por submarinos alemanes. Sus medidas fueron acompañadas de propaganda que instaba a todos los ciudadanos "leales" a que "apoyen al presidente Wilson".

En Minneapolis, subrayó Hudson, esta propaganda no logró los resultados deseados. Se organizó un inmenso mitin obrero para denunciar las tácticas belicosas del gobierno. Pero los burócratas sindicales de alto nivel no apoyaron esa posición antibélica. A principios de marzo los funcionarios nacionales de la AFL se pronunciaron a favor de la línea de Wilson, lo cual ayudó a la clase dominante porque dividió al movimiento obrero en torno a esta cuestión de importancia vital.

Tres semanas después, el 6 de abril de 1917, el Congreso

de Estados Unidos votó a favor de declarar la guerra contra Alemania. Acto seguido, se libró un feroz ataque contra las fuerzas antibélicas. Los trabajadores que no se habían dejado engañar por los imperialistas fueron sometidos a formas más y más fuertes de represión. En consecuencia, los sindicatos empezaron a sucumbir a Wilson uno por uno, y la oposición del movimiento obrero a la guerra se fue reduciendo hasta ser poco más que el ala revolucionaria de la clase trabajadora.

La publicación del resumen hecho por Hudson, esbozado aquí de forma muy condensada, se completó en enero de 1938. Para entonces había brotado una controversia en el Congreso sobre el manejo de la política exterior. Surgió en torno a una iniciativa anterior del congresista Louis L. Ludlow, demócrata de Indiana.

En 1935 Ludlow había presentado una resolución en la Cámara de Representantes que proponía una enmienda a la Constitución de Estados Unidos. El pasaje decisivo de la enmienda Ludlow decía: "La autoridad del Congreso para declarar la guerra no entrará en vigor hasta que no sea confirmada por un voto mayoritario emitido en un referéndum nacional".

Durante dos años la resolución había quedado estancada en un comité de la Cámara de Representantes, donde se suponía que se extinguiría por abandono prolongado. Pero en diciembre de 1937 la situación cambió cuando Roosevelt intentó aprovechar el incidente del *Panay* como pretexto para desatar una ola de histeria antijaponesa por todo el país. El intento fue contraproducente. Su tendencia fue de ahondar los temores a la guerra entre las masas, según lo indicó una encuesta de la empresa Gallup en que el 72 por ciento estaba a favor de la enmienda Ludlow. Bajo esas circunstancias, los partidarios del proyecto lograron imponer un debate sobre la medida en la Cámara de Representantes. En el Senado, Robert M. La Follette, hijo, de Wisconsin, presentó una resolución parecida.

Durante el debate, Roosevelt envió una carta al Congreso en la que se opuso tajantemente a cualquier idea de hacer un referéndum sobre la guerra. "Una enmienda como la que se ha propuesto", declaró, "paralizaría a cualquier presidente en su manejo de nuestras relaciones exteriores, y alentaría a otras naciones a creer que podrían violar impunemente los derechos americanos".

En enero de 1938 la enmienda Ludlow fue sometida a votación en la Cámara de Representantes, donde fue derrotada por un voto de 209 a 188, un margen de apenas 21 votos. Roosevelt, más prepotente que nunca por este estrangulamiento de los derechos democráticos, le pidió al Congreso que autorizara un fuerte aumento del presupuesto militar. Bajo la presión de Roosevelt, lo aumentaron a un nivel que representaba la mayor asignación presupuestaria en tiempos de paz —hasta esa fecha— en la historia de Estados Unidos.

Esos sucesos ocurrieron justo cuando el movimiento trotskista en este país se estaba consolidando como el Partido Socialista de los Trabajadores. Al principio el PST no hizo más que diferenciarse del movimiento que respaldaba la demanda a favor del referéndum. Lo hizo enfocándose en criticar la propaganda pacifista asociada con la enmienda Ludlow, que creaba ilusiones de que con una sencilla modificación de la Constitución se podía impedir que los imperialistas arrastraran a Estados Unidos a una guerra. El partido recalcaba que solo se podría mantener la paz si el movimiento obrero le quitara el poder estatal a la clase capitalista.

Un poco después, en febrero de 1938, León Trotsky, dirigente fundador de la Cuarta Internacional, a la cual el PST estaba afiliada en esa época, ofreció unos consejos sobre este tema. Trotsky recomendó que el partido asumiera una postura más flexible y positiva hacia la resolución de Ludlow. La oposición de Roosevelt a la medida, observó Trotsky, representaba los conceptos e intereses de los imperialistas, quienes querían tener las manos libres para declarar la guerra. En contraste, la iniciativa de Ludlow reflejaba las inquietudes entre las masas ante las intenciones de los imperialistas. Aunque era una ilusión pensar que un referéndum pudiera frenar el avance hacia la guerra —y el PST debería seguir diciéndolo abiertamente— esta ilusión tenía aspectos antibélicos progresistas. Por tanto, dijo Trotsky, era aconsejable que los revolucionarios pasaran por esta experiencia junto a las masas en torno al referéndum, dando apoyo crítico a su demanda democrática.

Después de sopesar esta cuestión, el Comité Nacional del PST decidió aceptar el consejo de Trotsky. A partir de entonces, la lucha del partido contra la política exterior de Roosevelt se libró bajo el lema: "Que el pueblo vote sobre la guerra".

Ese cambio de táctica coincidió con nuevos sucesos en el movimiento obrero de Minnesota. La campaña antibélica, que los dirigentes trotskistas del Local 544 habían lanzado a principios de 1937, había recibido un impulso con la controversia en torno a la medida de Ludlow. El apoyo a la propuesta de un referéndum iba creciendo en los sindicatos, especialmente en Minneapolis. Por lo tanto, existían bases realistas para expresar de forma organizada la desaprobación obrera hacia la línea de Roosevelt, al tiempo que se aislaba a los que entre las filas del movimiento sindical apoyaban el rumbo de la administración hacia la guerra.

El primer avance importante en ese sentido se dio en la Unión Central del Trabajo de Minneapolis, integrada por delegados de todos los locales de la AFL en la ciudad.

A finales de marzo se aprobó una resolución sobre la política exterior, presentada por el ala izquierda de ese organismo. La resolución tildaba los objetivos imperialistas del gobierno como "peligro mortal para el movimiento obrero organizado" y denunció los intentos de Roosevelt de atacar a los que se oponían a su línea, "como se vio en el ambiente de linchamiento" desatado contra los partidarios de la enmienda Ludlow. La resolución decía: "Por consiguiente se afirma:

"1. Que la Unión Central del Trabajo de Minneapolis, expresando la voluntad de 50 mil sindicalistas, declara su oposición inalterable a todos los preparativos bélicos y presupuestos militares, y a todo proyecto de ley en que estos estén incorporados, y denuncia la guerra que se está preparando como una guerra de conquista imperialista, y declara su firme oposición a cualquier guerra lanzada por el gobierno;

"2. Que exigimos que todos los fondos bélicos actualmente propuestos para el presupuesto militar y la expansión naval sean transferidos de inmediato para la asistencia de los desempleados;

"3. Que exigimos la retirada inmediata de todas las fuerzas armadas de Estados Unidos del Lejano Oriente, ya que solo los capitalistas, y no los trabajadores, tienen algún interés que proteger allí;

"4. Afirmamos la voluntad del movimiento obrero combativo de apoyar... al valiente pueblo chino en su lucha por la independencia contra los invasores japoneses y todos los otros explotadores extranjeros;

"5. Que nos uniremos a todas las demás fuerzas del movimiento obrero que compartan nuestros criterios a fin de consolidar el movimiento más fuerte posible de resistencia a la guerra y a los belicistas".

Dado que el organismo central de la AFL en Minne-

CARLO/NORTHWEST ORGANIZER, 14 DE ABRIL DE 1938

¡Un hito en el camino hacia la paz!

"**Por consiguiente se resuelve:**

Que… 50 mil sindicalistas declaran su oposición inalterable a todos los preparativos bélicos y… su firme oposición a cualquier guerra lanzada por el gobierno.

"Que nos uniremos a todas las demás fuerzas del movimiento obrero que compartan nuestros criterios a fin de consolidar el movimiento más fuerte posible de resistencia a la guerra y a los belicistas".

—Resolución adoptada por la Unión Central del Trabajo de Minneapolis

apolis representaba la sección más fuerte del movimiento obrero en Minnesota, la acción que tomó dio un impulso a los esfuerzos del ala izquierda para que el Partido de los Agricultores y Trabajadores (Farmer-Labor Party, FLP) se pronunciara en contra de la política exterior de Roosevelt. Pero era una tarea compleja y difícil debido a las bases contradictorias sobre la cuales se había desarrollado el partido.

El FLP, que había surgido durante la Primera Guerra Mundial, postulaba candidatos tanto contra los republicanos como los demócratas en las elecciones estatales. En 1930 ya había desplazado a los demócratas como principal contrincante de los republicanos en Minnesota. La fuerza demostrada por el FLP provenía de su base entre las masas de trabajadores y pequeños agricultores, quienes querían acción política que fuera realmente independiente. Pero los partidarios del FLP con ilusiones de que sus problemas podrían ser resueltos mediante reformas bajo el sistema social existente aceptaban la idea de formar bloques políticos con políticos liberales capitalistas. Esto abrió paso a que los arribistas sin principios en el partido lo orientaran hacia la colaboración de clases, incluyendo el trueque de votos para la administración Roosevelt a cambio de favores.

En 1935 este problema se agravó cuando el Partido Comunista inició un viraje abrupto: de su anterior política ultraizquierdista a la línea del "frente popular". La esencia de este cambio de rumbo se definió así en el *Northwest Organizer*: "*Frente Popular*, un nuevo nombre para la colaboración de clases, que se basa en la propuesta de que las organizaciones y los partidos representantes de la clase trabajadora, por un lado, y sectores de la clase capitalista, por el otro, deben unirse en torno a un programa común para defender a la democracia capitalista. Un gobierno del Frente Popular es una coalición de partidos obreros y capitalistas, en defensa del capitalismo. Con un acuerdo frentepopulista, el partido obrero debe abandonar su programa y aceptar el programa de las organizaciones no obreras. Por lo tanto, en una coalición frentepopulista los partidos obreros siempre pierden y los partidos no obreros siempre salen ganando".

Aplicada en Estados Unidos, la nueva línea del PC se enfocó en dos conceptos: apoyo incondicional a la administración nacional, combinado con intentos de lograr la reciprocidad con una alianza estadounidense con la Unión Soviética. Actuando en consecuencia, los estalinistas subordinaron los intereses de los trabajadores a los de los burócratas del Kremlin, quienes les habían dictado esta política. Se oponían a aplicar principios de la lucha de clases a la política, argumentando que la única verdadera distinción que se debía hacer era entre los "progresistas" y los "reaccionarios". En aras del "progreso", insistían, era necesario respaldar la política nacional y exterior de Roosevelt.

En Minnesota, una vez que comenzó su viraje, el PC se apresuró a ingresar sus fuerzas al Partido de los Agricultores y Trabajadores. Ahí los estalinistas formaron un bloque con los políticos del ala derecha, ayudándoles a consolidar su control del aparato del partido en el marco de una línea pro-Roosevelt.

Así era la situación en 1938 cuando los sindicalistas del ala izquierda trataron de precipitar un reajuste de fuerzas en el FLP en torno a la cuestión de la guerra. Dos resoluciones con ese propósito habían sido aprobadas en la Unión Central del Trabajo de Minneapolis. Una de ellas instaba al FLP a que se pronunciara en contra de la política exterior de Roosevelt. La otra proponía incluir en la plataforma electoral del partido la demanda de que los fondos destinados a la guerra fueran desviados a un programa ampliado de asistencia federal para los trabajadores desempleados.

Estas medidas provocaron una división temporal entre los estalinistas pro-guerra y algunos semipacifistas del ala derecha en el Partido de los Agricultores y Trabajadores. Muestra de ello fue la tendencia de algunos elementos de derecha a respaldar la enmienda Ludlow. Esta posición era lo opuesto de la línea asumida por el Partido Comunista. A través del *Daily Worker*, órgano estalinista, el PC denunció la medida Ludlow y vinculó a sus partidarios con los nazis.

En un intento de ahondar esas divisiones, la junta ejecutiva del Local 544 se valió de una disputa en el Congreso en torno al presupuesto militar. Envió un telegrama sobre ese tema al senador Ernest Lundeen, del Partido de los Agricultores y Trabajadores de Minnesota, y lo hizo antes del congreso estatal del FLP, programado para finales de marzo de 1938.

"El primer voto de prueba sobre el proyecto de ley del presupuesto naval ha revelado el colapso total de la oposición puramente pacifista y no obrera a los preparativos bélicos de Roosevelt", afirmó el telegrama del Local 544. "No será en los pasillos del Congreso sino en los sindicatos y las organizaciones de agricultores, en las minas, en los campos y las fábricas, que se organizará la verdadera e inalterable oposición a la guerra imperialista. Por nuestra parte, nos comprometemos a movilizar a los trabajadores y agricultores del Noroeste a luchar contra la guerra. En esta tarea, si la llevan a cabo, la delegación del FLP en la Cámara de Representantes y el Senado puede desempeñar un papel importante.

"Le instamos a que convoque a los congresistas y senadores del FLP para llevar a cabo una acción conjunta, independientemente de los republicanos y demócratas. La delegación del Partido de los Agricultores y Trabajadores —usted, Shipstead, Teigan, Bernard, Kvale, Johnson, Buckler— puede utilizar los estrados de la Cámara y del Senado como tribuna para llamar a las masas a manifestar su oposición irreconciliable a los guerreristas. Los miembros de su delegación deberían hacer un recorrido del país para ayudar a movilizar a los trabajadores en contra del proyecto del presupuesto naval. Nosotros les brindaremos una tribuna aquí con ese fin si nos dan 24 horas de aviso. Si se permite que el proyecto de ley del presupuesto naval sea aprobado sin oposición de masas, le seguirá todo el resto del programa bélico de la administración. Les instamos a que subordinen los demás problemas a la cuestión más importante que enfrenta el pueblo americano: la lucha contra la guerra".

Paralelamente a esa acción, el *Northwest Organizer* se dirigió en un editorial a la dirección del FLP en Minnesota. Si el partido iba a reflejar los sentimientos más profundos de las filas, afirmó el periódico Teamster, tendría que disociarse de los planes bélicos de Roosevelt.

Pero no se hizo nada de esto al celebrarse el congreso del FLP. Pronto quedó evidente que los estalinistas y los semipacifistas de derecha habían más o menos reconciliado sus diferencias. Primero aunaron fuerzas para amañar el congreso a desfavor del movimiento obrero, aprovechando esa ventaja para bloquear las resoluciones presentadas por la Unión Central del Trabajo de Minneapolis. Después impusieron una línea diseñada para apoyar a Roosevelt en esencia pero evitando un choque abierto con los trabajadores y los agricultores opuestos a la guerra.

Por ejemplo, en la plataforma electoral aprobada por el congreso no se dijo ni una palabra a favor de la enmienda Ludlow. Insertaron una vaga declaración en contra del aumento del armamentismo, pero no se dijo nada sobre los motivos de la política militar que emanaba de la Casa Blanca. La plataforma abogaba a favor de la cooperación con "todas las fuerzas que auténticamente buscan la paz", y el aparato del FLP obviamente pensaba incluir a Roosevelt en esa categoría. En resumen, como señaló el *Northwest Organizer*, la línea del congreso sobre la cuestión de la guerra fue "el polo opuesto de la postura combativa asumida por la Unión Central del Trabajo de Minneapolis".

Normalmente, la victoria contra el ala izquierda del FLP habría envalentonado a los elementos de derecha en los sindicatos a tomar una postura más belicosa. Pero en este caso incidieron otros factores que retrasaron ese resultado. La clase gobernante de Minneapolis recientemente había lanzado una ofensiva antisindical multifacética. Un grupo llamado los Camisas Plateadas estaban movilizando a matones de mentalidad fascista con el propósito de realizar ataques terroristas contra organizaciones obreras. Por otro lado, había gestiones en marcha para lanzar un movimiento de sindicatos amarillos en la ciudad. Un puñado de esquiroles había entablado una demanda judicial, instigada por los patrones, para entrometerse en los asuntos internos del Local 544, y eso implicaba que más tarde se tomarían medidas parecidas contra otras agrupaciones obreras.

Dada esta amplia ofensiva dirigida contra todo el movimiento obrero, los sindicalistas conservadores tenían muy poco margen para colaborar con los patrones en oponerse a las fuerzas del ala izquierda. Al contrario, los funcionarios de derecha se sentían presionados por las filas para que dieran por lo menos apoyo verbal a las medidas tomadas en defensa de los sindicatos. Esta situación reforzaba la posición de los revolucionarios, quienes tomaron la iniciativa de formar una guardia de defensa sindical para repeler la amenaza de los Camisas Plateadas y organizaron un contraataque frente a los sindicalistas amarillos. Además, al hacer esto fue posible intensificar la campaña contra la política exterior de Roosevelt.

Más adelante, el movimiento antibélico recibió un impulso cuando a finales de 1938 se destacó una cuestión nueva a nivel nacional. Para entonces la Alemania hitleriana estaba sometiendo al pueblo judío a una persecución en masa de carácter horrendo. Para los judíos —y otros antifascistas— que habían logrado escapar del terror nazi, el encontrar asilo en otro país se había convertido en una cuestión de vida o muerte.

Reconociendo su urgente necesidad, la junta ejecutiva del Local 544 aprobó una resolución el 16 de noviembre de 1938, que declaraba: "Los miles de trabajadores inscritos bajo la bandera del Local 544 del Sindicato General de Choferes ofrecen su profunda simpatía a las victimas del repugnante y abominable terror fascista en Alemania... El Local 544 exige que el presidente Roosevelt abra las puertas de Estados Unidos a los oprimidos de Europa".

Seguidamente el *Northwest Organizer* publicó un editorial sobre este tema. El propósito era profundizar la comprensión de los trabajadores sobre la política de la clase dominante en Alemania relacionándola con la experiencia de los Camisas Plateadas a nivel local. El periódico sindical dijo: "La lucha contra el terror de Hitler comienza en casa. Hay grupos en Estados Unidos, en Minnesota, en Minneapolis, que se empeñan en crear aquí el 'orden público' al estilo de Hitler. El movimiento obrero de Minneapolis está listo para proteger y hacer cumplir los derechos civiles de las minorías aquí, y tomar acción contra cualquier grupo que intente violar estos derechos. El movimiento obrero respalda esta postura con la Guardia de Defensa Sindical".

El periódico Teamster también subrayó otros aspectos de clase sobre el tema: "Roosevelt pretende convertir el clamor público contra el terror nazi en apoyo a sus colosales planes armamentistas...” “Aunque ni un solo pez gordo americano se ha pronunciado en público a favor de la demanda de abrir las puertas de Estados Unidos a las víctimas de Hitler, las organizaciones obreras en todo el país continúan plegándose a la demanda de dejar entrar a los refugiados. Jamás ha quedado más claramente demostrada la superioridad moral de los trabajadores sobre sus amos que en el conflicto en torno a esta cuestión”.

Había buenos motivos para referirse de esta manera a cómo Roosevelt usaba cínicamente la difícil situación de los refugiados. Justo después de los comicios de 1938, Roosevelt propuso otro aumento en el gasto militar, al tiempo que pidió recortes drásticos en los fondos para la Administración del Progreso de Obras (Works Progress Administration, WPA). Su victima en esa “economía fiscal”, la WPA, era una agencia federal creada para dar a los desempleados —y aún había millones— unas mezquinas prestaciones de asistencia pública a través de proyectos de empleos temporales.

El periódico Teamster, al señalar el significado de la acción de doble cañón de la administración, dijo: “Hoy ya no quedan fondos para mantener al mismo tiempo el ejército de desempleados y el ejército del Estado Mayor. Solo un ejército recibirá los fondos. El gobierno ya ha escogido...”

Poco después, cuando hubo despidos en gran escala en la WPA, el *Northwest Organizer* recordó a los trabajadores: “En 1936 Franklin D. Roosevelt dijo lo siguiente en un discurso pronunciado en Buenos Aires: ‘Los empleos brindados por los programas de armamentos son empleos falsos. No crean una estructura permanente, ni crean bienes de consumo para mantener una prosperidad perdurable. Sabemos que las naciones culpables de estas insensateces inevitablemente enfrentarán el día cuando sus armas de destrucción tendrán que ser usadas contra sus vecinos o cuando una economía poco sólida se desmoronará como un castillo de naipes'".

Después el periódico sindical, destacando el viraje que Roosevelt había hecho a partir de 1936, comentó sobre la situación que existía a principios de 1939: "No hay fondos para los desempleados hambrientos y sin hogar. Hay abundantes fondos para financiar la guerra imperialista venidera… No hay milagro que pueda salvar a los desempleados. Deben responder a la fraudulenta política de Washington de que 'no hay fondos', organizándose y exigiendo que todos los fondos para la guerra sean destinados a los desempleados".

En julio de 1939 la situación de los trabajadores de la WPA estaba tan desesperada que los que aún trabajaban en los proyectos federales lanzaron una masiva huelga nacional de protesta contra las cesantías y los recortes salariales impuestos por la administración. Roosevelt respondió tomando medidas punitivas contra los huelguistas. Tomó las medidas más duras en Minneapolis, donde los desempleados estaban muy organizados y dirigidos por revolucionarios experimentados. Las autoridades encarcelaron bajo cargos fabricados a varios dirigentes de la unidad de desempleados del Local 544, la Sección de Trabajadores Federales, usando el argumento antidemocrático de que "No se puede salir en huelga contra el gobierno".

Esas medidas severas eran una prueba más del viraje hacia la derecha en la política de la administración. Como señaló el Partido Socialista de los Trabajadores en su congreso de 1939, la política del Nuevo Trato de demagogia liberal y concesiones sociales a las masas había terminado en un fracaso. El capitalismo estadounidense estaba definiendo una política exterior agresiva en un intento de resolver sus problemas adquiriendo una parte más grande del mercado mundial. Y Roosevelt había asumido firmemente la dirección en los preparativos para ese fin.

Ahora que la clase dominante del país se aprestaba a desafiar a sus rivales internacionales, había buenos motivos para que el movimiento obrero estuviera más preocupado acerca de los acontecimientos en Europa. Allá estaba a punto de estallar una guerra imperialista, una guerra destinada a ser de alcance mundial.

2

El pacto Stalin-Hitler

Un asombroso anuncio hizo zumbar los cables de prensa por todo el mundo el 23 de agosto de 1939. Alemania y la Unión Soviética habían firmado un tratado de "no agresión". Bajo este acuerdo, Hitler prometió mantener relaciones pacíficas con Stalin, y a cambio recibió carta blanca, de manera tácita, para atacar a cualquier otro país sin objeciones del gobierno soviético.

Una semana más tarde, los nazis invadieron Polonia. Poco después, Inglaterra le declaró la guerra a Alemania, al igual que hizo Francia; e Italia entró en el conflicto del lado de Berlín. Había comenzado un holocausto imperialista que culminaría con un crimen monstruoso, el bombardeo atómico de Japón por parte de Estados Unidos.

A juzgar por las apariencias, el pacto del Kremlin con Hitler había sido negociado a espaldas de los estalinistas en este país. Hasta el mismo 21 de agosto, el Partido Comunista había mantenido su línea pro-Roosevelt y anti-Hitler. En todo caso, estaba llevando el "frentepopulismo" a nuevos extremos superpatrióticos, como se demostró en un mitin público celebrado en Minneapolis en 1939 donde el principal orador fue William Z. Foster, el más conocido dirigente del PC.

Los volantes para promover el evento se imprimieron en rojo, blanco y azul. Las decoraciones del salón daban la impresión de que se iba a celebrar un mitin de las chovinistas Hijas de la Revolución Americana, y el programa comenzó con el himno nacional.

Con semejante fervor belicista durante el paro de la WPA en julio de 1939, el PC presentó mociones en las asambleas de huelga que abogaban por un tercer mandato para Roosevelt. Después presentaron una resolución en un congreso de la AFL en Minnesota que elogiaba al farsante en la Casa Blanca y condenaba "el hitlerismo y la Alemania nazi". Esa resolución fue retirada precipitadamente después del anuncio del 23 de agosto.

Había además otro indicio de que la noticia del pacto con Hitler les había caído como un rayo a los lacayos de Stalin en Estados Unidos. La primera reacción de los dirigentes nacionales del PC fue un silencio total sobre el tema. Necesitaban tiempo para obtener detalles sobre la nueva línea de Moscú y encontrar la manera de aplicarla en este país.

Sin embargo, poco después dieron inicio a un cambio público de política. Su apoyo a la participación de Washington en una guerra "contra el fascismo alemán" para "defender la democracia" fue sustituido por exhortaciones a "mantener a Estados Unidos fuera de la guerra"... contra Alemania. Los que antes fueron aplaudidos como "amantes de la paz", quienes abogaban por un apoyo total a Inglaterra y Francia, de repente fueron calificados como "guerreristas". Para diferenciarse de ellos, los estalinistas acuñaron una nueva consigna: Los yanquis no vienen.

En un esfuerzo por ocultar la verdadera razón de su cambio de línea, los secuaces del PC fingieron que era un viraje a la izquierda, hacia una posición principista de oponerse a la guerra imperialista. Formaron "Comités de Paz" en el movimiento obrero, usando todos los medios posibles para que no tuvieran pinta de estalinista. Pero todos estos grupos propagaban la nueva línea dictada por el Kremlin: de que Estados Unidos debía adoptar una postura neutral frente a la guerra en Europa.

Por otra parte, los estalinistas dieron un vuelco en su postura sobre la cuestión de un tercer mandato para Roosevelt. Antes lo habían promovido como representante de los capitalistas "progresistas", merecedor del apoyo del movimiento obrero frente a los "reaccionarios". Pero de repente esas credenciales habían desaparecido, según una resolución aprobada por el comité político del PC.

Según el *Daily Worker* del 15 de octubre de 1939, la resolución declaró: "Bajo la presión de la burguesía imperialista, el gobierno de Roosevelt, pese a su intención declarada de 'mantenerse fuera de la guerra', está tomando más y más un rumbo que amenaza con involucrar Estados Unidos en la guerra imperialista… los lemas antifascistas ya no indican la línea principal de la lucha de la clase obrera y sus aliados, como habían hecho anteriormente, durante el período de la lucha por el frente antifascista por la paz y el frente popular… [La diferencia] entre el bando del Nuevo Trato y el bando del anti-Nuevo Trato está perdiendo su significado anterior. Ambos son bandos de la burguesía y de diversas formas buscan llevar a cabo y promover los intereses depredadores del imperialismo americano…"

Entretanto, Roosevelt no tardó en utilizar los sucesos en Europa para poner en práctica su política exterior. Se atizó un temor en torno a la "vulnerabilidad" de Washington y

Nueva York si un ejército extranjero desembarcaba en la Costa Atlántica. Bajo ese pretexto se realizaron "juegos bélicos" en gran escala para practicar "maniobras defensivas". Como otra vía más para fomentar una histeria patriotera, se declaró un "limitado estado de emergencia nacional". Con ese escenario, se convocó una sesión especial del Congreso para el 21 de septiembre de 1939.

La convocatoria de la sesión especial fue acompañada de un anuncio por la Casa Blanca de que dos submarinos de "nacionalidad desconocida" habían sido divisados sobre la costa de Norteamérica. La administración también divulgó un "informe confidencial" de que había interceptado mensajes de Berlín y Moscú que instruían a sus "amigos" en Estados Unidos a que presionaran a favor de continuar el existente embargo oficial contra el envío de armamentos a las naciones en conflicto.

Así era el ambiente cuando el Congreso aprobó apresuradamente la llamada Ley de Neutralidad. La ley suspendió el embargo de armas y brindó una fórmula legal para enviar pertrechos militares a la alianza imperialista anglofrancesa. Eso a su vez sirvió de medio para desarrollar la industria de municiones en este país, en preparación para el día cuando la clase dominante estuviera lista para intervenir por cuenta propia en la "guerra contra el fascismo".

Entre los que abogaban por ese objetivo —con lenguaje engañoso sobre "la defensa de los intereses americanos"— estaba J.P. Morgan, un banquero monopolista. El *Northwest Organizer* le replicó así a Morgan:

"J.P. Morgan tiene una escopeta. Acaba de regresar de una estancia en Escocia donde estaba cazando perdices. Si él quiere defender sus inversiones, que vaya con su escopeta y luche por ellas. Pero que no trate de forzarnos a luchar por él. Y que no trate de mentir sobre una fraudulenta 'guerra por la democracia'".

Asimismo, una postura que parecía ser de franca oposición a la línea de Morgan y Roosevelt provino de otro origen. El *Minneapolis Times-Tribune*, expresando un punto de vista pacifista, hizo una advertencia contra medidas que llevaran a Estados Unidos a intervenir en el conflicto europeo. Pero esa forma de abordar el problema decisivo de la guerra y la paz tenía una historia de artimañas, según señaló el periódico Teamster en una carta abierta a los directores del diario capitalista.

"Durante las últimas semanas", afirmó la carta abierta, "su periódico, dirigiéndose a los padres, a las madres, y a los jóvenes del Noroeste, ha hecho fervientes llamados 'en contra de cualquier medida para involucrar a Estados Unidos en la actual guerra europea' y en contra de enviar a 'muchachos americanos al extranjero como soldados'... Los sentimientos de las masas respecto a esa monstruosa y sangrienta riña entre los esclavistas imperialistas de distintos bandos son los mismos sentimientos que expresan ustedes. Y sin embargo, señores, DUDAMOS DE USTEDES...

"Regresemos 25 años en la historia... a los tranquilos días veraniegos de agosto de 1914. Qué joven y brillante y saludable parecía el mundo entonces. Y como un relámpago la Primera Guerra Mundial cayó sobre una humanidad asombrada... En su editorial del 5 de agosto [de 1914] —con el encabezado 'El único refugio es la paz'— ustedes escribieron: 'Todas las noticias dicen que el mundo se precipita hacia la guerra más sangrienta jamás librada entre hombres. Si se justificara por razones tan solemnes como cualquiera de las que han provocado alguna vez una guerra, el precio sería aún demasiado alto. Pero nada la justifica...'

"Cómo se parecen a sus palabras de hoy. Efectivamente, sus páginas en aquel entonces parecían presagiar con exactitud increíble los pasos que el presidente Roosevelt está dando ahora. El 6 de agosto de 1914, su principal artículo de primera plana informó sobre la movilización del ejército y la marina de guerra por el presidente [Wilson], sobre las medidas preventivas tomadas para 'hacer cumplir la neutralidad'... 'Esta movilización —les aseguraron ustedes a sus lectores— 'no va dirigida hacia la guerra o hacia la defensa contra un ataque inminente. El único propósito de los actuales preparativos es proteger la neutralidad americana'.

"La guerra avanza. Millones de hombres, la flor de todas las naciones, marchan al valle de la muerte. Estalla el día [6] de abril de 1917... De su pacifismo al principio de la guerra, ustedes se fueron al otro extremo, hasta convertirse en la descarada cabeza de la manada belicista que incitaba al pueblo a la guerra: 'por la democracia y por la civilización', dijeron... ¡Y qué truco más eficaz! El *Minneapolis Tribune,* paladín de los sentimientos antibélicos en el Noroeste, da su apoyo a la guerra. Y si el *Tribune,* que tanto detesta las guerras, da su apoyo a la guerra, entonces la guerra será una buena guerra, una guerra justa. ¿Qué garantías nos pueden dar hoy de que no van a repetir lo que hicieron en 1917?"

En un editorial posterior, donde señaló que el *Times-Tribune* no había respondido a la carta abierta, el *Northwest Organizer* agregó: "El pacifismo por si solo jamás puede detener la guerra. Siempre han existido pacifistas y siempre han existido guerras. El pacifismo no basta. El pueblo debe tener la oportunidad de decidir, debe exigirle al Congreso que ofrezca un referéndum por voto popular directo en caso de cualquier guerra... Y si el Congreso niega este derecho democrático y fundamental, el pueblo debe encontrar otros medios para frenar a los belicistas".

Estos sentimientos eran ampliamente compartidos, según lo demostró una declaración del congreso de la Federación Estatal del Trabajo de Minnesota en 1939. "Nosotros", afirmaron los delegados, "exigimos la aprobación de una enmienda constitucional que le quite al Congreso el poder de hacer la guerra y lo someta a una votación popular".

Unas semanas más tarde estallaron las hostilidades entre la Unión Soviética y Finlandia. Pronto se escucharon las súplicas sentimentales de simpatía para "la pobrecita Finlandia", en un nuevo intento de los imperialistas de crear apoyo público en este país a favor de "la defensa de la democracia" en el exterior.

La Unión Central del Trabajo de Minneapolis denunció esta propaganda como un ardid capitalista, y reafirmó su posición antibélica en una resolución presentada por Miles Dunne de los Teamsters. El pasaje final afirmó que la CLU "declara nuevamente su oposición invariable a toda guerra lanzada por el gobierno; nuevamente exigimos que todos los fondos bélicos sean traspasados de inmediato para la asistencia a los desempleados; nos oponemos a la intervención de Estados Unidos del lado de cualquiera de los dos bandos en la actual guerra en Europa; declaramos nuestro apoyo a la celebración de un referéndum nacional que sea vinculante para el Congreso respecto a cualquier guerra".

La formulación "referéndum vinculante" provenía de algo que había sucedido recientemente en el Congreso. El senador Robert M. La Follette, de una manera típica de los liberales, había intentado ablandar la oposición de la clase dominante al referéndum presentando una versión diluida de la enmienda Ludlow. Su alternativa llamaba a realizar una votación nacional "consultiva" antes de que el Congreso declarara la guerra. Dicho plebiscito significaba, por supuesto, que una expresión de la voluntad del pueblo no tendría efecto obligatorio sobre el Congreso, y la CLU se opuso a cualquier retroceso en ese sentido.

Además había indicios de que mucha gente se preocupaba porque no había formas de control vinculante sobre las fuerzas guerreristas en el gobierno. Las encuestas de opinión pública, que se habían hecho periódicamente, seguían demostrando que la mayoría estaba a favor de un referéndum, y ante esa situación los capitalistas belicosos muy pronto mandaron rechazar la propuesta de La Follette. No querían que se les enredaran las cuerdas que usaban para manipular a sus marionetas en el Congreso.

La propaganda patriotera que emanaba de Washington pronto subió de intensidad cuando, en la primavera de 1940, Alemania invadió Noruega y Dinamarca. Y una vez más la CLU de Minneapolis advirtió a los trabajadores de que no se dejaran engañar por la clase enemiga. En su declaración unánime sobre el tema, el organismo central de la AFL afirmó: "Nos declaramos a favor de la combativa solidaridad obrera internacional para detener la guerra".

Para ayudar a explicar lo que realmente estaba pasando, el *Northwest Organizer* agregó lo siguiente en su reportaje sobre la decisión de la CLU: "Un día tras otro, en un discurso tras otro, con un paso tras otro —en el Pacífico, en Europa, en este país— el presidente está lanzando esta nación por el mismo camino que Wilson tomó: hacia la guerra... Los sinceros sentimientos antifascistas del pueblo americano están siendo manipulados sistemáticamente para lograr que apoyen una guerra de Estados Unidos cuyo verdadero propósito no tiene absolutamente nada que ver con liberar a los pueblos de Europa del fascismo y de las dictaduras militares... Los intereses del capitalismo americano exigen que se pongan nuevas esferas de inversión, nuevos mercados, nuevas fuentes de materias primas a la disposición de las Sesenta Familias de Estados Unidos. Al igual que la Alemania de Hitler, al igual que cualquier otra nación imperialista, Estados Unidos necesita expandirse, o de otra manera el capitalismo morirá. De eso se trata la guerra, y solo de eso. Todas las declaraciones sobre la 'democracia' son puras tonterías".

En la siguiente edición, el periódico Teamster abordó el tema de las guerras progresistas y reaccionarias. "La guerra revolucionaria librada por las colonias originales", explicó, "fue una guerra progresista porque sirvió para liberar esta nación de las garras de la corona inglesa, sirvió para asegurar que los incipientes fabricantes americanos pudieran desarrollarse y darle a Estados Unidos un nivel de vida más elevado para las masas.

"También la Guerra Civil por parte del ejército del Norte fue una guerra progresista porque representó una victoria del Norte capitalista contra el... Sur [esclavista], y porque sirvió para liberar a los esclavos negros. Fue progresista porque el capitalismo constituía un sistema social más progresista...

"Sin embargo, con el desarrollo del imperialismo americano, se llegó al punto en que ya no era posible que el gobierno de esta nación librara una guerra progresista... De todas las guerras que hoy se libran en el mundo, solo una podría calificarse como guerra progresista: la de China contra Japón, ya que los chinos están luchando para liberarse del imperialismo. Ciertamente, nada progresista puede resultar de la guerra en Europa mientras los gobiernos que actualmente dirigen las naciones estén al frente del pueblo. Hasta que la guerra no sea convertida en una guerra del pueblo contra sus gobiernos y contra los capitalistas que han provocado la masiva matanza, no será una guerra progresista, una guerra emancipadora, una guerra que pueda llevar a la humanidad a mayores niveles económicos y culturales".

Poco después, Roosevelt dio un nuevo paso en sus preparativos para llevar el país a la carnicería imperialista. En el verano de 1940, se presentó en el Congreso una medida para instituir el servicio militar en tiempos de paz, el proyecto de ley Burke-Wadsworth. El *Northwest Organizer* respondió presentando una política militar para la clase trabajadora, que había sido elaborada por León Trotsky durante conversaciones con dirigentes del Partido Socialista de los Trabajadores.

"Con pocas excepciones", recalcó el periódico sindical, "el pueblo trabajador de esta nación ha expresado su oposición a la conscripción militar obligatoria bajo un aparato bélico dominado por intereses antiobreros... El movimiento obrero no se opone a la idea del adiestramiento militar en sí. Ningún trabajador se opondría a un conocimiento a fondo de las artes militares. A lo que se opone el movimiento obrero es, en parte, la idea de recibir este adiestramiento bajo la bota de una camarilla militar notoriamente antidemocrática y antisindical. Además, millones de trabajadores perciben que la guerra para la cual serán adiestrados militarmente es una guerra que de ninguna manera beneficia sus intereses, una guerra que no se libra por un ideal más alto que las ganancias del gran capital...

"Debe quedar evidente para todos salvo un puñado de pacifistas atolondrados que el gran capital va a insistir en algún tipo de instrucción militar obligatoria, pese a la oposición de masas al proyecto de ley Burke-Wadsworth... El pacifismo es una filosofía fracasada en nuestro mundo moderno. Cualquier sindicalista que haya pasado por una huelga puede explicárselo. No hay sindicato que dure siquiera un año si adopta una actitud pacifista hacia los esquiroles y matones y rompehuelgas que los patrones le tiran encima...

"Un reconocimiento franco de la realidad demuestra que

hoy día el movimiento obrero no está organizado con suficiente fuerza ni tampoco está dispuesto a abolir o detener el aparato bélico. Pero el movimiento obrero americano sí está suficientemente bien organizado como para proteger los intereses de los trabajadores en las filas del ejército, igual que protegemos a los trabajadores en sus puestos. Nos oponemos a que acorralen a los trabajadores hacia el ejército regular... Si el gran capital insiste en que las masas sean instruidas en las artes militares, proponemos que se le entregue al movimiento sindical el control del adiestramiento militar de los trabajadores.

"Queremos que los sindicalistas sean instruidos en las artes militares, no a la manera de los patrones, no para la defensa del imperialismo americano, sino a la manera de los sindicatos, para la defensa de los hogares y las vidas y los empleos de los trabajadores, contra enemigos tanto dentro como fuera del país. Queremos que los trabajadores sean adiestrados en las artes militares bajo sus propios funcionarios sindicales, a quienes ellos pueden controlar y en los cuales pueden confiar".

Después de que la ley de conscripción fue aprobada sin dificultad por el Congreso —algo que pasaba con más y más frecuencia a medida que Roosevelt avanzaba hacia la guerra— el periódico Teamster agregó las siguientes observaciones sobre el tema:

"En estas últimas semanas el Congreso nos ha presentado un espectáculo repugnante, y también una excelente lección política. Con qué facilidad estaba dispuesto el Senado de Estados Unidos a movilizar la riqueza del ciudadano común —su fuerza de trabajo— y someterlo a la dictadura militar del ejército, a salarios de esquirol y bajo condiciones sin protección sindical. Y cuán indignado está el Congreso con solo la idea de movilizar la riqueza y fuente del poder de los ricos: sus fábricas y máquinas...

Mano dura con los pobres y mano blanda con los ricos: así es el Congreso cuando se trata de la defensa nacional.

"Las acciones de Washington se hacen más indefendibles a la luz de las recientes revelaciones sobre la codicia del gran capital y su decisión de ni siquiera comenzar la producción de pertrechos militares hasta que se les garantice sumas exorbitantes de superganancias, hasta que el gobierno les dé las fábricas en las cuales exprimirán oro del sudor de los trabajadores regimentados...

"Nos gustaría ver al gobierno expropiar todas las grandes industrias en la nación y colocarlas bajo el control de los sindicatos. Entonces ya no se verían huelgas de brazos caídos por parte del capital. Entonces sí se podría organizar una producción eficaz, con un verdadero interés en velar por los derechos de los trabajadores y los desempleados".

Ya para entonces había surgido una cuestión política importante. Roosevelt estaba haciendo campaña para su reelección y muchos trabajadores querían postular a un candidato obrero contra él. Ese sentimiento había ido creciendo entre sindicalistas en todo el país desde el comienzo en 1937 de la segunda caída económica de la década. Además, esta tendencia se había reforzado por la política de la administración de subordinar las necesidades de los trabajadores desempleados al programa armamentista capitalista, una política despiadada que recién había sido coronada con la conscripción en tiempos de paz.

Entre los que eran sensibles a los cambios de ánimo entre las masas estaba Ernest Lundeen del Partido de los Agricultores y Trabajadores. Hablando en calidad de senador federal, él propuso la creación de un nuevo movimiento nacional al estilo del Partido de Agricultores y Trabajadores. Pronosticó que dicho partido podría ganar las elecciones de 1940 porque los trabajadores y los agricultores no tenían nada que esperar de los republicanos y los demócratas. Desafortunadamente, Lundeen murió en un accidente aéreo antes de que pudiera impulsar más esa perspectiva.

No había posibilidad alguna de que el Partido de los Agricultores y Trabajadores en Minnesota diera seguimiento a la propuesta del senador. Desde el congreso del partido en marzo de 1938, descrito en el capítulo anterior, una serie de hechos habían dejado al partido en estado de confusión total.

Por una parte, había resultado costoso el hecho de que el partido no se pronunciara en contra de la línea de Roosevelt en el encuentro de marzo. Los trabajadores y agricultores, que habían apoyado el partido reformista en los comicios, lo desertaron por decenas de miles en los comicios de noviembre de 1938. Por consiguiente, perdieron a los republicanos la gobernatura del estado, cargo ocupado por el FLP durante ocho años.

Dos meses después de las elecciones de noviembre, el Partido de los Agricultores y Trabajadores celebró otro congreso estatal, en el cual el aparato del ala derecha mantuvo su control, a pesar de ciertas fricciones entre sus componentes conservador y estalinista. Fueron descartadas las demandas del movimiento obrero de hacer cambios de política, y el partido continuó con la misma línea política en bancarrota que había llevado al desastre electoral. Los sindicatos de la AFL empezaron a abandonar el FLP, uno tras otro.

En Minneapolis, la Unión Central del Trabajo siguió un rumbo propio en las elecciones municipales de 1939. Postuló a T.A. Eide para alcalde, con una plataforma elaborada por el movimiento obrero. Comités sindicales voluntarios que surgieron en los distritos locales tomaron control de la campaña a favor de su candidatura. Eso significaba que el organismo central de la AFL estaba actuando en efecto como partido obrero de forma improvisada.

Por lo tanto, un movimiento político prometedor, si bien amorfo, había surgido de la contienda en el seno del FLP. El nuevo movimiento estaba firmemente arraigado en la clase trabajadora, y estaba actuando bajo control sindical. Así se estaban sentando las bases para forjar un partido obrero viable, que ofrecería mejores oportunidades a los revolucionarios de las que habían tenido en el FLP para promover la acción política independiente de masas basada en los principios de lucha de clases.

Por estas razones los dirigentes trotskistas del Local 544 respaldaron la campaña de Eide. Al hacerlo, instaron a la Unión Central del Trabajo a que diera pasos hacia la creación de un partido obrero permanente a nivel local, y que se vinculara a fuerzas progresistas en otros lugares para tratar de forjar una agrupación nacional en ese sentido. En última instancia, recalcaron estos militantes de los Teamsters, solo a través de una lucha obrera por el control directo del gobierno se podría tomar medidas eficaces para prevenir la guerra y defender los intereses de los trabajadores.

El contrincante republicano de Eide ganó las elecciones para alcalde por un escaso margen. Pero ese no era el cuadro completo. El voto tan reñido representaba un fuerte repunte del movimiento obrero tras la derrota contundente sufrida por el Partido de los Agricultores y Trabajadores apenas seis meses atrás, en las elecciones para gobernador.

Uno de los factores que contribuyeron a la derrota de Eide fue la interferencia estalinista en la campaña obrera. En las elecciones primarias, el Partido Comunista intentó dividir el voto obrero utilizando su control del FLP local para presentar un candidato contra el aspirante sindical.

Eide ganó esa contienda fácilmente. En la segunda vuelta, esta vez contra el candidato republicano, los estalinistas lanzaron otra curva. Maliciosamente intentaron dar la impresión de que la plataforma obrera respaldaba la política de Roosevelt, maniobra que creó prejuicios contra Eide entre los trabajadores que cayeron en la trampa.

En una declaración emitida después de los comicios, el 24 de junio de 1939, el consejo del Partido Comunista para el condado de Hennepin continuó su ataque contra la línea política de las uniones de la AFL. Se quejó de que los partidarios de Eide no habían defendido los objetivos de Roosevelt "de una manera suficientemente clara". Un partido obrero como el propuesto por los trotskistas, protestó el PC, "sería un instrumento para luchar contra el Nuevo Trato".

Sin embargo, dos meses más tarde, cuando la Unión Soviética firmó un pacto con Alemania, los estalinistas dieron un vuelco en su línea. Este giro los puso en conflicto con sus antiguos aliados en el Partido de los Agricultores y Trabajadores, los cuales siguieron colaborando con Roosevelt.

Durante los meses siguientes el PC perdió a muchos de sus compañeros de viaje en el FLP, y los cambios en la correlación de fuerzas permitió que el ala conservadora tomara pleno control del congreso del partido en junio de 1940. En este se impuso una decisión de apoyar las "medidas defensivas" tomadas por la administración nacional, lo cual abrió el camino para un acuerdo con el Partido Demócrata. Se llegó a un acuerdo en el que los demócratas ayudarían indirectamente a los candidatos del Partido de los Agricultores y Trabajadores en Minnesota, siempre y cuando el FLP respaldara a su fórmula presidencial.

Todo había sido arreglado cuidadosamente por los generales políticos conservadores, salvo un asunto. El congreso había enajenado a muchos trabajadores. Especialmente en Minneapolis, los sindicalistas estaban perdiendo sus esperanzas en el FLP, y estaban mostrando un mayor interés en establecer una nueva agrupación política. Estos elementos indicaban la probabilidad de que se pudiera postular nuevamente una lista de candidatos obreros independientes en las elecciones municipales de 1941, dando así un nuevo impulso a la organización formal de un partido obrero basado en los sindicatos y también controlados por ellos.

Esta situación era prometedora para los socialistas revolucionarios en cuanto a los factores políticos locales. Pero estábamos limitados por un grave defecto en nuestra postura frente a las próximas elecciones presidenciales: no teníamos candidato a quien respaldar contra Roosevelt.

3

Un desacuerdo sobre tácticas

En enero de 1940 mi esposa, Marvel Scholl, y yo fuimos a México para visitar a León Trotsky y su pareja, Natalia Sedova. Yo acababa de renunciar al plantel de sindicalización de la Hermandad Internacional de Teamsters para poder concentrarme en la actividad política como secretario nacional del trabajo sindical del Partido Socialista de los Trabajadores. Durante la transición, el partido consideró que sería útil que yo hablara con Trotsky, y Marvel y yo acogimos con agrado la oportunidad de conocer al famoso revolucionario.

Uno de los temas que abordamos con él fueron las próximas elecciones en Estados Unidos. Él ofreció sugerencias prácticas al respecto, comenzando con un bosquejo sobre las consideraciones objetivas pertinentes.

Trotsky señaló que el movimiento obrero estaba siendo sometido a mucha presión para que respaldara los preparativos bélicos del gobierno capitalista. Esto creaba una situación peligrosa para los trabajadores debido a las tendencias capituladoras en el seno del movimiento, que se expresaban en forma general como apoyo a la reelección de Roosevelt. Por lo tanto, los revolucionarios tenían que emplear todos los medios disponibles para contrarrestar esa tendencia promoviendo la acción política obrera independiente.

Para impulsar esta línea, había que concretizar un programa obrero en torno a una serie de demandas de transición. Era necesario plantear medidas que protegieran el poder adquisitivo de los trabajadores y les garantizaran la seguridad del empleo. El movimiento obrero también debía exigir el derecho de convivir en paz con otras naciones, de controlar la producción, de examinar los libros de contabilidad de los capitalistas y expropiar sus propiedades, etcétera. Una plataforma electoral redactada en ese sentido no solo trazaría un curso hacia la solución de los problemas inmediatos de los trabajadores. También prepararía el camino para que aprendieran, a partir de sus experiencias, que solo pueden defender sus intereses de clase quitándoles el control del gobierno a los capitalistas.

Para asegurar que durante las elecciones se resaltaran importantes cuestiones programáticas, recomendó Trotsky, el PST debía postular a un candidato contra Roosevelt. Simultáneamente había que proponer que el movimiento obrero postulara su propia fórmula presidencial, y para recalcar el punto político, los Teamsters de Minneapolis debían sugerir la nominación de Daniel J. Tobin, jefe de la IBT, para la presidencia de Estados Unidos.

Cuando llegué a la sede del partido en Nueva York hubo una reunión especial de la dirección para escuchar mi informe sobre las conversaciones con Trotsky. Respecto a la política electoral, todos los presentes coincidieron en que sus propuestas eran buenas, pero en la situación existente, otros asuntos impedían su realización.

Reivindicaciones como las mencionadas por Trotsky eran presentadas en nuestra propaganda general, por supuesto. Eso lo veníamos haciendo de forma sistemática desde que la Cuarta Internacional adoptó un amplio programa de transición en su congreso de fundación en 1938. Pero no habíamos concretado esas demandas en el marco de una plataforma electoral debido a varias dificultades.

El PST era pequeño y tenía recursos financieros limitados. Además enfrentábamos leyes electorales severas y discriminatorias que estaban amañadas en contra de los partidos radicales. Bajo esas condiciones, la postulación de una fórmula presidencial exigía un esfuerzo máximo por parte de la organización.

Además había otra complicación. En el seno del partido se había desarrollado una intensa lucha faccional, producto de las presiones capitalistas en torno a la cuestión de la guerra. Una minoría pequeñoburguesa exigía que el PST abandonara su política de defender a la Unión Soviética, un estado obrero, si se diera un ataque imperialista. La disputa entrañaba principios revolucionarios, y la mayoría de los miembros luchó por mantenerlos. En la primavera de 1940 se produjo una profunda escisión.

Hasta ese momento, la lucha faccional había ocupado la principal atención de la dirección del partido. Después de la escisión, se tuvo que dedicar mucho trabajo a la reconsolidación de la organización, la cual había sufrido graves pérdidas numéricas. Debido a esas preocupaciones, los dirigentes nacionales no prestaron suficiente atención a la actividad electoral y no tomaron las iniciativas necesarias. De ahí que no se hizo nada para desarrollar alguna manera de postular una fórmula presidencial del PST, ni tampoco para proponer, a través de una iniciativa de los Teamsters, la nominación de Tobin frente a Roosevelt.

Esa era la situación en junio del año siguiente, cuando

unos dirigentes del partido fueron a consultar con Trotsky sobre diferentes problemas. James P. Cannon, Sam Gordon, Joseph Hansen y yo integramos la delegación. Otros tres miembros del partido —Charles Cornell y Harold Robins, que formaban parte de la escolta de Trotsky, y la veterana Antoinette Konikow, quien se encontraba allí en una visita personal— estuvieron presentes en las conversaciones.

Cuando entre los temas tratados llegamos al punto sobre las elecciones en Estados Unidos, Trotsky resumió así la situación: en la prensa del partido no se había hecho campaña a favor de la nominación de un candidato presidencial por parte del movimiento obrero. No había aparecido nada en el *Northwest Organizer* sobre este tema. El PST no había postulado un candidato propio, y ya era demasiado tarde hacerlo. Por consiguiente, el partido carecía de respuesta para los trabajadores que nos preguntaran por quién votar. No se había desarrollado una forma concreta para insistir —en los sindicatos donde teníamos influencia— en que Roosevelt no era nuestro candidato.

La abstención total de la campaña, recalcó Trotsky, no sería nada recomendable. En vez de asumir una postura negativa, necesitábamos aplicar una política dinámica. Como partido independiente, era imprescindible que tuviéramos una línea en relación a la campaña presidencial.

Al no tener candidatos propios, dijo Trotsky, teníamos que escoger entre Earl Browder, quien encabezaba la lista presidencial del Partido Comunista, y Norman Thomas, candidato del Partido Socialista a la presidencia. Thomas fue descartado por sus lazos con los socialdemócratas que estaban en la punta izquierda de los defensores del imperialismo estadounidense. Así que nuestras opciones se reducían a Browder o Roosevelt.

Trotsky nos recordó que cuando nos presentó sus recomendaciones sobre la política electoral en enero del año anterior, no había propuesto darle apoyo crítico a Browder. Pero ahora creía que debíamos seguir esa línea, ya que parecía que nos habíamos quedado sin alternativa. Sin embargo, no había que ver esta decisión como el paso inicial de una política estratégica a largo plazo. Había que verla solo como una línea táctica para los actuales comicios presidenciales.

Al darle apoyo crítico a Browder, agregó Trotsky, también podríamos abordar mejor otro problema. Con la firma del acuerdo germano-soviético en 1939, los dirigentes del PC habían comenzado a oponerse al ingreso de Estados Unidos a la guerra. Por tanto, había surgido una semejanza entre sus consignas abstractas y las nuestras. Además, ellos tenían una organización más grande, lo cual les permitía gritar más fuerte que nosotros. Por consiguiente se habían convertido en un obstáculo importante para el PST en la lucha para ganar el liderazgo entre los sindicalistas que se oponían a la política exterior de Roosevelt. Por otra parte, habíamos estado bloqueados de toda posibilidad de influir a los trabajadores estalinistas en torno a la cuestión de la guerra.

Sin embargo, debíamos tener presente que era solo cuestión de tiempo para que el Partido Comunista volviera a dar su apoyo al imperialismo estadounidense, para cumplir con los cambios en las necesidades diplomáticas de Moscú. Cuando ocurriera eso, se podía anticipar una explosión interna en el PC. El abandono en 1939 de la línea pro-guerra del "frente popular" había sido acogido con beneplácito por los trabajadores entre las filas de ese partido, quienes se habían radicalizado por sus experiencias en la lucha de clases. Muchos resentirían el regreso a una posición patriotera, y entonces podríamos abrir una brecha para comenzar a atraer hacia nosotros a algunos de ellos cuando se diera el próximo viraje. Al mismo tiempo que dábamos apoyo crítico a su candidato presidencial por la coincidencia temporal en los lemas antibélicos, advertiríamos a los trabajadores estalinistas que iban a ser traicionados de nuevo por sus dirigentes. Mientras tanto, pasaríamos por una experiencia común con estos trabajadores en la lucha contra la guerra, a fin de situarnos mejor para poder atraerlos políticamente más tarde.

Después de motivar así su propuesta, Trotsky observó que era una iniciativa audaz. Sin embargo, él creía que la cohesión de nuestro partido permitía que tuviéramos éxito con la maniobra, la cual sería breve, realizada con una fuerte crítica al PC.

La delegación del PST no estaba a favor de la táctica de dar apoyo crítico a Browder. Pensábamos que nos toparíamos con la indignación de los militantes sindicales antiestalinistas. Aunque hasta cierto punto esto tenía que ver con prejuicios reaccionarios, también existía una buena dosis de odio sincero y bien fundado hacia el Partido Comunista. Era producto de los grandes crímenes cometidos por el PC, tales como las violaciones de la democracia sindical y sus traiciones a las luchas obreras contra los patrones.

Nosotros estábamos organizando fracciones del partido en diversas industrias, tomando una postura de oposición al control estalinista. Con este fin se habían formado bloques tácitos con elementos que podrían ser calificados como sindicalistas progresistas. Aunque numéricamente éramos débiles, políticamente éramos fuertes. Esa cualidad nos había permitido jugar un papel importante en bloques de ese tipo, a través de los cuales nuestras fuerzas se estaban fortaleciendo gradualmente. De ahí creíamos que si adoptábamos la táctica propuesta, se desorganizaría nuestro trabajo sindical porque daría a los militantes antiestalinistas la impresión equivocada de que nos encaminábamos hacia la colaboración con el PC.

Pensábamos que sobre todo en Minnesota la táctica sería mal interpretada entre círculos amplios, debido a los antecedentes criminales de los estalinistas. Se les achacaba, entre otras cosas, sus operaciones destructivas dentro del Partido de los Agricultores y Trabajadores, su desbaratamiento del movimiento sindical y su sabotaje contra luchas contra la clase patronal.

La delegación del PST argumentó que, bajo esas condiciones, cualquier logro que se obtuviera gracias a este enfoque hacia los trabajadores miembros del PC sería contrarrestado con creces por la pérdida de influencia entre los militantes sindicales antiestalinistas.

Trotsky respondió diciendo que la intención de su propuesta era combinar dos objetivos: proporcionarnos, como partido independiente, una línea política en la campaña presidencial; y apoyar a los trabajadores estalinistas contra sus dirigentes traicioneros con la esperanza de que algunos pudieran ser captados a nuestra perspectiva. Este último objetivo, dijo Trotsky, no significaba que debíamos dar la espalda a los sindicalistas progresistas. Había sido correcta la maniobra de penetrar el movimiento de masas con su ayuda. Esa fase nos había abierto puertas en los sindicatos, pero también planteaba peligros.

A su manera de ver las cosas, los progresistas se encontraban principalmente en la cúpula de los sindicatos y no como corriente entre las filas. Si estábamos contando con influir políticamente en esos elementos, podría resultar fatal. Los funcionarios que adoptaban una postura progresista eran un reflejo del nuevo movimiento sindical que había surgido durante la crisis social de los años 30, pero no eran una expresión directa de las filas. Su línea se veía determinada por una doble presión: responder a las necesidades de los trabajadores, y el temor a los estalinistas, quienes buscaban promover su propia burocracia en los sindicatos. Ante todo, los funcionarios que se mostraban amistosos hacia nosotros estaban buscando asesoramiento en su lucha contra el PC, dijo Trotsky.

El papel de asesor a los burócratas progresistas, señaló Trotsky, no prometía mucho a la larga. Aunque se oponían a los estalinistas, no parecíamos estar captando a muchos de ellos a nuestro partido. En general eran rooseveltianos, quienes se volverían en contra de nosotros cuando Estados Unidos interviniera en la guerra. Nuestro verdadero papel, dijo, tenía que ser como un tercer contendiente, contra los burócratas progresistas como también contra los estalinistas.

Coincidíamos, por supuesto, en cuanto a la necesidad de crear nuestras propias fuerzas independientes en la contienda por el liderazgo de la clase obrera. Sin embargo, discrepamos con la insinuación de que estábamos actuando principalmente como abogados para los funcionarios sindicales progresistas. Respondimos que entre los progresistas había sindicalistas de filas que nosotros habíamos organizado. Eran militantes que tenían buenas razones para oponerse a los estalinistas, y nuestra línea principal tenía que orientarse hacia esos trabajadores, tratando de captarlos políticamente. En cuanto a las relaciones con los burócratas progresistas, insistimos, no era más que un bloque en torno a políticas sindicales; no era un bloque político.

Lo que habíamos esbozado era una política sindical, respondió Trotsky, no una política bolchevique. Aunque el partido había obtenido logros gracias a ciertas adaptaciones inevitables a las realidades del movimiento sindical, era necesario tomar medidas para contrarrestar los peligros asociados. Muchos compañeros parecían haberse interesado más en el trabajo sindical que en la actividad partidista; y hasta cierto punto nos estábamos adaptando políticamente a la burocracia sindical.

La política bolchevique, subrayó Trotsky, empieza desde fuera de los sindicatos. Aunque un trabajador combativo puede ser un sindicalista honesto con la capacidad de desarrollarse políticamente, eso no es idéntico con ser un bolchevique. El atraso político entre las filas obreras requiere cierto grado de adaptación por parte de los miembros del partido que participan en la actividad sindical. Es por eso que a través de ellos se ven reflejadas las presiones de elementos retrógrados. También es por eso que los funcionarios sindicales, en particular, tienden a constituir el ala derecha del partido; y síntomas de esa índoles se habían hecho evidentes en el PST.

Era necesario poner más énfasis en el partido, nos aconsejó, llevar a cabo educación teórica de forma más sistemática, maniobrar con más precisión. Ante todo, los compañeros tenían que verse como miembros del partido, y sindicalistas solo en un sentido secundario.

Tras varias horas de discusión, era evidente que habíamos llegado a un punto muerto en cuanto a la cuestión de dar apoyo crítico a Browder. En ese momento Trotsky, quien podía ser duro en un debate, dio una muestra más de su extraordinaria capacidad de pensar con objetividad. Lo que estaba en juego no era una cuestión de principios. Nuestras discrepancias giraban solo en torno a tácticas, y aunque la candidatura de Browder era un asunto importante, ese tipo de desacuerdo no era infrecuente a la hora de elaborar planes para actividades cotidianas. Además había que considerar el hecho de que nosotros éramos los que tendríamos que poner en práctica cualquier decisión que se tomara. Así que él decidió no seguir insistiendo con nosotros sobre ese tema polémico.

Dobbs (izquierda) visitó a León Trotsky dos veces en 1940: en enero (arriba) y después como parte de una delegación con James P. Cannon y otros dirigentes del partido, cuando debatieron qué debía hacer el partido en las elecciones presidenciales de 1940.

Retrospectivamente, dijo Dobbs, puesto que el PST no postulaba a su propio candidato, si hubiera llamado a votar por la fórmula del Partido Comunista, habría reforzado la lucha por la política obrera independiente. Al mismo tiempo habría preparado a los trabajadores para la traición estalinista un año más tarde cuando el PC abogó por el ingreso de Washington a la guerra imperialista.

Recuadro: Folleto con plataforma electoral del Partido Comunista y fotos de sus candidatos a presidente y vicepresidente.

Para que una táctica sea aceptable para un partido obrero, debe ajustarse a los principios revolucionarios y responder a las necesidades estratégicas en la lucha por el socialismo. La propuesta de Trotsky, por supuesto, cumplía con estos requisitos básicos. Pero eso no garantizaba que lo que nos recomendaba, de aplicarse, resultaría eficaz. Las maniobras tácticas están diseñadas para obtener resultados limitados en las circunstancias concretas del momento. Por lo tanto, el potencial de una maniobra específica no puede comprobarse categóricamente a menos que se aplique en la situación específica para la que fue diseñada y se constaten los resultados. Por eso, hoy solo podemos especular si habría sido aconsejable que el Partido Socialista de los Trabajadores probara la táctica de apoyo crítico a Browder, según nos recomendaba Trotsky.

Después de examinar el asunto retrospectivamente, ahora creo que debimos haberlo hecho. No porque en ese momento existiera un grave peligro de que los compañeros del partido sucumbieran al entorno sindical. Ellos pasaron esa prueba con creces cuando el PST enfrentó un fuerte ataque en 1941. Sin embargo, sí existía una tendencia de dar demasiado peso a las inquietudes "prácticas" cuando considerábamos nuestro enfoque hacia las tareas políticas en el movimiento de masas, y creo que la táctica respecto a Browder nos habría sido útil para corregir ese defecto.

El hecho que éramos aceptados como dirigentes sindicales era principalmente el resultado de nuestra capacidad comprobada de luchar contra los patrones y bregar con el desbaratamiento por parte de los estalinistas. Si bien el ganar un papel como dirigentes a partir de ese reconocimiento nos ponía en una posición ventajosa para propagar nuestras perspectivas revolucionarias, aún era necesario usar todos los medios posibles para fomentar el desarrollo político de los trabajadores combativos. Desde esa óptica, la propuesta de Trotsky hacía más que presentarnos con ciertas dificultades en nuestro trabajo; nos brindaba una oportunidad política. Aunque existía mucho sentimiento anti-Roosevelt entre las filas sindicales, la cúpula sindical —cuya mayoría estaba a favor de la reelección de Roosevelt— rechazaba la idea de postular un candidato obrero. Por lo tanto, para que los trabajadores opuestos al belicista de la Casa Blanca tuvieran una alternativa concreta, tendría que ser Browder.

Los sindicalistas antiestalinistas indudablemente habrían reaccionado en contra de la idea de dar apoyo crítico a un candidato del traicionero PC, pero no parecía excluída totalmente la posibilidad de que estas reacciones iniciales podrían ser superadas hasta cierto grado. Podríamos haber subrayado la importancia de distinguir entre los secuaces estalinistas y los trabajadores que habían sido embaucados por ellos. Podríamos haber explicado cuidadosamente lo que significaba el apoyo crítico, por qué se había desarrollado esta táctica en el transcurso de la historia del movimiento obrero, y cómo, manteniendo los principios, se podía aplicar para facilitar la actual lucha contra la guerra imperialista. Además, al presentar estas explicaciones, los militantes del partido que eran sindicalistas habrían tenido que estudiar los fundamentos marxistas, profundizando así su propia educación política.

Por otra parte, en esos momentos parecían existir posibilidades de influenciar a miembros del Partido Comunista. El PC había reclutado a miles de trabajadores, especialmente a miembros del Congreso de Organizaciones Industriales (CIO) en las industrias básicas, y no todos habían sido completamente estalinizados. Con el cambio en la línea del partido tras la firma del pacto germano-soviético, muchos se entusiasmaron con la posibilidad de librar una lucha contra la guerra imperialista. Si nos hubiéramos solidarizado con esos trabajadores en ese esfuerzo, mediante el apoyo crítico a Browder, lo más probable es que algunos habrían tomado una actitud más abierta hacia nosotros. Además, tenían más conciencia política que el sindicalista medio, aunque su forma de pensar estaba distorsionada por los conceptos estalinistas. Así que no se podía excluir la posibilidad de tener discusiones constructivas con ellos.

Entre los temas que podrían haberse explorados estaban las razones de la nueva actitud del Kremlin hacia los nazis, la cual provocaba inquietudes en el seno del PC. Con un poco de habilidad, se podría haber dirigido esta conversación hacia un estudio crítico de la política estalinista según se reflejó en la incapacidad del PC alemán de impedir que Hitler tomara el poder en 1933. Así se podría haber encontrado una oportunidad —sin ser provocadores— para pronosticar que los dirigentes del PC en este país iban a traicionar nuevamente a los trabajadores en torno a la guerra, como lo harían en 1941. No se puede decir con certeza que dicho enfoque nos habría permitido captar a una buena cantidad de trabajadores estalinistas. Sin embargo, parece posible que los hubiéramos podido influir en gran medida, y en todo caso, al hacer el intento, los sindicalistas del PST habrían fortalecido su propio entendimiento de la política revolucionaria.

Puesto que el Partido Socialista de los Trabajadores no tenía su propio candidato presidencial, hay otra razón por la cual ahora creo que debimos haberle dado apoyo crítico a Browder. Al no hacerlo, tuvimos grandes dificultades en encontrar la forma de diferenciarnos de los partidarios de Roosevelt en los sindicatos. Una de las dificultades más complejas surgió en los Teamsters de Minneapolis, tema al que regresaré más adelante.

En cuanto a los resultados de la conversación de junio de 1940, el fundador de la Cuarta Internacional demostró una plena comprensión de sus responsabilidades hacia nosotros como dirigentes de una sección nacional. Trotsky sabía lo costoso que podría ser para el movimiento si él usaba su gran autoridad a la ligera, de manera de socavar nuestra capacidad de cumplir las tareas de dirección que los miembros del PST nos habían asignado. Por lo tanto, aunque estaba convencido de que tenía razón respecto a Browder, Trotsky se cuidó de no hacer nada que insinuara una ruptura con nosotros. Al contrario, tomó la iniciativa de proponer un término medio.

Llegamos al siguiente entendimiento: buscaríamos acercarnos a los trabajadores estalinistas con propuestas para actividades de frente único contra los preparativos bélicos imperialistas, en defensa de los derechos de los trabajadores, etcétera; y se realizaría una campaña de propaganda a favor de la nominación de una lista de candidatos obreros en las elecciones presidenciales.

Poco después, el *Northwest Organizer* planteó la cuestión de una lista obrera independiente para la presidencia y otros cargos. El 18 de julio publicó un editorial que decía: "El otro día la prensa informó que algún congresista federal estaba redactando frenéticamente una sección sobre 'la defensa de la democracia' para incorporar a la plataforma del partido Republicano o Demócrata, no recordamos cuál partido...

"Los derechos democráticos se dividen básicamente en tres amplios grupos. (1) El primer grupo consiste en los 'derechos' especiales que defienden las relaciones de propiedad capitalistas... (2) El segundo grupo de derechos democráticos... abarca muchas de las libertades civiles: los derechos de libertad de expresión, libertad de asociación... (3) El tercer grupo de derechos que existe en la democracia capitalista no son derechos 'democráticos' en un sentido estricto, sino derechos obreros, conquistados en la lucha de los trabajadores contra los patrones...

"El único grupo de derechos democráticos que los capitalistas defienden plenamente es el primero: los derechos que protegen las relaciones de propiedad capitalistas. El segundo grupo de derechos democráticos son manipulados por los capitalistas para sus propio fines. Los capitalistas se muestran activamente hostiles hacia el tercer grupo de derechos, y siempre buscan restringir o eliminarlos por completo en la práctica...

"En lo que respecta a la clase trabajadora, no tenemos interés alguno en defender el primer grupo de derechos 'democráticos', los cuales solo protegen las relaciones de propiedad para beneficio de los monopolistas adinerados. Pero la clase trabajadora, ante todos los demás grupos de la sociedad, tiene un decidido interés en proteger el segundo y tercer grupos de derechos que constituyen la democracia.

"Los trabajadores no pueden defender estos derechos democráticos apoyando a uno u otro de los dos viejos partidos políticos dominados por los patrones... Los trabajadores solo pueden defender la democracia fortaleciendo sus propios sindicatos, asegurando que estén controlados democráticamente, que sigan una política combativa. E igualmente importante y necesario, los trabajadores deben tener SU PROPIO PARTIDO POLÍTICO, un partido obrero nacional, basado en los sindicatos y dirigidos por ellos, para impugnar a los partidos Demócrata y Republicano...

"Como primer paso, quisiéramos nominar a Daniel Tobin, presidente de la Hermandad Internacional de Teamsters, para presidente de Estados Unidos. Y quisiéramos que los sindicatos en todos los estados nominen a sindicalistas leales para todos los cargos en las elecciones, incluidos los puestos de senador y congresista de Estados Unidos así como gobernador".

En un número tras otro, el periódico Teamster continuó su propaganda siguiendo esta línea, y Trotsky expresó su aprobación de los pasos tomados. En una carta fechada el 20 de agosto de 1940, dirigida a Henry Schultz sobre otros asuntos, Trotsky añadió: "El *Northwest Organizer* se vuelve más preciso —más enérgico— más político. Lo disfrutamos mucho".

Nuestra campaña a favor de una lista electoral obrera a nivel nacional coincidió con un ataque al Partido Demócrata procedente de otra fuente. El 31 de enero de 1940, John L. Lewis, presidente del CIO, había acusado públicamente a Roosevelt de "faltar a su palabra" con los trabajadores. Lewis, sensible al creciente descontento entre los sindicalistas, quería impedir que se desarrollara una rebelión contra la política colaboracionista de clases. Él comenzó exigiéndole a Roosevelt algunas concesiones para los trabajadores, a cambio de los cual los sindicatos continuaran apoyando a los demócratas.

Pero durante los meses siguientes la Casa Blanca hizo oídos sordos a las súplicas del jefe del CIO. Entonces Lewis, una semana antes de las elecciones, dio un discurso por la radio nacional que había recibido mucha publicidad de antemano. Comenzó con una clara condena de Roosevelt. Trabajadores combativos en todo el país lo escucharon con avidez, esperando contra toda esperanza que él llamara al movimiento obrero a forjar su propio partido en oposición al fraude bipartidista capitalista. Pero el jefe del CIO concluyó su discurso, no con un estallido sino con un gemido: "Yo recomiendo", dijo Lewis a los muy decepcionados sindicalistas, "la elección de Wendell L. Willkie [el candidato republicano] como próximo presidente de Estados Unidos".

"Después de las elecciones de 1936, el Local 544 de los Teamsters en Minneapolis empezó a organizar la oposición sindical a los preparativos de Roosevelt para usar a los trabajadores como carne de cañón del imperialismo".

GETTY IMAGES

SOCIALIST APPEAL

Published Weekly as the Organ of the Socialist Party of New York, Left Wing Branches.

- No. 10 — Saturday, October 16, 1937 — 5 Cents per Copy

Roosevelt Heading Towards New War

16 DE OCTUBRE DE 1937

Arriba izquierda: El presidente Franklin Roosevelt pronuncia discurso "Cuarentena al agresor", octubre de 1937. Fue un hito en los preparativos políticos de los gobernantes norteamericanos para lo que sería la masacre imperialista de la Segunda Guerra Mundial.

Arriba derecha: Noticiario proyectado en salas de cine presenta a Estados Unidos como "víctima". Fue parte de la masiva campaña de propaganda bélica de Washington.

Abajo: Primera plana del *Socialist Appeal*, voz semanal de los trabajadores comunistas, condena discurso bélico de Roosevelt. "No hay otra lucha contra la guerra que no sea la lucha de clases de los trabajadores por el poder y el socialismo", afirmó el *Appeal*.

“En julio de 1937, cuando las fuerzas armadas japonesas invadieron China, Washington organizó una ola de propaganda antijaponesa. El *Northwest Organizer* respondió a esta línea patriotera: ‘El trabajador americano no tiene nada que ganar y todo que perder en una guerra librada para proteger el capitalismo americano’ ”.

Foto: Fuerzas imperialistas japonesas en Nanking durante ocupación de China, diciembre de 1937. “De todas las guerras que hoy se libran en el mundo, solo una podría calificarse como progresista: la de China contra Japón, ya que los chinos luchan por liberarse del imperialismo”. —*Northwest Organizer*, septiembre de 1939. **Mapa:** Gris oscuro indica territorio chino y coreano ocupado por los gobernantes japoneses en 1940.

SOCIALIST APPEAL

Published Weekly as the Organ of the Socialist Party of New York, Left Wing Branches.

Withdraw America's Forces from China!

An Editorial

The sinking of the United States gunboat, … Chinese waters by Japanese bombers, has le… veritable wave of jingoism in the United States. All the war-mongers are screeching for "strong measures". Both the yellow press and the "res… able" Big Business press are demanding "action". … ing the blood-pack is the Daily Worker, the orga… the Communist Party. It rushed to endorse Roos… and to demand that American imperialism join … French and British imperialism to take common a… against Japan.

18 DE DICIEMBRE DE 1937

BALTIMORE …

U. S. GUNBOAT SUNK BY JAPS
ROOSEVELT DEMANDS APOLOGY

13 DE DICIEMBRE DE 1937

THE NORTHWEST ORGANIZER

Official Organ of Motor Transport and Allied Workers Industrial Union Local 544

Get Out of China!

The sinking of the United States gunboat, Panay, in Chinese wat… bombers, was the signal for all th… for "strong meas-…

What … "we" and "our"? Who

23 DE DICIEMBRE DE 1937

Daily Worker

Japan Air Crews Called 'Mad With Lust to Kill'

Eyewitness of Panay Sinking Tells of Shooting of Survivors by Japanese Machine-Gun-… Bombs Rain on Ship

…ted Press)

…ed yesterday that it had received

14 DE DICIEMBRE DE 1937

El *Socialist Appeal* y el *Northwest Organizer* explican que el pueblo trabajador no tiene interés alguno en defender las inversiones imperialistas en China: ni de los norteamericanos ni de los japoneses. Los noticiarios de cine, la prensa capitalista y (abajo derecha) el *Daily Worker*, diario del Partido Comunista, tocaron los tambores de guerra.

"La campaña antibélica iniciada por el Local 544 ayudó a expresar de forma organizada la oposición obrera a la campaña pro-guerra de Roosevelt".

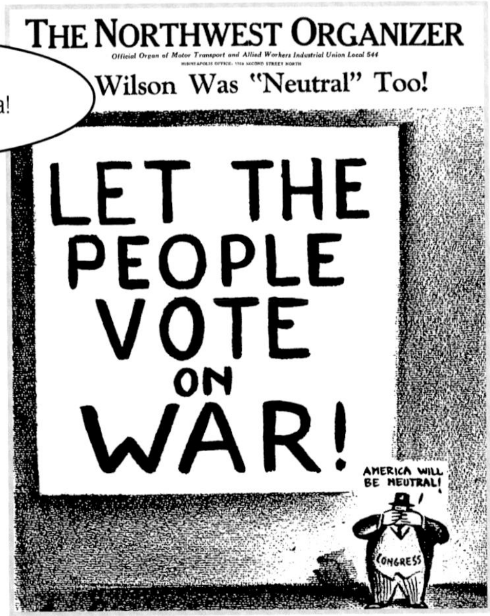

14 DE SEPTIEMBRE DE 1939

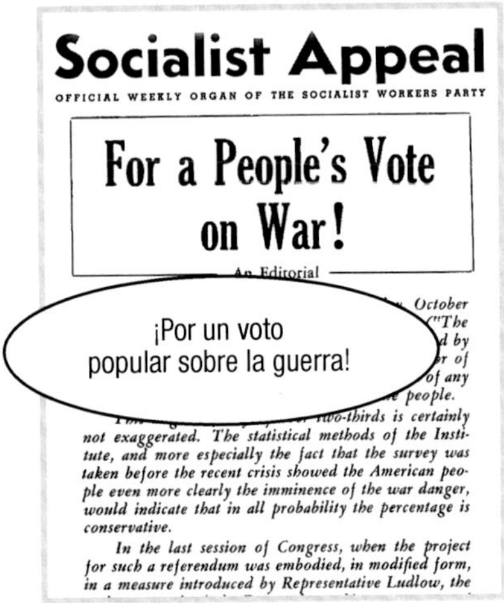

Socialist Appeal

OFFICIAL WEEKLY ORGAN OF THE SOCIALIST WORKERS PARTY

For a People's Vote on War!

An Editorial

... October ... ("The ... d by ... r of ... of any ... people.

... two-thirds is certainly not exaggerated. The statistical methods of the Institute, and more especially the fact that the survey was taken before the recent crisis showed the American people even more clearly the imminence of the war danger, would indicate that in all probability the percentage is conservative.

In the last session of Congress, when the project for such a referendum was embodied, in modified form, in a measure introduced by Representative Ludlow, the ...

8 DE OCTUBRE DE 1938

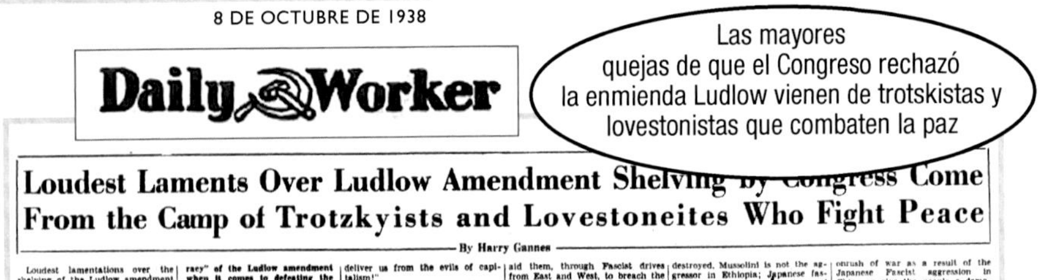

Daily Worker

Loudest Laments Over Ludlow Amendment Shelving by Congress Come From the Camp of Trotzkyists and Lovestoneites Who Fight Peace

By Harry Gannes

Loudest lamentations over the shelving of the Ludlow amendment for a national referendum on declaring war came from the Fascist-Trotzkyite-Lovestonite camp, with some of the Socialist supporters of the demagogic measure bewailing its rejection ...

... racy" of the Ludlow amendment when it comes to defeating the world struggle for democracy and peace against War and Fascism.

The Socialist Call's love for "a struggle for peace," as an excuse for supporting the Ludlow amendment was, oh so sudden; for not deliver us from the evils of capitalism!"

And the authors of this kind of war-mongering tripe would have workers believe that they are the defenders of "peace" in their espousal of the Ludlow amendment ... aid them, through Fascist drives from East and West, to breach the towering bulwark of the U.S.S.R.

A recent Trotzkyist resolution on the Soviet Union calling for the overthrow of the Soviet government ... destroyed. Mussolini is not the aggressor in Ethiopia; Japanese fascist-militarism is not invading and attacking China, and certainly German and Italian Fascism are innocent of any aggression in Spain ... onrush of war as a result of the Japanese Fascist aggression in China or give the people a democratic voice in preserving peace?

The Lovestonites, in weasel words are compelled to admit ...

18 DE ENERO DE 1938

Arriba: Tras discusiones con el dirigente bolchevique León Trotsky, en 1938 la dirección del Partido Socialista de los Trabajadores decidió reivindicar el derecho de los trabajadores a votar sobre la guerra. Trotsky abogó por una "postura flexible y positiva" hacia una enmienda a la Constitución norteamericana propuesta por el congresista Louis Ludlow de Indiana que requería un referéndum nacional antes de declarar una guerra. "Era aconsejable que los revolucionarios pasaran por esta experiencia junto a las masas en torno al referéndum", escribe Dobbs.

Abajo: El Partido Comunista, siguiendo servilmente la política de Moscú de apoyar la campaña guerrerista de Washington, denunció la enmienda y equiparó a sus partidarios con los nazis.

Socialist Appeal

Official Weekly Organ of the Socialist Workers Party, Section of the Fourth International

Open the Doors To Europe's Refugees!

VOL. II—No. 51 | Saturday, November 26, 1938 | One Cent per Copy

ENOUGH PIOUS TEARS: ADMIT THE REFUGEES!

CIO CONVENTION RUBBER STAMPS

YPSL Convention Opens in Chicago

Empty Talk Fills Air As Pogrom Goes On

Hypocritical Plans For Havens In Remote Colonies Offer No Real Possibility Of Relief For Victims Of Hitler

...is one, and just one, test of the seriousness of any ... the monstrous Nazi drive to exterminate the ...ws.

... test is this: Is the protest backed solidly and un...vocally by the demand that the doors of the United States be thrown open at once to all of the German Jews?

Let us not fool ourselves. Bombastic speeches by the big-shots ...

Minn. Labor Demands Open Door for Refugees

MINNEAPOLIS.—Progressive labor forces here have given real impetus to the drive to lower the U. S. immigration restrictions to permit asylum to the hounded refugees from Fascism.

This drive was initiated by the Executive Board of the General Drivers Union, Local 544.

A resolution adopted last week which called upon President Roosevelt to back up his expressions of sympathy with real aid to the refugees and demanded that he "open the gates of the United States to the oppressed of Europe."

The resolution, which is a model for trade unions throughout the country, reads as follows:

"The working thousands enrolled under the banner of General Drivers Union Local 544 extend their keen sympathy to the victims of the repulsive and abominable fascist terror in Germany.

"Fascism is the most reactionary form of capitalism. The

26 DE NOVIEMBRE DE 1938

THE NORTHWEST ORGANIZER

Official Organ of Motor Transport and Allied Workers Industrial Union Local 544

Give the Persecuted Refuge Here

The masses of America can well ponder the hideous victimization of the Jews now taking place in the murky and nightmarish atmosphere of Hitler Germany.

Relentlessly and mercilessly, the fascists are carrying on a pogrom against the Jews such as has not been seen in modern times. A bewildered racial minority is being systematically robbed, beaten, denied schooling, eliminated from the nation's economic, cultural and political life, thrust down into the ghetto. Hitler aims at nothing less than the extermination of the Jews in Germany.

This is capitalism at work in its most reactionary, its fascist, form. A scapegoat must be set up to take the minds of the people off the tortured insecurity that decaying capitalism forces upon them.

This is what happens when labor permits its independent organizations to be smashed. In Germany there is no strong labor movement to guard the people against ...

17 DE NOVIEMBRE DE 1938

MILITANT

"Ni un solo pez gordo apoya la demanda de abrir las puertas de Estados Unidos a las víctimas de Hitler", dijo el *Northwest Organizer* en diciembre de 1938, "pero las organizaciones obreras en todo el país continúan expresando esa demanda. Jamás quedó más claramente demostrada la superioridad moral de los trabajadores sobre sus amos".

Arriba: Portada del *Socialist Appeal*, noviembre 1938. **Izquierda:** El *Northwest Organizer* hace campaña para que abran las puertas a los refugiados. **Derecha:** Una protesta frente al consulado alemán en Nueva York, noviembre de 1938, convocada por el Partido Socialista de los Trabajadores y otros, exige que Washington admita a los refugiados.

"El 23 de agosto de 1939, Alemania y la Unión Soviética firmaron un pacto de 'no agresión'. A cambio de esto, Hitler recibió carta blanca de Stalin para atacar a cualquier otro país. Una semana más tarde, tropas nazis invadieron Polonia. Había comenzado un holocausto imperialista".

Arriba: El canciller soviético Vyacheslav Mólotov (sentado) firma pacto, agosto de 1939, mientras José Stalin (segundo de la derecha) y el canciller alemán Joachim von Ribbentrop (tercero de la derecha) observan. **Abajo:** Tropas alemanas en Varsovia, septiembre de 1939.

Only the Revolutionary Struggle Against War Can Save Humanity!

WORKERS OF THE WORLD UNITE!

Socialist Appeal

Official Organ of the Socialist Workers Party, Section of the Fourth International —Issued Twice Weekly

VOL. III, No. 63 — TUESDAY, AUGUST 29, 1939

THE TRUTH ABOUT THE STALIN-HITLER PACT!

Real Meaning Of Moscow Trials Is Clear

Today, at last, the world can see quite plainly the real meaning of the Moscow Trials. Stalin's pact with Hitler! Stalin's blessing on the most savage, hideous political force in recorded history! Stalin's signal for Nazism to advance with a free hand, and to yoke ever more tens of millions of workers and peasants beneath the Nazi chains. The mask is off at last!

Stalin Murdered the Flower of the Party

One by one, by tens and dozens and hundreds and thousands, Stalin butchered. By frame-up in open court or in dark rooms in black night, in concentration camps or the cellars of the Lubianka, the guns of the GPU smoked. Zinoviev and Smirnov and Kamenev and Bukharin, Pyatakov, Mrachkovsky ... all who remained of those who had led the great revolution, all Lenin's comrades and colleagues, those who had been the flower of the dead party which Stalin murdered, fell before

They Meet on Common Ground!

Stalin's Capitulation to Hitler Increases War Danger; Threatens Existence of Soviet Workers

29 DE AGOSTO DE 1939

NON-AGGRESSION PACT WEAPON FOR PEACE, OPEN TO ALL NATIONS, SAYS BROWDER

Soviet-German Non-Aggression Pact Signed

Daily Worker

LIBERTY, PROGRESS, PEACE AND PROSPERITY

POLISH CABINET SPEEDS DEFENSE PLANS AS NAZI PLANES VIOLATE BORDER

Late News Bulletin

SOVIET-GERMAN NON-AGGRESSION PACT SIGNED

Chamberlain Offers Appeasement, Hitler Increases...

24 DE AGOSTO DE 1939

Stalin's Invasion of Polish Ukraine (A Warning to Revolutionary Workers Against Deceptive Propaganda)

26 DE SEPTIEMBRE DE 1939

MUSEO IMPERIO DE LA GUERRA (LONDRES)

Arriba: El *Socialist Appeal* explicó que Washington usaría el pacto Stalin-Hitler y la invasión a Polonia para "nuevas incitaciones" a la agresión. "El que con rabia justificada olvida que nuestro principal enemigo está en casa —los amos industriales y financieros de Estados Unidos— ya no es revolucionario sino una herramienta impotente y víctima del enemigo de clase", advirtió el *Appeal.*

Arriba derecha: El diario del Partido Comunista, *Daily Worker*, del 24 de agosto de 1939, un día después del pacto. El pacto "es un gran aporte a la paz mundial", dijo Earl Browder, dirigente del PC.

Foto: Llevando a cabo el acuerdo pactado con el imperialismo alemán, el ejército soviético bajo la dirección de Stalin ocupó el resto de Polonia poco después de la invasión nazi. Aquí, caballería soviética entra en Wilno, Polonia, octubre de 1939.

"En última instancia, solo con una lucha obrera por el control directo del gobierno se podría tomar medidas eficaces para prevenir la guerra y defender los intereses de los trabajadores".

26 DE SEPTIEMBRE DE 1939

Dr. Grace Carlson, Socialist Workers Party Candidate for U. S. Senator in Minnesota and C. Johnson, campaign manager, are shown in the secretary of state's office as they filed petitions bearing over 2,600 names supporting the candidacy of Grace Carlson.

SOCIALIST APPEAL, 19 DE OCTUBRE DE 1940

SOCIALIST APPEAL, 2 DE NOVIEMBRE DE 1940

Arriba: En las elecciones al consejo municipal de Nueva York en 1939, los candidatos del Partido Socialista de los Trabajadores abogaron por "una inequívoca y combativa plataforma contra la guerra de Wall Street", informó el *Socialist Appeal.*

Izquierda: Al no tener su propio candidato presidencial en 1940, el PST postuló a Grace Carlson para el Senado por el estado de Minnesota. Los puntos principales de la plataforma incluían su oposición al ingreso de Washington a la guerra, respaldo a un partido obrero basado en los sindicatos, plena igualdad para los negros —incluso en las fuerzas armadas— y la defensa de la Unión Soviética frente la agresión imperialista.

En esta situación, los trabajadores no tenían un candidato propio, y no tenían ninguna intención de seguir la recomendación de Lewis de apoyar a los republicanos. Así que terminaron votando por Roosevelt, al considerarlo un mal menor que Willkie. En Minneapolis la Unión Central del Trabajo de la AFL tomó la misma posición. Al tiempo que dio su respaldo a una lista única de candidatos del Partido de los Agricultores y Trabajadores en las elecciones estatales, la CLU declaró oficialmente su apoyo a la candidatura demócrata a nivel nacional.

Los trotskistas enfrentaban un problema debido al control formal que el Consejo Unido de Teamsters tenía sobre el *Northwest Organizer.* Aparte de nosotros, el Consejo en general, así como muchos miembros del Local 544, apoyaban la posición de la CLU en las elecciones presidenciales. Entre ellos surgieron reclamos de que el periódico Teamster respaldara a Roosevelt. Nos opusimos, pidiendo —en vista a las diferencias sobre esta cuestión— que no se dijera nada en el órgano oficial del Consejo. Pero nuestra solicitud fue rechazada, en parte por las presiones de Tobin. Como presidente del Comité Sindical del Comité Nacional Demócrata, el jefe de la IBT insistió en que todas las unidades de los Teamsters apoyaran la candidatura presidencial demócrata.

Tras una prolongada discusión en el Consejo Unido, se llegó a un acuerdo. Se convino que el periódico ofrecería un informe con los hechos sobre la posición tomada por la AFL de Minneapolis, pero que no habría un editorial a favor de los demócratas. Después se publicó un artículo de noticias sobre la posición de la CLU en la edición del 31 de octubre de 1940 del *Northwest Organizer.* El párrafo clave en el artículo decía: "La Unión Central del Trabajo de Minneapolis, sin ocultar sus discrepancias con Roosevelt ni sus críticas hacia el Partido de los Agricultores y

Trabajadores en años recientes, considera que los intereses del movimiento sindical se beneficiarán más si todos los sindicalistas apoyan la lista completa de los candidatos del Partido de los Agricultores y Trabajadores y a Roosevelt-Wallace a nivel nacional".

Puesto que el asunto había sido manejado de tal modo de no ponernos oficialmente a favor de un candidato capitalista, el acuerdo no implicaba violación alguna de principios revolucionarios. Sin embargo, era aconsejable asegurarnos de que no hubiera malentendidos acerca de nuestra posición. Eso se hizo en el siguiente número del periódico Teamster. En un editorial y en una columna escrita por el director, Miles Dunne, recalcamos y volvimos a recalcar nuestra posición de abogar por un partido obrero nacional.

Si hubiéramos dado apoyo crítico a Browder, como nos aconsejó Trotsky, nuestro problema en Minneapolis seguramente habría sido menos complicado. No quiero decir que podríamos haber convencido a una mayoría entre los Teamsters de aceptar esa táctica. En mi opinión, algunas fuerzas en el Consejo Unido habrían insistido en publicar algo en el periódico sindical que expresara su postura a favor de los demócratas en los comicios presidenciales. Pero en ese caso, un acuerdo como el que se concertó habría eliminado prácticamente toda posibilidad de confusión. Casi todos habrían comprendido que los dirigentes del Local 544 se mantenían rotundamente en contra de Roosevelt.

Además podríamos haber avanzado un poco políticamente con los trabajadores estalinistas, con quienes los trotskistas podríamos haber establecido contactos gracias a nuestro apoyo crítico a la candidatura de Browder. Su campaña no tenía nada de anticapitalista. En la medida que el Partido Comunista se oponía a Roosevelt, lo hacía brindando un disimulado apoyo a Willkie, y especialmente después de que Lewis se pronunciara a favor del aspirante republicano. En una expresión solapada de respaldo a la línea pro-Willkie del jefe del CIO, el *Daily Worker* instó a dar "apoyo sin reservas al liderazgo de John L. Lewis en el CIO". Así se creó una oportunidad para cuestionar los métodos engañosos del PC en conversaciones con trabajadores entre sus filas y para entablar discusiones con ellos sobre una política obrera de principios. Probablemente habríamos ayudado a algunos de ellos a aclarar su forma de pensar.

Desprovistos de un medio directo para oponerse a Roosevelt en las elecciones, los cuadros del Partido Socialista de los Trabajadores en Minnesota hicieron lo mejor posible postulando un candidato para senador de Estados Unidos. Grace Carlson fue la candidata. Por un detalle técnico en las leyes electorales, no podía aparecer como candidata del PST. Entonces se hizo una exitosa campaña de recolección de firmas en peticiones para colocar su nombre en la papeleta electoral a nombre del "Partido AntibélicoTrotskista".

La campaña de Carlson se enfocó principalmente en cuestiones relacionadas a la guerra. Los puntos claves de su plataforma planteaban: oposición a la guerra imperialista; control sindical del adiestramiento militar; horarios y salarios sindicales en todas los programas de defensa y obras públicas; una semana laboral de 30 horas; defender y ampliar las libertades civiles y los derechos de los trabajadores; por un partido obrero nacional basado en los sindicatos y controlado por ellos; defensa de la Unión Soviética contra el imperialismo y el estalinismo.

Se repartieron miles de copias de esta plataforma, principalmente en las ciudades más grandes del estado. Dado el fuerte sentimiento antibélico entre las masas, los materiales de la campaña del PST fueron muy bien recibido.

Los contrincantes de Carlson en la contienda senatorial

eran Elmer Benson, un títere estalinista que en las elecciones primarias ganó la nominación del Partido de los Agricultores y Trabajadores; Henrik Shipstead, un renegado del FLP que había desertado al bando de los republicanos; y John Regan, un demócrata. Al enfrentarse a ellos, la candidata del PST subrayó que la guerra era la cuestión central de la campaña: que la capacidad de los candidatos de encarar los problemas planteados por la guerra era la medida fundamental de su idoneidad para defender a los trabajadores y agricultores contra la línea pro-imperialista de Roosevelt.

Al anunciarse los resultados electorales de noviembre, la suma combinada del voto radical en el estado era de casi 17 mil votos, más del doble del total obtenido en 1936. Las principales cifras por partido se dividían así: para senador, Carlson, 8761, y Carl Winter, candidato del Partido Comunista no inscrito en la boleta, 256. Entre los candidatos presidenciales, Norman Thomas del Partido Socialista obtuvo 5454 votos en Minnesota y Earl Browder del PC recibió 2711. Además de esas cifras específicas, la votación radical en su conjunto incluyó votos a favor de otros candidatos de partidos menores.

Carlson no solamente sobrepasó a Winter. Los votos que ella recibió para el escaño de senadora fue mayor que la suma combinada de Thomas y Browder a nivel estatal en la contienda presidencial. Como demostraron los resultados electorales, el PST había pasado a ser el principal partido que atraía a trabajadores radicales en la región, y muchos se estaban acercando al partido una vez que conocían su programa.

En la votación nacional Roosevelt fue reelecto para cumplir un tercer mandato, pero en Minnesota los republicanos ganaron las principales contiendas. Shipstead obtuvo el escaño de senador y Harold Stassen fue reelecto como gobernador. El movimiento obrero del estado demostró estar más unido en su apoyo a Roosevelt que en su respaldo a la candidatura del Partido de los Agricultores y Trabajadores.

Frente a una nueva derrota electoral, las fuerzas de derecha en el Partido de los Agricultores y Trabajadores contemplaron la posibilidad de una fusión con los demócratas. Para ellos no era una idea nueva. Hacía tiempo que estaban atraídos políticamente a los rooseveltianos, con quienes tenían mucho en común. Pero había otro factor que les impedía consumar la alianza con el partido capitalista mediante la unidad organizativa. En todo caso, el aparato demócrata en Minnesota estaba más plagado de facciones que el reformista FLP, y no era un buen vehículo para políticos oportunistas que buscaban una vía fácil para llegar a un cargo público. Por eso, en las elecciones de 1942 los funcionarios del FLP decidieron limitar sus relaciones con los demócratas a componendas políticas.

El Partido Comunista también había buscado una fusión del Partido de los Agricultores y Trabajadores con los demócratas durante el período del "frente popular". Sin embargo, cuando hizo su viraje de línea en 1939, el PC desistió temporalmente de esta perspectiva, pasando a una postura anti-Roosevelt. Este cambio había puesto a los estalinistas en conflicto con sus ex aliados pro-Roosevelt en el FLP, quienes salieron victoriosos y tomaron pleno control del aparato estatal del partido. Pero el PC logró mantener su control de la sección del partido reformista en el condado de Hennepin. Usándola como base, ahora lanzó una ofensiva contra la derecha, tratando de aprovechar la desmoralización causada por sus derrotas en los comicios de noviembre. Se produjo un fuerte enfrentamiento en el congreso del FLP en enero de 1941.

Debido a la hostilidad del aparato del partido hacia el

movimiento sindical, fueron pocos los sindicalistas que asistieron al encuentro. Ya para entonces, la Unión Central del Trabajo de Minneapoils había más o menos roto sus lazos con el FLP. Aparte de una delegación de la Asamblea de Oficios y del Trabajo de Saint Paul, la cual respaldó a los conservadores del partido, solo estuvo representado un puñado de locales pequeños de la AFL y sindicatos del CIO.

En esas condiciones, la reunión se degeneró en un pleito entre las alas estalinista y conservadora del partido. Ya que ambas facciones eran oportunistas hasta el tuétano, la contienda por la dirección no pudo resolverse a través de un debate constructivo sobre las necesidades políticas de la clase trabajadora. Era simplemente cuestión de decidir cuál de los bandos había sido más eficaz en las maniobras organizativas tras bastidores. En eso el PC tenía la ventaja, lo que le permitió dominar el congreso y retomar el control del aparato estatal del partido.

Frente a ese desenlace, los sindicalistas de Saint Paul expresaron su desagrado abandonando la sala. Poco después, sus elementos más progresistas propusieron que las filiales de la AFL en Saint Paul rompieran con el FLP y se encaminaran hacia la formación de un partido obrero a nivel local. Pero no se dieron pasos concretos para poner la idea en práctica.

Por otra parte, en Minneapolis los hechos pronto demostraron que el movimiento obrero se mantenía completamente resuelto a actuar de forma independiente en el ámbito político. Los estalinistas, al recuperar el control del aparato del FLP, lo utilizaron con fines faccionales en torno a las elecciones municipales de 1941. Primero programaron un congreso nominador en febrero a nombre de la unidad del partido reformista en el condado de Hennepin. En esa coyuntura intervino la Unión Central del Trabajo de la AFL, pidiendo un breve aplazamiento para organizar una sesión conjunta de los sindicatos de Minneapolis y los clubes de distrito del FLP. La petición fue rechazada. Se celebró un encuentro exclusivamente del FLP, en el cual Al Hansen, miembro de la junta municipal de estimaciones e impuestos, fue nombrado como candidato para alcalde.

A principios de marzo la Unión Central del Trabajo nombró su propio candidato: T.A. Eide, quien ya había sido el candidato obrero en 1939. Él estuvo de acuerdo en postularse apoyando la plataforma adoptada por los sindicatos. Los principales puntos fueron: oposición al ingreso de Estados Unidos en cualquier guerra imperialista; por un gobierno municipal con un profundo respeto de los principios y métodos democráticos; un programa municipal de viviendas y obras públicas para proporcionar empleos a los desempleados con salarios a escala sindical.

El *Northwest Organizer* informó que entre los sindicalistas había más entusiasmo con la candidatura obrera que la que se ha manifestado en muchos años. Los trabajadores sentían que para ellos había algo de verdadera importancia en el resultado de las elecciones. Esto se demostró en su nivel de participación en los comités voluntarios de campaña. Se estaba dando un paso más hacia la creación de un partido obrero independiente, bajo el control del movimiento sindical.

Durante la campaña, el FLP bajo el control estalinista propagó tonterías pacifistas contra la "guerra de Wall Street". Dieron casi la misma importancia a sus ataques contra los dirigentes trotskistas del Local 544. Los militantes de los Teamsters fueron acusados de tratar de "reducir el poderoso movimiento de agricultores y trabajadores a un estrecho 'Partido Obrero' que sería el dominio privado de los farsantes del movimiento obrero".

En las primarias Eide venció a Hansen, su contrincante del FLP, por un margen abrumador: 34 492 votos contra 6 157. Del lado capitalista, Marvin L. Kline superó por un escaso margen al alcalde George E. Leach. Ambos eran republicanos, diferenciados solo por su fidelidad a diferentes alas del partido. La mayoría de la clase dominante consideraba que no podía otro riesgo con Leach, y entonces había optado por Kline, un miembro del consejo municipal. Dado que Eide había derrotado tanto a Leach como a Hansen, la segunda vuelta sería entre Eide y Kline.

Tras la derrota del candidato del FLP en las primarias, los estalinistas utilizaron su control del CIO local para proponer que se postulara contra Eide un candidato cuyo nombre había que escribir a mano en la boleta. En contraste, el Partido Socialista de los Trabajadores dio apoyo crítico a Eide. Al hacerlo, subrayó la necesidad de organizar a nivel municipal un partido obrero con candidatos nombrados por delegados, y de vincularse a otras fuerzas que promovían la acción política obrera independiente a nivel nacional.

Kline, el candidato de la clase patronal, intentó ofuscar los verdaderos problemas, recurriendo a mentiras y calumnias contra los dirigentes del Local 544. Hizo sus acusaciones falsas a través de ataques contra Eide. El candidato obrero, dijo Kline de forma acusante, era "el candidato de los Dunne y del bajo mundo". Eide cedió a las presiones y repudió públicamente el apoyo que le daba el Local 544.

Los resultados de los comicios del 9 de junio le dieron la victoria a Kline por un escaso margen de 5 862 votos: las cifras finales eran 80 359 contra 74 497.

En su análisis de los resultados electorales el *Northwest Organizer* dijo: "Eide echó a perder la victoria electoral en las últimas semanas de la campaña con su cobarde y despreciable actitud hacia el Local 544. Eide dejó que Kline y la prensa patronal lo precipitaran a rechazar la parte más progresista del movimiento obrero. Eso no solo ofendió a los 6 mil miembros del Sindicato General de Choferes sino a sus familias y amigos. La cobardía política de Eide frente a la reacción le hizo perder la contienda… Que la derrota de Eide sirva de lección para los futuros aspirantes del movimiento obrero a puestos públicos. No se puede pedir y recibir el respaldo del movimiento obrero, y luego darle una patada en la cara durante la campaña, sin esperar una derrota por esa doblez… Con una organización más sólida, estable y alerta, y con más atención a la selección de sus candidatos, el movimiento sindical tiene razones de sobra para anticipar victorias políticas en el futuro".

Las presiones reaccionarias a las que Eide había sucumbido implicaban mucho más de lo que aparecía en la superficie. Durante varios meses el FBI, actuando en interés de la clase gobernante, había estado realizando operaciones encubiertas para desbaratar el Local 544 y preparar cargos fabricados contra sus dirigentes.

Guerra imperialista y democracia sindical

4

Una victoria moral

Las maniobras de los patrones, que iban desde mezquinas hasta siniestras, eran un factor constante en el ataque que se venía desarrollando contra el Local 544 del Sindicato General de Choferes. La combativa organización Teamster les había costado millones de dólares en aumentos salariales a las empresas del transporte por camión en Minneapolis. Ejercía un firme control en los centros laborales en defensa de los intereses generales de los trabajadores. Y era la principal fuente de la creciente fuerza del movimiento obrero en la ciudad y la región cercana. Por esas razones la clase gobernante trataba constantemente de despojar al Local 544 de su poder por todos los medios necesarios.

En una situación utilizaron contra nosotros un sindicato amarillo, el "Consejo Asociado de Sindicatos Independientes". Infiltraron agentes de esa agrupación en las filas del Sindicato General de Choferes. Su objetivo era crear la apariencia de una rebelión de los miembros contra los dirigentes.

Había cinco personas involucradas en el complot: John M. Asplund, Edward Corbett, Robert Fischer, John D. Ryan y Adolph Svenddal. Todos eran choferes-dueños de camiones, contratados principalmente en obras de construcción de la WPA. Parece que en sus casos particulares, al haber invertido en equipos, ellos se consideraban capitalistas y habían perdido de vista su verdadera situación como choferes que necesitaban protección sindical.

El 16 de febrero de 1938, los cinco entablaron una demanda contra la junta ejecutiva del Local 544 ante el tribunal de distrito. Fueron representados por Arthur H. Anderson, un abogado caro que los patrones usaban frecuentemente. Durante el largo período de litigio, nunca hubo una explicación de quién pagaba los elevados honorarios de Anderson y otros costos de la demanda judicial. Era bastante obvio que los demandantes oficiales no tenían esa clase de dinero. Por lo tanto, en amplios círculos se daba por sentado que la clase patronal pagaba la cuenta.

En la demanda hicieron acusaciones de gran alcance: que los funcionarios del local habían impuesto multas no autorizadas contra miembros del sindicato, que habían usado fondos del sindicato para fines personales y que habían intimidado a miembros que habían solicitado una rendición de cuentas financieras. Le pidieron al tribunal que congelara los fondos del Local 544, supervisara una auditoría de sus libros de contabilidad y nombrara un administrador para hacerse cargo de la organización.

Bajo el abrigo de este ataque difamatorio, que pretendía presentar a los miembros de la junta ejecutiva como "extorsionistas", también plantearon otras acusaciones proclives a favorecer a los patrones. Nos acusaron de obtener subsidios municipales por desempleo para personas que no se lo merecían y de conspirar para restringir el comercio. Solicitaron una orden judicial que prohibiera los piquetes "ilegales" y las acciones que "intimiden y coaccionen a los choferes y propietarios no sindicalizados". Sin embargo, estos reclamos eran tan ajenos al sindicalismo auténtico que la mayoría de los trabajadores pronto se dieron cuenta de lo que realmente se trataba. Por lo tanto, la acción llegó a conocerse en todo el movimiento obrero como la "demanda esquirol".

En cuanto a la revisión de las cuentas del Sindicato General de Choferes, la junta ejecutiva no tenía nada que ocultarles a los sindicalistas legítimos. Pero ese no era el problema fundamental. Los agentes de un sindicato amarillo, disfrazados de miembros leales del Local 544, pretendían que se hiciera una auditoría con motivos antisindicales. Así que se necesitaba organizar un intenso esfuerzo para derrotarlos. Había que demostrarles a los patrones que sus títeres no podrían obtener acceso fácil a la información interna del sindicato.

En una declaración pública que resumía la situación, la junta ejecutiva del Sindicato General de Choferes advirtió: "Enormes concentraciones de capitales están buscando destruir nuestro sindicato. Gastan decenas de miles de dólares cada mes para lograr ese objetivo. Porque la destrucción del movimiento obrero en Minneapolis significaría millones y millones de dólares en recortes salariales".

Miembros de la AFL en toda la región compartieron nuestra opinión de la situación y acudieron a apoyarnos. Hasta los burócratas de derecha nos respaldaron. Consideraban este ataque concreto contra los dirigentes del Local 544 como una amenaza a su propia posición en los sindicatos, y vieron la necesidad de apoyarnos para protegerse de la posibilidad de ser blancos de semejantes ataques antisindicales. Por voto unánime, tanto el Consejo Unido de Teamsters como la Unión Central del Trabajo condenaron la demanda judicial; también lo hizo la Federación Estatal del Trabajo de la AFL. Además se nos ofreció ayuda para obtener asesoría jurídica. Tres experimentados abogados sindicales fueron contratados para la defensa: Gilbert Carlson y John Goldie fueron a la corte a nombre del Local 544, y Tom Kachelmacher representó al Consejo Unido de Teamsters.

Cuando se presentaron los argumentos preliminares ante el juez Frank E. Reed, el abogado de los demandantes exigió que se le diera acceso a los libros de contabilidad y archivos del Sindicato General de Choferes. Insistió en que no podía preparar su caso sin tener estos materiales. Primero Anderson había entablado cargos maliciosos contra la dirección sindical; ahora quería realizar una investigación en busca de "pruebas" que apoyaran sus acusaciones infundadas.

En respuesta, los abogados sindicales pidieron que fuera desestimada la demanda, argumentando que los miembros de una asociación voluntaria y sin personería jurídica deben primero agotar todos los medios de obtener una solución dentro de su propia organización antes de recurrir a las cortes. Además, señalaron los abogados, los demandantes pertenecían a una agrupación hostil —el sindicato amarillo— y era imposible que estuvieran actuando de buena fe.

Reed, un juez connotado por su oposición al movimiento obrero, descartó los argumentos de la defensa. El 28 de julio emitió una orden amplia que exigía que el Local 544 entregara a Anderson su correspondencia, sus listas de miembros, sus registros contables: los datos más mínimos que el abogado de los esquiroles quisiera. La decisión fue apelada ante la Corte Suprema de Minnesota. Esa entidad se negó a revisar la orden en sí; pero sí dijo que, ya que la decisión era "de carácter abarcador y global", se podrían contemplar algunas modificaciones de sus disposiciones.

Entonces Reed emitió una nueva orden según la cual se aplazaría una revisión de los archivos del sindicato "hasta que el juez de primera instancia considere apropiada dicha inspección". Después hubo un largo período de disputas judiciales durante el cual los abogados contrarios debatieron sutilezas de la ley.

Unos 18 meses más tarde, el 2 de enero de 1940, el caso finalmente llegó a juicio ante el juez Paul S. Carroll. Ya para esa fecha, varios dirigentes de la Sección de Trabajadores Federales del Local 544 habían sido encarcelados bajo cargos derivados de la huelga de la WPA, como se mencionó en el primer capítulo. Ahora Anderson pretendía sacar provecho de esos casos fabricados. Lo hizo insistiendo nuevamente en acusaciones de que la Sección de Trabajadores Federales había forzado a la ciudad de Minneapolis a desembolsar más fondos de lo necesario para la asistencia pública. El abogado de los esquiroles también repitió los demás cargos fraudulentos contra el sindicato y una vez más exigió tener accesos a sus archivos.

Cada patraña en el ataque difamatorio contra los Teamsters apareció en primera plana en los diarios capitalistas. Anderson y sus clientes fueron presentados como "protectores" de los trabajadores sindicalizados, cuando en realidad estaban actuando como opositores del movimiento obrero. En cambio, los puntos anotados por la defensa recibieron escasa atención en la prensa patronal.

En realidad, los abogados de la defensa sacaron a luz unos puntos muy reveladores durante el contrainterrogatorio de los demandantes. Todos los que subieron al estrado reconocieron que nunca habían solicitado un informe financiero en una reunión del Local 544, y todos admitieron que habían asistido a reuniones del grupo esquirol creado para oponerse a los Teamsters.

Al presentar su argumento, Anderson entregó una carta

de Adolph Svenddal, un personaje dirigente en el sindicato amarillo, en la que anunciaba que se retiraba de la demanda judicial. Era evidente que Svenddal estaba tratando de evitar el interrogatorio. A solicitud de la defensa, la corte lo citó a comparecer. En el banquillo de los testigos, el demandante renuente no solo reconoció su papel en el sindicato amarrillo, sino que admitió haber asistido a reuniones de los Camisas Plateadas —un grupo de mentalidad fascista— en la época en que este había llamado a lanzar una redada armada contra la sede del Sindicato General de Choferes.

Cuando llegó el momento para que la defensa presentara su réplica, decenas de sindicalistas se ofrecieron para dar testimonio. Los que comparecieron atestiguaron que los demandantes eran implacablemente hostiles al Local 544; que habían intentado persuadir a miembros de los Teamsters a que se afiliaran al sindicato amarillo; y que por lo menos uno de ellos se había jactado de que eran financiados por "algunos empresarios de Minneapolis". También dio testimonio Douglas Raze, miembro del Local 544, quien tenía fuertes discrepancias con la junta ejecutiva del local sobre algunos asuntos. Él afirmó que en ningún momento hubo intentos de intimidarlo, y que siempre se le había garantizado sus plenos derechos democráticos en las asambleas sindicales.

En definitiva se presentaron pruebas convincentes de que los demandantes, actuando como agentes de fuerzas antisindicales, estaban haciendo acusaciones injustificadas contra una organización obrera dirigida democráticamente. Aun así, el juez Carroll falló a favor de ellos respecto al asunto inmediato. Carroll ordenó que el Local 544 diera acceso a sus archivos y cuentas financieras a los esquiroles.

En esa coyuntura se celebró una asamblea especial para

actualizar a la miembros sobre lo que había sucedido. Hablando en nombre de la junta ejecutiva, V.R. (Ray) Dunne hizo un recuento del enfrentamiento en la corte de distrito. Después comentó acerca de los demandantes: "Estos cinco hombres se aparecieron de la nada, desde fuera del movimiento sindical. Carentes de fondos o recursos propios, aun así han contado con uno de los abogados más costosos de Minneapolis que ha trabajado dos años completos sobre este caso. Nosotros no estamos luchando simplemente contra unos hombres desorientados, sino hombres que están siendo utilizados como azote por los patrones... Hemos trabajado de esta manera para impedir que ningún soplón pueda repetir esta maniobra contra ningún sindicato".

Robley D. Cramer, director del *Labor Review* [Revista Sindical] de Minneapolis, tomó la palabra como orador invitado. "Nadie nunca se molestó en revisar los libros de contabilidad del viejo Sindicato General de Choferes [antes de 1934] cuando tenía pocos miembros", Cramer le recordó al nutrido público. "Pero desde que el Local 544 se ha convertido en piedra angular del movimiento obrero en esta zona, los enemigos del movimiento obrero han tratado de incapacitar este sindicato y todo el movimiento sindical... Si prevalecen contra el Local 544, harán el mismo intento contra cualquier sindicato eficaz en Minneapolis".

Miles Dunne, al dirigirse a la asamblea como dirigente del Consejo Unido de Teamsters, afirmó: "Siempre me siento seguro cuando sé que nuestros enemigos están tratando de abatirnos, porque entonces sé que estamos haciendo lo correcto para el sindicato. Cuando los que odian el movimiento obrero dejen de atacar el Local 544, entonces sí sabremos que todos estamos en peligro". Esa opinión la compartían los miembros presentes, quienes votaron a favor de reafirmar su confianza en el sindicato y en su dirección.

Poco después, el *Northwest Organizer* comenzó a publicar una serie de artículos escritos por Carlos Hudson, exponiendo la verdad detrás de la demanda en torno a los libros de contabilidad. (Posteriormente estos artículos fueron distribuidos aún más ampliamente en forma de folleto.) Él sintetizó los hechos del caso, junto con las razones de por qué había que combatir la demanda. Hizo un resumen del amplio apoyo sindical que el Local 544 había recibido frente a los esquiroles y sus patrocinadores.

Pasando a los factores de fondo, Hudson repasó la historia de las luchas a través de las cuales el Sindicato General de Choferes se había consolidado en la industria del transporte por camión, y el impresionante poder que este había desarrollado. También señaló cómo en Minneapolis, gracias a esto, había crecido el movimiento obrero en general. En 1933, por ejemplo, había menos de 30 mil sindicalistas en la ciudad; a finales de 1939 la cifra había subido a más de 60 mil.

Durante el mismo período de seis años, se habían ganado logros importantes para los choferes de camión del Local 544. Su salario semanal promedio había aumentado de alrededor de 11 dólares hasta casi 33 dólares. Las horas laborales por semana se habían reducido de un promedio de casi 60 hasta cerca de 44. Estos trabajadores gozaban de una fuerte protección sindical en sus centros laborales y habían logrado importantes mejoras en sus condiciones de trabajo. Ahora tenían acceso a mejores viviendas, dietas más saludables, ropa más adecuada y mejor atención médica. Tenían más tiempo libre para pasar con sus familias, lo cual daba nuevas dimensiones a sus vidas.

Todo esto, por supuesto, significaba menos ganancias para los patrones. De ahí su odio frío y calculado hacia el

Local 544, su oposición implacable al sindicato y todo lo que representaba. Desde 1934 los patrones habían mantenido el sindicato bajo un ataque casi constante. Sus métodos eran de mucha envergadura: ataques policiales a las líneas de piquetes; el intento de los Camisas Plateadas de organizar una incursión contra la sede sindical; el caso fabricado por Roosevelt contra dirigentes de la Sección de Trabajadores Federales; la "Ley del Trabajo Esclavo" del gobernador Stassen, una medida patronal dirigida directamente contra el Local 544; y el asesinato en 1937 de Patrick J. Corcoran (entonces jefe del Consejo Unido de Teamsters), que pronto fue clasificado por las autoridades municipales como "irresoluble".

Ahora la clase gobernante había recurrido a la demanda esquirol, un ataque rotundo contra todo el movimiento sindical. Al describir a los que patrocinaban este ataque, Hudson escribió: "Junto con su incesante campaña antisindical, los empleadores también intentan formar organizaciones de trabajadores que ellos (los empleadores) puedan controlar. Dichas organizaciones son conocidas como 'sindicatos amarillos'. Los sindicatos amarillos no luchan por mayores salarios, ni por jornadas más cortas… Más bien, aceptan lo que los patrones les den, y lamen las botas de los patrones. El Consejo Asociado de Sindicatos Independientes tiene todos los rasgos del sindicalismo amarillo…

"El Sindicato General de Choferes quiere dejar (y ha dejado) completamente claro que resistirá con toda su fuerza cualquier intento de cualquier esquirol o agente de los empleadores de ir ante una corte patronal para tratar de imponer una inspección de los registros del sindicato… Después de agotar todos los recursos legales posibles para impedir que sus libros de contabilidad cayeran en manos de los enemigos del movimiento obrero, tras dos años de resistencia, el Local 544 finalmente acató la orden judicial. Aun así, el sindicato se aseguró de que la revisión se diera bajo las condiciones más favorables para el sindicato, y que funcionarios sindicales estuvieran presentes en el mismo cuarto con los representantes de los esquiroles que examinaran los libros y registros".

Como subrayó Hudson, se hicieron todos los esfuerzos posibles para proteger los archivos del sindicato. Bajo la presión de la defensa, el juez dictaminó que la inspección de los materiales se hiciera en la sala del tribunal, que se mantenía cerrada con llave y bajo vigilancia. Se permitía entrar solo a funcionarios sindicales, abogados y contadores. Durante el examen de los archivos, Kelly Postal y Ray Dunne mantuvieron la guardia a nombre del sindicato. (Cuando se entabló la demanda en 1938, yo era secretario-tesorero del Local 544. El año siguiente Tobin me nombró al personal de sindicalización de la IBT y Kelly fue escogido para sustituirme en el cargo del Local 544.)

Los materiales llevados a la sala del tribunal incluían archivos de la correspondencia del sindicato, actas de reuniones y convenios con empleadores; copias duplicadas de los talonarios numerados de los pagos de cuotas de miembros, cuentas diarias y libros de contabilidad; registros de caja chica, extractos de cuentas bancarias y copias de los informes financieros mensuales presentados a la membresía, así como archivos de las auditorías realizadas por un contador público certificado y por representantes de la IBT.

Los libros y documentos en su conjunto pesaban casi una tonelada. La divulgación de ese hecho asombró los propagandistas de los patrones. Ellos habían tratado de crear la impresión de que los archivos que manteníamos no eran más que unas pocas hojas, que los fondos del sindicato simplemente se guardaban en una gran caja de hierro y que los funcionarios metían mano al efectivo cuando se les antojaba.

La inspección comenzó el 6 de febrero. Anderson había contratado a su propio contador público bien remunerado. Semana tras semana, husmearon entre los montones de archivos del sindicato en busca de cualquier cosa que pudiera utilizarse en contra nuestro. Esto continuó hasta que el juez finalmente se impacientó con la manera en que prolongaban las cosas y ordenó que se reanudaran los procedimientos judiciales el 2 de abril.

Anderson inició la presentación de su caso resumiendo lo que había encontrado en la inspección de los archivos del Sindicato General de Choferes. El periódico de los Teamsters describió su presentación con un sarcasmo mordaz: "Con la ayuda de Mandrake el Mago, el abogado de los esquiroles ha logrado revelar los trascendentales hechos de que Carl Skoglund nació en Suecia; que los estalinistas controlan el Partido Comunista; que el Local 544 había donado generosamente a decenas de sindicatos locales enfrascados en batallas con los patrones; que los funcionarios del Local 544 toman vacaciones cada tantos años y van adonde les da la gana; que V.R. Dunne, estando en México, visitó a León Trotsky; que Farrell Dobbs es miembro del Partido Socialista de los Trabajadores; que el Local 544 hace todo lo posible para ayudar a sus miembros en caso de enfermedad o muerte; que cuando los miembros del 544 se ven forzados a salir en huelga, el sindicato apoya la huelga económicamente; que cuando los funcionarios del 544 viajan por asuntos sindicales, la unión sufraga los gastos del viaje, etcétera... que el 24 de diciembre de 1938, ¡el Local 544 pagó 250.18 dólares para la fiesta infantil de Navidad celebrada ese año en la 257 de la Avenida Plymouth norte!"

El abogado de los esquiroles alegó que la inspección

de los registros había demostrado que los dirigentes del sindicato local eran culpables de fomentar amenazas de agresión y violencia para lograr sus fines; de la compra ilegal de armas, supuestamente para la autodefensa, después del asesinato de Corcoran; y de organizar ilegalmente un "ejército permanente" con el pretexto de verse amenazados por los Camisas Plateadas.

Semejantes cargos fueron presentados con un tono presumido, principalmente para beneficio de los periodistas presentes. Casi diariamente durante las declaraciones de los testigos de los demandantes, Anderson hizo conferencias de prensa ofreciendo medias verdades tendenciosas y francas tergiversaciones de los hechos. La práctica llegó a ser tan soez que la organización matriz del Local 544 emitió una declaración pública en que afirmó: "El Consejo Unido de Teamsters de Minneapolis protesta ante los diarios de esta ciudad —el *Tribune*, el *Times-Tribune* y el *Star-Journal*— que ellos están ayudando el trabajo de base de Anderson, presentando sus acusaciones como legítimas en las columnas… Anderson está intentando argumentar su caso en los diarios, y los diarios le están ayudando con su propósito infame".

El movimiento obrero se pudo mantener al tanto de lo que realmente estaba pasando en el juicio solo a través del *Northwest Organizer*. "Lo mejor que pudieron hacer los demandantes la semana pasada", informó el periódico sindical, "fue poner en el estrado a un patrón de pueblito, de Red Wing, Minnesota, quien testificó que el Local 544 lo había encontrado pagando de menos a su chofer y lo había obligado a pagar el doble del salario atrasado que le debía al chofer, según lo estipulado en el acuerdo sindical escrito".

Dos ex choferes de camión de carbón también fueron llamados como testigos por los demandantes. En un momento dado, ambos choferes habían trabajado por salarios más bajos que lo establecido por el sindicato, aunque eran miembros del Local 544. El local había recibido del empleador el pago que le debía a los dos trabajadores y los había disciplinado por violar sus estatutos. Cuando los dos fueron interrogados directamente, Anderson dijo que la acción del sindicato era un delito. Pero quedó consternado cuando ambos trabajadores reconocieron durante el contrainterrogatorio que habían hecho mal al trabajar con sueldos de esquirol y que la acción disciplinaria impuesta contra ellos fue correcta.

A través del interrogatorio a Albert E. Larson, contador público de los demandantes, se presentó testimonio sobre diversos asuntos financieros. Un ejemplo típico fue un pago de 2248 dólares a la viuda del ex presidente del 544, Bill Brown. Los miembros del sindicato habían votado a favor de contribuir un dólar por miembro para la viuda de Brown después de que él fuera asesinado en 1938, y el pago era parte de los más de 5 mil dólares que al final se recaudaron y se le entregaron a ella.

Los patrones parecían estar seguros de que iban a encontrar pruebas de corrupción en los archivos del sindicato, así que descuidadamente contaron con lo que resultó ser un contador público concienzudo, en vez de emplear a un simple títere. Para su disgusto, Larson testificó que no había encontrado nada mal en el sistema de contabilidad del Local 544. Desde luego, la prensa capitalista no informó sobre esa declaración.

A medida que se desenvolvió el juicio, Anderson empezó a desesperarse al no poder presentar un caso contra los dirigentes sindicales. Así que incrementó la demagogia. El periódico Teamster describió así las motivaciones de su próxima movida: “Al darse cuenta que no estaban avanzando para nada con sus inútiles ataques contra el

Local 544, el viernes pasado los abogados de los esquiroles sacaron el viejo cuento de que 'tenemos muchos testigos en contra del Local 544 pero se niegan a comparecer ante el tribunal', supuestamente porque el sindicato los intimidaría… Pero con solo tratar de verificar ese rumor, como hizo el Local 544, verás que, como el Gato de Cheshire de *Alicia en el País de las Maravillas*, se desvanece en el aire".

Anderson usó como pretexto la supuesta "intimidación" para tratar de ampliar su investigación de los archivos sindicales. Específicamente, exigió que el juez le ordenara al Consejo Unido de Teamsters que trajera todos sus archivos al tribunal. Pero el juez Carroll ratificó la negativa del Consejo de abrir sus libros a los esquiroles.

Después de más disputas judiciales, los demandantes concluyeron sus argumentos. Desde el punto de vista del movimiento obrero, no habían logrado comprobar ni un solo cargo contra los funcionarios del Sindicato General de Choferes. Este criterio se manifestó en una resolución aprobada por la Junta de Agentes de Negocios Sindicales de Minneapolis. La Junta votó a favor de "dejar constancia de su condena contra los demandantes por violar los principios del sindicalismo al entablar una demanda contra el Local 544 en los tribunales, acto que solo puede ayudar a todos los enemigos del movimiento obrero; y… nos unimos a la Unión Central del Trabajo para declarar nuestra plena confianza en el Local 544, en sus miembros y su dirección".

La defensa comenzó su réplica con el testimonio de Carl Skoglund, Grant Dunne, Miles Dunne y Kelly Postal. Presentaron un cuadro bien documentado de la historia, la estructura y el funcionamiento del Sindicato General de Choferes. Explicaron la manera democrática en que se elegían a los miembros de la directiva del sindicato, el carácter y los fines de la Sección de Trabajadores Federales, y los criterios utilizados para brindar ayuda a otras organizaciones sindicales cuando estaban teniendo dificultades con los patrones. Asimismo, rebatieron el ataque de Anderson contra el sindicato local por contribuir al Partido de los Agricultores y Trabajadores.

Como antiguo funcionario electo del sindicato, yo también subí al banquillo de testigos. Mis respuestas a las preguntas de los abogados defensores se enfocaron en nuestros motivos para fomentar apoyo mutuo entre los locales del IBT a través de la estructura en 11 estados para los choferes de larga distancia, y en la organización de la guardia de defensa sindical, formada en 1938 cuando los Teamsters fueron amenazados por los Camisas Plateadas.

Anderson objetó enérgicamente toda la línea del testimonio. En un momento dado dijo: "Bueno, si se admite esta evidencia, bien podríamos echar nuestro caso a la basura". Pero el juez descartó sus protestas, comentando que la defensa estaba presentando "una educación liberal sobre el sindicalismo".

Ward Clarke, el contador público que había hecho regularmente las auditorías de las cuentas del Local 544, explicó al tribunal las diferentes fases de su sistema de contabilidad. Luego Kelly Postal regresó al estrado para rebatir, una por una, las acusaciones de los esquiroles sobre asuntos financieros, y para describir más a fondo los procedimientos democráticos con los cuales los miembros controlaban todos los asuntos del sindicato. Se presentaron las actas de reuniones donde las filas habían votado a favor de las huelgas que según alegaban los esquiroles eran "ilegales". También se presentó un resumen del procedimiento sindical para imponer una multa a miembros que violaran la disciplina organizativa al trabajar por salarios menores de la escala establecida en convenios con empleadores.

En cuanto a las alegaciones de gastos "ilegales", Postal aportó detalles sobre los préstamos sin intereses que se ofrecían a los miembros que estuvieran en aprietos a causa de una enfermedad o la muerte de un familiar, el nacimiento de un hijo, etcétera. Además esbozó los factores que se consideraban al otorgar préstamos específicos y donaciones a sindicatos en huelga.

A juzgar por los argumentos que Anderson le había estado suministrando a la prensa patronal, él estaba aguardando ansiosamente esta oportunidad para someter a un fuerte interrogatorio bajo juramento a los miembros de la directiva sindical. Pero cuando le llegó la oportunidad, hizo un débil intento de contrainterrogatorio de los testigos de la defensa. La réplica de la defensa fue tan eficaz que el abogado de los esquiroles, como señaló el *Northwest Organizer*, parecía "frustrarse más y más al ver cómo su caso se iba reduciendo a pequeños rumores, mentiras, insinuaciones y tergiversaciones". Asimismo, los diarios tenían poco que decir sobre los hechos demostrados por la defensa.

Después de que ambos lados concluyeran la presentación de sus casos, el juez pidió presentaciones escritas con los argumentos finales. Anderson entregó un documento de 250 páginas en que repetía todas las viejas y desacreditadas acusaciones de los demandantes y presentaba nuevos cargos irrelevantes. Carlson y Goldie, por su parte, compilaron un cuidadoso resumen de la réplica de la defensa, además de puntos jurídicos pertinentes. El juez Carroll después anunció que tomaría el caso en consideración.

En esta coyuntura, una asamblea de los miembros del Local 544 fue dedicada a dar un informe especial sobre la demanda judicial. Ray Dunne relató los últimos acontecimientos y concluyó con observaciones sobre las cuestiones básicas que estaban en juego. La lucha no se estaba librando, señaló Dunne, para vindicar a unos cuantos funcionarios sindicales. Se trataba de defender el derecho del movimiento obrero a controlar sus propios asuntos internos, de impedir que esquiroles y soplones confabularan con abogados picapleitos para desbaratar los sindicatos.

Gene Larson, presidente del Local 471 de Choferes Lecheros, fue invitado a dirigirse al encuentro. "El Sindicato General de Choferes", dijo a los trabajadores congregados, "ha sido sometido a ataques continuos desde que se convirtió en un poder en 1934. Los ataques han sido principalmente contra sus dirigentes, pero no se dejen engañar. El enemigo los ataca a ustedes por medio de calumnias contra sus dirigentes electos, con la esperanza de desmoralizar el sindicato y hacer que los miembros pierdan confianza en la dirección. Fue solo gracias a su dirección combativa que ustedes fueron capaces de forjar la organización y lograr las victorias obtenidas. No crean que van a tener paz después de que se termine esta demanda en torno a los libros. Los van a atacar por otra cosa".

El sentimiento que predominaba entre las filas se reflejó en los comentarios de Bill Ambrose, quien había sido escogido por los delegados sindicales del Local 544 para expresar sus criterios ante la membresía general. "Nuestros enemigos", declaró, "nos han obligado a gastar un montón de plata con esta demanda de los libros. Ahora intentan quitar a nuestros dirigentes de sus puestos. Tenemos que frenar eso. Tenemos que demostrarles a los peces gordos de esta ciudad que respaldamos a nuestros dirigentes mil por ciento".

Después de que él habló, espontáneamente se hizo una moción desde la asamblea para dar un voto de confianza a la junta ejecutiva y al plantel de organizadores del sindicato. Fue aprobado por aclamación, entre estrepitosos aplausos.

Meses después, el 2 de octubre de 1940, el juez Carroll emitió una decisión por escrito sobre la demanda esquirol. "No hay pruebas en este caso de que las elecciones [de la directiva sindical] no fueron celebradas de manera justa... Los demandados, especialmente en relación a huelgas y conflictos sindicales, gastaron una buena cantidad de dinero. Pagaron por abogados para la defensa legal. Pagaron a compañías de fianza para sacar a hombres de la cárcel y en muchos casos pagaron multas por hombres arrestados en los conflictos laborales. El abogado de los demandantes parece pensar que esto representa una aceptación y aprobación de delincuencia. No lo creo para nada...

"Me parece que los objetivos de estas organizaciones [los locales de la IBT en la estructura de choferes de transporte por carretera y el Partido de los Agricultores y Trabajadores, que el Local 544 había ayudado], como explicaron Dobbs y otros testigos, pueden considerarse completamente en el marco de los propósitos de este sindicato... Me parece que está completamente de acuerdo con los objetivos de este sindicato el tener interés en la Sección de Trabajadores Federales y apoyarla...

"Considerado en su conjunto, los funcionarios no se han concedido salarios y asignaciones injustificados... El tribunal tampoco encuentra nada que criticar en el hecho de que estos funcionarios compraron armas en noviembre de 1937. Uno de sus miembros [Corcoran] había sido asesinado y al parecer ellos pensaban que esta era la forma de defenderse". Igualmente, la organización de la guardia de defensa sindical fue ratificada como un acto legítimo de autodefensa.

En general el fallo era muy favorable para el sindicato,

pero también tenía sus aspectos negativos. El juez ordenó que Carl Skoglund dimitiera de la presidencia del Local 544 en un plazo de 40 días. Su orden se basaba en un detalle técnico: una cláusula reaccionaria en la constitución de la IBT que prohibía que los no ciudadanos ocuparan cargos en el sindicato, y la administración Roosevelt había obstaculizado los intentos de Skoglund, nacido en Suecia, de obtener la ciudadanía estadounidense. No se ponía en duda su honestidad. Pero eso no impidió que la prensa patronal informara sobre el tema de una manera totalmente deshonesta, tratando de crear prejuicios entre los trabajadores contra Skoglund. Sin embargo, el intento fracasó, como se vio en la próxima asamblea de los miembros del local, quienes le dieron una ovación espontánea al funcionario que era objeto del ataque.

Una segunda decisión adversa fue la orden de que los funcionarios demandados reembolsaran el erario del sindicato por gastos que sumaban casi 6 mil dólares. Estos pagos incluían préstamos a miembros del Local 544 en aprietos y donaciones a otros sindicatos. Como en el caso de Skoglund, no se insinuaba nada ilícito por parte de ningún funcionario. Simplemente se trató de que el juez, quien no le daba valor a los conceptos de la solidaridad obrera, sostuvo que los gastos en cuestión estaban fuera del marco de los estatutos del local.

Asimismo, el juez instruyó al Local 544 a que realizara sus próximas elecciones de la directiva bajo la supervisión de una persona nombrada por el tribunal, "que sea miembro de un sindicato afiliado a la Federación Americana del Trabajo". Esa orden no solo distorsionaba la democracia sindical sino que contradecía la conclusión del juez de que las elecciones habían sido imparciales.

No obstante, esos aspectos negativos del fallo no cambiaban su contenido principal. Anderson había solicitado la destitución de todos los funcionarios demandados, así como un administrador nombrado por el juez para hacerse cargo completamente del local. El juez se negó rotundamente a tomar esa decisión. Afirmó:

"Si los miembros de este sindicato desean hombres que son partidarios del movimiento de Trotsky —y los hermanos Dunne no han negado que son amigables con este movimiento y están asociados con él— tienen derecho a hacerlo... El tribunal ha concluido que bajo las circunstancias comprobadas en este caso, no debe destituir a estos funcionarios [salvo Skoglund] ni nombrar un administrador".

Hasta cierto punto la decisión del juez Carroll había despejado el aire. Desde 1934 los patrones habían librado una incesante campaña difamatoria contra la dirección del Sindicato General de Choferes. Ahora, con la demanda esquirol, sus agentes se habían pasado meses revisando los archivos del sindicato en busca de pruebas de "extorsión" pero no habían encontrado nada. El dictamen del tribunal no había afirmado ni una sola calumnia. El Local 544 había ganado una tremenda victoria moral, y en todo el movimiento obrero se celebraba el desenlace de la batalla.

Aun así, no podíamos permitirnos bajar la guardia. Como advirtió el periódico Teamster: "Sí, volverán a atacar al sindicato, de eso no cabe duda. Entre más se acerque la guerra, más fuerte serán los ataques. Pero no podrán tachar al 544 de 'extorsionistas' o 'gángsteres'... En medio de nuestro júbilo compartido, mantengámonos alerta para nuevos ataques desde ángulos muy diferentes. El enemigo jamás descansa, y nosotros tampoco debemos descansar".

Al emitir su decisión el juez había concedido una suspensión de la orden por 40 días, durante la cual se podían entablar mociones para enmendar las conclusiones. Los demandados pidieron tres cambios: anular la orden de que los funcionarios reembolsaran 6 mil dólares al sindicato; eliminar la estipulación de que las próximas elecciones del local fueran supervisadas; y remitir cualquier nuevo reclamo de los esquiroles a tribunales sindicales.

También Anderson entabló una serie de mociones que impugnaban la mayoría de las conclusiones de la corte. Reiteró las demandas de que el tribunal destituyera a toda la junta executiva; que prohibiera el uso de recursos para pagar fianzas y fondos de defensa; que prohibiera que el sindicato "forzara" a un miembro a pagar las cuotas; que proscribiera huelgas de cualquier parte del sindicato, a menos que fueran convocadas por voto de toda la membresía; que disolviera la guardia de defensa sindical por ser una organización "foránea"; que detuviera el envío automático por correo del *Northwest Organizer* a sindicalistas, etcétera, etcétera.

Junto con las renovadas demandas del abogado de los esquiroles, la clase dominante sometió al juez Carroll a críticas por su decisión. Estas presiones —que deben haber sido tremendas— no tardaron en surtir efecto, como se vio en los próximos acontecimientos.

En mayo de 1937 el Local 544 había efectuado una huelga contra una gran floristería cuyo dueño era un connotado enemigo del movimiento obrero. La junta directiva había designado a Nick Wagner, un síndico del local, para que negociara una resolución del conflicto. Al hacerlo tuvo una discusión fuerte con el patrón, y había tenido que recurrir a un lenguaje sindical muy directo al bregar con un soplón involucrado en la controversia.

Ahora, más de tres años después, Anderson llevó ante el juez Carroll tanto al patrón como al esquirol. Ellos alegaron que Wagner los había "intimidado" y sobre esa base el juez ordenó que él fuera destituido de su cargo sindical.

Así se estaba sentando un precedente peligroso contra

el movimiento sindical. Si se permitía que la medida siguiera vigente, todo funcionario sindical combativo corría el riesgo de ser destituido por los tribunales, y a los miembros de fila se le negaría el derecho de escoger a su directiva. Ante esa amenaza, los miembros del Local 544 votaron a favor de ratificar que Wagner seguía siendo un funcionario de pleno derecho, mientras se apelaba el caso ante los tribunales superiores. El Consejo Unido de los Teamsters y la Unión Central del Trabajo de Minneapolis dieron su fuerte apoyo a la decisión de apelar el severo fallo.

Cuando se celebraron las elecciones ordinarias del Local 544 en enero de 1941, los miembros reeligieron a Wagner a su cargo de síndico. Carl Skoglund, quien antes había sido destituido de su cargo por orden judicial, anunció que aún estaba tratando de obtener sus documentos de ciudadanía pero que no se postularía para ser reelecto. Miles Dunne, también síndico del local, fue escogido para reemplazar a Skoglund como presidente. Emil Hansen ganó la contienda para el cargo de síndico desocupado por Dunne. Todos los demás miembros titulares de la directiva fueron reelectos a sus cargos respectivos.

Antes de que la apelación de Wagner pasara por los tribunales —y antes de que el juez Carroll llegara a su decisión final respecto a la orden de que los funcionarios reembolsaran los 6 mil dólares al erario del sindicato— estalló una nueva lucha que iba a cambiar toda la situación. Uno de los elementos del inminente conflicto se debía al desarrollo desigual de la conciencia de clase entre las filas sindicales.

5

Sucesos internos en el sindicato

Las variaciones en el nivel de conciencia de clase en el Local 544 pueden describirse al revisar la historia interna del local, remontándonos a las huelgas de 1934. En esa época los trabajadores en toda la industria del transporte por camión en Minneapolis se estaban radicalizando ante las severas dificultades causadas por la depresión económica. Miles estaban listos para dar batalla en defensa de sus intereses, siempre que fueran organizados efectivamente y dirigidos de manera competente.

Entre los cuadros de mayor edad había veteranos de anteriores experiencias de lucha de clases. Algunos habían participado en campañas libradas por los Obreros Industriales del Mundo (Industrial Workers of the World, IWW). Otros se habían educado bajo los conceptos de lucha obrera combativa de Eugene V. Debs, destacado dirigente socialista y sindical de antaño. Había además un componente de inmigrantes que habían llegado a Estados Unidos con cierto conocimiento de la ideología marxista adquirido en su país de origen.

Sin embargo, por lo general los trabajadores en la industria camionera eran relativamente jóvenes. La mayoría nunca había pertenecido a una organización sindical, y esa situación los dejaba en una posición contradictoria. No sentían el efecto inhibidor de las derrotas sufridas por la AFL en la ciudad, como pasaba con algunos de los trabajadores mayores. Pero la capacidad de actuar de los jóvenes insurgentes tropezaba con su ignorancia sobre los principios de la lucha de clases. Necesitaban ayuda para enfrentarse a los patrones: tanto para superar los obstáculos burocráticos que les impedían movilizarse, como para evitar que los funcionarios colaboracionistas de clases los desorientaran cuando la acción comenzara.

El vehículo indicado para una campaña de sindicalización a nivel de la industria era el Sindicato General de Choferes, que en ese entonces funcionaba bajo su carta constitutiva original como el Local 574. Estructuralmente, el local estaba limitado a los estrechos confines de los oficios, y estaba dominado por un agente de negocios incompetente que controlaba a la mayoría de la junta ejecutiva. Él y su camarilla estaban enfocados en desarrollar un pequeño trust de empleos basado en acuerdos preferenciales con algunos patrones individuales. No tenían ni el deseo ni la capacidad de actuar a favor de todos los trabajadores de la industria.

Por lo tanto, se presentaba una oportunidad para que los militantes trotskistas que trabajaban en la industria del camionaje brindaran el liderazgo necesario. Pero para emprender eso, las tácticas tenían que corresponder a las realidades de la situación. En general, los trabajadores rebeldes tenían poco interés en discursos ideológicos sobre los defectos básicos del capitalismo o en explicaciones sobre el camino socialista revolucionario hacia una solución perdurable de sus problemas. En esa coyuntura había que abordarlos en relación a las cuestiones inmediatas ante las cuales se estaban radicalizando: salarios más altos, horas más reducidas, seguridad del empleo y mejores condiciones de trabajo. Era preciso concentrarse en una lucha para que el empleador reconociera el derecho de los trabajadores a organizarse y negociar colectivamente estas reivindicaciones.

Para empezar, había que abrir paso al reclutamiento en masa al Local 574. Eso se logró ejerciendo la presión de las filas sobre la junta ejecutiva para que fuera más allá de los límites —definidos por ciertos oficios— que la IBT había establecido para aceptar nuevos miembros. Después se creó una estructura sindical semiindustrial a través de una exitosa campaña para reclutar a trabajadores cuyos empleos tenían que ver de alguna forma con el transporte por camión. Después se celebraron asambleas ampliadas de los miembros en las cuales, de forma democrática, se formularon demandas a los empleadores.

Estas medidas fueron instituidas por un componente directivo no oficial entre las filas, que adoptó la forma de un comité organizador voluntario. Estaba integrado por revolucionarios experimentados y jóvenes militantes que aprenderían rápidamente en el fragor del combate. A medida que logró movilizar a los trabajadores —paso por paso— el comité organizador los dirigió en una serie de enfrentamientos con los patrones durante el año 1934. Estos incluyeron una huelga de obreros del carbón en febrero, un paro en toda la ciudad de empleados del transporte camionero en mayo y una repetición de este amplio tipo de acción en julio y agosto.

A cada paso, se hicieron preparativos para el combate de una manera minuciosa que les demostraba a los trabajadores que estaban bajo la dirección de capitanes competentes que estaban dispuestos a luchar. Alentados así, respondieron con entusiasmo al ser convocados a la batalla cuando los patrones se negaron a tratar con el sindicato. Cuando las fuerzas del "orden público" agredieron las líneas de piquetes, los trabajadores sintieron que les estaban violando los derechos democráticos, y reaccionaron airados. En muestras de mucha valentía, repelieron ataques feroces de la policía y la Guardia Nacional.

Desde un principio aceptaron sin reparos la disciplina necesaria en el combate. Al mismo tiempo las filas tomaron iniciativas importantes. Aunque los trabajadores tenían mucho que aprender sobre los métodos de la clase gobernante en general, ya estaban familiarizados con los trucos mezquinos de patrones individuales, y ese conocimiento les permitió hacer valiosos aportes en el desarrollo de las tácticas de batalla.

Al desarrollarse la lucha los huelguistas empezaron a vislumbrar, a través de la acción colectiva, su inherente poder de clase. También empezaron a percibir la perversidad innata de los patrones como clase enemiga, incluidos los engaños y brutalidades de los que demostró ser capaz el gobierno capitalista. En ambos sentidos, su conciencia de clase se elevó a un nivel un poco más alto que antes.

En su mayoría las filas del sindicato llegaron a inmunizarse contra el virus del *red-baiting*.* Los repetidos ataques de esa índole, que los patrones dirigían contra los revolucionarios en la dirección de la huelga, fueron más o menos descartados. A las filas les interesaba la forma en que los dirigentes luchaban, no su política. Además, los

---

* *Red-baiting* se refiere a la práctica antiobrera de tachar de comunistas ("rojos") a adversarios en el movimiento obrero y los movimientos de protesta social para impedir que sus propuestas y argumentos políticos sean considerados por sus méritos. En este libro se usa el término en inglés en algunos casos y en otros se traduce como ataques o acusaciones anti-rojos.—NOTA DEL TRADUCTOR

trabajadores habían sido consultados sobre cada paso que se tomaba; creían en las políticas que se seguían; y por eso no les resultaba difícil reconocer que los ataques anti-rojos iban dirigidos contra el sindicato mismo.

En agosto de 1934 el Local 574 finalmente salió victorioso. Se conquistaron notables logros económicos en el acuerdo negociado que puso fin al conflicto; y aún más importante a largo plazo, el sindicato se estableció firmemente en la industria del camionaje. Por tanto, sus miembros, que habían puesto a prueba su fuerza contra la clase gobernante y vencido, estaban en una buena posición para enfrentarse a los patrones en torno a las cuestiones cotidianas una vez que regresaron a sus centros de trabajo.

Al ir logrando estos éxitos, se habían sentado las bases para completar la transición de liderazgo que había comenzado con el surgimiento del comité organizador voluntario. Carl Skoglund y Ray Dunne, veteranos trotskistas, habían sido los principales iniciadores de la agrupación voluntaria. Otros que habían llegado a ocupar un papel central de liderazgo en las huelgas a través de esta vía eran Grant Dunne, Miles Dunne y yo. William S. Brown, presidente del Local 574, y George Frosig, el vicepresidente, nos respaldaron consecuentemente. Durante la lucha Moe Hork, quien ocupaba un cargo oficial como síndico, también empezó a desempeñar un papel constructivo.

La transición había cobrado impulso durante las huelgas, a medida que los trabajadores se fueron sintiendo más decepcionados con la forma en que actuaban el agente de negocios y sus partidarios en la junta ejecutiva. Entre más apremiantes se volvían las necesidades del sindicato, más se orientaban los miembros hacia los dirigentes no oficiales que estaban demostrando su valía. A finales de la tercera huelga, las filas ya comprendían la necesidad de cambiar la directiva del Local 574. Eso permitió convocar a elecciones en las que fue escogida una nueva junta ejecutiva. La junta representaba una síntesis de militantes trotskistas que se habían ganado autoridad en la lucha y funcionarios que se habían desempeñado bien.

Los integrantes de la nueva junta eran, puesto por puesto: Brown, presidente; Frosig, vicepresidente; Grant Dunne, secretario de actas; Dobbs, secretario-tesorero; y tres síndicos: Hork y Ray Dunne, junto con Harry DeBoer, que habían desempeñado un papel importante en las líneas de piquetes.

Aunque Skoglund era uno de los dirigentes más destacados, no se postuló para un cargo sindical por un problema especial. No tenía la ciudadanía estadounidense, y pensábamos que los patrones podrían aprovechar ese hecho en su propaganda contra el Local 574. Puesto que no había necesidad en ese momento de tomar ese riesgo, parecía aconsejable que su responsabilidad formal continuara siendo la de organizador.

Varios otros militantes que habían demostrado su capacidad en la cruenta lucha por el reconocimiento del sindicato también fueron asignados al plantel de organizadores. Ellos, junto con los delegados sindicales elegidos en cada empresa, integraron un equipo capaz de dirigentes secundarios. En su mayoría los que asumieron esta función habían sido capitanes de piquetes, y algunos habían participado en el "Comité de 100" que se había elegido para dirigir la huelga de julio y agosto. Durante el conflicto, habían percibido que los intereses de clase de los trabajadores y los de los patrones eran tan diametralmente opuestos que los antagonismos resultantes no podían ser eliminados con algún tipo de acuerdo. Esos militantes se dieron cuenta de que todavía habría muchas batallas por librar.

En algunos casos, obtenían un nivel de conciencia aún más alto. Algunos huelguistas habían llegado a comprender que se necesitaba un programa socialista revolucionario para defender los intereses de los trabajadores, y se habían incorporado al movimiento trotskista.

También había otro aspecto, menos favorable, de la situación interna del sindicato local. Un amplio sector de los miembros permanecía en un nivel de conciencia de clase muy elemental. Los trabajadores en esta categoría tendían a interpretar las concesiones logradas en el acuerdo de la huelga como señal de que los empleadores, ya derrotados en batalla, a partir de entonces negociarían de buena fe. Esperaban obtener más logros en el futuro, paso a paso, sin que hubiera más conflictos serios. Por consiguiente, estos miembros del sindicato estaban inclinados a asumir una postura conciliadora hacia la patronal cuando regresaron al trabajo.

Los trabajadores que tenían esos conceptos erróneos necesitaban una orientación paciente, adaptada cuidadosamente al decursar de los acontecimientos, para poder ampliar su entendimiento de la lucha de clases. Había que comenzar al nivel de su limitada comprensión del sindicalismo. Luego, a medida que acumularan más experiencia, se les haría más claro el hecho de que no podía existir una paz perdurable entre el sindicato y los patrones. A su vez, eso abriría el camino para que, pasando por fases transitorias, adquirieran una conciencia cada vez más avanzada.

Con ese enfoque, la junta ejecutiva comenzó por explicar la realidad sobre las relaciones con las empresas del transporte después de la huelga. Estas empresas, señaló la junta, aceptarían la existencia del sindicato local solo si se les permitiera seguir pisoteando a los empleados. Pero era precisamente para poner fin a esas prácticas que se había organizado el sindicato; y mientras la unión actuara de acuerdo con ese objetivo, los patrones buscarían la forma de incapacitarlo. Por lo tanto, en el futuro el Local 574 tendría que defenderse periódicamente de fuertes ataques.

No solo eso. Surgirían conflictos en los centros de trabajo casi a diario sobre diversos problemas. Al encararlos, aconsejó la junta, había que mantener en manos de los trabajadores la plena libertad de tomar las decisiones. Las decisiones sobre estos asuntos no debían ser entregadas al arbitraje por parte de supuestas partes neutrales, las cuales tenderían a favorecer a los patrones. Había que proteger el derecho incondicional a la huelga, y los miembros debían estar listos para ejercerlo cuando fuese necesario. Además se necesitaban esfuerzos persistentes para establecer el control sindical más amplio posible en los centros de trabajo, ejerciéndolo estrictamente a favor de los trabajadores. No se podía permitir una actitud —"propia de estadista"— de preocuparse por los intereses de la clase dominante.

Los empleadores no tardaron en confirmar las predicciones de que ellos seguirían siendo hostiles hacia el local. Esto provocó un cambio de opinión entre los miembros que esperaban que fueran más razonables. Muchos empezaron a aceptar la validez de la política promovida por la dirección del local, y al aplicar esa política recuperaron mucha de la combatividad demostrada durante las luchas anteriores. Sin embargo, como veremos más adelante, no todos demostraron ser capaces de entender las verdaderas causas de los nuevos conflictos que surgieron.

Por otro lado, había una actividad importante para la cual casi todos los miembros del Local 574 se habían preparado gracias a sus experiencias durante las huelgas. Existía un amplio consenso de que el local debía ayudar a los que le habían ayudado en tiempos de necesidad. Así fue posible tomar varias medidas destinadas a intensificar la lucha de clases que se desarrollaba en toda la región.

Entre estas estaba la creación, por parte del Sindicato General de Choferes, de una organización auxiliar a la cual todos los desempleados de la ciudad estaban invitados a incorporarse. Fue nombrada la Sección de Trabajadores Federales. La nueva agrupación recibió el firme respaldo de todo el local en sus luchas contra los administradores de la asistencia municipal y los funcionarios de la WPA.

También se tomaron iniciativas para respaldar a sindicatos enfrascados en conflictos con patrones en otras partes de la industria. A ese respecto Miles Dunne fue designado para ayudar las organizaciones obreras fuera de Minneapolis, empezando con el Local 173 de los Teamsters en Fargo, Dakota del Norte. De igual forma, otros miembros de nuestro personal brindaron ayuda a diferentes locales de la AFL en Minneapolis-Saint Paul, las Ciudades Gemelas.

Justo cuando esta campaña ya estaba en plena marcha, Tobin revocó la carta constitutiva del Local 574 por presuntas violaciones de la "ley" de la IBT. Acto seguido, él creó una organización ficticia, con el nombre de "Local 500", para reemplazar al verdadero Sindicato General de Choferes. Casi todos los miembros del Local 574 reaccionaron con enojo a este ataque injustificado, y lanzamos lo que resultó ser una prolongada e intensa batalla para ser restituidos en el sindicato internacional.

En medio de la pugna con Tobin, en enero de 1936, llegó el período de la elección anual de la directiva. Todos los funcionarios titulares aceptaron ser nominados para la reelección, apoyando el programa implementado durante el año anterior. Los que ocupaban los cargos de presidente, vicepresidente, secretario de actas y secretario-tesorero fueron reelectos sin oposición.

Solo fueron disputados los tres cargos de síndico. Los nuevos postulantes contra los titulares eran L. Abroe, R.F. De Pew, Lee Oscar Gardner, Axel Soderberg y Curt Zander. Cada uno hizo campaña por separado, y de manera relativamente modesta. Ninguno de los nuevos contendientes impugnaron la política fundamental de la dirección central. Eran básicamente militantes que deseaban ocupar un papel un poco más importante en la organización siendo elegidos a un cargo que era visto como secundario.

Entre las filas parecía predominar la opinión de que no hacía falta cambio en absoluto en los funcionarios electos. Hubo poco interés en la campaña, y solo un porcentaje pequeño de los miembros participó en la votación. Los resultados mostraron que los síndicos titulares —Ray Dunne, DeBoer y Hork— habían sido reelectos por un margen de casi dos a uno.

Más adelante en 1936, el Sindicato General de Choferes ganó su restitución a la IBT con una nueva carta constitutiva que lo designaba el Local 544. Tobin se vio obligado a readmitir al local intacto, salvo unos cambios en la dirección oficial. Se estableció una nueva junta ejecutiva con algunas modificaciones. Estaba integrada por tres representantes del antiguo Local 574, tres del antiguo Local 500 y uno del Consejo Unido de Teamsters. Con la aprobación de los miembros, fueron designados los siguientes cargos específicos: presidente, Bill Brown (574); vicepresidente, Jack Smith (500); secretario de actas, F. Dobbs (574); secretario-tesorero, L.A. Murphy (500); síndicos, Carl Skoglund (574) y Nick Wagner (500). Uno de los tradicionales cargos de síndico fue suspendido por el momento, y Pat Corcoran (representante del Consejo Unido de Teamsters) fue nombrado temporalmente como presidente de la junta de siete miembros.

Había una razón concreta para el cambio de nuestra política respecto al papel oficial de Skoglund. Dada su extensa experiencia con las pugnas internas organizativas, se consideró imprescindible que desempeñara un papel directo en el aparato ejecutivo oficial, donde nuestra delicada situación como minoría nos presentaría dificultades excepcionales. Por eso decidimos tomar un riesgo respecto a los problemas que podrían surgir por su falta de documentos de ciudadanía.

Después de unos altibajos, se estableció una colaboración fructífera en el seno de la nueva junta. Seguidamente se avanzó bastante en la elaboración de la política fundamental de la dirección oficial reorganizada. Corcoran, Murphy, Smith y Wagner se vieron influenciados por nuestra capacidad comprobada de luchar contra los empleadores. Así que ellos estaban más o menos inclinados a dejar que nosotros tomáramos la iniciativa en elaborar una línea eficaz para desarrollar el sindicato. Así lo hicimos, y lanzamos una combativa campaña de sindicalización en toda la región.

En el otoño de 1937, una tragedia golpeó el movimiento. Corcoran fue asesinado, bajo circunstancias misteriosas que tenían los rasgos de un complot dirigido a debilitar la nueva campaña de expansión de los Teamsters. Al tiempo que presionábamos a las autoridades para que buscaran a los asesinos de Pat, fue necesario llenar las vacantes en la estructura directiva causadas por su muerte. El problema pronto se complicó más con la renuncia de Murphy a su cargo en el Local 544.

Corcoran había ocupado dos cargos en los Teamsters. Era miembro de la junta ejecutiva del Sindicato General de Choferes y secretario-tesorero del Consejo Unido. Poco después el consejo votó a favor de escoger a Miles Dunne como sucesor de Pat en el Consejo Unido. Pero en el caso del Local 544 se había creado un problema más complejo. Entonces se dispuso que la selección de los sucesores de Corcoran y Murphy fuera decidida en las elecciones ordinarias del local a finales del año, cuando todos los cargos ejecutivos se someterían a votación.

En esos comicios Brown, Smith, Skoglund y Wagner fueron nominados para continuar en sus respectivos cargos de presidente, vicepresidente y dos de los cargos de síndicos. Yo pasé a ser candidato para sustituir a Murphy como secretario-tesorero, y Grant Dunne fue postulado para ocupar mi cargo de secretario de actas. Se eliminó el puesto de presidente de la junta ejecutiva, y Miles Dunne fue nominado para reemplazar a Corcoran en la junta, postulado como candidato para el tradicional tercer puesto de síndico.

Solo el cargo de presidente fue disputado en las elecciones. Ninguno de los otros nominados mencionados antes enfrentó oposición, lo cual era especialmente notable, dada la posición que Smith y Wagner habían tenido en el antiguo Local 500. Indicaba hasta qué punto su participación leal en el nuevo equipo directivo les había ganado la aprobación de las filas.

Para la presidencia, Lee Oscar Gardner se postuló contra Brown. Como en las elecciones de 1936, el contendiente no expresó discrepancias programáticas con la dirección titular. Lo único nuevo era que ahora buscaba un alto puesto en el sindicato, y no el cargo menor de síndico como antes. Hizo campaña principalmente afirmando que él se desempeñaría mejor que Brown en el cumplimiento de la política establecida por el sindicato.

En esta ocasión hubo una gran participación en la votación. La concurrencia parecía ser la forma en que los miembros manifestaban su rechazo a las acusaciones calumniosas difundidas por los propagandistas capitalistas contra la dirección del local tras el asesinato de Corcoran. También parecía que muchos tenían fuertes opiniones sobre quién sería el mejor presidente. Brown salió reelegido por una mayoría de casi tres a uno.

Apenas cinco meses después hubo otra muerte. Bill

Brown fue muerto a tiros, y Arnold Johnson, miembro del plantel de organizadores del local, confesó haber cometido el crimen. Parece que Johnson, quien era buen amigo de Brown, actuó en un arrebato de locura temporal. Cuando finalmente fue llevado a juicio —tras prolongados intentos de las autoridades de usar el caso para una nueva campaña de difamación contra el sindicato— Johnson declaró que se encontraba en un estado de aturdimiento mental en el momento del asesinato. Al parecer el jurado aceptó esa defensa y lo declaró no culpable.

Nuevamente había que llenar una vacante en un cargo sindical bajo circunstancias trágicas. Como protección contra acusaciones falsas de que el asesinato de Brown había tenido motivos políticos, la junta ejecutiva recomendó convocar a una elección especial para escoger a su sucesor. Cuatro candidatos fueron nominados: Carl Skoglund, Peter Harris, Frank McArdle y Thomas McCue. Skoglund fue electo presidente por una mayoría de los votos.

Luego había que tomar una decisión sobre el cargo de síndico que había sido ocupado por Skoglund. Con la autorización de los miembros, la junta nombró a Kelly Postal, quien desde 1934 se había destacado en la dirección secundaria, para completar el mandato.

Había motivos más que suficientes para proceder con cuidado al sustituir a Brown. Desde el asesinato de Corcoran, la clase gobernante había librado una maliciosa campaña propagandística contra el Local 544. Hacían acusaciones escandalosas contra el sindicato, como insinuar que la muerte de Pat fue resultado de una riña entre los "zares sindicales, cobrando tributo por medio de la violencia". Con justificaciones fraudulentas de ese tipo, la prensa patronal propuso tomar "acción cívica" para librar el movimiento obrero de "gángsters y extorsionistas". Se anunciaron planes para recaudar un gran fondo con este propósito.

También se tomaron medidas para lanzar un sindicato amarillo. Agentes de ese grupo fueron infiltrados en el Sindicato General de Choferes con la intención de simular una rebelión de las filas contra la dirección. La demanda esquirol, mencionada antes, sirvió de vehículo para eso. Los cargos presentados en esa demanda judicial se enfocaron en alegaciones de que miembros de la directiva del sindicato usaban amenazas de fuerza y violencia —tanto contra trabajadores como contra empleadores— para lograr sus objetivos, y que malversaban los fondos de la organización para su uso personal.

Cuando ocurrió la muerte de Brown en mayo de 1938, la propaganda contra "el gangsterismo y extorsionismo sindical" alcanzó un nivel febril, y la persistente ofensiva patronal finalmente comenzó a tener un impacto en el Local 544. Por primera vez desde el cambio en la dirección oficial tras las huelgas de 1934, surgió una oposición organizada en el local. Se anunció la formación de un "Comité de los 15" que decía hablar en nombre de los miembros del local. Exigieron medidas especiales para establecer una supervisión diaria de todas las políticas y actividades de la junta ejecutiva. Su demanda, que obviamente buscaba aplacar a los patrones, reflejaba un ánimo conservador que en algunos casos era producto de los logros obtenidos por la organización hasta el momento.

Con cada renovación de los convenios entre el local y las empresas de transporte por camión se habían logrado nuevas concesiones. Por lo tanto, los fuertes antagonismos en las relaciones entre los trabajadores y los patrones, creados por el anterior enconado conflicto, habían perdido su intensidad hasta cierto punto. Esto se constataba especialmente entre los sindicalistas cuya conciencia de clase había permanecido a un nivel elemental. A pesar de los continuos ataques de la clase patronal contra el local, esos trabajadores creían equivocadamente que era posible tener una organización eficaz que actuara a favor de sus intereses y a la vez mantener relaciones pacíficas con los empleadores: si hacían las actividades sindicales de manera "responsable". Pero no se había materializado la paz duradera que esperaban lograr. Entonces surgió la idea entre estos círculos de que la dirección del sindicato debe estar "provocando" a la patronal.

Aunque dichas ideas conservadoras eran base fundamental del desarrollo de la agrupación opositora, también había elementos de otra característica. Algunos en este grupo mostraban ambiciones de promover sus carreras personales. Tenían cualidades de pequeños burócratas que fácilmente adoptarían la política colaboracionista de clases de la cúpula de la IBT. Pero tardaría más tiempo para que oportunistas de esa calaña recibieran el apoyo externo que necesitaban para convertirse en activos "agentes de negocios", es decir, el polo opuesto de verdaderos organizadores sindicales.

En las elecciones sindicales celebradas en diciembre, el Comité de los 15 postuló cuatro candidatos: R.F. Hornig para presidente, Frank McArdle para vicepresidente, Harold Haynes (a veces escrito "Haines") para secretario de actas y Pete Harris para síndico. (Douglas Raze, quien tenía una historia de servir de testaferro del Partido Comunista, también entró en la contienda como candidato para secretario-tesorero. Aunque él no tenía vínculo directo con el Comité de los 15, parecía existir un entendimiento tácito entre los oposicionistas de evitar la competencia por el mismo puesto.)

Hornig, McArdle, Haynes y Harris hicieron campaña con una plataforma que contenía dos puntos claves. Uno era la demanda de "elegir anualmente un grupo representativo de miembros de filas para servir de junta de control". La junta propuesta tendría la autoridad de revisar "la política general de la junta ejecutiva, las actividades de los miembros individuales del plantel... y el manejo de las finanzas de los asuntos del Sindicato en general".

El segundo punto era la demanda de que "las actividades políticas personales de todos los funcionarios actuales se divorcien de sus deberes oficiales como representantes del Local". La dirección fue acusada de "negligencia de sus responsabilidades rutinarias al perseguir políticas adversas a los intereses de la organización". Se afirmaba que la prueba de la presunta mala conducta era "obvia por el credo político que, como se sabe, los implicados propugnan".

A nivel superficial parecía que los candidatos del Comité de los 15 tenían la intención de limitar su propia autoridad directiva si resultaban electos a los cargos a los que se postulaban. En realidad se trataba de algo diferente. Ellos no esperaban ganar la contienda, y por eso se sentían libres de usar el ángulo de la "junta de control" para sembrar desconfianza entre las filas del sindicato hacia la dirección actual. Así esperaban presionar a favor de un cambio en la política fundamental del sindicato. Eso también era el propósito del ataque anti-rojos contra los miembros de la junta ejecutiva que eran trotskistas. Lo que la oposición calificaba de "adverso a los intereses de la organización" era nuestra política de lucha de clases, porque esa perspectiva era un obstáculo a las relaciones de colaboración con los patrones.

Frente a la línea de la oposición, nosotros defendimos la política combativa y las normas organizativas democráticas con las cuales el sindicato había desarrollado su impresionante capacidad de cumplir con los intereses de los trabajadores. Sobre esta base se postularon a la reelección todos menos uno de los miembros de la directiva cuyo mandato estaba por vencer. El vicepresidente titular, Jack Smith, anunció que no podía continuar ocupando ese cargo por su mala salud. Él nombró a George Frosig, vicepresidente del antiguo Local 574, para que lo reemplazara.

En las elecciones, los candidatos del Comité de los 15 obtuvieron el 32 por ciento de los votos. (Raze recibió un 12 por ciento del número total para secretario-tesorero.) La lista de los candidatos titulares ganó, como promedio, por un margen de dos a uno. Teniendo en cuenta las complejidades de la situación, el resultado de las elecciones representó un impresionante respaldo de las filas a la política de la dirección.

Unos meses más tarde, yo fui designado para formar parte del personal de sindicalización de la IBT. Kelly Postal fue escogido para completar mi mandato como secretario-tesorero del Local 544 y Curt Zander, dirigente de la sección del local de los Dueños Independientes de Camiones, fue escogido para asumir el cargo de síndico desocupado por Postal.

Aunque los opositores no habían impugnado estos cambios en el personal ejecutivo, estaban trabajando sigilosamente para acumular apoyo entre las filas y recaudar fondos de campaña para las próximas elecciones generales de la directiva. Una muestra de los métodos que usaban apareció en una declaración oficial publicada en el *Northwest Organizer* del 26 de octubre de 1939. Decía en parte: "La Junta Ejecutiva ha tomado conocimiento de que varios miembros del sindicato han organizado reuniones de miembros del Local 544 fuera de la sede sindical y sin consultar u obtener autorización, del sindicato... La junta también tiene información que indica que se está solicitando fondos de empresas a nombre del sindicato. El sindicato no ha autorizado a nadie para que solicite fondos a su nombre".

Cuando se celebraron las siguientes elecciones de la directiva en enero de 1940, el Comité de los 15 volvió a postular una lista de candidatos. Los titulares se postularon a la reelección, con la excepción de Grant Dunne, quien estaba mal de salud. Grant nominó a Ray Rainbolt para reemplazarlo como secretario de actas. Rainbolt, al igual que Postal, se había destacado en la dirección secundaria desde 1934.

La votación ocurrió justo cuando fue entablada la demanda esquirol para lanzar un nuevo ataque difamatorio contra los funcionarios del Local 544. La concurrencia a las urnas fue la más grande en la historia del local hasta esa fecha, y la votación no dejó duda alguna de la posición de los miembros sobre las cuestiones controvertidas en la organización. Todos los candidatos en la lista de titulares fueron electos con contundentes mayorías de tres a uno.

Ante esta derrota aplastante, algunos de los opositores resolvieron recurrir a cualquier medio posible —por más sucio que fuera— para sacar a la dirección del local. Dos de ellos, Lee Oscar Gardner y Harold Haynes, demostraron esa actitud cuando más adelante comparecieron como testigos para los esquiroles en su demanda judicial.

La acción que tomaron Gardner y Haynes fue antes de las elecciones sindicales de enero de 1941. En preparación para esa contienda, el Comité de los 15 postuló nuevamente su propia lista, y los funcionarios titulares cuyo mandato estaba por vencer, salvo el descalificado Skoglund, fueron postulados nuevamente. Miles Dunne fue presentado para reemplazar a Skoglund. A su vez, Emil Hansen fue nominado para sustituir a Miles como síndico. Hansen, un socialista revolucionario, había sido miembro del plantel de organizadores por muchos años.

Durante la campaña, la oposición empleó todos los trucos que podía ingeniar. Esto se puede ilustrar citando una declaración de Skoglund publicada en el *Northwest Organizer* con fecha del 2 de enero de 1941. Él se refirió a los "muchos rumores que circulaban entre los miembros de por qué no me estoy postulando para presidente del sindicato, y otros rumores sobre disensión y desacuerdos entre la junta y el personal". Respecto a la presidencia, él dijo: "Ya que faltan varios meses para que yo reciba mis documentos finales de ciudadanía, decidí no postularme". Skoglund rebatió las habladurías sobre la supuesta disensión en la dirección: "Desde nuestras difíciles luchas en 1934, la unidad de la junta y del personal de nuestro sindicato ha sido y es una de las principales razones del éxito y los avances de esta organización y del bienestar de sus miembros".

Desafortunadamente para los promotores de escándalos, sus insinuaciones se hicieron insignificantes ante la rotunda victoria que el sindicato había logrado contra la demanda esquirol. El juez Carroll había rehusado dar crédito a una sola de las muchas calumnias contra la junta ejecutiva. Los miembros de la directiva habían ganado una victorial moral, y la mayoría de los miembros se sentían orgullosos de este hecho, como lo demostraron en los comicios. Todos los titulares postulados a la reelección regresaron a sus puestos en una victoria arrolladora, recibiendo un 80 por ciento de la enorme cantidad de votos depositados. La junta ejecutiva que había recibido este fuerte respaldo de los miembros estaba integrada por Miles Dunne, Frosig, Postal, Rainbolt, Wagner, Hansen y Zander. Este equipo pronto tendría la tarea de guiar al Local 544 en la batalla contra el despliegue más formidable de enemigos que jamás había enfrentado.

En la lucha que estaba por desarrollarse, la dirección del

sindicato enfrentaría un nuevo tipo de oposición interna que había empezado a materializarse a finales de 1940. Los organizadores de la nueva agrupación eran completamente oportunistas. Estaban motivados puramente por sus ambiciones personales de ascender en la cúpula sindical y, por lo tanto, su conducta era totalmente carente de principios.

Aunque se había forjado un local fuerte, que podía responder y respondía eficazmente a los miembros, aquellos individuos no estaban satisfechos. Codiciaban los puestos oficiales ocupados por otros. No era cuestión de simplemente creer con toda sinceridad que ellos podían ser mejores dirigentes de la organización. Por supuesto, se emplearon argumentos engañosos de ese tipo para ganarse el oído de cualquiera que tuviera una queja contra la junta ejecutiva. Pero su verdadero objetivo era tener el poder y prestigio del sindicato para obtener beneficios personales mediante la obtención de cargos oficiales. No obstante, antes de lograrlo tenían que deshacerse de los titulares. Así que formaron una camarilla para librar una batalla contra los funcionarios existentes. El ataque se enfocó en *red-baiting* contra los trotskistas en posiciones directivas.

Tommy Williams fue escogido para encabezar la nueva oposición. Él había jugado un papel combativo en el sindicato anteriormente, especialmente durante las huelgas de 1934, y estos antecedentes fueron subrayados en la propaganda del grupo. Se valieron de otro truco al escoger un nombre. La camarilla se autodenominó el "Comité de los 100", para crear la falsa impresión de que se estaba creando nuevamente un amplio grupo representativo, como el Comité de los 100 electo en 1934, para proteger a las filas de unos maldirigentes burocráticos. Sobre esa base fraudulenta, lanzaron una campaña para buscar partidarios en el local entre los elementos atrasados políticamente.

Al momento de las elecciones de enero de 1941, el Comité de los 100 no había desafiado a la dirección del sindicato a nombre propio. Pero surgió una nueva situación cuando la lista del Comité de los 15 fue derrotada rotundamente —por tercera vez— en la votación de 1941. Esa agrupación empezó a desintegrarse. Algunos de sus partidarios se pasaron al Comité de los 100, y este grupo inició una ofensiva abierta contra la junta ejecutiva.

No obstante, esto no significaba que la camarilla oportunista estaba a punto de adquirir mucha influencia entre las filas del sindicato. A partir de 1934 la dirección del sindicato había sido sometida a ataques anti-rojos tanto por los capitalistas como por los burócratas de la AFL. Por tanto, la mayoría de los trabajadores estaban más o menos inmunes a ese tipo de propaganda, reconociéndola como un método utilizado por los que se oponían a una política obrera combativa. Así que el nuevo intento del Comité de los 100 de utilizar el *red-baiting* no llegó muy lejos.

Al verse incapaces de lograr mucha influencia entre los miembros del Local 544, el grupo de Williams inició una campaña para que Tobin interviniera en los asuntos internos del local. Al hacerlo, parecían haberse inspirado en cómo el juez Carroll usó la constitución de la IBT contra Skoglund. Pidieron que se hiciera valer —contra todos los trotskistas— otra cláusula reaccionaria del documento de los Teamsters que les negaba a los "comunistas" el derecho a ocupar cargos sindicales.

A la pequeña camarilla de oportunistas no le importaba un ápice que estuvieran violando el principio democrático de la regla de la mayoría al solicitar ayuda externa para destituir a una dirección escogida por las filas. Su único interés era encontrar alguna manera de adquirir puestos sindicales. Percibiendo que las fuertes diferencias en torno a la cuestión de la guerra conducirían a un ataque de la cúpula de los Teamsters contra los militantes del Local 544, ellos estaban maniobrando para arrebatarnos la franquicia de la IBT.

6

Fricciones con Tobin

Los promotores del Comité de los 100 parecían creer que Tobin estaba buscando un pretexto para intervenir en los asuntos internos del Local 544 y que no dejaría pasar la oportunidad que ellos le brindaban. En realidad, la situación no se podía definir en términos tan sencillos. Sí había antagonismos entre el jefe de la IBT y los dirigentes trotskistas del local, pero no se trataba de una vulgar pugna por el poder, como tendían a suponer los comentaristas superficiales; y estos antagonismos tampoco creaban hostilidades permanentes. Tenían sus raíces en diferencias fundamentales en torno al programa, y la relación consiguiente estaba condicionada por las fases por las que atravesaba la lucha de clases. Los períodos de conflicto abierto se alternaban con períodos de cooperación limitada, dependiendo del flujo de los procesos objetivos.

Al principio, en 1934, teníamos una ventaja sobre Tobin gracias a la radicalización que se estaba produciendo entre los trabajadores. La combatividad que predominaba nos ayudó a organizar a miles de empleados de la industria del camionaje en Minneapolis. En esos momentos fue posible guiar esa fuerza hacia un curso de lucha de clases a través del cual se libró una lucha eficaz contra los patrones.

Una razón fundamental de nuestro éxito fue la defensa del derecho de los trabajadores a decidir cuáles serían las demandas que se presentarían a las empresas del transporte, y cómo se iba a librar la batalla por esas reivindicaciones. Insistíamos en que la democracia significaba más que el derecho a opinar; la democracia también significaba el derecho de actuar de acuerdo con la voluntad de la mayoría. Al actuar a partir de esos principios fue posible ejercer la autoridad local, desafiando los intentos del presidente general de la IBT de intervenir de manera dictatorial.

Durante las luchas contra la clase patronal, nos dedicamos a ayudar a los miembros del sindicato a sacar lecciones políticas de sus experiencias. Explicábamos a los trabajadores la necesidad de romper completamente con la política capitalista, de formar su propio partido de masas a escala nacional y de luchar por el poder estatal en nombre de la clase trabajadora. En cada oportunidad señalábamos también por qué el capitalismo obsoleto tenía que ser reemplazado por una sociedad socialista. A través de estos esfuerzos los trabajadores que más avanzaron en su pensamiento político fueron reclutados a nuestro partido socialista revolucionario. En el partido recibieron más educación sobre el programa, la estrategia y las tácticas necesarias para defender los intereses de la clase trabajadora. La preparación de los cuadros en este sentido ayudó, a su vez, a proporcionarle al sindicato local un fuerte núcleo de combatientes con conciencia de clase, capaces de resistir todas las presiones externas sin importar su origen.

En todos estos aspectos, nuestros conceptos y métodos eran lo contrario de los de Tobin. Él era un colaborador de clases hasta la médula, completamente incapaz de confiar en el poder de los trabajadores. Su concepto del sindicalismo era de actuar como "socios" de los patrones en cuestiones laborales. Políticamente, él era un demócrata rooseveltiano, ansioso de servir como lacayo de la Casa Blanca, promoviendo los intereses nacionales e internacionales de la clase dominante. Para justificar esa línea, él se jactaba de su habilidad de sonsacarle al gobierno algún favorcito de vez en cuando en relación a la IBT. Como además se imaginaba que su papel personal le daba al sindicato la mejor "imagen" posible para actuar con eficacia, pensaba que los miembros debían mostrar su gratitud con fiel obediencia a sus mandatos.

A nivel organizativo, el jefe de la IBT había tratado de limitar el desarrollo del sindicato a los estrechos confines de los gremios de oficio, enfocándose en los trabajadores más especializados y descartando a los demás. Al limitar la participación a los empleados relativamente privilegiados, sería más fácil obtener pequeñas concesiones de los patrones. Así se podría aplicar el concepto reformista de recurrir a maniobras para avanzar un pasito a la vez, mostrándose siempre atentos, como "estadistas", a las preocupaciones de la patronal cuando surgían disputas. Como garantía de lo último, se mantenía un control estricto sobre las acciones huelguísticas. Siempre que fuera posible, se sustituía el poder sindical con el arbitraje del gobierno o de mediadores "neutrales". El resultado, por supuesto, era que se presionaba a los trabajadores para que aceptaran las condiciones que los patrones estaban dispuestos a conceder.

En cambio, cuando se trataba de los intereses personales de Tobin y sus principales servidores en la cúpula de la IBT, se tomaba una actitud completamente diferente. En sus casos, se daba énfasis a los altos salarios y cuentas de gastos sin límites. Estos dignatarios no eran menos discriminatorios en sus asociaciones; mantenían al mínimo su contacto con las filas del sindicato, prefiriendo codearse con patrones y políticos capitalistas. En el ámbito económico, sabían más de carteras de inversión que de las necesidades de los trabajadores. Y lo que mejor habían aprendido los burócratas de la IBT era cómo proteger sus posiciones privilegiadas. Se mantenían en constante alerta ante posibles amenazas a su dominio, y trataban con saña a los disidentes entre las filas. Cualquiera que desafiara la política "oficial" o resistiera el control dictatorial sobre las actividades sindicales podría ser "disciplinado" con mano de hierro.

Bajo estas circunstancias nuestra campaña en Minneapolis en 1934 inevitablemente iba a llevar a un choque frontal con la pandilla de Tobin. Por lo tanto era necesario minimizar las fricciones con la cúpula sindical hasta que se pudiera movilizar suficientes fuerzas entre las filas para un enfrentamiento. Por eso evitamos cualquier insinuación de que estábamos disputándoles a los titulares la dirección oficial cuando iniciamos una campaña para ampliar la membresía de lo que entonces era el Local 574. Más bien se dieron pasos para presionar a los miembros de la directiva del local a que apoyaran los esfuerzos para hacer crecer el sindicato.

Al principio tuvimos el mismo cuidado de cumplir, en la medida de lo posible, con los procedimientos normales de la IBT. Estos solo los modificamos al cruzar los límites establecidos para los oficios cuando inscribíamos a nuevos miembros. Ya que el crecimiento del sindicato en sí no despertaba sospechas entre la cúpula de los Teamsters, se forjó una fuerte agrupación semiindustrial a nivel local antes de que se dieran cuenta de lo que estaba pasando.

Fue posible entonces —escogiendo el momento oportuno— avanzar bastante en una lucha para arrancarles concesiones a las empresas camioneras antes de que se produjera un choque con Tobin. El enfrentamiento entre el sindicato y los empleadores comenzó con la huelga de febrero de 1934 en la industria del carbón. Antes de tomar esa acción el local había solicitado formalmente a la sede de la IBT que aprobara sus planes, pero después de mucha demora la petición fue denegada con el consejo de que buscáramos la ayuda de mediadores del gobierno. Pero ya la huelga había comenzado y los trabajadores estaban a punto de ganarla. A raíz de su victoria, un gran número de empleados del transporte por camión en toda la ciudad ingresó al local. Al mismo tiempo el jefe de la IBT perdió prestigio porque no había ayudado a los trabajadores del carbón.

Estos sucesos nos permitieron evitar la formalidad de pedir la aprobación de la IBT antes de lanzar en mayo el paro camionero en toda la ciudad. En este caso, dicha solicitud podría haber precipitado una intervención burocrática para impedir esa acción audaz. Así que la acción se realizó estrictamente a la iniciativa del Local 574. En la lucha que se desarrolló, los huelguistas defendieron sus líneas de piquetes en combate mano a mano contra la policía; y Tobin, preso de pánico por esta ruda violación de sus normas basadas en la colaboración de clases, dio la orden al local de que sometiera sus demandas al arbitraje. Pero ya se habían puesto en marcha fuerzas suficientemente grandes —y la lucha había cobrado suficiente ímpetu— para que la situación saliera fuera del control del presidente de la IBT. Su orden fue desoída. Los trabajadores siguieron luchando y forzaron a los patrones a negociar un convenio con el sindicato.

Poco después, en su revista oficial Tobin empezó sus ataques anti-rojos contra los trotskistas, exigiendo que fuéramos expulsados del movimiento sindical. La primera filípica fue tan virulenta que los patrones la aprovecharon jubilosamente en su propaganda al tiempo que forzaban al sindicato local a lanzar otra huelga. El acto desleal de Tobin indignó a los aguerridos sindicalistas, quienes públicamente denunciaron su conducta y le exigieron que se hiciera a un lado mientras ellos terminaban su lucha contra los patrones del camionaje. Los huelguistas estaban afirmando, de manera inequívoca, su derecho a ejercer la autonomía local, y ante esa situación el jefe de la IBT no podía hacer nada.

No obstante, unos meses después, Tobin logró aprovechar una situación que no pudimos evitar. La carta constitutiva del Local 574 fue revocada, con la justificación oficial de que estábamos atrasados en el pago de las cuotas per cápita a la IBT. Ya habíamos reconocido esa obligación, asegurándoles que cumpliríamos plenamente tan pronto como la organización se fuera recuperando del gran impacto en sus finanzas de las anteriores huelgas. Pero Tobin optó por desoír ese compromiso. Ansioso de deshacerse del local porque estaba afectando su línea colaboracionista de clases, no tardó en usar como pretexto la morosidad en el pago de las cuotas. La rapidez con que creó el "Local 500", para que asumiera la jurisdicción del Local General de Choferes en la ciudad, demostró su intención de hacer permanente su medida.

La formación de la nueva unidad de la IBT, que solo existía sobre el papel, fue acompañada por un decreto cuyo objetivo era diezmar las fuerzas movilizadas por el Local 574. A los trabajadores cuyos empleos estaban más allá de los estrechos limites de oficios establecidos por Tobin no se les permitiría ser miembros de los Teamsters. Los que quedaran después de la depuración serían reorganizados en distintas agrupaciones de oficios. Los militantes que habían desempeñado un papel de dirección en las huelgas de 1934 serían excluidos del sindicato, sin importar su ocupación. Además, la nueva unidad permanecería bajo el control directo de la sede internacional del sindicato. No habría autonomía local, y no se le otorgaría derechos democráticos a las filas. Tan duro fue el decreto, tan potencialmente destructivo para los logros por los cuales los trabajadores habían derramado sangre, que la misma promulgación de la orden incitó la ira de los sindicalistas en toda la ciudad.

Respondimos al ataque con la demanda de que fuéramos restituidos a la IBT con plenos derechos democráticos. De acuerdo con esta postura, el Local 574 continuó actuando como si fuera parte de la AFL. Se respetaron las jurisdicciones de los otros sindicatos, y nuestra poderosa organización les prestó ayuda en sus luchas contra los patrones. A cambio recibimos una buena dosis de cooperación, así como mucho apoyo a nuestra demanda de ser restituidos. En esa situación, los agentes de Tobin en Minneapolis, que pretendían llevar a cabo sus tácticas destructivas, no pudieron hacer avances contra nosotros.

Como había sucedido en 1934, las tendencias objetivas seguían siendo bastante favorables para nuestra causa. Durante la primavera de 1936 empezaron a estallar huelgas importantes en las industrias básicas, y el CIO estaba surgiendo como un nuevo y dinámico movimiento sindical. Ante ese reto, la burocracia de la AFL no podía dedicarse mucho a ayudar a Tobin contra nosotros. Entre tanto, en Minneapolis sus agentes se encontraban cada vez más desacreditados, y el Local 574, apoyado por la creciente oleada de combatividad obrera, progresivamente iba cobrando fuerza y prestigio. Al final, en el verano de 1936 la situación había empeorado tanto para los partidarios locales de Tobin que iniciaron negociaciones para una solución del conflicto sindical interno. Se llegó a un arreglo en el cual nuestra organización fue restituida a la IBT, designado el Local 544.

Tobin se vio obligado a hacer concesiones que dejaron el local básicamente sin cambios. Su autonomía quedó protegida. Continuó prevaleciendo la democracia interna al tomar decisiones sobre la política del local. Todos los miembros y dirigentes fueron incluidos en la restitución, sin excepción; y como lo indicó ese hecho, se permitió que la organización mantuviera su estructura semiindustrial. En resumen, se estaba concediendo oficialmente un margen más amplio para tomar iniciativas locales y cambiar los conceptos de jurisdicción. Era un cambio de línea que al final llevaría a hacer importantes modificaciones en la propia IBT.

De nuestra parte, tuvimos que concederles a los representantes de Tobin una mayoría de cuatro a tres en la junta ejecutiva del Local 544. Él evidentemente suponía que ese arreglo le daría un firme control sobre los miembros, pero las cosas no resultaron así. Las tendencias en la lucha de clases, tanto a nivel nacional como en Minneapolis, seguían reflejando un creciente ascenso del movimiento obrero. Gracias a esta situación, con el firme respaldo de las filas pudimos guiar a los tobinistas locales hacia un curso constructivo para fortalecer el sindicato. Aún más, obtuvimos su ayuda para extender la influencia del Local 544 a círculos más amplios de la IBT. Los trabajadores de la industria camionera en otras partes de la zona estaban ansiosos de emular el ejemplo sentado por los Teamsters de Minneapolis. Además, los funcionarios de diversos locales de la IBT reconocían la necesidad de cambiar la política existente. Esas fuerzas estaban dispuestas a colaborar con nosotros para emprender una amplia campaña de sindicalización, y pronto fue posible juntarlas en un organismo llamado el Consejo de Choferes del Distrito Norte Central (NCDDC).

Tobin veía la nueva agrupación con mucha desconfianza. Era incapaz de verla objetivamente como vehículo necesario para impulsar efectivamente el sindicato. Para él, el surgimiento del consejo de distrito representaba una amenaza a su dominio dictatorial sobre los sindicatos locales y posiblemente hasta un paso hacia la creación de un caucus nacional para disputarle la presidencia de la IBT. Entonces emitió una orden arbitraria para la disolución inmediata del consejo.

Lo que pasó a continuación asombró al jefe de la IBT. Un grupo de delegados enojados de diferentes locales que participaban en el NCDDC lo enfrentaron en su sede. Él trató de intimidarlos con un discurso sobre las "leyes" de la organización que se basaban en conceptos obsoletos. Pero ellos se mantuvieron firmes, insistiendo en que las nuevas condiciones en la industria hacían imprescindible que los locales actuaran colectivamente sobre una amplia escala geográfica. Al final Tobin se dio cuenta de que tendría que permitir algunos ajustes en la política, o de lo contrario podría surgir una gran rebelión contra su régimen. Entonces aceptó la creación de un organismo regional para coordinar las actividades sindicales en el transporte de larga distancia. Con este logro se abría el camino para introducir una política combativa en ámbitos más amplios del movimiento Teamster.

Después se lanzó una masiva campaña de sindicalización entre los choferes del transporte por carretera, que se extendió por todo el valle del alto Mississippi, desde las Montañas Allegheny hasta las Montañas Rocosas. Esta labor fue encabezada por un nuevo comité integrado por representantes de importantes sindicatos locales. Puesto que el comité estaba trazando un nuevo curso para la IBT, se encontraba en condiciones de establecer sus propias normas de procedimiento, y esa situación permitió que se creara un ambiente democrático en el cual los luchadores sindicales podían actuar a su óptimo nivel.

Las demandas presentadas a las empresas de transporte se formularon de modo de expresar las necesidades y los deseos de los trabajadores de la industria. El resultado fue que los militantes al volante de los camiones propagaron con entusiasmo el mensaje de la campaña por todas las carreteras y rutas, ayudando a los organizadores de los Teamsters a alistar a nuevos miembros. Los choferes de larga distancia empezaron a ingresar al sindicato por decenas de miles, y en poco tiempo una parte importante de los patrones cedió pacíficamente a la creciente presión. Firmaron un convenio que cubría 11 estados, el cual por primera vez estableció salarios y condiciones uniformes para los choferes de larga distancia en toda una región. Además fue el convenio más grande jamás negociado por la IBT hasta ese momento.

Tobin quedó muy impresionado con lo que había logrado el comité regional, especialmente los logros según él los definía. Estaban ingresando montones de miembros nuevos al sindicato a un ritmo creciente. Iban creciendo los pagos de impuestos per cápita, llenando el tesoro del sindicato internacional; y la organización experimentó un salto inaudito en su poder y prestigio. Es más, todo esto se había logrado sin tener que salir en huelga, que fue lo que más le agradaba al jefe colaboracionista de clases de la IBT. Al convencerse de que estábamos actuando de manera "responsable", Tobin prometió respaldar el comité de distrito para forzar a todas las empresas de larga distancia en los 11 estados a que se suscribieran al convenio regional.

El sindicato internacional cumplió su promesa de ayudar cuando fue necesario realizar una extensa huelga en la región del valle del río Missouri, principalmente en Omaha y Sioux City. Dio respaldo financiero. A los jefes de los Consejos Unidos de Teamsters que en algunas ciudades intentaron interferir se les dio la orden de no inmiscuirse en la campaña del transporte por carretera, y se le dio plena autoridad en ese ámbito al comité regional, con la garantía de que el apoyo oficial continuaría hasta que se ganara la batalla.

Por muy valiosa que fue esta ayuda, a fin de cuentas el resultado de la lucha dependió de los camioneros que la protagonizaron. Lucharon bien, con piquetes combativos y resistiendo todos los intentos rompehuelgas con una firme voluntad. Después de casi seis meses de feroz conflicto, los trabajadores salieron triunfantes. Las empresas del transporte de larga distancia en toda la región del valle del río Missouri se vieron obligadas a firmar el convenio regional, y en una posterior operación de limpieza, los últimos reductos en los 11 estados fueron obligados a ceder. A su vez, ese avance estimuló una ola de campañas locales de sindicalización, ciudad por ciudad. Así se había creado un enorme potencial para que la IBT se convirtiera en una potencia de primer orden, actuando al servicio de la clase trabajadora: con tal que tuviera una dirección correcta.

Tobin respondió con agrado a la victoria en Omaha y Sioux City y a los nuevos impulsos de expansión. En la edición de mayo de 1939 de la revista de la IBT, Tobin elogió los logros del sindicato diciendo: "Jamás he visto una huelga mejor dirigida, ni mejores sindicalistas que los que participaron en este conflicto".

Pero este homenaje a los militantes que habían librado la batalla del sindicato no reflejaba más que su júbilo por los resultados de la victoria. No significaba cambio alguno en la línea fundamental del presidente de los Teamsters. Él seguía pensando en términos de cómo actuar en "asociación" con la clase gobernante. En todo caso, sus ambiciones personales en ese sentido pronto serían más decisivas que nunca.

En julio de 1940 la Casa Blanca anunció que Tobin sería nombrado al equipo de asistentes administrativos de Roosevelt. Aunque estaba muy deseoso de aceptar el puesto, el jefe de la IBT pidió con falsa modestia que su nombramiento fuera aplazado hasta después del congreso del Partido Demócrata, en el cual él sería delegado por acumulación de Indiana. Mientras tanto, Tobin comenzó a crear las bases apropiadas, según sus criterios, para aceptar el puesto en la Casa Blanca, a través de diversas medidas introducidas en un congreso de la IBT celebrado en septiembre de 1940.

Se insertó una nueva cláusula en la constitución del sindicato, en el acápite sobre las obligaciones del presidente general. La enmienda decía: "No obstante, se entiende que esto no prohibirá ni impedirá que él acepte un llamado al servicio por parte del Presidente de Estados Unidos; y si recibe este llamado, y si él considera que el aceptarlo beneficiaría los mejores intereses del Sindicato Internacional, este cargo y su remuneración continuarán sin interferencia, según se estipula en la constitución".

El aceptar el nombramiento por la Casa Blanca no había de impedir que el presidente de los Teamsters siguiera ejerciendo su autoridad dictatorial en la organización. Tampoco había de interferir con el cobro completo de su generoso salario y lujosa cuenta de gastos.

Ya para entonces, los preparativos bélicos de Roosevelt incluían acciones rompehuelgas brutales bajo el fraudulento pretexto de "proteger los intereses nacionales". Así que Tobin, anticipando su función principal como lacayo de la Casa Blanca, pidió que el congreso sindical le diera autoridad para prohibir huelgas de las unidades de la IBT.

Concretamente, propuso que el presidente general tuviera la facultad de ordenar la mediación en conflictos con los patrones, y que para garantizar el cumplimiento de dichos decretos, se revocara la carta constitutiva de cualquier sindicato local que se negara a acatarlos.

Miles Dunne, como delegado del Local 544, encabezó una lucha en el congreso contra la propuesta. Entonces ocurrió algo realmente inaudito, gracias en gran parte a la manera efectiva en que se había usado el arma de la huelga durante la campaña del transporte por carretera en 1938–39. Los delegados ignoraron a Tobin y votaron por una gran mayoría a favor de remitir la propuesta al comité constitucional. En ese comité la nueva cláusula fue reformulada, de manera que cada sindicato local tuviera la opción de aceptar o rechazar el arbitraje de las disputas industriales.

Además, en otra propuesta se le pidió al congreso que autorizara un aumento del salario del presidente general a 30 mil dólares por año (dólares de 1940). Una vez más los delegados de Minneapolis expresaron su oposición, tomando una posición en bloque. Pero el aumento fue aprobado por una votación nominal de 950 a 186.

El papel que jugó el Local 544 al frenar el intento de Tobin de imponer el arbitraje obligatorio en conflictos con los patrones del transporte lo irritó, por supuesto, igual que la oposición al aumento de su salario. Pero esos factores fueron contrarrestados en gran parte cuando, poco después del congreso de los Teamsters, el juez Carroll emitió su fallo en la demanda esquirol. Según se describió anteriormente, el juez absolvió a la junta ejecutiva local de todos los cargos entablados por los esquiroles. Ya que las unidades de la IBT en todo el país habían seguido el caso, preocupados de que se creara un precedente que pudiera emplearse contra ellos, nuestra victoria nos dio aún más prestigio en todo el sindicato internacional. Hasta Tobin se vio impactado. Haciendo referencia a la demanda esquirol en la edición de mayo de 1940 de la revista de la IBT, él dijo: "No hay peor maldición que un miembro que quiera llevar el sindicato a la corte". Ya habíamos repelido ese intento y así le habíamos prestado un servicio importante a todo el movimiento. El presidente general tuvo que mostrar respeto hacia nuestro éxito.

En consecuencia, nuestras relaciones con el jefe de la IBT se mantenían relativamente estables en cuanto a los asuntos estrictamente sindicales. Esto se evidenció a finales del año en la celebración del 25 aniversario del Consejo Unido de Teamsters en Minneapolis. Tobin fue invitado a participar pero estaba ocupado con otros asuntos, así que mandó en su lugar a Dave Beck, entonces dirigente de la Conferencia Occidental de Teamsters.

El *Northwest Organizer* del 12 de diciembre de 1940 informó sobre las palabras de Beck. "Mientras yo estaba en Nueva Orleans con el presidente Tobin", dijo Beck, "él me pidió que viniera a Minneapolis y lo representara en esta ocasión. Y al platicar con él por teléfono esta tarde, nuevamente me pidió… que les dijera que nuestra Secretaría Internacional felicita a las organizaciones locales en Minneapolis… por los maravillosos avances que se han logrado".

Después de expresar su propio "gran interés por el progreso de los Teamsters en Minneapolis", Beck instó a que "cambiemos el viejo sistema de organización sindical y que nos pongamos al día con las novedades en la industria del transporte".

Era evidente que los métodos del Local 544 para desarrollar el sindicato estaban evocando una buena recepción, en mayor o menor grado, entre muchos círculos de la IBT. Ante esa situación Tobin, quien también se había visto influenciado un poco por nuestro papel en la campaña del transporte por carretera, no tenía bases realistas para iniciar hostilidades por razones puramente sindicales. No obstante, estaban surgiendo fricciones nuevamente entre nosotros. Estas provenían de una causa totalmente diferente.

El jefe de la IBT estaba comprometido a apoyar incondicionalmente la política exterior de Roosevelt. En cambio, el Local 544 venía haciendo campaña desde 1937 contra los preparativos bélicos del imperialismo estadounidense. Había convencido de esa posición a una buena parte del movimiento obrero en Minnesota. Y el *Northwest Organizer*, órgano oficial del Consejo Unido de Teamsters en Minneapolis, estaba alertando a los trabajadores sobre cada movida chovinista que emanaba de la Casa Blanca. Tobin quería silenciar esa oposición para ejercer un control monolítico sobre todas las declaraciones de los Teamsters acerca de la guerra. Pero vacilaba en emprender una nueva pelea con nosotros porque lo habíamos derrotado en enfrentamientos anteriores, y ahora teníamos más influencia que nunca en el sindicato internacional.

Sin embargo, los hechos pronto demostrarían que el jefe de la IBT estaba a punto de verse forzado a tomar una decisión. La policía federal estaba tramando un complot para manipularlo de manera que lanzara un ataque frontal contra el Local 544.

7

Acciones desbaratadoras del FBI

Al tiempo que Roosevelt se preparaba para la guerra contra sus rivales imperialistas en el exterior, lanzó un ataque contra la clase trabajadora en Estados Unidos. Su objetivo era amordazar a los opositores de su política exterior e impedir que las disputas industriales se convirtieran en interrupciones de la producción. Para asegurar eso, todas las agencias del gobierno fueron movilizadas para reprimir las secciones más combativas del movimiento sindical.

En el frente industrial, se instituyeron medidas represivas con un decreto presidencial que prohibió "las huelgas contra el gobierno". Esta prohibición se extendió más allá de los empleados públicos y los trabajadores de la WPA. Se usó para justificar ataques contra las líneas de piquetes en general, mediante fraudulentas "intervenciones del gobierno" contra empresas paralizadas por huelgas en el sector privado. Roosevelt solo podía llegar hasta cierto punto con sus acciones abiertamente rompehuelgas sin provocar serios riesgos políticos. Entonces aumentó la injerencia del gobierno en los sindicatos para tratar de asegurar que el movimiento obrero estuviera dominado por burócratas que apoyaban su línea.

Seguidamente se organizaron ataques brutales contra los derechos políticos y las libertades civiles de trabajadores combativos, especialmente los que se oponían a la política exterior de Washington. Fueron sometidos a intensos ataques anti-rojos (*red-baiting*) como fachada propagandística para las medidas que se tomaron contra ellos. Diversas órdenes presidenciales y medidas legislativas sirvieron de armas para el ataque. Una de estas era la connotada Ley Smith. El "amigo" de los trabajadores en la Casa Blanca promulgó esa ley de control del pensamiento en junio de 1940, pese a las amplias protestas de organizaciones obreras y pro derechos civiles.

A J. Edgar Hoover, director del Buró Federal de Investigación (FBI) le tocó un papel clave en la caza de brujas que se desarrollaba. Roosevelt le dio carta blanca a Hoover para emplear sus fuerzas como policía política. El jefe de la policía federal actuó con mucho ahínco al cumplir su tarea, y el presidente hizo la vista gorda a los métodos ilegales que Hoover usó en flagrante violación de la Carta de Derechos. Realizaron actividades encubiertas para infiltrarse en los sindicatos y los partidos políticos obreros y desbaratarlos. Los agentes del FBI espiaron contra organizaciones obreras, actuaron como agentes provocadores, infiltraron o reclutaron a soplones en las filas obreras: todo para fabricar casos contra militantes sindicales. Los blancos de ataque de la policía política fueron enjuiciados de manera brutal, generalmente bajo cargos de "conspiración" para violar una u otra ley federal.

En la mayoría de los casos, los procedimientos judiciales comenzaban con acusaciones secretas usando los cargos más severos posibles. Cuando la formulación de cargos se hacía pública, era común que se ocultaran los nombres de los acusados. Después venían los arrestos sorpresivos, que por lo general ocurrían en las horas tempranas de la madrugada. Los victimizados, que no sabían que el FBI los buscaba, eran arrastrados a la cárcel de una manera que le permitía a la prensa patronal presentarlos falsamente como delincuentes peligrosos. Una vez presos, se les imponía una fianza exorbitante mientras aguardaban el juicio.

Cuando los casos eran llevados ante los tribunales federales, entraban en juego nuevos giros. Agentes del FBI y soplones, adiestrados como testigos del gobierno, presentaban pruebas fabricadas. Cuando los acusados tomaban el estrado para rebatir el falso testimonio, los fiscales federales los sometían a un contrainterrogatorio salvaje y a una difamación deliberada. Estos actos de intimidación iban acompañados de ardides judiciales destinados a obstaculizar a los abogados defensores. Al final de estas farsas judiciales los casos eran remitidos a jurados amañados, que generalmente dictaban veredictos de "culpabilidad", y los militantes perseguidos terminaban presos.

En este proceso diabólico había mucho más estaba en juego que los intentos de asegurar el encarcelamiento de los acusados. Estas tácticas tenían un propósito más amplio. El objetivo era sembrar miedo en todo el movimiento obrero por las graves consecuencias que podría sufrir cualquiera que no siguiera la línea de Roosevelt y Compañía.

En 1938 se iniciaron operaciones de este tipo contra los Teamsters en el Medio Oeste tras una huelga de panaderías realizada por el Local 383 de la IBT en Sioux City, Iowa. Durante el paro, un camión fue supuestamente incendiado cerca de la frontera entre Iowa y Minnesota, lejos de Sioux City, donde la lucha se desarrollaba. La prensa patronal trató de culpar al Local 383. Los funcionarios del local denunciaron el ataque difamatorio y sugirieron que una de las empresas había quemado deliberadamente uno de sus propios camiones en un intento de ganarse la opinión pública. Al final el sindicato ganó la lucha. Se reanudaron las relaciones pacíficas con las empresas panaderas y el incidente fue olvidado por todo el mundo, excepto la policía federal.

En el otoño de 1939 el FBI arrestó a siete dirigentes de locales de los Teamsters en Des Moines, Omaha y Sioux City. Todos fueron acusados de conspiración en relación al supuesto incendio provocado contra el camión el año anterior. Dado que los locales de Des Moines y Omaha no habían participado en el conflicto de Sioux City, había una sola explicación de por qué incluían a los funcionarios de estos sindicatos en los arrestos. Estaban aprovechando el episodio del "incendio" para atacar a los principales bastiones de la IBT en el valle del río Missouri a fin de debilitar la organización en toda la región.

Los preparativos para el caso fabricado habían empezado poco después de la resolución de la huelga. Hicieron una inspección detallada de la carretera en la frontera estatal para tramar la falsa acusación de que el incidente de 1938 era un asunto interestatal. Eso puso el caso en la jurisdicción del gobierno federal. Luego recurrieron a los procedimientos normales —según se describió antes— para formular los cargos, hacer los arrestos, llevar a juicio a los acusados y encarcelarlos bajo cargos fabricados. Los siete dirigentes de los Teamsters víctimas del ataque tuvieron que cumplir una sentencia de dos años.

El próximo ataque, que surgió de la huelga de la WPA en 1939, se efectuó contra la Sección de Trabajadores Federales (FWS) del Local 544. La acción policíaca se enfocó en la FWS porque había librado la lucha más efectiva durante el paro nacional de la WPA. Un total de 166 trabajadores fueron instruidos de cargos. Se les acusó principalmente de conspiración para privar al gobierno de los servicios de los trabajadores.

Un reportaje en la prensa sobre las actividades del FBI en esa época indica la manera en que se recogieron "pruebas" para el gran jurado. Este artículo revelador, publicado en el *Minneapolis Tribune* del 24 de julio de 1939, aludió a un ataque sangriento que la policía local había desatado contra piquetes en un proyecto de la WPA. El artículo decía en parte: "Los agentes del Buró Federal de Investigación, que sumaban alrededor de 25, estaban bien situados para conocer lo que pasó... Los agentes, vestidos de overoles y otras prendas de trabajo, y haciéndose pasar por piquetes y transeúntes, se mezclaron con la multitud que se aglutinaba en torno al edificio del proyecto".

Otra cita describe el ambiente creado durante el procedimiento penal contra los trabajadores desempleados que habían resistido la política de Roosevelt de recortar la asistencia federal a fin de aumentar el gasto militar. El comentario fue tomado del discurso del fiscal Victor Anderson ante el jurado. "Mientras yo esté aquí", rebuznó a voz en cuello, "Minneapolis no se convertirá en el Moscú de Estados Unidos".

Las protestas contra el caso fabricado de la WPA se propagaron tanto, hubo tanta presión por parte del movimiento sindical a nivel nacional, que Roosevelt estimó oportuno retirar muchas de las acusaciones sin llevar a juicio a los acusados, y algunos de los que habían sido declarados culpables solo fueron puestos bajo libertad provisional. Pero 16 de ellos, dirigentes y activistas destacados de la FWS, recibieron sentencias hasta de un año y un día de prisión.

Después de ser encarcelados los huelguistas de la WPA, el FBI continuó sus operaciones encubiertas contra el Local 544, extendiéndolas más allá de la Sección de Trabajadores Federales. Lo que estaban haciendo no se dio a conocer públicamente hasta dos años más tarde. En esos momentos 28 personas que desempeñaban un papel directivo en el sindicato o en el Partido Socialista de los Trabajadores fueron enjuiciados ante un tribunal federal bajo cargos de conspiración para derrocar el gobierno. Entre los que dieron testimonio contra los 28 había agentes del FBI y miembros del Comité de los 100. Durante el contrainterrogatorio, los abogados defensores los obligaron a reconocer hechos que revelaron información importante sobre los trucos sucios que la policía de Hoover había estado empleando contra nosotros.

Durante el juicio nos enteramos que el FBI había estado acumulando archivos sobre los militantes trotskistas en Minnesota durante mucho tiempo. Hacia finales de 1940 ampliaron sus operaciones y se entrometieron en las actividades del Local 544. Dos agentes especiales, Roy T. Noonan y Thomas Perrin, se dedicaron a ese proyecto. Tenían un doble objetivo: el desbaratamiento interno del local y preparativos para una caza de brujas contra su dirección.

Noonan y Perrin pronto establecieron contactos con el Comité de los 100, y un aspecto de esa agrupación les resultó muy atractivo. Algunos de sus partidarios habían pertenecido al Partido Socialista de los Trabajadores. Pero su afiliación no se había basado en convicciones socialistas; se habían hecho miembros por motivos puramente oportunistas. Dado que los principales dirigentes del Local 544 eran miembros del partido, estas personas ambiciosas se habían afiliado con la expectativa de que les iba a ayudar a hacerse carreras personales en el aparato sindical. Cuando las cosas no resultaron así, renunciaron al PST y se volvieron en su contra con el odio de un apóstata.

Así que el FBI tenía excelentes posibilidades para convertir a estos tipos en soplones. Luego podrían usarlos para delatar a cualquier militante sindical que quisieran como supuesto trotskista y para dar testimonio falso contra el PST como organización.

En función de esas metas, la policía política ofreció sus servicios a Tommy Williams, jefe del Comité de los 100. Williams pertenecía entonces al plantel de organizadores del Local 544, y utilizó su cargo para involucrar a otras personas en la operación encubierta que se estaba poniendo en marcha. Por ejemplo, invitaba a trabajadores a su casa para alimentarlos de chismorreos anti-rojos sobre los dirigentes del sindicato que habían sido tomados de los archivos del FBI.

Durante este proceso, Sidney Brennan y James Bartlett empezaron a ocupar papeles de dirección, junto con Williams, en la intriga que se tramaba. Brennan era delegado sindical en el Local 544. Bartlett, presidente del Local 359 de los Empleados de Almacenes de la IBT, no tenía vínculo directo con el Sindicato General de Choferes. Williams, Brennan y Bartlett habían sido miembros del PST durante breves períodos.

En febrero de 1941 los tres auspiciaron una reunión de caucus, celebrada en el Hotel Nicollet. Permitieron que Perrin estuviera presente a nombre del FBI. Solo asistieron 25 miembros, lo que dejó la camarilla bastante corta de ser un "Comité de los 100". La discusión en la reunión se enfocó en una campaña para que Tobin destituyera de sus cargos a los miembros de la junta ejecutiva del Local 544. Fingiendo ser una oposición leal en el sindicato al plantear la demanda, la camarilla Williams-Brennan-Bartlett ocultó el hecho de que estaban actuando en confabulación con la policía política antiobrera.

Al continuar sus intentos de fortalecer la agrupación esquirol, en una ocasión recurrieron a una táctica especialmente odiosa. Fue sugerida por Perrin. El que hizo el trabajo sucio fue Henry Harris, un miembro de la Sección de Trabajadores Federales que se había unido a los conspiradores. Mandaron a Harris a hablar con Carl Skoglund para ofrecerle ayuda en obtener su ciudadanía si se plegaba al Comité de los 100. Skoglund denunció la oferta como un insulto a su integridad.

También Williams estaba actuando de la manera más reprobable. Sus métodos incluso se habían vuelto tan perjudiciales que el sindicato tomó acción en defensa propia. Fue despedido del plantel de organizadores por indisciplina y deslealtad. Williams protestó contra su despido por escrito y le envió copia a Tobin. La junta executiva del Local 544 celebró otra audiencia sobre el asunto, en la que participaron John Geary y T.T. Neal. Geary era un vicepresidente de la IBT que residía en Saint Paul. Neal había sido nombrado para reemplazarme como organizador general a cargo de la campaña del transporte por carretera, después de mi renuncia del aparato de Tobin. Después de informarse de los hechos, ni Geary ni Neal hicieron intento alguno de restituir a Williams a su puesto.

Poco después, el Comité de los 100 presentó cargos anti-rojos contra la dirección del Local 544 en el Consejo Unido de Teamsters de Minneapolis. Pero no llegaron ni siquiera a primera base. La mayoría de los delegados al consejo reconocieron que era un intento consciente de dividir a las filas de los Teamsters, y los cargos fueron rechazados sumariamente.

Entretanto, los desbaratadores habían programado otra reunión secreta para el 1 de marzo, nuevamente en el Hotel Nicollet. Sin embargo, esta vez Ray Rainbolt se enteró y mandó a un sindicalista leal a observarla. Así se obtuvo la siguiente información sobre lo que pasó: Unas 115 personas estuvieron presentes al inicio de la reunión, pero varios se marcharon cuando Williams lanzó una diatriba de *red-baiting* contra la directiva del sindicato. Más adelante en la sesión, los que se quedaron decidieron exigir que Tobin "intervenga en Minneapolis para resolver una situación intolerable". También escogieron un comité ejecutivo "para promover la causa del americanismo en el sindicato".

El 10 de marzo Tommy Williams sufrió un infarto al subir las escaleras de la sede para asistir a una asamblea de miembros del Local 544. Fue llevado de inmediato al hospital, donde falleció poco después de llegar.

Ahora que el liderazgo de la camarilla recaía totalmente sobre Bartlett y Brennan, ellos cambiaron el nombre al "Comité de los 99". Su objetivo era presentar a Williams como "mártir", pretendiendo incitar un clima de linchamiento contra los militantes trotskistas en el sindicato. Este ambiente lo describió Geary en una carta a Tobin el 14 de marzo de 1941. "Este comité de los 100 que representa al grupo de Williams y Bartlett sigue armando líos", escribió. "Me han dicho que están trayendo hombres armados a la sede... El entierro ayer [para Williams] fue muy grande. Los funcionarios del sindicato local no asistieron al entierro porque se les advirtió que no lo hicieran, porque de lo contrario habría habido problemas".

El informe de Geary también mencionó que él había hablado con Miles Dunne sobre la situación en el Local 544. La respuesta de Tobin del 17 de marzo solo se enfocó en ese aspecto del informe. "Creo que no deberías decirle mucho al hermano Dunne y a los demás", advirtió, "sobre el tema que discutimos aquí en el despacho".

Dos cosas nuevas sucedieron después de este intercambio. Brennan pidió orientación al jefe de la IBT para presentar cargos contra los trotskistas en el sindicato, y los policías políticos comenzaron a presionar a Geary.

"Otro enredo que surgió esta semana", escribió Geary a Tobin el 22 de marzo, "es que el FBI se metió en el asunto.

No sé cómo empezaron. Uno de sus hombres vino a verme. El hermano Neal estaba ahí conmigo cuando llegó. Quería saber qué íbamos a hacer. Le dije que no queríamos tener a hombres del FBI metidos en nuestros asuntos y que éramos muy capaces de lidiar con estos asuntos cuando llegara el momento indicado, y que no teníamos información que darle... Él está interesado principalmente en descubrir los antecedentes de los hombres afiliados al Partido Socialista de los Trabajadores".

Tobin le contestó el 24 de marzo: "En respuesta a tu carta... primero déjame decirte que no debes mostrar falta de respeto a los representantes del FBI. Ellos tienen muchas cosas en la mente de las que no sabemos nada. Hasta donde yo sepa, siempre han sido amistosos con la Hermandad Internacional de Teamsters. Muéstrenles respeto y contesten sus preguntas sin —claro está— implicar a nadie ni decir nada que pueda perjudicar a alguien. Ellos saben lo que están haciendo".

Mientras regañaba a Geary, Tobin también notificó formalmente a la junta ejecutiva del Local 544 y al Comité de los 99 que el 8 de abril de 1941 se celebraría en Chicago una audiencia sobre la situación interna del local.

Al recibir la notificación, Bartlett y Brennan se aprestaron a fabricar "pruebas" contra dirigentes del local. Lo hicieron con declaraciones juradas, firmadas por individuos de su camarilla que antes habían sido miembros del Partido Socialista de los Trabajadores. Estas personas, fingiendo tener información precisa que obtuvieron durante su estancia temporal en el partido, acusaron a muchos de los directivos, organizadores y delegados del Local 544 de ser miembros del PST. Después de preparar esta obra de soplonería —que al parecer agradó a Noonan y Perrin— las declaraciones juradas fueron enviadas inmediatamente a la sede de la IBT.

En esa época no sabíamos que el FBI estaba usando el Comité de los 99 para presionar a Tobin. Pero sí estábamos conscientes de que el presidente de los Teamsters estaba tanteando el tema del "comunismo" y cómo desarrollarlo como arma contra nosotros. Entonces el partido convocó a una reunión especial de los camaradas en el sindicato para decidir cómo manejar el problema.

Al evaluar la situación, comenzamos con una valoración de los cambios en las condiciones objetivas. Parecía seguro que la clase gobernante estaba a punto de sumir el país en la Segunda Guerra Mundial. Una vez que esto sucediera, era inevitable que se intensificara el actual ascenso en las tendencias políticas reaccionarias. En esas condiciones adversas, consideramos que si Tobin realizaba un ataque basado en la afiliación al PST, nuestros camaradas se encontrarían en una posición desventajosa, porque prácticamente no había posibilidad de defender exitosamente el derecho a ser miembro formal de un partido revolucionario en el ambiente político de guerra que iba creciendo rápidamente.

Por lo tanto, razonamos que una defensa meramente formal del derecho constitucional a la libertad de elegir una afiliación política sería contraproducente. Había mucho más en juego que la improbabilidad de que ganáramos esta lucha en las condiciones existentes. Nosotros también estaríamos sacando a relucir el tema de la afiliación al partido, ayudando así a Tobin a desviar la atención de sus verdaderos objetivos. Lo que él quería, y ya teníamos buenas razones para suponerlo, era despojar el Local 544 de su autonomía. Su objetivo obviamente era sofocar la democracia sindical interna e imponer su línea colaboracionista de clases sobre los miembros. Ante esa situación, teníamos que concentrarnos en advertirles a las filas de que no se dejaran engañar por las acusaciones de "subversivos" contra sus dirigentes, las cuales simplemente serían una cortina de humo para ocultar los verdaderos objetivos del jefe de la IBT. Era necesario subrayar que peligraban los avances que los trabajadores habían conquistado con grandes sacrificios durante siete años de amarga lucha desde 1934.

Por estas razones decidimos que los camaradas que ocupaban cargos ejecutivos en el local debían renunciar a su militancia oficial en el PST y asumir la condición de simpatizantes del partido. Esto no implicaba cambios en las ideas políticas. Solo se trataba de hacer ajustes tácticos que considerábamos necesarios ante la audiencia inminente.

John M. Gillespie, ayudante al presidente de la IBT, dirigió el proceso en Chicago. Su propósito declarado era examinar acusaciones de que los miembros de la directiva del Local 544 eran "comunistas, extranjeros y gravemente negligentes e ineficientes". Lo de "extranjero" se refería a Skoglund, quien ya había sido removido de su cargo sindical por el juez Carroll. Solo podía estar incluido como adorno, igual que los ridículos cargos de que los funcionarios locales eran "negligentes e ineficientes". La verdadera intención de Gillespie, por supuesto, era sondear el tema del "comunismo". Las deliberaciones se enfocaron completamente en esa acusación.

Bartlett y Brennan comparecieron a nombre del Comité de los 99. Su testimonio no fue más que una repetición de las calumnias anti-rojos —fabricadas en gran parte por el FBI— que habían estado difundiendo antes en el movimiento Teamster en Minneapolis.

El Local 544 estuvo representado por Miles Dunne, Postal y Rainbolt. Como se había decidido de antemano, no dejaron que los pusieran a la defensiva. Negaron —para que constara— las alegaciones de que los funcionarios del local eran formalmente miembros del PST. Después

"En su dictamen sobre la 'demanda esquirol' en octubre de 1940, la corte no ratificó ni una sola calumnia. El Local 544 ganó una tremenda victoria moral. En todo el movimiento obrero se celebró el desenlace de la batalla".

NORTHWEST ORGANIZER/21 DE NOVIEMBRE DE 1940

El globo que revienta dice "Demanda esquirol contra el 544"

Local 544 Defeats Anti-Union Suit

Judge Concedes Baselessness Of Case Against Drivers Union in Minneapolis

The lengthy ruling conceded the contentions which the union has established in the nine-months' trial. Among the basic points which the judge conceded are that the union elections were fairly run, that the elected officers are honest and have not wasted union funds.

The judge also dismissed complaints of the finks against Local 544's policy of financing the Federal Workers Section, an unemployed workers union sponsored by the Minneapolis labor movement, and of giving contributions of the union to support these activities.

While the union thus emerged from court vindicated in its basic policy, the judge seized upon a number of technicalities to deal a few blows at the union.

Ousts Militant Officer

SOCIALIST APPEAL/12 DE OCTUBRE DE 1940

"Desde 1934 los patrones habían librado una incesante campaña difamatoria contra la dirección de los Teamsters en Minneapolis", dijo Dobbs. "Con la demanda esquirol, sus agentes se habían pasado meses revisando los archivos del sindicato en busca de pruebas de 'extorsión' pero no habían encontrado nada".

Semana tras semana, el *Northwest Organizer* divulgó la verdad sobre el pleito, incluso con una serie de artículos reproducidos más tarde como folleto (arriba derecha).

Working Men and Women

of Minneapolis

This is what the police and gunmen of the Citizens' Alliance do to workers when they ask for a living wage.

Every worker—every believer in Decency and Justice for the working class MUST

Support This Strike!

HOW YOU CAN HELP WIN THE STRIKE

Join the Mass Picket Line—Report for Picket Duty at 1900 Chicago Ave—Donate Food for the commissary—Raise money for the strike fund

General Drivers and Helpers Union, Local 574

"Ya en 1934, miles de trabajadores estaban listos para dar batalla en defensa de sus intereses, siempre que fueran organizados y dirigidos de manera competente".

Arriba: Volante repartido por el Local 574 de los Teamsters durante huelga de mayo de 1934 para lograr el reconocimiento del sindicato de choferes y trabajadores de almacenes. **Abajo:** "Mostrando mucha valentía, los huelguistas repelieron ataques feroces de la policía y la Guardia Nacional", dijo Dobbs.

UNITED LABOR ACTION

THE ORGANIZER

574

SMASH THE CITIZENS ALLIANCE

TWO TWENTY-FIVE SOUTH THIRD STREET

VOLUME 1 MINNEAPOLIS, MINNESOTA, WEDNESDAY, AUG. 22, 1934 NUMBER 37

VICTORY!

Settlement Goes Through!

He Packs a Wallop!

Vote for 574 in the Elections Make Minneapolis a Union Town

Fotos: La Guardia Nacional ocupó sede de la huelga del Local 574 y arrestó al dirigente sindical Ray Dunne el 1 de agosto de 1934 (arriba). Él y otros huelguistas fueron encarcelados en la Feria Estatal. El mismo día, soldados con bayonetas invadieron sedes de la AFL (centro) y los Teamsters. Cuando el Local 574 despachó piquetes móviles y suspendió negociaciones hasta que sus dirigentes fueran puestos en libertad, el gobernador de Minnesota mandó liberarlos en cuestión de horas.

Izquierda: El *Organizer* del 22 de agosto de 1934 celebra victoria de dos recias huelgas que comenzaron en mayo.

"Los choferes ingresaron a los Teamsters por decenas de miles, y la mayoría de los patrones cedieron a la creciente presión. En 1939 firmaron un convenio que cubría 11 estados, estableciendo salarios uniformes para los choferes de larga distancia. Fue el convenio más grande jamás negociado por ese sindicato".

STRIKE RANKS GROWING FAST AT STRUTWEAR

Pickets Close Plant in Face of Violent Attack by Police

Strikers Hold Funeral for Company Union as Real Union Grows

The Strutwear Knitting Company, long recognized as one of the most infamous sweat shops in the city of Minneapolis, has finally met with a labor force capable of dealing with it. For many years this company has maintained an efficient stool pigeon system, com-

NORTHWEST ORGANIZER/21 DE AGOSTO DE 1935

Filas de huelguistas crecen rápidamente en Strutwear

Los Teamsters de Minneapolis organizaron actividades de solidaridad con los huelguistas en la ciudad y la región. **Arriba:** Piquetes de huelga en lucha por reconocimiento sindical en Strutwear Knitting Company, Minneapolis, agosto de 1935.

THE NORTHWEST ORGANIZER

As from this hour
You use your power,
The world must follow you.

Official Organ of the Minneapolis Teamsters Joint Council

MINNEAPOLIS OFFICE:
257 PLYMOUTH AVENUE NORTH

Stand all as one
Till right is done!
Believe and dare
and do!

VOL. 2, NO. 38 — MINNEAPOLIS, MINNESOTA, THURSDAY, JAN. 7, 1937 — PRICE 5 CENTS

TEAMING CRAFTS TO CONFER ON TRUCKING ORGANIZATION

Gremios del
transporte debatirán tema de
organización camionera

DRIVERS NOW COVERED BY AGREEMENT

Contract Covers Workers Employed by Twin City News Co.

Tribune and Journal Will Be Delivered by Union Workers

The Twin City News Com-

...

There only remained the matter of arriving at an agreement on the question of wages.

Notice to All Local 544 Men

JOB GRIEVANCES

Effective immediately job grievances from members will be received by the Union during the following hours only:

7 a. m. to 9 a. m. except Sunday.

7 p. m. to 8:30 p. m. except Saturday and Sunday.

2 p. m. to 4 p. m. Saturday only.

...

dreds of copies of its program will be distributed to all those interested, in order to acquaint them

WALL OUSTER DEMANDED BY LOCAL LABOR

Proved to Have Furnished Armed Guards Many Times

Tuesday, January 6, the Board of Minneapolis Business Agents went on record as demanding that Governor Benson remove Sheriff

...

it was voted unanimously to subscribe to the Northwest Organizer as the official organ of this local.

Minnesota State Council Will Hold Conference in Drivers Hall January 10

All Northwest Driving Unions Will Send Delegates to the Sunday Meeting

Conference Will Make a Study of Problems of Long Haul Drivers

A meeting of the Minnesota State Council of Drivers will be held in Minneapolis Sunday, Jan. 10. The conference will be held in the headquarters of the Teamsters Joint Council, 257 Plymouth Ave. Represented at the Sunday meeting will be Driving Unions from Duluth, Superior, Hibbing, Mankato, St. Cloud, Fargo, Minneapolis, St. Paul and other Northwest points. The following call was sent out to all driving unions in this part of the country:

GREETINGS:

As provided by the last meeting of the Minnesota Council of Drivers held at the Cloquet Convention a general conference is to be held on Sunday, January 10, 1937, in Minneapolis, Minnesota, at the Teamsters Joint Council headquarters at 257 Plymouth Ave. N.

The conference will begin at 10 a. m. Each Local Union is urged to send its entire Executive Board to this conference. If this is not possible, send the largest possible fraction of the Executive Board.

The conference will discuss the mutual problems of the various Local Unions with a view toward giving general assistance to all participating unions. One of the main topics of discussion will be the question of the organization of over-the-road drivers in which work it is absolutely essential that all unions in the territory cooperate. The organization of these drivers will lay the foundation for a thorough campaign of unionism among the truck drivers in every locality.

Be sure to have delegates present in Minneapolis on Sunday, January 10, 1937.

Fraternally yours,
MINNESOTA STATE
COUNCIL OF DRIVERS
By Farrell Dobbs, Secretary

Keller Company Gets Agreement

Local 1859, Furniture Workers Union, last week presented a union contract to the Keller Mfg. Company. This firm produces a similar line of goods as are made by the J. R. Clark Company.

The agreement calls for a minimum wage of 50c per hour and will establish seniority in the plant.

Spanish Help Is Planned by Party

The Socialist Party of the United States is initiating a movement to form an organization known as the Spanish Solidarity Fund. Funds will be collected to purchase arms and supplies for the anti-fascist fighters in the Spanish civil war. The Minneapolis chapter of the Spanish Solidarity Fund has its headquarters at 631 Third Ave. S. Any workers who wish to donate to this good cause may contact the organization at that address. All funds will be relayed to New York where arrangements are being completed to furnish the workers of Spain with their much needed sinews of war.

Local 421 Thanks The Joint Council

Dec. 28, 1936

Patrick J. Corcoran,
Secretary,
Teamsters Joint Council
24 N. 8th St.

Dear Sir and Brother:

Just a line to let you know that the strike of the A. Y. McDonalds Manufacturing Co. is settled and thank you very kindly for letter and co-operation.

Ray Sawyer Takes Post in Local 471

Monday, January 4, Ray Sawyer, newly elected Secretary-Treasurer of Milk Drivers and Dairy Employes Union took over the office which he will hold for the coming year.

Sawyer has formerly served as president of the same local. Pat Corcoran, retiring officer, will begin his duties as organizer of the Teamsters Joint Council. Corcoran

OMAHA HERALD

NORTHWEST ORGANIZER

Arriba: El *Northwest Organizer* anuncia conferencia en enero de 1937 para comenzar a sindicalizar a choferes de larga distancia en región norte-central. **Centro:** Choferes se alistan en el sindicato en Omaha, junio de 1937. Unos 300 ingresaron ese día. **Abajo:** Piquetes sellaron victoria en la huelga de 1938 de choferes de panaderías industriales en Sioux City, Iowa.

"El presidente Franklin Roosevelt dio carta blanca a Hoover del FBI para usar la policía política para desbaratar sindicatos y partidos políticos obreros, espiar contra organizaciones sindicales e infiltrar a soplones en sus filas: todo para fabricar casos contra militantes sindicales".

Arriba: El director del FBI J. Edgar Hoover (a la derecha de la bandera) en la Casa Blanca cuando Roosevelt firma leyes que amplían poderes de la policía federal, mayo de 1934. El FBI usó esas leyes para fabricarles casos a militantes sindicales.

Derecha: Louis Miller (izq.) y Malcolm Love en piquete contra panadería industrial en Council Bluffs, Iowa, julio de 1938. Miller fue uno de los siete dirigentes de los Teamsters a quienes Hoover les fabricó un caso en septiembre de 1939; estuvieron presos dos años.

MILITANT

SPECIAL WPA STRIKE BULLETIN

THE NORTHWEST ORGANIZER

Official Organ of the Minneapolis Teamsters Joint Council

FIVE CENTS

500,000 WPA Workers in Nation Declare Strike Against New Relief Bill

100% Support to the WPA Strike!

St. Croix WPA 90% Closed Down

WPA Strikers in Twin Cities Lead Shutdown in State

10,000 WPA Men Strike In St. Louis

500 mil
trabajadores de WPA declaran
huelga nacional contra nueva ley
de asistencia

13 DE JULIO DE 1939

Foto: Una caravana de vehículos que se extendió tres millas fue desde Minneapolis hasta el capitolio estatal en St. Paul, junio de 1939. La organizó la Sección de Trabajadores Federales del sindicato Teamsters. La caravana fue parte de protestas a nivel nacional contra casi un millón de despidos en la Administración del Progreso de Obras (WPA), una de las medidas de Washington para crear una reserva de mano de obra para la producción bélica. En julio las protestas se convirtieron en una huelga nacional.

"En 1936 comenzaron a estallar huelgas importantes a nivel nacional, y el CIO surgió como un nuevo y dinámico movimiento sindical. El Local 574 cobró fuerza, apoyado por la oleada de combatividad".

BIBLIOTECA WALTER REUTHER

Arriba: Huelguistas marcan el día 21 en un paro de brazos caídos de 44 días que forzó a la General Motors a firmar convenio el 11 de febrero de 1937. En el pizarrón escribieron: "¡Firmes al luchar, tendrán que pagar!"

Abajo: Obreros y simpatizantes celebran victoria frente a la fábrica.

la delegación oficial arremetió contra el Comité de los 99, detallando la conducta inescrupulosa de la camarilla de Bartlett y Brennan para demostrar que sus objetivos no tenían nada que ver con velar por los intereses del sindicato.

Al final de la audiencia Gillespie propuso una tregua en el conflicto en el Local 544. Pero nosotros consideramos que la propuesta era falsa. Nos pareció que él pretendía tomarnos desprevenidos, y que la "tregua" duraría solo hasta que la jerarquía burocrática decidiera cómo intervenir en el local.

Muy pronto nuestra valoración de la situación se vio confirmada. En la edición de mayo de 1941 de la revista de los Teamsters, Tobin denunció públicamente a los "trotskistas" en el movimiento de Minnesota, sin nombrar a personas específicas. Citando una disposición de la constitución de la IBT que prohibía la afiliación de miembros del Partido Comunista al sindicato, afirmó que el Partido Socialista de los Trabajadores era igual que el PC. Por tanto, insistió, los presuntos miembros del PST tenían que ser echados del sindicato. Era una abierta declaración de guerra, y no fuimos los únicos en tomar nota de este hecho.

Los patrones de Minneapolis, que habían librado una incesante ofensiva contra el Local 544, no tardaron en aprovechar la hostilidad de Tobin hacia nosotros para sus propios objetivos. La diatriba de Tobin en la revista de la IBT fue recogida por la prensa capitalista, y la interpretaron concretamente como una demanda para destituir a la junta ejecutiva del local. En el mismo sentido, prestaron más atención al papel que jugaba el Comité de los 99 en la campaña de *red-baiting*. Los estrategas de la clase dominante parecían pensar que, si resultaba imposible decapitar el sindicato, podían contar con la pandilla de Bartlett y Brennan para provocar una falsa escisión en las filas de los trabajadores.

Pronto nos enteraríamos que, además de estas maniobras, los patrones del camionaje habían iniciado una operación entre bastidores. Su objetivo era frenar la renovación de los convenios del Local 544 en la industria, la mayoría de los cuales estaban por vencer el 1 de junio de 1941. Con ese fin, se coordinó para que el gobernador Stassen invitara a Tobin a negociar acuerdos favorables a los patrones (*sweetheart deals*) a espaldas de los miembros del sindicato. El jefe de la IBT respondió a la invitación, y a partir de entonces colaboró con la clase gobernante para impedir los intentos del local de obtener nuevos convenios.

Como principal instrumento obstaculizador, usaron una despiadada ley estatal promulgada en 1939, que los trabajadores llamaban la "Ley de Stassen del Trabajo Esclavo". La ley exigía que un sindicato diera 10 días de aviso antes de iniciar negociaciones con los patrones y otros 10 días antes de convocar a una huelga. Después, el gobernador podía imponer una demora adicional de 30 días si se determinaba que la disputa laboral "afecta el interés público". En total se podía impedir una huelga durante un mínimo de 50 días después de que el sindicato diera su primer aviso del deseo de iniciar negociaciones.

En 1941 la ley estaba siendo administrada por Alfred P. Blair, un funcionario ultraconservador del Sindicato de Trabajadores de Cervecería, recién nombrado mediador laboral del estado. Le habían otorgado el cargo como recompensa por sus servicios políticos prestados al Partido Republicano.

Ya que se anticipaba que Blair usaría todas las disposiciones de la ley Stassen contra el Local 544, se dieron pasos para iniciar la negociación de los convenios mucho antes de la fecha de vencimiento en junio. Pero no se avanzó nada en las conversaciones con los empleadores. El sindicato se topó con una conspiración para retrasar las sesiones de negociaciones. Pronto aparecieron pruebas de que entre los círculos patronales estaban aplicando mano dura para imponer esa línea.

En un intento de poner en marcha negociaciones productivas, el local presentó notificaciones de huelga contra unas 370 empresas del transporte. Estas se redactaron con un lenguaje que antes había sido aceptado sin ser impugnadas. Pero ahora Blair rechazó todos menos 19 de los avisos por "irregularidades". Pretendía impedir que el sindicato convocara a una huelga de mayor envergadura para darles tiempo a los patrones a que pactaran un acuerdo con la jerarquía de la IBT.

El Local 544 celebró entonces una asamblea especial de miembros para evaluar la situación. Fue un encuentro masivo, que se desbordó y llenó la calle frente a la sede del sindicato. Entre los trabajadores presentes prevalecía un ánimo combativo, y sus sentimientos se reflejaban en una gigantesca pancarta colgada al frente de la sede, que decía: "Reavivar el espíritu de 1934". Ray Dunne presentó el informe principal. Sin rodeos, describió los ataques paralelos de los patrones y de Tobin, denunció los intentos de dividir la organización y llamó a la unidad entre las filas. Seguidamente hubo un extenso debate, tras el cual los trabajadores votaron a favor de autorizar que la junta ejecutiva tomara las acciones que considerara necesarias para ganar las reivindicaciones en los convenios.

Casi simultáneamente, el local recibió una orden de enviar una delegación oficial ante la junta ejecutiva de la IBT en Washington a principios de junio. Tras recibir la noticia, Jim Cannon, entonces secretario nacional del PST, y yo salimos rápidamente de la sede del partido en Nueva York para Minneapolis. George Novack, un miembro prominente del Comité Nacional del partido, llegó poco después. Nuestro objetivo era ayudar día a día a los militantes de los Teamsters en la batalla que estaba a punto de comenzar.

Dado que el conflicto iba a desarrollarse con mucha rapidez, el Comité Político del partido dio la autorización necesaria para que pudiéramos actuar con la máxima flexibilidad. Miembros del Comité Nacional del partido en el terreno —Ray Dunne, Skoglund, Cannon, Novack y yo— fueron designados para servir de comité timón. Ese organismo actuó en estrecha consulta con la fracción del partido en los Teamsters, compuesta de todos los miembros del partido en el sindicato. Colectivamente teníamos autoridad para decidir sobre la política a seguir en función de la evolución de los hechos.

También se consideró recomendable que yo volviera a asumir funciones en el sindicato. Cuando dimití de mi cargo en la IBT, Tobin me había instado a que continuara pagando las cuotas al Local 544. Dijo que eso permitiría mi regreso a su plantel más tarde, si yo así lo deseaba. Habiendo seguido su consejo al respecto, continué siendo miembro hábil del local y así pude participar directamente en la lucha contra él.

Nuestra primera tarea era concebir un curso estratégico y después definir las tácticas en ese marco. Aunque habíamos prevalecido sobre la jerarquía de los Teamsters en conflictos anteriores, no quería decir que ganaríamos de nuevo con los mismos métodos de antes. El conflicto de 1941 se desarrollaba bajo diferentes condiciones objetivas, que se iban haciendo cada vez más desfavorables para nosotros. Por lo tanto, teníamos que formular un nuevo plan de batalla conforme a las necesidades del momento.

Las tendencias anteriores nos habían dado una ventaja sobre Tobin. Los trabajadores de la industria camionera, como sus homólogos en todas las industrias a nivel nacional, buscaban dirigentes dispuestos y capaces de guiarlos en una lucha combativa contra los patrones. En estas condiciones habíamos logrado poner en marcha grandes fuerzas, desafiando a los burócratas sindicales. De hecho, el ímpetu de la lucha era tan poderoso que el Sindicato General de Choferes de Minneapolis había impedido un intento de Tobin de excluirlo del sindicato internacional de los Teamsters, y después había desempeñado un papel clave en una campaña de expansión que transformó la IBT en sí.

Sin embargo, ahora el Local 544 era víctima del hecho de que el movimiento sindical no había logrado mantener la misma capacidad de lucha en otras partes del país. Aunque en 1941 se estaban librando huelgas del CIO en las industrias automotriz, del carbón y del acero, eran fundamentalmente acciones de retaguardia. El ímpetu del ascenso sindical general de los años anteriores se había perdido, debido a las fallas del liderazgo en el movimiento a nivel nacional. En el ámbito político los trabajadores permanecían atrapados en el Partido Demócrata; los capitalistas no enfrentaban obstáculos al usar el poder del gobierno contra el movimiento obrero. Y estaban empleando ese poder para aplastar cualquier oposición a la campaña bélica imperialista.

Envalentonados por las tendencias reaccionarias, los conservadores en los sindicatos se volvían cada vez más agresivos. Los oportunistas estaban cambiando sus alianzas de acuerdo con el desplazamiento general hacia la derecha. Se estaba estabilizando el control burocrático tanto en la AFL como en el CIO. Y los burócratas de la cúpula sindical —salvo un puñado de funcionarios agrupados en torno a John L. Lewis— se doblegaban ante la demanda de Roosevelt de subordinar los intereses de la clase trabajadora complemente al militarismo capitalista.

A raíz de estos acontecimientos, se estaba produciendo

un cambio importante en la correlación de fuerzas entre Tobin y nosotros. Su posición se estaba fortaleciendo. En cambio, el Local 544 estaba quedando aislado; tenía muchos enemigos y pocos aliados confiables.

Por lo tanto era necesario tomar medidas especiales para preparar el local para la batalla. Para empezar, había que ampliar la estructura directiva. Puesto que la lucha sería sumamente política, la dirección de las fuerzas sindicales no podía mantenerse exclusivamente dentro del marco relativamente estrecho de la junta ejecutiva y del plantel de organizadores. Había que utilizar la fracción del PST en los Teamsters —que representaba a los trabajadores con mayor conciencia política— como instrumento para movilizar al contingente de vanguardia más amplio posible en torno a un programa claramente definido.

A tal efecto se delineó un intenso programa de actividades para incrementar el reclutamiento de nuevos miembros a la fracción del partido y al mismo tiempo empezar a forjar un fuerte caucus de izquierda en el sindicato. Todos los que eran miembros del partido fueron incluidos al máximo en este trabajo. Se mantuvo una estricta disciplina y se exigió participación regular en las reuniones de la fracción. De acuerdo con el procedimiento que el PST siempre ha mantenido, todos los miembros de la fracción tenían los mismos derechos en la toma de decisiones, tanto los que no ocupaban cargos oficiales en el local como los que sí los tenían.

En un santiamén, los camaradas del partido organizaron a centenares de trabajadores en un caucus amplio. Se denominó el Comité de Defensa Sindical, y para ser miembro de la agrupación había que estar dispuesto a apoyar el siguiente programa:

"1. Reavivar el espíritu de 1934.

"2. Acción huelguística contra cualquier empleador que

rechace los convenios sindicales por mejores salarios y condiciones de trabajo.

"3. Apoyar a la dirección democráticamente electa del sindicato en esta lucha contra los patrones.

"4. Apoyar a la dirección en la lucha contra los desorganizadores dentro y fuera del sindicato.

"5. Defender el derecho democrático del sindicato de escoger a sus propios dirigentes. No apaciguar a ningún aspirante a dictador.

"6. Hicimos de Minneapolis un baluarte sindical. Que la mantengamos así".

Las fuerzas movilizadas en torno a este programa eran luchadores con experiencia que habían participado en anteriores batallas contra los patrones y contra el mandamás de la IBT. Sabían por experiencia propia que tenían que rechazar los nuevos ataques de esas fuerzas o, de otra manera, todos los logros conquistados por los trabajadores estarían en peligro. Estos cuadros estaban muy bien equipados, tanto en su nivel de conciencia como en su adiestramiento, para hacer frente a lo que se avecinaba. Se podía contar con ellos como espina dorsal del local, para movilizar al resto de los miembros en su defensa y librar una fuerte campaña para ganar el apoyo de otros sindicatos en Minneapolis.

Mientras formábamos esta agrupación directiva ampliada, también se tomaron medidas para preparar a los miembros del sindicato en general para lo que se avecinaba. Íbamos a enfrentar un triple ataque: de la burocracia de la IBT, de los patrones del transporte y del gobierno capitalista. Para poner esa situación compleja en una perspectiva que los trabajadores pudieran comprender mejor, decidimos (según indicaba el programa del Comité de Defensa Sindical) orientar la lucha principal contra los patrones. Así las filas podrían ser movilizadas para la acción de la forma más eficaz, la traición de Tobin y del Comité de los 99 podría quedar expuesta más plenamente y los trabajadores estarían más propensos a ver las medidas del gobierno contra nosotros como acciones rompehuelgas, antisindicales.

De acuerdo con esta orientación, el *Northwest Organizer* presentó un resumen de la situación en su edición del 29 de mayo de 1941. Dio una reseña de cómo los patrones habían rehusado considerar las demandas de los trabajadores para los contratos. También describió el papel de Stassen y de Blair con sus maniobras para impedir una huelga. En referencia a estos hechos, el periódico sindical agregó un comentario editorial de que "la táctica uniforme de todos los principales grupos de empleadores para estancar a los negociadores del Local 544 indica que hay un complot decidido y bien organizado para lanzar una nueva campaña contra el Sindicato General de Choferes… Sí, los empleadores de Minneapolis, aprovechando las críticas a los dirigentes del Local 544 por parte de camarillas e individuos dentro y fuera del movimiento obrero, creen tener una oportunidad para aplastar el Sindicato General de Choferes".

La misma edición del periódico sindical reprodujo una declaración de la junta ejecutiva del local. Refiriéndose al ataque de Tobin contra los "trotskistas" en el movimiento de Minnesota, la junta declaró: "La actual dirección del Local 544 ha sido electa por los miembros en elecciones libres y democráticas… Nadie puede cambiar esta dirección, ni toda ni una parte de ella, excepto los miembros que depositaron su confianza en ellos y los eligieron a sus cargos. El Local 544 cree en la democracia sindical. Se opone a la dictadura personal".

Para que no hubiera malentendidos sobre nuestra voluntad de mantenernos firmes en todas las cuestiones de principios, también se publicó un editorial sobre la política exterior de Roosevelt. Decía en parte: "Hemos esperado larga y pacientemente para que los dirigentes del movimiento obrero se pronunciaran contra esta guerra y los belicistas. El tiempo se agota. Que los jefes del movimiento sindical americano se paren en sus patas y denuncien la guerra y las acciones rompehuelgas del gobierno".

Paquetes del número del 29 de mayo del *Northwest Organizer* fueron enviados a todos los locales sindicales de la IBT. Nuestro objetivo, por supuesto, era buscar aliados en el conflicto inminente con Tobin. Más precisamente, estábamos sentando las bases para pedir el apoyo, más adelante, de otras unidades de los Teamsters en otra acción que estábamos contemplando.

En esta situación el Local 544 necesitaba urgentemente respaldo sindical a nivel nacional. Por tanto, era importante explorar la posibilidad de incorporarnos al CIO. Ahora las condiciones al respecto eran diferente que en 1936, cuando hicimos una solicitud similar después de que Tobin le revocara al local su carta constitutiva de la IBT. En ese entonces el CIO estaba enfocado completamente en una campaña de sindicalización en las industrias básicas. No tenía deseos de involucrarse en el sector del transporte por camión, y sus dirigentes nos habían aconsejado que continuáramos nuestra lucha para ser restituidos a los Teamsters de la AFL.

Desde entonces habían cambiado muchas cosas. En 1941 el movimiento sindical industrial mostraba una tendencia general de extenderse en todas las direcciones. Incluso había empezado a impugnar la jurisdicción de la IBT, especialmente en Michigan, donde el Sindicato Unido de Obreros Automotrices era una fuerza potente. Estas tendencias apuntaban a una respuesta favorable a la propuesta contemplada por el Local 544.

Nosotros suponíamos que si el CIO nos aceptaba, probablemente habría que conformarse con una carta constitutiva local al principio, pero nuestro objetivo a largo plazo sería obtener una carta constitutiva general que abarcara el transporte por camión a escala nacional. Así se podría responder al ataque de Tobin con un contraataque general.

Para triunfar en ese intento, teníamos que proceder cuidadosamente al solicitar la carta constitutiva. El presidente del CIO en esa época era Philip Murray, que había reemplazado a John L. Lewis a finales de 1940. Murray era un rooseveltiano incondicional, y por tanto era poco probable que aprobara nuestra solicitud de una carta constitutiva o que realmente nos apoyara en una lucha con Tobin.

En cambio, parecía más probable que Lewis respondiera a nuestra solicitud. Él había continuado su oposición a Roosevelt después de las elecciones nacionales de 1940. Estaba pidiendo a Murray que rompiera con la Casa Blanca a raíz de los ataques de la administración nacional contra el movimiento obrero. Y de importancia especial para nuestro problema era el hecho de que las fuerzas de Lewis estaban enfrascadas en el conflicto con la IBT en Michigan. Eso dejaba claro a quién debíamos abordar.

Poco después de que llegáramos a esa conclusión, la delegación del Local 544 partió para la audiencia con la IBT en Washington. Consistía de Ray Dunne, Kelly Postal y Ray Rainbolt. Ellos tenían instrucciones de adoptar una actitud intransigente con Tobin, de informarle que cualquier demanda que él hiciera al local tendría que ser presentada a los miembros para que decidieran, y de ver a Lewis sobre la posibilidad de obtener una carta constitutiva del CIO.

8

El Local 544 se incorpora al CIO

Aunque Tobin enfocó su propaganda en lo que vagamente catalogó de "trotskismo", en realidad tenía en mente algo muy concreto. Le preocupaba la creciente influencia ejercida por los dirigentes del Local 544. Ellos estaban desempeñando un papel decisivo en la elaboración de la política del Consejo Unido de Teamsters de Minneapolis y de la línea editorial del *Northwest Organizer.* Por estas vías ya se había librado una campaña exitosa para dejar constancia de la oposición de toda la AFL en la ciudad a la participación de Estados Unidos en la guerra imperialista. Se estaba generando un fuerte sentimiento contra la guerra en todo el movimiento obrero de Minnesota. Y en este proceso, el Partido Socialista de los Trabajadores estaba ganando más influencia entre los trabajadores radicalizados a nivel regional. Fue este creciente papel como organizadores de la oposición de masas a la política exterior de Roosevelt —y no el tema de afiliación política como tal— lo que hizo que los dirigentes del Local 544 fueran blanco de ataque de la jerarquía de los Teamsters.

El presidente de la IBT quería desesperadamente silenciar el movimiento antiguerra que había surgido en la sección de Minneapolis del sindicato. Pero los dirigentes del movimiento eran sindicalistas competentes que se habían ganado el respeto y la confianza de los trabajadores durante enfrentamientos con los patrones. Si él intentaba disciplinarlos, resistirían con el firme respaldo de las filas. Y ya que no podía predecirse con certeza el desenlace de dicha batalla, él vaciló en pasar del ataque propagandístico a medidas organizativas directas.

Sin embargo, había otra complicación más que le hacía difícil a Tobin abstenerse de una acción decisiva. Estaba bajo mucha presión por parte del FBI, que ya había ido más allá de formular acusaciones contra los dirigentes del Local 544 por medio del Comité de los 99. La policía política ahora estaba enviando "pruebas" fabricadas contra los trotskistas directamente al presidente de los Teamsters. Además también lo estaban jeringando a través de medios como *Fortune*, una revista publicada por y para los capitalistas. Los directores de la revista señalaron con mucho énfasis el papel de los trotskistas en Minneapolis y regañaron al jefe de la IBT por tolerar esta situación.

Para tratar de salirse de este lío, Tobin programó una sesión de la junta executiva internacional del sindicato en Washington. Al parecer, había decidido pedir que la junta diera su aprobación automática al siguiente curso de acción: reafirmar el apoyo incondicional de los Teamsters a la política exterior de Roosevelt; proscribir el "trotskismo" del sindicato; pero aceptar temporalmente la renuncia de los funcionarios del Local 544 a su militancia formal en el PST, siempre que le permitieran a él dictar la política del local y amordazar a los directores del *Northwest Organizer*. Otro propósito de la reunión de la junta, por supuesto, era asegurar el apoyo de su máquina burocrática a las tácticas ya mencionadas.

Estas eran las circunstancias en las que la delegación del Local 544 asistió a la audiencia en Washington. Lo que sucedió ahí lo describió más tarde Ray Dunne en un informe presentado a los miembros del local. Su descripción se puede resumir a partir de reportajes publicados en el *Northwest Organizer* del 12 de junio y el *Militant* del 14 de junio de 1941.

Tanto los representantes oficiales del Local 544 como una delegación del Comité de los 99 fueron convocados a la reunión de la junta de la IBT la tarde del martes 3 de junio. Durante la sesión Tobin fue la principal persona que habló de parte de la junta. Los demás miembros no hicieron más que hacer comentarios inocuos de vez en cuando.

También había viajado a Washington un comité del Consejo Unido de Teamsters de Minneapolis, autorizado para hablar a nombre de ese organismo en apoyo a los dirigentes del Local 544. Estaba integrado por Harold Seavey, Clair Johnson, Joe O'Hare y Larry Davidson. Cuando entraron a la sala de la junta Tobin los dejó parados, y les dijo arrogantemente: "Ustedes saben que no fueron invitados aquí. ¿Por qué vinieron? ¿Por qué le impusieron ese gasto al consejo? Pero, ya que están aquí ¿qué tienen que decir?"

Cada miembro del comité del consejo tomó la palabra. Informaron a la junta, en efecto, que los dirigentes del Local 544 eran gente honesta que habían ayudado a fortalecer el movimiento sindical. Cuando los cuatro concluyeron sus palabras, Tobin los despidió insolentemente de la sala.

Para colmo, el presidente de la IBT se mostró de lo más cordial con James Bartlett, quien encabezó la delegación del Comité de los 99. A Bartlett se le permitió presentar un nuevo conjunto de declaraciones juradas en que se acusaba a los dirigentes del Local 544 de ser "partidarios de las doctrinas de Trotsky" y "miembros del Partido Socialista de los Trabajadores". También le permitieron el privilegio de hablarle extensamente a la junta sobre esos cargos "subversivos".

Acto seguido, Tobin leyó en voz alta de las nuevas declaraciones juradas y de un grueso informe que había recibido del FBI. Más tarde entregó a la prensa algunas citas del documento del FBI, una de las cuales fue publicada en el *Minneapolis Star Journal* del 13 de junio de 1941. Esta decía:

"La principal tarea específica del Partido Socialista de los Trabajadores es la movilización de las masas americanas para la lucha contra el capitalismo americano y para su derrocamiento... Según nuestra información, parece que una de las secciones más fuertes y combativas del partido está ubicada en Minneapolis. Este grupo se conoce como el Sindicato General de Choferes No. 544. El Local 544 está dirigido por los hermanos Dunne —Miles, Vincent y Grant— y se ha ganado una amplia fama por huelgas y desórdenes. El elemento radical está organizado en una 'guardia de defensa'. La guardia de defensa se organiza en escuadras de cinco hombres: cuatro hombres y un capitán. Deben llevar emblemas de color dorado".

Cuando terminó de leer, Tobin soltó un discurso difuso sobre la situación internacional y la guerra. Hizo hincapié en que el movimiento obrero necesitaba apoyar el gobierno y hacer sacrificios, ceder logros que se habían ganado.

Durante este largo discurso también reconoció que los dirigentes del Local 544 tenían aspectos buenos. Habían ayudado a forjar el movimiento Teamster y obtener mejores salarios y condiciones para los trabajadores. Eran buenos organizadores que sabían cómo luchar contra los empleadores antisindicales. Pero dijo que no podemos tenerlos en "nuestra" internacional porque son radicales y miembros del Partido Socialista de los Trabajadores. Atacan al gobierno en el *Northwest Organizer*.

Dirigiéndose a la junta y a los miembros de su personal de sindicalización ahí presentes, el presidente de los Teamsters agregó: "Estos hombres son luchadores. ¿Van a luchar ustedes en apoyo a su sindicato internacional?"

En ese momento, abruptamente declaró por terminada la sesión e informó a la junta que no se la necesitaría para la próxima etapa de las deliberaciones. Dijo que su intención era tener una conversación privada con los representantes del Local 544. Nuestra delegación estuvo de acuerdo y la mañana siguiente tuvo lugar esa sesión.

Durante esa reunión privada Tobin alegó que el Local 544 había estado protegiendo a un "enemigo de la Internacional", Jack Smith. Al escuchar la absurda acusación, Rainbolt le recordó airadamente a Tobin que en 1936 él había enviado a Smith a Minneapolis desde Chicago como parte de la pandilla que intentó aplastar el antiguo Local 574 en ese entonces.

"Yo no lo hice", Tobin protestó.

"¡Sí lo hiciste!" gritó Rainbolt, dando un puñetazo en el escritorio de Tobin para subrayar el punto. La patentemente falsa acusación contra Smith, agregó Rainbolt acaloradamente, era similar a las demás afirmaciones mendaces en las declaraciones juradas del Comité de los 99.

Este incidente evidentemente sacudió al jefe de la IBT. No estaba acostumbrado a que un miembro del sindicato lo afrontara así, e igual que la mayoría de los bravucones, se ofendía cuando alguien lo trataba con dureza. Además se dio cuenta que había sido un error afirmar eso de Smith.

"Bueno", dijo, tras una pausa para recuperar la compostura, "vamos a desechar las declaraciones juradas, pero tengo muchas otras pruebas para condenarlos".

Tobin sacó un memorándum que él quería que el Local 544 aceptara. Contenía una propuesta para que la junta ejecutiva del local le pidiera que nombrara un administrador, quien tendría la última palabra en los asuntos del local. Recalcó que el administrador se dedicaría principalmente a definir las políticas del sindicato local y la línea del *Northwest Organizer* sobre "problemas nacionales". Indicó que habría muy poco control sobre los asuntos estrictamente sindicales.

El jefe de los Teamsters presionó impacientemente para que inmediatamente tomaran una decisión sobre su propuesta. Quería que nuestra delegación acordara ahí mismo que el Local 544 la aceptaría. Ellos se negaron y le explicaron que el local funcionaba democráticamente, que solo podían presentar su propuesta a la junta ejecutiva y a los miembros para que estos decidieran.

Entonces nos pidió que contactáramos por teléfono a los demás miembros de la junta del Local 544 para obtener su respuesta de una vez. Cuando eso también fue rechazado, instó al comité a que volara de regreso a Minneapolis, obtuviera la aceptación de la junta para su memorándum y que volviera a Washington para finalizar los detalles del arreglo. Nuevamente le dijeron que no podían hacer eso. Al final se dio cuenta que no iba a tener una respuesta rápida a su propuesta. Entonces se acordó que la delegación abordaría el asunto ante la junta ejecutiva del local cuando regresara a Minneapolis y que le informaría a Tobin por teléfono sobre la decisión de la junta el siguiente sábado 7 de junio.

Estando en Washington, Dunne, Postal y Rainbolt buscaron entrevistarse con John L. Lewis. Lo que Lewis coordinó fue que se reunieran con su hermano, A.D. Lewis, presidente del Comité Organizador de los Trabajadores de la Construcción Unidos (UCWOC) del CIO. Ya que era vital obtener la ayuda de las fuerzas de Lewis, le dieron al presidente del UCWOC un informe completo y preciso sobre la situación del Local 544. Nuestra delegación también recalcó la posibilidad de que estallara una rebelión general de los Teamsters contra Tobin e instó a que el CIO emitiera una carta constitutiva nacional para los choferes de camión. A.D. Lewis dijo que eso era posible pero que tendría que consultar a los otros dirigentes del CIO antes de dar una respuesta definitiva. Prometió que el Local 544 sería notificado de la decisión dentro de un par de días.

Entretanto, Tobin había hecho otros preparativos para tomar medidas contra nosotros. El 5 de junio le envió un telegrama a Roosevelt a nombre de la junta ejecutiva de la IBT. Según se informó en el *Minnesota Teamster* del 25 de julio de 1941, el telegrama decía: "Nosotros, que somos americanos y miembros de una de las organizaciones obreras más grandes en Estados Unidos, o en el mundo, nos comprometemos solemnemente a seguir y aplicar cualquier procedimiento enunciado por usted y sus socios, quienes están manejando esta peligrosísima situación mundial que la civilización enfrenta actualmente..."

La junta de la IBT votó a favor de clasificar al Partido Socialista de los Trabajadores como un "partido subversivo y revolucionario" cuyos miembros serían excluidos del sindicato. Después de adoptarse ese decreto, se prepararon las bases para el próximo paso. Poco después de la reunión de la junta, Dave Beck fue enviado a Minneapolis a recabar apoyo en el Consejo Unido de Teamsters de Minneapolis para la imposición de un administrador al Local 544.

Aunque no teníamos conocimiento de esas medidas cuando nuestros representantes regresaron de Washington, el informe que ellos dieron indicaba que un ataque era inminente. Era evidente que la cuestión de la guerra había intensificado el antagonismo entre Tobin y nosotros a tal punto que él estaba listo para imponer su control sobre el Local 544 o destruirlo en el intento. Para eso recurrió a una táctica basada en una cláusula de la constitución de la IBT que decía: "Si el presidente general tiene o recibe información que lo induce a pensar que algún funcionario de un sindicato local es deshonesto o incompetente, o que la organización no está siendo dirigida en beneficio del oficio, él podrá nombrar a un administrador para que se haga cargo de los asuntos del sindicato local".

Con esa autoridad general, Tobin podría recurrir a cualquier curso de acción que eligiera. El síndico —es decir, el administrador que él quería que nosotros solicitáramos— sería un subdictador designado para ejecutar las órdenes del presidente. Este administrador podría ser usado para vetar las decisiones de los miembros, destituir a miembros de la directiva electos democráticamente y expulsar del sindicato a "alborotadores".

En la audiencia de Washington, el jefe de la IBT había tratado de crear la impresión de que la intervención del sindicato se limitaría al manejo de problemas de "política nacional", concretamente, la cuestión de la guerra. Pero si se le hacía una sola concesión relativa a la autonomía local y al control democrático del sindicato por los miembros, muy pronto se volvería más exigente. Su próximo objetivo sería socavar de forma general la política de lucha de clases del sindicato local. Al final la organización perdería prácticamente toda su capacidad de defender a los trabajadores contra los patrones.

Además, al desenvolverse ese proceso, los que habían logrado mantener sus cargos oficiales en el local se verían comprometidos. Perderían el respeto de los trabajadores combativos —y con razón— porque estarían jugando con principios sobre cuestiones fundamentales como la guerra imperialista y la democracia sindical.

Ante esa situación, no nos quedaba otra alternativa que movilizar el Local 544 para una lucha total contra el dictador de la IBT. Publicamos un aviso en el *Northwest Organizer* del jueves 5 de junio, pidiendo la máxima asistencia a la asamblea regular de miembros el lunes siguiente. "En esta reunión se presentarán informes de gran importancia para todo miembro del sindicato", se les notificó a los trabajadores.

Después, según lo acordado en Washington, se llamó a Tobin el sábado para informarle que la junta ejecutiva del local había rechazado su propuesta de intervenir el sindicato. Su única respuesta fue de expresar su decepción en una voz fría y terminar bruscamente la conversación.

El mismo día A.D. Lewis nos informó que el CIO no otorgaría una carta constitutiva general para los choferes de camión. No tenía sentido discutir con él sobre ese tema en particular, así que simplemente le pedimos que por lo menos encontrara alguna forma de otorgarle al Local 544 una carta constitutiva del CIO como instrumento en su lucha contra Tobin. Lewis dijo que trataría de darnos una respuesta oportuna.

Mientras aguardábamos su respuesta, convocamos una sesión del Comité de Defensa Sindical. Unos 500 de los mejores luchadores del local respondieron a la convocatoria. Tras ser actualizados sobre los últimos sucesos, aprobaron unánimemente el curso de acción que recomendamos. Estos militantes reconocieron que no quedaba otra alternativa que resistir los intentos de Tobin de tomar control del local así como buscar el respaldo del CIO contra él. Las fuerzas del Comité de Defensa Sindical también asumieron la responsabilidad de conseguir apoyo para esta línea entre otros sindicalistas.

Apenas unas horas antes de la asamblea general de los miembros el lunes 9 de junio, Lewis nos informó que se otorgaría una carta constitutiva a nombre del Comité Organizador de los Trabajadores de la Construcción Unidos. El nombre específico sería Sindicato Industrial de Trabajadores del Transporte Automotor y Afines, Local 544, CIO. Y con esa información explícita, la junta ejecutiva redactó rápidamente una resolución con recomendaciones precisas para las filas sindicales.

Casi 4 mil trabajadores concurrieron esa noche a la asamblea. Escucharon con creciente enojo mientras Ray Dunne les contaba acerca de la audiencia en Washington y explicaba por qué debían rechazar la demanda de que el sindicato fuera intervenido. La junta ejecutiva ya le había informado al jefe de la IBT que se negaba a solicitar un dictador-administrador, agregó Dunne, y "esa fue la última vez que el Local 544 supo de Tobin. Desde entonces Tobin contactó a miembros del Consejo Unido de Teamsters. Habló con el gobernador Stassen y su hombre Blair. Habló con periodistas. Pero no ha hablado con nosotros… Tobin y Stassen y los patrones se están preparando para negociar contratos a espaldas de los miembros del Local 544, y Tobin quiere presentarnos con el ultimátum de que nuestro sindicato debe aceptar sus convenios para no ser expulsado".

Seguidamente Ray describió la actitud colaboradora que A.D. Lewis había mostrado hacia el Local 544. También subrayó la importancia de aprovechar la oportunidad que Lewis había creado para que el local obtuviera apoyo del CIO en su lucha por derechos autónomos.

Después yo di un discurso haciendo un llamado a la batalla, y entonces Miles Dunne presentó la resolución de la junta ejecutiva para ser debatida y tomar acción. El texto afirmaba:

"En vista de los ataques injustificados contra nuestro

sindicato por parte del presidente Daniel J. Tobin y sus amenazas y acciones arbitrarias y dictatoriales, que han perjudicado los intereses de nuestros miembros, y que brindan ayuda y consuelo a los empleadores en su negativa a renovar nuestros convenios, se hace necesario que el Local 544 del Sindicato General de Choferes ponga fin a esta situación intolerable.

"Por consiguiente, se decide... que por la presente nos desafiliamos de la Hermandad Internacional de Teamsters, Choferes, Trabajadores de Almacenes y Ayudantes, AFL...

"Se decide también que aceptamos la invitación del Congreso de Organizaciones Industriales (CIO) a formar parte constituyente de este gran organismo progresista del movimiento obrero, y por la presente nos afiliamos.

"Se decide además que, por la presente, la Junta Ejecutiva del Local 544 del Sindicato General de Choferes tiene instrucciones para tomar todas las medidas necesarias al respecto". (Se había explicado a los trabajadores que el propósito de esta última disposición era impedir que Tobin apropiara los fondos del sindicato local, y se les había descrito las medidas que se iban a tomar).

Durante la discusión, solo una persona expresó su oposición a las recomendaciones de la junta ejecutiva. Un miembro del Comité de los 99, Axel Soderberg, dijo: "Esto es lo que pasa bajo una dirección trotskista. Aquí tenemos un ejemplo de una revolución".

Cuando se sometió a votación, una abrumadora mayoría votó a favor de renunciar a la organización de Tobin e incorporarse al CIO. Solo un pequeño número de disidentes manifestaron su desacuerdo con la propuesta.

La noticia de la decisión del local se difundió rápidamente cuando miles de trabajadores se presentaron a sus puestos la mañana siguiente luciendo orgullosamente sus emblemas sindicales con la inscripción "544-CIO". La edición vespertina del *Minneapolis Star Journal* informó: "Aún retumbaba hoy en todos los rincones de los círculos obreros del estado el bombazo de cuando el poderoso 544 votó a favor de salirse de la AFL y afiliarse al CIO". También hubo repercusiones nacionales inmediatas.

A.D. Lewis nos envió un mensaje diciendo: "El Local 544-CIO es la punta de lanza de lo que pronto debe convertirse a nivel nacional en un gran movimiento popular de trabajadores del transporte y oficios afines... Hemos designado al hermano Frank Barnhart [director regional del UCWOC] para que los ayude en el terreno y les daremos todo el apoyo y cooperación necesarios a medida que se desarrolle la campaña".

Comenzaron a llegar telegramas ofreciendo solidaridad al Local 544 de organismos del CIO en todo el país, incluso de sindicatos internacionales, consejos estatales y municipales, y unidades locales. Entre los sindicatos internacionales que respondieron así estaban los de los obreros automotrices, del caucho, del transporte subterráneo, de muebles, de moldeo, del cuero y de destilería.

Sin embargo, Philip Murray se mostró renuente a actuar en consecuencia como presidente del CIO. Al igual que Tobin, él había sido indoctrinado por la administración Roosevelt a oponerse a los "subversivos" y no quería asumir responsabilidad por los que el presidente de la IBT había denunciado como "rojos". Pero las fuerzas de Lewis insistieron en que Murray actuara positivamente, y al final él le comunicó a Barnhart que la carta constitutiva entregada al Local 544 por el UCWOC estaba "en plena consonancia con la política del CIO". Barnhart emitió una declaración en que calificó el mensaje de Murray como "la señal autorizada para que todo el gran movimiento del CIO, de costa a costa, acuda en apoyo al Local 544-CIO en Minneapolis y movilice toda su fuerza a fin de impulsar la campaña para organizar a los trabajadores del transporte y afines de esta nación en un sindicato industrial progresista y moderno, afiliado al UCWOC".

Objetivamente, la sección de Minnesota del CIO debía haber sido de los primeros en seguir la recomendación de Barnhart. Pero su aparato estaba dominado por los estalinistas, quienes reaccionaron de forma faccional al ingreso del dinámico local de los Teamsters en lo que de otra manera sería un movimiento relativamente débil del CIO en Minneapolis. Ellos percibieron esta novedad como una amenaza a su posición dominante en la cúpula sindical industrial de la ciudad y del estado, y por tanto decidieron atacar públicamente a los dirigentes de la fuerza rebelde de la IBT.

Leonard Lageman, secretario del CIO estatal, dijo a la prensa: "En lo que respecta a los miembros del 544, les damos la bienvenida al CIO. Sin embargo, la dirección del 544 tendrán que aplicar la política del CIO o tendrán que ser removidos". Otro comunicado de prensa, esta vez a nombre del consejo del CIO del condado de Hennepin, afirmó: "Nuestra opinión es que la dirección de los hermanos Dunne, que ha quedado totalmente desprestigiada en Minnesota, obstaculizará nuestro avance y no beneficiará al CIO... y ahora parece que, por su actual situación en la AFL, se han aprovechado del sentir de los trabajadores en un intento de mantener su control y continuar su política destructiva". Luverne Noon, secretario del organismo en el condado de Hennepin, agregó que "se hace bastante evidente que esta no es una batalla entre el CIO y la AFL, sino un enfrentamiento entre las fuerzas de Beck-Tobin y las de los hermanos Dunne del 544". Como pretendían indudablemente los estalinistas, estos comentarios maliciosos pronto fueron repetidos por la máquina propagandística de Tobin.

En un contraste reconfortante, algunas unidades locales del CIO adoptaron una actitud completamente diferente. Los sindicatos de los obreros de fundición y de calcetería, que habían recibido ayuda del Sindicato General de Choferes durante sus huelgas, acogieron al Local 544 en su movimiento, como también hizo el gremio de trabajadores de la prensa. El saludo de los trabajadores de calcetería decía: "La Rama 38 aún recuerda la ayuda combativa que el sindicato suyo nos brindó cuando llegó la hora de la verdad y la lucha sin cuartel. Su sindicato jugó un papel importante en convertir a Minneapolis en el baluarte sindical que es en la actualidad".

Entretanto, en el seno del Consejo Unido de Teamsters de Minneapolis se expresaban opiniones a favor y en contra de la acción del Local 544. Algunos de sus dirigentes, encabezados por Harold Seavey, quien era básicamente un tobinista leal, trataron de impedir que se publicara la edición del 12 de junio del *Northwest Organizer*, que informaba sobre nuestro cambio de afiliación. Este problema se resolvió a través de un acuerdo logrado apenas unas horas antes de imprimirse el periódico. El consejo vendió el *Northwest Organizer* al Local 544 por "un dólar y por otras valiosas consideraciones", con la opción de volver a comprarlo dentro de un plazo de 30 días. De esa manera el periódico se imprimió a tiempo como órgano oficial del Local 544-CIO.

Ya para entonces, algunas unidades del Consejo Unido estaban siguiendo nuestro ejemplo en la rebelión contra Tobin. El 10 de junio la sección de jornaleros del Local 221 de los Choferes del Hielo, el componente básico de la membresía del local, votó a favor de afiliarse al 544-CIO. Poco después, una parte del Local 359 de los trabajadores de almacenes (cuyo presidente era James Bartlett) decidió lo mismo, bajo la dirección de tres funcionarios del local:

Don Penwell, Bob Tibbets y Erling Nelson. En otra parte de la región, el Local 778 de la IBT en Austin, Minnesota, solicitó y pronto recibió una carta constitutiva del Comité Organizador de los Trabajadores de la Construcción Unidos. El Local 116 de la IBT en Fargo, Dakota del Norte, adelantó su asamblea ordinaria para considerar la misma decisión. Y varias unidades de los Teamsters en otras partes del país pidieron información a A.D. Lewis sobre el nuevo movimiento del CIO en el transporte automotor.

En medio de estos acontecimientos llegó Dave Beck a Minneapolis. Llamó para pedir una reunión; Grant Dunne y yo fuimos designados para reunirnos con él. Beck dijo que había sido enviado para informarnos de la decisión de Tobin de aceptar que los dirigentes del sindicato local renunciaran a su militancia formal en el Partido Socialista de los Trabajadores, siempre y cuando el local fuera intervenido. Beck añadió que Tobin quería que él fuera el administrador, pero él aceptaría la responsabilidad solo si nosotros estábamos de acuerdo. Le dijimos que el local no tenía intención alguna de regresar a la IBT, y así terminó la discusión.

Beck también consultó con funcionarios del Consejo Unido de Teamsters y con dirigentes del Comité de los 99. Luego le mandó a Tobin un informe sobre sus conclusiones. Después emitió un comunicado diciendo que la IBT "no tolerará acciones subversivas" y se marchó de la ciudad.

El mismo Tobin ya había intentado impedir que el Local 544 fuera admitido al CIO. Le pidió a A.D. Lewis que revocara la carta constitutiva otorgada a los "rojos", y cuestionó si Philip Murray había aprobado la decisión. Lewis le respondió que el UCWOC no necesitaba la aprobación de Murray para sus acciones, que los radicales no estaban excluidos del CIO y que la carta constitutiva que él nos había otorgado sería permitida. Después Tobin pidió que Murray interviniera a nombre suyo. Aunque Murray "comprendía la situación", dijo el jefe de la IBT a la prensa, este no podía hacer nada al respecto.

Luego se emitió una declaración desde la sede de los Teamsters en Indianápolis, Indiana. Según informó el *Minneapolis Star Journal* del 13 de junio, la declaración contenía citas de los archivos sobre los trotskistas, que el FBI le había entregado a Tobin, junto con fervientes declaraciones de "patriotismo" por parte de la IBT. La declaración también afirmaba: "Más de 100 de nuestros buenos sindicalistas en Minneapolis preferían cargos contra los radicales en el Local 544… La junta ejecutiva general decidió enviar un representante a Minneapolis para presentarles toda la situación y pedir que se apegaran a las leyes retirándose de la organización subversiva de Trotsky mencionada antes. No se les impondría sanciones a menos que se negaran a cumplir con la solicitud de la junta, basada en la constitución y las leyes del sindicato internacional".

Tobin estaba cubriendo su versión reaccionaria de sindicalismo con la bandera, y estaba mintiendo respecto a que "no habrá sanciones" si los dirigentes del Local 544 se retiraban de la "organización de Trotsky". Lo que quería era desviar la atención de la orden de que el local aceptara el dominio de un dictador-administrador. Por otra parte, estaba tratando de hacer que nuestra dirección en la lucha por la democracia sindical fuera vista como simplemente un intento de utilizar el local para fines "subversivos".

También se tomó una decisión rápida en Indianápolis de fingir que se mantenía válida la carta constitutiva que la IBT le había otorgado al Local 544, y para eso usaron al puñado de "sindicalistas buenos" en el Comité de los 99. T.T. Neal fue nombrado el administrador que Tobin había tratado de imponerle al local, y Joseph A. Padway, abogado general de la AFL y la IBT, fue enviado para ayudarlo.

Luego trazaron planes para un ataque judicial contra el 544-CIO, y como un paso hacia la confabulación total con la clase patronal, avisaron a las empresas del transporte que la IBT "protegerá sus convenios".

Padway trajo a uno de sus socios, el abogado I.E. Goldberg. También contrató en Minneapolis a la firma legal Nichols, Mullin y Farnand. Estos sinvergüenzas bien remunerados entablaron una demanda ante el tribunal de distrito para inmovilizar los fondos del 544-CIO y apropiarse de sus bienes. A efectos prácticos, el nuevo pleito judicial superó a su pariente, la demanda esquirol de 1938, que aún se estaba apelando ante la Corte Suprema de Minnesota.

Neal y Padway también presionaron mucho al Consejo Unido de Teamsters y lograron imponer un voto de apoyo a la IBT contra el 544-CIO. Sin embargo, dada la situación en ese momento, fue una victoria bastante hueca. El 16 de junio, tres días después de la votación, Padway le envió una carta a Tobin quejándose de que "los funcionarios del Consejo Unido son muy amistosos con los Dunne".

Aun antes de recibir esa noticia inquietante, el presidente de los Teamsters ya empezaba a alarmarse. Parecía sacudido por el nivel de interés que el nuevo movimiento del CIO estaba atrayendo entre los camioneros a nivel nacional. Para cumplir con las exigencias de Roosevelt, Tobin se había empeñado en aplastar la oposición al programa bélico imperialista en el seno de la IBT, pero le estaba empezando a salir el tiro por la culata. Su intento había desatado fuerzas incontroladas que estaban haciendo peligrar la base sindical sobre la cual él había construido su carrera personal. Entonces Tobin, quien se había metido en un gran lío por su trabajo para servir a Roosevelt, ahora pidió que la Casa Blanca lo rescatara.

El *New York Times* del 14 de junio de 1941 describió la

respuesta de Roosevelt. Su secretario, Stephen Early, dijo a la prensa en Washington: "El Sr. Tobin envió un telegrama desde Indianápolis diciendo que resulta evidente para él y otros ejecutivos de su organización que, por el hecho de que se han mantenido y seguirán firmes en su apoyo al gobierno, todas las organizaciones subversivas y enemigos de nuestro gobierno, incluyendo los bundistas, trotskistas y estalinistas, se oponen a ellos y pretenden destruir los sindicatos leales que apoyan la democracia... Cuando le comuniqué al presidente esta mañana lo que planteó Tobin, él me pidió que avisara de inmediato a los departamentos y las agencias del gobierno que tienen un interés en este asunto, y que les señalara a ustedes que, en su opinión, este no es el momento para que los sindicatos, sean locales o nacionales, se pongan a efectuar redadas entre sí con el propósito de ganarse miembros, o con otros fines".

A.D. Lewis inmediatamente denunció la intromisión de Roosevelt en asuntos sindicales internos y anunció que se celebraría una conferencia el 15 de junio en Chicago para planificar los próximos pasos en la campaña del CIO para sindicalizar a los trabajadores del transporte automotor. Entre los que fueron a la reunión en Chicago, presidida por Lewis, estaban Lee Pressman, abogado principal del CIO; Frank Barnhart, director regional del UCWOC; un grupo de organizadores del CIO; y los dirigentes de varias unidades de la IBT en la región.

Ray Dunne y yo asistimos a la sesión como representantes del Local 544. Tratamos de hacerle ver a Lewis que la batalla en que estábamos enfrascados era una situación de todo o nada. Tobin estaba consciente de lo mucho que estaba en juego y por eso había ido a pedirle ayuda a Roosevelt; por eso estaba concentrando sus fuerzas contra nosotros en Minneapolis, buscando cortar la rebelión de raíz. A fin de evitar el peligro que significaba para el Local 544, una base vital del CIO en el autotransporte, había que usar todos los medios posibles para ampliar la campaña del UCWOC y obligar así a la IBT a batallar sobre múltiples frentes. Se precisaba trazar un curso de acción consciente para aplastar completamente el dominio de Tobin sobre los empleados sindicalizados de la industria transportista o, de lo contrario, él podría aplastar la rebelión que estábamos encabezando.

Recalcamos que existían recursos valiosos que podíamos aprovechar a la hora de lanzar una campaña de la UCWOC en gran escala. El ala de Lewis en el CIO —especialmente su dirigente central, John L.— gozaba de mucho prestigio entre los trabajadores en general. Además, el Local 544 se había ganado la buena voluntad de muchos de los choferes en el país. Esos trabajadores detestaban al dictador de los Teamsters, y por tanto el CIO tenía muchas posibilidades para asimilar a las secciones más progresistas de la IBT. Así podría desarrollarse rápidamente un ímpetu de lucha que Tobin no sería capaz de frenar.

Lamentablemente, Lewis no pudo comprender el compás de la batalla. Por lo visto, pensaba que Tobin podía ser derrotado fácilmente en Minneapolis y decidió actuar lentamente en otros lugares. Opinaba que se debía usar el Local 544 como base desde la cual el UCWOC podría ampliar paulatinamente su influencia en el transporte camionero a nivel nacional, concentrándose al principio en el trabajo de extenderse poco a poco a través del Medio Oeste.

Siguiendo esa pauta, Lewis le encargó a Frank Barnhart que abriera una oficina en Minneapolis desde la cual se dirigiría la campaña del UCWOC. Dos personalidades locales —Walter Brock, ex secretario del Consejo de Sindicatos Industriales del condado de Hennepin; y Frank Alsup, ex director del sindicato de trabajadores empacadores de carne en el Sur de Saint Paul— fueron empleados como representantes especiales de Barnhart. Además se proporcionó ayuda financiera al Local 544 para que pudiera agregar a su plantel a varios nuevos organizadores procedentes de las filas del sindicato. Para ayudarnos en la asesoría legal, fue enviado a Minneapolis el abogado William Thomas de Cleveland, miembro del personal de Pressman.

Aunque estas medidas eran útiles, estaban muy lejos de ser lo que se requería. La formidable gama de enemigos que enfrentábamos quedaba libre para concentrarse en el conflicto en Minneapolis, y en estas condiciones nuestras perspectivas no eran bastante sombrías.

Teníamos muchos simpatizantes en el movimiento local de la AFL, pero entre los que ocupaban puestos directivos, se podía anticipar que muy pocos arriesgarían el cuello una vez que comenzara de lleno la pugna. En cuanto a la cúpula del CIO en la cuidad, los estalinistas utilizarían su posición dominante en ella para atacarnos en cada oportunidad.

Dentro del mismo Local 544, la gran mayoría de los miembros guardaban un profundo resentimiento hacia la conducta dictatorial de Tobin, y respetaban mucho al CIO a nivel nacional. Pero estos trabajadores se verían obstaculizados al tratar de usar plenamente su fuerza en defensa propia. En primer lugar, las empresas del transporte fingían estar "atrapados entre dos fuegos en el pleito entre la AFL y el CIO", y con ese pretexto los tribunales patronales ya habían empezado a emitir órdenes de restricción contra las huelgas. Además, estas órdenes y las posiciones tomadas por Roosevelt y Stassen mostraban que se estaban haciendo preparativos a todos los niveles del gobierno para reprimir a los "subversivos" que se habían rebelado contra el mandamás de los Teamsters.

Fue en ese escenario que Tobin movilizó todo su aparato burocrático para una embestida salvaje contra el Local 544.

Conspiración antisindical

9

Invasión por la IBT

En 1934 los patrones de Minneapolis habían usado su propio ejército privado contra el Sindicato General de Choferes, disfrazándolo como policía auxiliar. Pero esta vez la IBT proporcionó los mercenarios, y el presidente Roosevelt, el gobernador Stassen y el alcalde Kline le brindaron un aura de legalidad a la operación. Para darle una cortina de humo propagandística a la ofensiva contra el Local 544, Tobin alegó que la contienda no era entre la AFL y el CIO "sino simplemente entre la AFL y los trotskistas con sus seguidores antiamericanos". Aseveró que la ruptura del local con la organización de Tobin representaba "simplemente la renuncia de la dirección y de algunos miembros".

Luego esta patraña fue desarrollada aún más por Joseph M. Casey, un representante de la IBT de San Francisco, quien fue puesto a cargo de las operaciones tobinistas en Minneapolis. En una declaración publicada en el *Minneapolis Tribune* el 24 de junio de 1941, Casey alegó: "Reunidos con un grupo de no miembros, también imbuidos de la idea de que el estilo de vida americano que practicamos en esta ciudad era muy inferior al de Alemania y Rusia, se dio la orden convocando a una reunión especial a la que asistieron menos de 750 miembros de los más de 5 mil que integran el Local 544. Los trotskistas externos se mezclaron con los miembros presentes y fueron los más vociferantes cuando los Dunne y Dobbs precipitaron a los reunidos y, con un deprecio total del procedimiento parlamentario, efectuaron una votación bajo presión, anunciando al final que los miembros del 544 se habían declarado a favor de abandonar la AFL".

La declaración de Casey fue una sarta de mentiras. La participación en la reunión del caucus del Comité de Defensa Sindical del 8 de junio fue tergiversada conscientemente y presentada falsamente como la totalidad de los trabajadores que asistieron a la asamblea general ordinaria del 9 de junio. Igualmente falsa fue su acusación de que la dirección había abarrotado la asamblea con "trotskistas externos" e impuesto una votación sobre la cuestión de abandonar la IBT sin permitir un debate por parte de los miembros. El propósito de estas mentiras era, desde luego, dar la impresión que el 544-CIO representaba solo una pequeña pandilla de "antiamericanos" y que la mayoría de los miembros del local se mantenía leal a la dictadura de los Teamsters.

Entretanto, Tobin había convocado a una guerra total contra el Local 544. "Tenemos 6 millones de dólares en nuestro fondo de defensa" dijo jactándose, "y si tenemos que gastarlo todo para que nuestros locales se queden en la AFL, lo haremos". Y efectivamente gastó mucho para ese propósito antidemocrático.

Una fuerza intimidatoria de más de 300 hombres fue despachada a Minneapolis. El grupo principal estaba compuesto del plantel de sindicalización de Tobin, junto con una variedad de asalariados de consejos unidos y sindicatos locales que estaban ávidos por ascender en la burocracia de la IBT. Otra categoría eran simples matones al sueldo del aparato de Tobin. También había unos funcionarios y organizadores de sindicatos locales que se involucraron porque los habían engañado sobre la verdadera naturaleza del conflicto. Esta fuerza invasora llegó de diversas ciudades: Chattanooga, Denver, Indianapolis, Milwaukee, Nashville, Seattle y otros lugares. Había un número especialmente grande de Detroit.

Además, William Green, presidente de la AFL, envió un destacamento de organizadores de la AFL para ayudar a Tobin en Minneapolis. Estaba encabezado por Meyer Lewis, quien se había enfrentado al Sindicato General de Choferes en 1935 y 1936. También llegaron, para sumarse a la lucha contra nosotros, representantes de las sedes de casi todos los sindicatos internacionales de la AFL que tenían locales en Minneapolis. Funcionarios de la Federación Estatal del Trabajo de Minnesota prometieron su pleno apoyo a la IBT.

Estos burócratas de la AFL, actuando en contubernio con la pandilla de Tobin, pronto forzaron a la Unión Central del Trabajo de Minneapolis a que acusara al Local 544 de ser "dirigido por comunistas" y a que jurara su lealtad al jefe de los Teamsters. Después intentaron promover un boicot de la AFL contra los choferes del CIO.

En la cúpula de la AFL a nivel local, los funcionarios de derecha recibieron con brazos abiertos a los burócratas invasores y les dieron todo su apoyo. Con el mismo fin, los oportunistas emprendieron maniobras para salvar su propia imagen. Otros funcionarios sindicales, que seguían siendo favorables hacia el Local 544, simplemente permanecieron al margen, en la mayoría de los casos, con la excusa de que no eran partes en el conflicto. Pero la actitud de las filas de la AFL fue rotundamente distinta: la gran mayoría simpatizaba con nuestra lucha por la democracia sindical y nos ayudó de todas las maneras posibles.

Junto con la campaña para que la Unión Central del Trabajo siguiera la línea, se tomaron decisiones para crear la impresión de que el sindicato fantasma de Tobin, el Local 544-AFL, tenía algo de real. Nombraron a funcionarios para la organización, pero no a través de elecciones. Simplemente los nombró Neal, el administrador del local. Para presidente escogió a Leonard Brady, uno de los invasores de la IBT provenientes de Detroit. Los demás cargos fueron repartidos entre los miembros del Comité de los 99 de la siguiente manera: George Williams, vicepresidente; Steven Nehotte, secretario de actas; Sidney Brennan, secretario-tesorero; Edward Blixt, George O'Brien y Fritz Snyder, síndicos. Otros cuantos miembros del Comité de los 99 fueron contratados para formar parte de la fuerza intimidatoria de la IBT.

Luego celebraron un "acto de masas" del 544-AFL. Asistieron principalmente la pandilla de Tobin, otros burócratas de la AFL y miembros del Comité de los 99. Había pocos que no tenían intereses personales de por medio. Esta despreciable agrupación respondió con entusiasmo cuando Casey anunció en su discurso que lanzaría una "intensa campaña de sindicalización" realizada por "organizadores aptos".

La "campaña de sindicalización" asumió la forma de un ataque terrorista contra los miembros del 544-CIO. Pandillas de matones recorrieron la ciudad —muchos en autos con placas de otros estados— acosando a choferes de camión en las calles y a trabajadores internos en sus centros de empleo. El objetivo era forzar a los transportistas a firmar tarjetas de compromiso con el 544-AFL y al mismo tiempo cobrar a la fuerza las cuotas de membresía.

Como instrumentos de persuasión los matones de Tobin blandieron garrotes, cachiporras, cadenas, navajas y pistolas. Miembros del CIO fueron golpeados, algunos después de ser arrastrados de los camiones y otros mientras trabajaban en los andenes de carga o dentro de los almacenes. Emplearon tácticas semejantes en ataques contra choferes de larga distancia del 544-CIO en las estaciones de trasbordo de cargas en toda la región que rodea a Minneapolis.

En la ciudad misma, los terroristas actuaron con la confianza de que su conducta tenía el aval de las autoridades públicas. Padway hasta le envió un informe a Tobin el 16 de junio diciendo que se había "reunido con el fiscal de distrito [Ed J.] Goff, el jefe de policía y el capitán de detectives, quienes nos prometen toda la protección y cooperación posible…". La promesa fue seguida de acciones. En varios casos las caravanas de matones de la IBT llegaron escoltados por patrullas de la policía a las terminales y los almacenes. La policía se hacía de la vista gorda mientras les daban una paliza a los miembros del 544-CIO. Intervenían solo cuando grupos de trabajadores enfurecidos intentaban enfrentar con firmeza a los tobinistas.

Las autoridades además trataron de tender trampas contra el sindicato rebelde a fin de fabricarles cargos a sus dirigentes. Un típico incidente le sucedió a Nick Wagner, miembro de la junta executiva del 544-CIO. Una noche, al bajarse de su auto frente a su casa, Wagner fue agredido por cinco matones de la IBT, quienes lo tiraron al suelo y le dieron patadas. Un vecino llamó a la policía. Dejaron en libertad a los asaltantes pero Wagner —con un ojo morado, el labio hinchado y otros moretones— fue arrestado bajo cargos falsos de amenazar a los rufianes con una pistola.

Al igual que la policía, los patrones estaban ayudando a los tobinistas. Amenazaban a miembros del CIO con despedirlos de sus puestos a menos que regresaran a la IBT.

En algunos casos los empleadores se negaron a entregarles su sueldo hasta que firmaran tarjetas de compromiso con la AFL. Varios militantes del CIO que desafiaron estas demandas fueron despedidos. Además, todo esto ocurrió bajo el amparo de maliciosos trucos propagandísticos en la prensa capitalista que pretendían pintar al 544-CIO de la peor manera posible y presentar al jefe de los Teamsters como magnífico campeón de los trabajadores.

Dado el enorme alcance de esta conspiración antisindical, no podíamos detener el terrorismo defendiéndonos de las pandillas de la IBT en combate directo. Los patrones y su gobierno habrían intervenido contra los militantes del CIO usando todos los métodos imaginables para atacarlos, y dicho enfrentamiento solo habría llevado a nuestra derrota a un elevado costo. Por lo tanto iniciamos diferentes medidas de protección. Se decidió en una asamblea de miembros que los trabajadores que fueran amenazados por los matones firmarían las tarjetas de compromiso del AFL y, si fuera necesario, pagarían las cuotas a la IBT, haciéndolo bajo protesta. Por el momento tendrían que portar dos emblemas sindicales: el detestado que les imponían y el verdadero emblema que simbolizaba su lealtad al 544-CIO.

Al mismo tiempo obtuvimos una orden judicial que les prohibió a los tobinistas "interferir con el uso libre e ininterrumpido de las calles y los medios de transporte, y obstruir los lugares de trabajo, o intentar a obligar a los trabajadores por la fuerza o la violencia a afiliarse al sindicato de la AFL". El lenguaje que usaron nuestros abogados al redactar esta orden para que la firmara el juez fue tomada de la ley Stassen.

Sin embargo, al emitir la decisión, el tribunal insistió en incluir la disposición adicional de que "esto no debe interpretarse de manera que impida que los acusados intenten convencer legalmente a personas a que se integren al sindicato demandado".

Según lo mostraba esta última treta, ninguna de las autoridades tenía intención alguna de interferir con las actividades de la IBT. No obstante, la medida que habíamos tomado sirvió un propósito valioso. Ayudó a divulgar el hecho —ocultado por la prensa— de que un movimiento de masas estaba siendo agredido por gángsters. Así pudimos recalcarles a los trabajadores en toda la ciudad que necesitábamos apoyo en nuestra lucha por la democracia sindical.

Tanto la resistencia pasiva a la que recurrieron miembros individuales del sindicato como la orden de restricción contra los matones que obtuvimos fueron tácticas secundarias. Nuestro esfuerzo principal iba dirigido hacia la acción de masas, apuntando directamente contra los patrones. Así podríamos enfrentar al principal enemigo, y la interferencia abierta de los tobinistas los marcaría como francos rompehuelgas. Pero antes de poder emprender ese camino, había que encontrar una brecha en la maraña de decretos antihuelga con los cuales los empleadores nos iban restringiendo. Hallamos una solución entre el pequeño número de excepciones que Blair había hecho en mayo pasado al rechazar como "irregulares" las notificaciones de huelga del Local 544. Entre las notificaciones que él había aprobado había una que tenía que ver con las mueblerías. Este grupo de empleadores, igual que los demás, se había negado a negociar en serio con nosotros. En este caso el período de "enfriamiento" había vencido y, aun bajo la ley Stassen, estábamos libres para tomar acción.

Entonces se celebró una asamblea de la sección de mueblerías del 544-CIO. Después de escuchar una explicación de la situación, los 300 y pico de trabajadores votaron a favor de salir en huelga. El paro comenzó la mañana del

CLOUDY

Partly cloudy Wednesday; Thursday thunderstorms.

Additional details on page 11.

Minneapolis Morning Tribune

FOUNDED IN 1867

Seventy-Fifth Year. No. 25. 20 PAGES MINNEAPOLIS, MINN., WEDNESDAY, JUNE 18, 1941 ★★★★★ Price 3 Cents

AFL Seizes 544 Headquarters

Court Order Gives Right to Property

Men Wearing CIO Buttons Flee With Records as Summons Served

Nature of Confiscated Documents Remains Unexplained

The AFL International Brotherhood of Teamsters late yesterday took possession of the headquarters of General Drivers union 544 and its parent body, Teamsters Joint council at [illegible] Plymouth avenue, in accordance with a Hennepin county district court order signed by Judge Luther W. Youngdahl.

El 17 de junio de 1941, una corte estatal autorizó que la alta burocracia de los Teamsters tomara posesión de los archivos y recursos del Local 544. La policía invadió la sede sindical y la entregó a los matones de Tobin.

SOCIEDAD HISTÓRICA DE MINNESOTA

Arriba: "AFL ocupa sede del 544", dice *Minneapolis Morning Tribune* del 18 de junio de 1941. *Foto izq.*: Funcionarios nacionales de los Teamsters (desde la derecha) T.T. Neal y H.L. Waxberg con uno de los policías que ocuparon la sede sindical. *Foto der.*: J.M. Casey (izq.), representante personal de Tobin, y Meyer Lewis, alto funcionario de la AFL, fueron enviados por avión el día antes de la redada para "tomar el mando". (Las fotos fueron agrandadas.)

Abajo: El Local 544-CIO inauguró su nueva sede al día siguiente. "En anticipación del ataque, ya habíamos asegurado una sede alternativa", escribe Dobbs.

17 de junio. Fue tan sólido, tan eficaz, que las empresas ni siquiera intentaron operar sus instalaciones de entrega de cargas. Con una acción prácticamente unánime, los trabajadores estaban desmintiendo el pretexto de los patrones de que "no sabían con quién negociar", así como las declaraciones de la IBT de que representaban a los empleados de la industria del transporte.

Sin embargo, en vez de actuar de acuerdo con la manifiesta voluntad de los trabajadores, los patrones ayudaron a los tobinistas a iniciar un nuevo ataque contra el sindicato escogido por las filas. Se trataba de un complot para despojar al 544-CIO de sus recursos materiales y sentar las bases para fabricar cargos criminales contra los dirigentes del local.

La mañana que comenzó la huelga en las mueblerías, el juez falló a favor de Tobin en la demanda civil que había entablado contra nosotros, abriendo la vía para que él se apropiara de los recursos del local. El juez Luther Youngdahl emitió una orden que le autorizó a Neal, como administrador de la IBT, tomar posesión de todos los fondos, las propiedades y los archivos que habían estado a nombre del Local 544. Unas horas más tarde, la policía invadió la sede del sindicato en el 257 de la Avenida Plymouth Norte y se la entregaron a Neal, junto con los libros de contabilidad y archivos que ahí se encontraban. Gracias a las precauciones que había tomado la junta ejecutiva bajo las instrucciones de los miembros, no se llevaron más dinero que los ingresos de ese día. Neal acusó a los funcionarios del local de haber "escondido y distribuido grandes sumas de dinero a diversas personas desconocidas, para el uso y el beneficio de los acusados y para el sindicato rival y paralelo que ellos contemplan organizar".

En anticipación del ataque, ya habíamos asegurado una sede alternativa en el 1328 de la Segunda Avenida Norte, a solo dos cuadras del 257 de la Avenida Plymouth. Las operaciones del 544-CIO fueron trasladadas rápidamente a ese sitio, e incluso preparamos las instalaciones que necesitaban los huelguistas de las mueblerías.

Entretanto, los patrones de las mueblerías habían acudido a las cortes para pedir que prohibieran los piquetes. Todavía alegaban no saber si debían negociar con el CIO o con la AFL, y agregaban la acusación de que en todo caso la huelga era "ilegal". El juez Youngdahl los favoreció con una orden de restricción, emitida al anochecer del primer día del paro. Al día siguiente las autoridades entregaron una copia de la orden a cada uno de los piquetes, pero les tardó mucho completar la tarea, porque nuevos destacamentos de obreros iban tomando el lugar de los piquetes frente a las empresas paralizadas a medida que les entregaban la orden. Mientras sucedía esto, los patrones avisaron por escrito a los huelguistas que serían despedidos si no regresaban a trabajar a más tardar el 19 de junio. Y la IBT anunció que estaba iniciando negociaciones con todos los empleadores que habían tenido un convenio con el Local 544.

La orden judicial contra las líneas de piquetes fue un aspecto clave de esos sucesos. Los huelguistas de las mueblerías no la podían resistir por sí solos porque no tenían las fuerzas numéricas suficientes. Para poder desafiar la prohibición, había que ampliar la acción de masas a nivel de toda la industria. Pero muchas otras empresas ya habían obtenido órdenes antihuelga contra el Local 544-CIO. Nos incapacitaban aún más con los obstáculos legales impuestos por la ley Stassen. Todo el aparato del gobierno estaba buscando pretextos para tomar medidas contra nosotros. Y estábamos bajo un fuerte ataque desde el interior del movimiento obrero. En estas condiciones, una maniobra para ampliar la huelga no habría resultado en mucho más que el encarcelamiento inmediato de los mejores militantes sindicales bajo cargos de desacato. Eso podría haber sido fatal para la organización.

Por esas razones tuvimos que abandonar nuestros intentos de impedir la conspiración contra el 544-CIO paralizando la producción. Sin embargo, aún existía el peligro de que la campaña de terror de la IBT socavara la moral en el seno del local. Aunque se podía contar con los militantes del Comité de Defensa Sindical para luchar hasta el final, la perseverancia de los miembros en su conjunto tenía un límite. Sin embargo, las filas se mantenían unánimes en torno a un punto: si les daban una oportunidad democrática para expresar sus deseos, los trabajadores votarían por el CIO.

Ante esta situación, nuestra próxima acción tenía que ser la demanda de celebrar elecciones para decidir qué sindicato representaría a los empleados del transporte camionero en las negociaciones colectivas. Una vez planteada, esa reivindicación tendría una serie de efectos favorables. Demostraría la confianza del 544-CIO en el verdadero sentir de los trabajadores, fortalecería nuestro caso ante los miembros de la AFL en toda la ciudad y expondría aún más a los tobinistas como una pandilla de usurpadores, ya que estaban destinados a oponerse a una solución democrática del conflicto.

Después de llegar a esas conclusiones en la dirección, explicamos nuestros criterios ante una asamblea de los huelguistas de mueblerías. Ellos aceptaron las medidas que recomendamos y votaron a favor de regresar al trabajo, dejando pendiente la celebración de elecciones para las negociaciones colectivas. Acto seguido, la junta ejecutiva del local emitió una declaración, que el *Minneapolis Star Journal* del 20 de junio de 1941 citó así:

"La cuestión de qué sindicato realmente representa a los

trabajadores solo puede ser decidida legítimamente por los mismos trabajadores. Ellos ya han expresado su preferencia, votando a favor del Local 544-CIO por una mayoría abrumadora en una reunión libre y democrática.

"La elección del Local 544-CIO por los trabajadores ha sido impugnada por los empleadores así como los agentes importados por el sindicato internacional de Daniel Tobin afiliado a la AFL, quienes están actuando en contubernio con los empleadores para frustrar la voluntad de los trabajadores e imponerles convenios dictados por los empleadores.

"Estos agentes importados de Tobin ya están tratando de eludir la elección democrática de los trabajadores, interfiriendo violentamente con el manejo de los camiones por parte del 544-CIO.

"El Local 544-CIO propone afrontar este reto convocando a elecciones generales...

"En vista de la campaña de violencia desatada por los agentes importados de Tobin contra los camioneros de Minneapolis, queda muy claro que cualquier demora en la celebración de estas elecciones que proponemos les impondría una grave responsabilidad al gobernador Stassen y a otros funcionarios públicos".

Como era de esperar, Casey inmediatamente emitió una declaración pública contra la propuesta de celebrar una votación democrática de los trabajadores sobre qué sindicato los representaría. "Las elecciones", dijo con arrogancia, "ya se están dando". Se refería, por supuesto, a la inscripción forzosa de los transportistas como miembros de la AFL mediante actos de coacción. Esos métodos se intensificaron aún más en respuesta a nuestra demanda de realizar elecciones. Casey también hizo esfuerzos frenéticos para acelerar sus negociaciones de convenios favorables a los patrones del transporte camionero, a fin de presentarnos con un hecho consumado en las negociaciones colectivas.

Mientras tanto, el Local 544-CIO había entablado una solicitud formal ante Blair, el mediador laboral del estado, de celebrar elecciones por voto secreto en toda la industria, a fin de confirmar la decisión de los trabajadores en cuanto a su agente negociador. También presentó peticiones específicas para realizar elecciones en las mueblerías y otras empresas donde las anteriores notificaciones de huelga del local no habían sido catalogadas oficialmente como "irregulares". Al mismo tiempo envió cartas a todos los patrones advirtiéndoles de que no firmaran convenios con la AFL antes de que los trabajadores hubieran votado sobre la cuestión de la representación sindical.

Como no era posible obviar las peticiones del CIO sin violar la ley Stassen, Blair anunció que serían presentadas ante audiencias a partir del 30 de junio. Las primeras en ser abordadas, dijo, serían las de las mueblerías, la industria de bloques de cemento y las tiendas mayoristas de comestibles.

Al enterarse de que se programaban audiencias públicas sobre la cuestión de darles a los trabajadores una opción democrática para escoger su agente negociador, Tobin entró en pánico. Sabía que las elecciones confirmarían la decisión tomada por los miembros del Local 544 al votar el 9 de junio a favor de retirarse de la IBT y afiliarse al CIO. Así que el presidente de los Teamsters le pidió ayuda nuevamente a la Casa Blanca, y recibió una respuesta rápida. Aunque era obvio que hacía bastante tiempo que las autoridades federales venían preparando lo que estaban por hacer en respuesta a la solicitud de Tobin, todo indicaba que las nuevas medidas habían sido puestas en marcha precipitadamente.

10

Roosevelt respalda a Tobin

En la tarde del 27 de junio —tres días antes de que empezaran las audiencias sobre las elecciones de representación sindical— agentes del FBI y alguaciles federales allanaron las sedes de las ramas del Partido Socialista de los Trabajadores en Minneapolis y Saint Paul. Incautaron grandes cantidades de materiales impresos, junto con dos banderas rojas y una foto de León Trotsky.

El día siguiente la prensa publicó relatos sensacionalistas sobre la redada. Reporteros y fotógrafos habían sido invitados a acompañar a los invasores, y ellos brindaron reportajes adornados con fotos de las "pruebas" confiscadas por la policía política. También utilizaron titulares alarmistas para mostrar que el ataque contra el PST iba dirigido también contra los rebeldes de los Teamsters. Uno de estos encabezados, publicado en primera plana del *Minneapolis Tribune,* decía: "Anuncio vincula a algunos jefes del 544-CIO a grupo que está bajo fuego". El *Saint Paul Dispatch* fue aún más directo acerca de todo esto. Su titular en grandes letras simplemente decía: "544 será enjuiciado por gobierno".

Nuestro conflicto con Tobin indudablemente fue un elemento clave para el gobierno federal al decidir cuándo lanzaría su ofensiva, pero la cuestión del momento preciso para iniciarla fue solo un factor secundario. La razón principal de las acciones del gobierno era que la lucha sindical se había desarrollado en torno a cuestiones nacionales. Las necesidades inmediatas de Tobin coincidían con los planes a largo plazo de Washington. Roosevelt estaba pidiendo ayuda a los burócratas sindicales para silenciar protestas contra sus medidas que pretendían regimentar a los trabajadores para la guerra. Para eso había pedido que amordazaran al Local 544, que se había convertido en un punto focal de la oposición de masas a la política exterior de la administración.

El mandamás de los Teamsters había tratado de cumplir con los deseos del presidente, pero le había resultado imposible domar al Sindicato General de Choferes de Minneapolis por sí solo. Sus medidas terroristas no habían logrado intimidar a los trabajadores. Habíamos eludido los intentos de las autoridades locales de ayudar al jefe de la IBT a llevar al 544-CIO hacia un enfrentamiento que los entrampara, y habíamos lanzado una contracampaña a favor de una resolución democrática del conflicto por una votación de los empleados. Dado que nuestra política representaba un peligro para Tobin, las autoridades federales habían asestado un nuevo golpe a su favor. Tenían un doble objetivo: ayudar a uno de los más fieles tenientes sindicales de Roosevelt en el conflicto interno de la IBT que se desarrollaba, y demostrarles a otros burócratas sindicales que su apoyo a la política exterior imperialista les ganaría el respaldo del gobierno contra disidentes entre las filas sindicales.

"Las necesidades inmediatas de Tobin coincidían con los planes a largo plazo de Washington", dijo Dobbs. "Roosevelt estaba pidiendo ayuda a los burócratas sindicales para silenciar protestas contra sus medidas que pretendían regimentar a los trabajadores para la guerra. Él había pedido que amordazaran al Local 544, que era un punto focal de la oposición de masas a la política exterior de la administración".

Arriba: El presidente Franklin Roosevelt (izquierda) con Tobin (extrema derecha) en congreso de los Teamsters en Washington, septiembre de 1940. "El gobierno está resuelto a ayudar a los sindicatos a hacer limpieza en su propia casa", dijo Roosevelt.

Abajo: En la caricatura del *Industrial Organizer* del 28 de junio de 1941, Roosevelt declara, "¡Apoyo total a Tobin!"

El momento escogido para esta acción en beneficio de Tobin no era el más favorable desde la perspectiva de la clase gobernante. Aún no se había producido suficiente histeria bélica para incitar a las masas a oponerse a los radicales en el movimiento obrero recurriendo exclusivamente a llamamientos patrióticos. El gobierno tuvo que asumir la responsabilidad de tomar partido en lo que a primera vista no parecía ser nada más que una disputa entre dos facciones sindicales. Y en ambos casos teníamos cierta ventaja al obtener apoyo entre los sindicatos y los liberales para defendernos del inminente caso fabricado.

Pese a estas desventajas, Roosevelt consideró importante actuar con rapidez contra nosotros. El FBI ya había sentado las bases preliminares para iniciar el ataque. Así que este fue lanzado con dos objetivos en mente: impedir que el PST promoviera el movimiento antibélico a nivel nacional y privar al 544-CIO de su fuerte posición moral en el Medio Oeste sometiendo a su dirección a un proceso criminal.

Como primer paso, Henry A. Schweinhaut, un vicefiscal general especial, fue enviado desde Washington para representar al Departamento de Justicia en el terreno. Él fue quien supervisó las redadas contra el PST, y el fiscal general Francis Biddle brindó la fachada propagandística para esta operación. Según informó el *Minneapolis Star Journal* del 28 de junio, Biddle emitió un comunicado desde la capital nacional en que dijo: "Los principales dirigentes del Partido Socialista de los Trabajadores contra quienes se está iniciando un proceso judicial son también dirigentes del Local 544-CIO en Minneapolis. El enjuiciamiento se hace basado en el código penal de Estados Unidos contra personas que han estado involucradas en actividades sediciosas criminales, y que son dirigentes del Partido Socialista de los Trabajadores y han logrado controlar un sindicato legítimo para usarlo con fines ilegales".

En la misma edición el *Star Journal* citó un comunicado de Victor E. Anderson, fiscal federal de distrito. Él dijo que le pediría al gran jurado que presentara cargos contra los dirigentes del PST de "conspiración sediciosa para abogar por el derrocamiento del gobierno de Estados Unidos por la fuerza y la violencia".

Schweinhaut llevó la campaña propagandística del gobierno un paso más lejos. Según el *Minneapolis Tribune* del 30 de junio, "Anoche se insinuó que se darían a conocer sorprendentes revelaciones sobre actividades subversivas en las Ciudades Gemelas, mientras funcionarios del gobierno actuaban bajo condiciones estrictamente secretas al preparar su caso contra dirigentes del Partido Socialista de los Trabajadores". Henry A. Schweinhaut, informó el periódico, "dijo anoche que él creía que el gobierno tenía pruebas sobre las actividades del Partido Socialista de los Trabajadores en las Ciudades Gemelas que van mucho más allá de lo que conoce el público".

Estas oscuras declaraciones de que habían descubierto secretos que iban "mucho más allá de lo que conoce el público" aparecieron en la prensa el día que Blair inició las audiencias sobre la solicitud del CIO de realizar elecciones. La acusación era una burda mentira. Publicaciones como las que había incautado el FBI como "pruebas" estaban a la venta en los quioscos locales y disponibles en las bibliotecas públicas. Pero Schweinhaut conscientemente pasó por alto ese hecho, ya que no cuadraba con el plan de acusarnos falsamente de "conspiración".

En esos momentos no mencionaron personas específicas que iban a enjuiciar, pero incluso esa política la presentaron con un tono diseñado para calumniarnos. Cuando los periodistas le preguntaron al fiscal federal Anderson si habría arrestos antes de que el gran jurado formulara cargos, él respondió: "No, a menos que algunos de los muchachos intenten fugarse".

En el movimiento obrero se manifestaron inmediatamente reacciones tanto a favor como en contra de la conducta de Roosevelt. Las fuerzas de la IBT, por supuesto, aplaudieron el ataque del gobierno federal contra nosotros. Alegaron que justificaba las acusaciones de Tobin de que "estos tipos estaban involucrados en actividades subversivas".

Los estalinistas expresaron un entusiasmo similar con las acciones del cazador de brujas en la Casa Blanca. Menos de una semana antes de las redadas del FBI, Alemania había invadido la Unión Soviética, acabando definitivamente con el pacto Stalin-Hitler. Mientras el pacto estaba en vigor, el Partido Comunista se había opuesto al ingreso de Estados Unidos a la guerra, adoptando el lema: "Los yanquis no vienen". Pero con la nueva situación los estalinistas cambiaron su línea, y casi de la noche a la mañana pasaron a una campaña para que Estados Unidos abriera un segundo frente contra Hitler.

El PC lanzó simultáneamente una nueva ofensiva contra los trotskistas, enfocada en condenar nuestra continua oposición a la intervención de Estados Unidos en la guerra. Nos denunciaron como "agentes nazis", aplaudieron las acciones del gobierno para enjuiciarnos e intensificaron sus esfuerzos para que el CIO de Minnesota se opusiera a su nuevo afiliado. Respecto a lo último, Leonard Lageman, secretario estatal del CIO, dijo al *Star Journal* el 28 de junio que las medidas de las autoridades federales "justifican nuestra decisión de no tener nada que ver con los Dunne".

En el CIO a nivel nacional se adoptó una postura contraria. Una declaración emitida por el despacho de A.D. Lewis en Washington planteó: "Si la dirección del 544 fue suficientemente buena para el sindicato Teamsters de la

BIBLIOTECA DEL CONGRESO

"Alemania invadió la Unión Soviética en junio de 1941", dijo Dobbs. "Mientras el pacto Stalin-Hitler estaba en vigor, el Partido Comunista se opuso al ingreso de Estados Unidos a la guerra. Ahora, de la noche a la mañana, los estalinistas pasaron a una campaña para que Washington abriera un segundo frente contra Berlín. El PC también lanzó una nueva ofensiva contra el Partido Socialista de los Trabajadores, condenando nuestra oposición a la intervención estadounidense en la guerra".

Abajo: Librería del Partido Comunista en Nueva York. El letrero pide que Washington abra un "segundo frente" contra su rival imperialista en Alemania.

Arriba: Washington, diciembre de 1941. "Defender a EE.UU., derrotar al Eje", dice pancarta en conferencia de la Unión de Estudiantes Americanos (ASU), dirigida por el Partido Comunista. Apenas unos meses antes, la ASU había organizado manifestaciones "por la paz".

AFL por muchos años, ¿por qué el Departamento de Justicia está tomando acción ahora y no antes?" Muchas secciones del CIO en otras partes del país enviaron mensajes de solidaridad con el 544-CIO. También liberales y defensores de los derechos civiles expresaron protestas contra la línea que Roosevelt estaba tomando contra nosotros.

Frank Barnhart, director regional del UCWOC, emitió una declaración que fue citada en el *Militant* del 5 de julio de 1941. "Antes de otorgar una carta constitutiva al local 544", dijo Barnhart, "el CIO hizo una detallada investigación del sindicato y su dirección. Como parte de esta investigación, representantes del CIO consultaron al Departamento de Policía de Minneapolis y este les informó que los dirigentes del Local 544 no tenían antecedentes penales y de ningún modo estaban calificados como extorsionistas sindicales. Otra prueba irrebatible de la trayectoria honorable de la dirección del Local 544 aparece en las conclusiones del Juez Carroll durante las audiencias judiciales, en las cuales se examinaron todos los libros, archivos, actas, convenios, transacciones financieras, etcétera, del Local 544".

Pronunciándose conjuntamente con la junta ejecutiva del 544-CIO, Barnhart también afirmó: "Incapaz de doblegar a los trabajadores con las otras tácticas despiadadas que ha empleado, Dan Tobin persuadió a Roosevelt de que tomara esta acción como pago por su deuda política con Tobin por los servicios prestados antes… La gran mayoría de los miembros del sindicato Teamsters de la AFL está en contra de los métodos prepotentes de Tobin y su apolillada política organizativa. También hay muchos que se oponen a la guerra, especialmente en la región noroeste. Esta no es la Alemania de Hitler. Estados Unidos sigue siendo una democracia. El pueblo de este país aún tiene el derecho de expresar sus opiniones sobre la política de Tobin como también la de Roosevelt…

"El CIO continuará con su lucha para ganar el derecho democrático de los trabajadores del transporte automotor de Minneapolis y sus aliados a afiliarse a la organización de su preferencia: el CIO".

Relativamente pocos miembros del Local 544 se asustaron con el ataque desatado por Roosevelt. Aunque todos los que desempeñaban un papel dirigente en el local podrían ser blancos de la caza de brujas federal, ni una sola persona vaciló frente a ese peligro. Las filas tomaron una actitud semejante. Ya que los trabajadores sabían exactamente cuál era la verdadera política y conducta de los dirigentes, por lo general estaban propensos a descartar las acusaciones de "conspiración sediciosa" como un evidente caso fabricado. Existía un fuerte respaldo a la lucha contra los verdaderos conspiradores —los patrones, su gobierno y los tobinistas— quienes estaban arrojando falsas acusaciones contra sus víctimas previstas.

Esta era la situación interna del local cuando comenzaron las audiencias de Blair el 30 de junio según se había programado. El primer punto del orden del día fue la demanda del 544-CIO de que se celebraran elecciones para decidir quién sería el agente negociador del sector de entrega de muebles. Nuestro caso fue presentado por los abogados Gilbert Carlson y William Thomas.

Carl Skoglund y Kelly Postal fueron los primeros testigos. Explicaron cómo los tobinistas, en colaboración con los patrones, habían recurrido a amenazas e intimidación para obligar a los trabajadores a portar insignias y firmar tarjetas de compromiso de la IBT. Después presentaron un gran número de tarjetas de compromiso con el CIO, que habían sido firmadas libremente por empleados en toda la industria. Estas pruebas, destacaron nuestros representantes, justificaban la posición del 544-CIO de que hablaba en nombre de los trabajadores, pero de todas maneras proponía convocar a elecciones para decidir concluyentemente el asunto del agente negociador.

I.E. Goldberg sirvió como principal portavoz de los tobinistas. Se opuso a la solicitud del CIO de realizar elecciones, argumentando que la mayoría de los trabajadores de la industria nunca se habían salido de la IBT. Para apoyar esa línea falsa, soltó una invectiva sobre "las artimañas trotskistas" en la asamblea de miembros del 9 de junio, cuando el Local 544 votó a favor de cambiar su afiliación al CIO. Esa acción, insistió, fue "ilegal".

Durante todo este enfrentamiento, Blair trató a nuestros representantes como si ya hubieran sido condenados como delincuentes. En cambio, a Goldberg lo trató de la manera más cortés.

Después de los argumentos iniciales, el 544-CIO comenzó a llevar al estrado a diferentes trabajadores para testificar sobre actos específicos de intimidación a los que habían sido sometidos. Pero esto apenas había empezado cuando de repente las audiencias fueron aplazadas una semana. La demora solo podía tener un propósito malicioso. Era evidente que Blair, quien recibía sus órdenes de Stassen, le estaba dando a la IBT otra oportunidad más para aterrorizar a los trabajadores y negociar convenios secretamente con los patrones. También le estaba dando más tiempo a las autoridades federales para preparar la inminente formulación de cargos de conspiración.

El mismo día que Blair pospuso las audiencias, el 1 de julio, el CIO nacional auspició un acto en Minneapolis para solidarizarse con el Local 544. Se celebró en el Teatro Lyceum con la participación de unos 1500 trabajadores. Presidió Frank Barnhart. Entre los oradores invitados estaban Cecil Owen, director de publicidad del UCWOC; Lee Pressman, abogado principal del CIO; y Allen Heywood del departamento nacional de sindicalización del CIO. John L. Lewis envió por telegrama un saludo personal a la asamblea, como también hizo Philip Murray. Ray Dunne, Carlos Hudson y Ray Rainbolt hablaron a nombre del Local 544.

En su presentación Owen dijo: "Cuando ustedes ingresaron al CIO hubo mucho alboroto en Washington. Durante unos días parecía que la administración había abandonado su campaña de 'Ayuda para Inglaterra' a favor de una campaña de 'Ayuda para Dan Tobin'".

Pressman abordó una cuestión clave. "Cuando un local como el 544 se incorpora al CIO", preguntó, "¿por qué hay tanta agitación? ¿Por qué los han convertido en una controversia nacional?... La historia se remonta a 1934, cuando ustedes, los Teamsters, bajo su dirección actual, decidieron forjar un sindicato fuerte y combativo, y ganaron contra viento y marea. La tradición de su sindicato local conduce directamente al origen del CIO... Las huelgas que ustedes libraron en 1934 dieron sentido a la necesidad de los trabajadores de tener sindicatos fuertes. El CIO ha llevado a cabo concretamente, a nivel nacional, lo que ustedes iniciaron en 1934".

En lastimoso contraste con estas expresiones de apoyo nacional a los Teamsters rebeldes, los representantes del consejo del CIO del condado de Hennepin brillaron por su ausencia. El Partido Comunista había organizado en efecto un boicot local del mitin de solidaridad con el Local 544. Pero también había logrado provocar la ira de las fuerzas de Lewis en el CIO. Los estalinistas fueron objeto de mucha presión por estas fuerzas, y pronto se vieron obligados a hacer que el organismo del condado de Hennepin declarara su apoyo oficial a nuestra demanda de celebrar una votación de los empleados en la industria del transporte por camión.

En esta coyuntura se produjo, desde los círculos de la

AFL, una notable acción local de apoyo a la rebelión contra Tobin. La protagonizó Henry A. Schultz, quien había jugado un papel importante en la tercera huelga del Sindicato General de Choferes de 1934, y quien desde entonces se desempeñaba como representante internacional de la Hermandad Internacional de Trabajadores de la Electricidad (IBEW) de la AFL. Renunció de su cargo en la IBEW para integrarse al plantel de organizadores del 544-CIO. En su carta de renuncia, publicada en el *Militant* del 12 de julio de 1941, Schultz dijo:

"Anoche asistí a una reunión en Minneapolis auspiciada por el Sindicato Internacional de Teamsters de la AFL de Tobin. Lo que vi era como para revolverle el estómago a cualquier sindicalista leal... Tobin y su banda pérfida hicieron toda una movilización. Organizadores y funcionarios a sueldo de diversos sitios, desde Pennsylvania hasta San Francisco, fueron movilizados para ocupar la tribuna, en orden de batalla contra los trabajadores de Minneapolis. Las primeras filas estaban llenas de agentes de negocios locales y estatales de Minneapolis, a quienes ni con dinamita podrían ser despegados de sus sillas para participar en una línea de piquetes contra los patrones. Toda la reunión apestó: una movilización de reaccionarios funcionarios sindicales contra el derecho legítimo de las filas obreras de decidir el sindicato de su elección... Se ha desatado una lucha encarnizada en Minneapolis, y considero que es mi deber ponerme del lado de los trabajadores, como hice en las huelgas obreras de 1934".

Entretanto, un gran jurado federal había sido convocado para examinar las "pruebas" contra el Partido Socialista de los Trabajadores. A la prensa patronal le filtraron información sobre el proceso de manera de crear la impresión de que una siniestra organización clandestina estaba a punto de ser expuesta.

Los materiales incautados en las redadas melodramáticas a las sedes del PST en las Ciudades Gemelas fueron presentados al jurado a través del testimonio de agentes del FBI. Miembros del Comité de los 99 que habían presentado declaraciones juradas a Tobin fueron llamados para que mintieran acerca de "la manipulación subversiva" del Local 544 y para nombrar a supuestos miembros del PST en el sindicato. Todo esto fue acompañado por el pronóstico del vicefiscal general Schweinhaut de que habría "sorprendentes revelaciones" a la hora de presentar las acusaciones y arrestar a los acusados.

El fiscal federal Anderson también contribuyó a la campaña difamatoria contra los que estaban a punto de ser acusados. Alegó que miembros del Comité de los 99 habían sido amenazados con represalias si cooperaban con el gran jurado. Anderson dijo que el FBI le había informado que habían recibido informes sobre estas amenazas.

Mientras sucedía esto, el mediador estatal laboral Blair reanudó las audiencias sobre la solicitud del 544-CIO de celebrar elecciones. Carlson y Thomas llamaron a más trabajadores a dar testimonio sobre la manera brutal en que habían sido forzados a inscribirse en la organización ficticia de Tobin. También llamaron como testigos a delegados sindicales para verificar que los empleados en sus centros de trabajo habían firmado voluntariamente las tarjetas de compromiso que el CIO había entregado al mediador laboral.

En respuesta Goldberg afirmó que la AFL poseía "pruebas" del apoyo de la gran mayoría de los trabajadores afectados. Además, sostuvo que el 544-CIO perdió el derecho de pedir una votación de los empleados cuando convocó una "huelga ilegal" en el sector mobiliario.

Blair, dando legitimidad a los argumentos de Goldberg, ordenó a las dos partes a que prepararan sendos informes sobre el tema de las elecciones. Una vez más estaba retrasando las cosas, y pronto quedó claro que sus motivos no tenían nada que ver con las audiencias. Blair estaba marcando tiempo mientras nos propinaban una serie de nuevos golpes, uno tras otro en rápida sucesión.

En la mañana del 14 de julio nos enteramos de que dos de los agentes de Tobin iban a dar testimonio ante el gran jurado del condado de Hennepin. Eran T.T. Neal, el síndico de la IBT, y F.D. Brown, un auditor de la secretaría internacional de los Teamsters. Esto solo podía significar una cosa. Estaban a punto de iniciar una causa penal por el asunto de unos pocos miles de dólares en las arcas del Local 544 que habían sido tomados cuando el sindicato local se pasó al CIO.

El abogado Gilbert Carlson y Steve Glaser, miembro del personal del 544-CIO, fueron de prisa a la oficina del fiscal del condado. El propósito era coordinar para que Glaser compareciera ante el gran jurado y desmentir las acusaciones tobinistas sobre el tema de las finanzas. Él estaba dispuesto a demostrar que el dinero en cuestión había sido puesto en manos seguras, de acuerdo con una decisión que los miembros habían tomado el 9 de junio en una asamblea del local, y que ya se les había rendido cuentas, según las normas democráticas del sindicato. En cambio, la reclamación de la IBT por estos fondos era infundada en cuanto a quién representaba realmente a los trabajadores. Solo 29 personas habían asistido a una reunión de miembros del 544-AFL ese mismo día.

El gran jurado esquivó esa verdad simplemente rehusando escuchar el testimonio de Glaser. Tomó medidas inmediatas sobre la falsa premisa de que los recursos del Local 544 pertenecían a Tobin. A partir de la tarde del 14 de julio, se aprobó formular varios cargos contra cuatro dirigentes del local: Miles Dunne, presidente; Kelly Postal, secretario-tesorero; Nick Wagner, síndico; y Moe Hork, organizador. Fueron acusados de "malversación de fondos" y "hurto mayor".

Tras ser instruidos de cargos, los cuatro fueron puestos en libertad bajo fianza. La audiencia para decidir las fechas del juicio fue postergada repetidamente. Parecía que por ahora la clase dominante quería mantener en suspenso los próximos pasos en este caso fabricado. De esa manera podrían usar la formulación de cargos para difamar a las víctimas, con propaganda para hacer que las acusaciones fueran vistas como pruebas de culpabilidad.

El 15 de julio —apenas 24 horas después de que se lanzó el ataque de "malversación-hurto"— el gran jurado federal instruyó de cargos a 29 de nosotros. Fuimos acusados de conspiración para derrocar al gobierno en una revolución armada cuando el momento pareciera propicio, conspiración para abogar por el derrocamiento del gobierno por la fuerza y la violencia, y conspiración para fomentar la insubordinación entre las fuerzas armadas.

Aunque el verdadero motivo de estos cargos sensacionalistas era nuestro punto de vista antiguerra, la palabra "guerra" no apareció en ninguna parte de la acusación federal. Eso era porque en esos momentos no habría sido popular enjuiciarnos como opositores de la política exterior imperialista. Entonces, como señaló el *Northwest Organizer*, se creó una cortina de humo con alegaciones de una "conspiración revolucionaria" encaminada a "derrocar el gobierno". Además, los cargos fueron elaborados de manera de implicar al local 544-CIO, una organización de masas que estaba a la vanguardia del movimiento antibélico.

Militantes tanto del Partido Socialista de los Trabajadores como de organizaciones sindicales fueron acusados de "conspiración contra el gobierno", cuando la verdadera conspiración era contra el derecho democrático de los trabajadores del transporte en Minneapolis de tener el agente negociador de su propia elección. Nos tildaron de conspiradores, cuando los verdaderos conspiradores eran Tobin, el Comité de los 99, Roosevelt y su policía política, Stassen, Kline y los patrones de Minneapolis.

Los acusados estaban en distintas categorías. Catorce eran miembros de la directiva, organizadores o delegados del 544-CIO, o pertenecían al equipo de redacción del *Northwest Organizer*. Entre ellos estaban Jake Cooper; Harry DeBoer; Grant, Miles y Ray Dunne; George Frosig; Walter Hagstrom; Clarence Hamel; Emil Hansen; Carlos Hudson; Kelly Postal; Ray Rainbolt; Carl Skoglund y Nick Wagner.

Seis eran miembros de la directiva o activistas destacados en la Sección de Trabajadores Federales: Max Geldman, Carl Kuehn, Roy Orgon, Edward Palmquist, Oscar Shoenfeld y Harold Swanson.

Cuatro eran dirigentes nacionales del Partido Socialista de los Trabajadores: James P. Cannon, Farrell Dobbs, Albert Goldman y Felix Morrow.

Los cinco restantes constituían una categoría algo indefinida compuesta de Grace Carlson y Oscar Coover, que desempeñaron papeles destacados en el PST de Minnesota; Dorothy Schultz, secretaria de la Liga de Defensa Obrera en las Ciudades Gemelas; Rose Seiler, agente de negocios del Sindicato de Trabajadores Oficinistas de Minneapolis; y Alfred Russell, ex funcionario del Local 554 de los Teamsters en Omaha, Nebraska.

Esta vez las autoridades federales acordaron negociar las condiciones antes del juicio, en vez de empezar con arrestos sorpresivos en las primeras horas de la madrugada. Así los 29 pudieron entregarse voluntariamente el 18 de julio para que los ficharan y les tomaran las huellas

Arriba: Cinco dirigentes del Local 544-CIO, octubre de 1941. Desde la izquierda: George Frosig, Carl Skoglund, Kelly Postal, Miles Dunne, V.R. Dunne.

Miles Dunne y Postal habían sido acusados falsamente de "malversación" el 14 de julio de 1941, un día antes de que el gobierno federal presentara cargos por "sedición" contra 29 miembros del PST y del 544-CIO.

Cuatro días después, el 18 de julio, Skoglund fue amenazado con ser deportado. "Hay una ciudadanía de la cual no me pueden privar", dijo Skoglund. "La ciudadanía en el movimiento obrero".

Abajo: Grant Dunne, uno de los 29 acusados. En octubre de 1941, poco antes del juicio, Dunne se suicidó. "Fue víctima de dos guerras diferentes", dijo Dobbs. "La primera guerra mundial entre potencias imperialistas", por la cual sufrió neurosis de guerra (ahora llamado síndrome de estrés postraumático), "y la guerra de los patrones contra los trabajadores en este país".

digitales en la comisaría y los pusieran en libertad bajo fianza. Al principio el gobierno exigió una elevada fianza de 5 mil dólares cada uno, sumando 145 mil dólares. Pero rápidamente se organizó un movimiento de protesta que hizo que redujeran esas cifras.

Recibimos una pronta respuesta a nuestra solicitud de apoyo de la Liga No Partidista del Trabajo (LNPL), el brazo político nacional del CIO. La LNPL emitió un comunicado en que denunció los cargos federales como "una amenaza a las libertades civiles fundamentales y a los derechos básicos del movimiento obrero". Con similar presteza, la Unión Americana de Libertades Civiles (ACLU) y varias conocidas figuras liberales también condenaron las tácticas de caza de brujas que la administración Roosevelt estaba usando contra nosotros.

Ante estas presiones, las autoridades retrocedieron de las demandas iniciales para la fianza. Fue significativo, aunque la cantidad impuesta al final a los 16 acusados pertenecientes al 544-CIO solo fue reducida de 5 mil a 3500 dólares cada uno, mientras que la suma para los otros 13 fue recortada a 2500 dólares por persona. El CIO envió por giro los fondos para pagar la fianza de los miembros del 544-CIO. Se obtuvo ayuda de la ACLU y otras fuentes para tramitar la excarcelación de los otros acusados.

Como se había hecho en los casos de "malversación y hurto", no fijaron una fecha exacta para el juicio. Una vez más, parecía que por el momento nuestros enemigos esperaban obtener suficientes municiones propagandísticas por el simple hecho de que se trataba de cargos federales.

Aunque Carl Skoglund figuró entre los acusados cuya fianza fue pagada en el caso de "sedición", él fue el único que no evitó ser encarcelado inmediatamente. Anteriormente había solicitado la ciudadanía estadounidense, y hasta el invierno de 1941 la solicitud simplemente había sido encasillada. En esos momentos, Perrin del FBI le había ofrecido ayuda a Skoglund para obtener los documentos de ciudadanía si él se pasaba al lado del Comité de los 99. Skoglund había rechazado ese intento cínico de convertirlo en soplón del FBI, y no pasó nada más con su situación personal hasta que el Local 544 rompió con Tobin. Fue el 18 de julio —el día en que los 29 fueron fichados en la comisaría como "conspiradores sediciosos"— que Skoglund fue arrestado con una orden de deportación emitida por el Servicio de Inmigración y Naturalización de Estados Unidos. Lo metieron preso y, para ese cargo, le pusieron una monstruosa fianza de 25 mil dólares.

Skoglund estuvo entre rejas una semana, durante la cual la ciudad se vio plagada por una terrible ola de calor. Al final, cuando protestas de todas partes del país inundaron la Casa Blanca, su fianza fue reducida a 3 500 dólares y esa suma fue pagada por el CIO. Luego yo fui a tramitar la salida de Carl. Cuando salió, lo llevé a una taberna cercana para tomar una cerveza fría, pero el pobre hombre se encontraba tan reseco por el calor insoportable dentro de la cárcel que era como derramar el refrescante líquido sobre las arenas del Sahara al mediodía.

Conversando más tarde sobre el intento de deportarlo, Carl dijo: "Hay una ciudadanía de la cual no me pueden privar, y esa es la ciudadanía en el movimiento obrero. Yo obtuve esos papeles en Suecia cuando tenía 16 o 17 años; era miembro de la Juventud Socialista y del sindicato en la fábrica de papel donde trabajaba. A lo largo de los años, creo que he servido fielmente este movimiento y al máximo de mis posibilidades. Llegará el momento cuando gobiernos en todo el mundo reconocerán la lealtad a los intereses del pueblo trabajador como la forma más alta de ciudadanía".

Paralelamente al ataque multifacético contra nosotros

en esta coyuntura, se tomaron medidas para despojar al 544-CIO de un arma defensiva vital: el *Northwest Organizer.* La sensibilidad de Tobin hacia el servicio prestado por el periódico a la causa de los rebeldes se reflejó en un artículo publicado en su revista oficial, que instruía a todas las unidades de los Teamsters a "devolver la venenosa literatura de los Dunne". Sin embargo, como era típico de él, no tenía la menor intención de permitirle a nadie la libertad de decisión al respecto, y se tomaron medidas para salvar a los curiosos de esa tentación.

El 9 de julio el portavoz de Tobin en Minneapolis, Goldberg, telegrafió a la sede de la IBT que él estaba haciendo "trámites con las autoridades postales para que cancelaran la licencia de envío por correo del *Northwest Organizer*". Poco después Goldberg obtuvo una orden judicial que prohibió que el 544-CIO publicara su periódico o usara las listas de correo correspondientes. Al mismo tiempo, los tobinistas sacaron su propio periódico, llamado el *Minnesota Teamster.*

El 544-CIO tomó este nuevo ataque con calma. Simplemente cambió el nombre de su órgano oficial al *Industrial Organizer* (Organizador Industrial). El primer número con el nuevo título salió el 17 de julio, apenas siete días después de que el *Northwest Organizer* dejara de publicarse. Pese a los esfuerzos de Tobin, no había habido pausas en la publicación del semanario. Ese logro fue de suma importancia en vista de la secuencia de hechos que estaba por desarrollarse.

Ahora que habían llevado la campaña de calumnias contra nosotros a una escala masiva, lanzaron una nueva forma de ataque. Esta vez el objetivo específico era despojar al 544-CIO de su derecho legal de negociar en nombre de los trabajadores. Como movida inicial, los tobinistas empezaron a presentar notificaciones de huelga contra diversas empresas de transporte, especialmente las que ya estaban enfrascadas en audiencias sobre la petición del CIO de realizar elecciones. Uno de los propósitos era aparentar que el 544-AFL contaba con el apoyo de los trabajadores al tratar con los patrones, pero también existían otros factores. Estos se reflejaron en una queja que apareció en el *Minnesota Teamster* del 25 de julio de 1941.

El artículo decía: "Los que odian a Estados Unidos enfrentan cargos judiciales; los falsos dirigentes han sido depurados de los sindicatos; todo parecía armonioso, pero…" Pero ¿entonces? Para consternación de la pandilla de la IBT, "Ahora viene el empleador a hacer un poco de trampa con el contrato, creyendo que es el momento para imponer su propia idea sobre los salarios, horas y condiciones…"

Por supuesto, los patrones estaban haciendo exactamente lo que se podía esperar de ellos: exigir que se establecieran relaciones laborales "armoniosas" bajo sus propias condiciones. Y eso ponía a los tobinistas en un aprieto. Si dejaban que se perdieran demasiados de los logros que el Local 544 había ganado con tanto esfuerzo, se les haría sumamente difícil ejercer control sobre los trabajadores, por más ayuda que recibieran de la clase gobernante. Así que los agentes de Tobin se sintieron obligados a asumir una postura seudocombativa en su propaganda, con la esperanza de que los empleadores actuarían de manera más "responsable".

En ese momento el mediador laboral estatal comenzó a jugar un papel directo en el nuevo complot contra el 544-CIO. Primero usó la ley Stassen para decretar un "período de enfriamiento", actuando como si la IBT realmente fuera a convocar una huelga. Luego Blair ofreció sus servicios como "conciliador" para las negociaciones entre bastidores entre los tobinistas y las empresas camioneras.

Acto seguido, la AFL entabló dos mociones en las audiencias sobre las peticiones del CIO para celebrar elecciones de negociación colectiva. Una moción pedía desestimar las peticiones del CIO. Al motivar la solicitud, Goldberg argumentó que los dirigentes del 544-CIO eran "culpables de conducta ilegal como funcionarios o miembros de un sindicato". La segunda moción pedía que el 544-AFL fuera certificado —sin elecciones— como el agente negociador en toda la industria. Al presentar esa demanda descarada, Goldberg alegó que más de 4 mil de los trabajadores afectados estaban pagando sus cuotas a la IBT. Sin embargo, no mencionó los métodos empleados para recibir ese dinero.

Blair inmediatamente ordenó que ambos lados presentaran escritos sobre las nuevas mociones de la AFL. Después anunció que no se realizarían más audiencias sobre nuestras peticiones de elecciones hasta que se tomara una decisión sobre las solicitudes presentadas por Goldberg.

Unos días después, el 2 de agosto, Blair dictaminó en contra de realizar elecciones para los representantes en las negociaciones colectivas con las mueblerías. En su fallo alegó que el 544-CIO era culpable de una "práctica laboral injusta". Según él, la huelga en las mueblerías había sido convocada sin dar el debido aviso según los requisitos de la ley estatal, y por tanto el sindicato no tenía derecho a elecciones.

Su denuncia no tenía ni un grano de verdad. Habíamos tenido mucho cuidado de cumplir con todos los requisitos de la ley estatal. Primero dimos aviso de nuestro deseo de negociar con los patrones de las mueblerías. Cuando se cumplió el plazo prescrito de 10 días de espera en esta etapa sin que avanzaran las negociaciones, habíamos presentado los avisos de huelga. Blair los había aceptado como válidos, y después había impuesto un "período de enfriamiento", valiéndose de la treta del "interés público". En ningún momento le informó al sindicato que estos avisos de huelga tuvieran algo de "irregular", y los trabajadores de mueblerías habían parado labores solo después de cumplir escrupulosamente el "período de enfriamiento".

Para eludir estos hechos innegables, Blair recurrió a una artificiosa interpretación legal basada en un tecnicismo dudoso, y la aplicó de forma retroactiva. Falló que los avisos presentados antes de la huelga de las mueblerías se habían invalidado cuando el Local 544 cambió su afiliación de la AFL al CIO. Esta decisión retorcida no solo era una escandalosa violación de los derechos democráticos de los trabajadores. Blair le estaba brindando a la IBT una invitación abierta para que continuara recaudando las cuotas de los miembros con métodos terroristas.

Resistimos esta nueva arremetida lo mejor que pudimos en el marco de las circunstancias adversas. Como primer paso, el 544-CIO presentó nuevos avisos de huelga contra las mueblerías. Después intentamos que los tribunales revocaran la decisión de Blair. Nada resultó de eso, salvo un poco de publicidad valiosa para nosotros. También entablamos dos nuevas peticiones ante el llamado mediador laboral estatal. Una de ellas pedía que se rechazara la solicitud del 544-AFL de certificarlo como agente negociador, ya que sus tácticas intimidatorias violaban una disposición de la ley Stassen. Como señalaron nuestros abogados, una cláusula en esa ley especificaba que "amenazas contra cualquier persona en busca de un empleo lícito" eran una "práctica laboral injusta". La otra moción pidió por razones semejantes que el 544-AFL quedara descalificado como partícipe en futuras audiencias sobre las elecciones en otros sectores de la industria. Blair dijo que tomaría en consideración nuestras demandas.

Desde un punto de vista formal, el fallo contra los trabajadores de mueblerías no excluía la posibilidad de realizar elecciones en otros sectores de la industria del transporte por camión. En realidad, ya no había verdaderas posibilidades de hacerlo. Los conspiradores de los patrones, del gobierno y de los tobinistas creían que ya estaban por darle el golpe mortal al 544-CIO, y actuaron en consecuencia.

11

Sucio ataque del gobierno

Para entonces la pandilla amenazadora que Tobin había enviado a Minneapolis estaba cambiando de composición. Entre los primeros grupos en llegar había funcionarios y organizadores de locales de la IBT en otros estados. Habían venido a la ciudad creyendo que los miembros del Local 544 realmente preferían a los Teamsters de la AFL y que una "minoría subversiva" había recurrido a artimañas para cambiar su afiliación al CIO. Pero ellos pronto descubrieron que estaban tratando de destruir una organización progresista que tenía el sólido apoyo de los trabajadores. Una vez que se dieron cuenta de eso, los auténticos luchadores sindicales entre ellos empezaron a volver a sus locales de origen usando una excusa u otra.

Los demás invasores eran casi todos secuaces y simples matones de la IBT, suplementados a nivel local por el Comité de los 99. Incluso, las actividades criminales de algunos de estos elementos desagradables ya comenzaban a extenderse más allá de las tareas que Tobin les había encomendado.

El 20 de julio de 1941, cuatro de estos rufianes —George O'Brien, Robert Brennan, Axel Soderberg y Frank Bochniak— se involucraron en una balacera en una comunidad rural. La prensa informó que habían apuntado con armas a un granjero, Walter Doree, en una disputa personal sobre quién era el dueño de un camión. Doree fue a buscar su escopeta de caza, y durante la pelea Brennan fue muerto. Un jurado de instrucción dictaminó que Doree, quien resultó gravemente herido, había disparado en defensa propia.

El 7 de agosto, Kenneth Buckley de Kansas City, Missouri, y John Beeler de Galveston, Texas, fueron arrestados bajo nuevos cargos por agresión. Fueron acusados de invadir el dormitorio de una enfermera en el Hotel Nicollet, donde la IBT había establecido su sede en Minneapolis. Según los reportajes de prensa sobre el incidente, los funcionarios del hotel que respondieron a los gritos de la mujer fueron golpeados con cachiporras por los dos tobinistas, que solo fueron refrenados cuando llegó la policía.

Un par de días después, la policía arrestó a Buckley y Beeler, junto con Henry Smith de Kansas City, bajo nuevos cargos de agresión. Fueron acusados de dar una paliza al concejal Desmond F. Pratt y a su hermano, el doctor Gerald H. Pratt, en un café de Minneapolis. Al médico le quebraron la mandíbula.

Puesto que la policía se hacía de la vista gorda cuando los miembros del 544-CIO eran apaleados, los matones de Tobin parecían creer que también tenían inmunidad para sus caprichos personales. Pero a la administración Kline se le hizo muy difícil obviar el hecho de que habían agredido a una enfermera, golpeado a funcionarios de un hotel, atacado a un concejal y fracturado la mandíbula de un médico. Entonces hicieron arrestos en estos casos. Los culpables se fueron con leves multas.

Hasta la IBT tuvo que tomar medidas. El *Minnesota Teamster* del 15 de agosto de 1941 anunció: "Kenneth Buckley y Henry Smith han sido dados de baja como organizadores para el Local 544-AFL debido al ataque reciente contra un concejal de Minneapolis en una taberna el sábado pasado". Al mismo tiempo hizo un intento de resolver el lío de Beeler simplemente negando toda responsabilidad de la AFL.

Tal era la imagen pública de los tobinistas cuando salieron a plena luz pública sus maniobras para obtener un convenio favorable a los patrones del transporte camionero. Durante semanas se habían realizado negociaciones entre bastidores. Blair, quien formaba parte del complot, había recomendado firmar nuevos convenios con un aumento de seis centavos la hora y un "reajuste" de varias disposiciones que el Local 544 había logrado. Él presentó la propuesta únicamente a los patrones y a la AFL, ocultando del CIO estas acciones. El 9 de agosto, Joseph M. Casey anunció que la IBT había aceptado las condiciones propuestas por Blair y se aprestaba a firmar convenios con 90 de las principales empresas del transporte.

El anuncio que hizo Casey tuvo un gran impacto entre los trabajadores, pero no el que buscaba. Anteriormente, la participación en las reuniones del 544-CIO había disminuido bastante mientras las audiencias de Blair se iban prolongando. Pero de repente esa tendencia cambió. El 11 de agosto casi mil trabajadores asistieron a una asamblea en el salón del CIO, cifra que contrastó notablemente con las 56 personas que participaron en una sesión del 544-AFL esa misma tarde.

Prácticamente sin excepciones, los trabajadores estaban indignados por la componenda traicionera de la IBT con los patrones. Su estado de ánimo se reflejó tanto en la excepcional asistencia a nuestra asamblea de miembros como en la manera en que más y más de los trabajadores volvieron a portar las chapas del CIO en sus centros de trabajo, en abierto desafío a los matones de Tobin.

Coordinando sus acciones con este resurgimiento de combatividad obrera, el 544-CIO escogió este momento para presentar ante la Junta Nacional de Relaciones Laborales (NLRB) una solicitud de celebrar las elecciones para representantes en la negociación colectiva que Blair había denegado a los empleados de mueblerías. Pero nuestra solicitud fue simplemente archivada, con la excusa de que el asunto necesitaba un "estudio cuidadoso".

También presentamos otras notificaciones de huelga a las empresas que se estaban disponiendo a suscribir contratos con la IBT. Esa medida provocó una respuesta rápida, en contra de los trabajadores. Stassen inmediatamente invocó la cláusula del "interés público" de la ley estatal. Sobre esa base, nuestras notificaciones fueron remitidas automáticamente a comisiones especiales para ser revisadas, y se le impuso al CIO una nueva prohibición de huelga de 30 días.

Blair inmediatamente descartó todas nuestras solicitudes de organizar una votación de los empleados. En cambio, dio prioridad a una audiencia general sobre la solicitud de la IBT de ser acreditada como el agente negociador en toda la industria. Esta medida indicaba, por su carácter, que se iba a tomar una decisión sin que los trabajadores pudieran expresar opiniones al respecto. Además, el procedimiento fue amañado con más propaganda calumniosa contra los dirigentes del 544-CIO a fin de empañar los verdaderos problemas.

A Goldberg, el abogado de Tobin, le permitieron alegar en la audiencia que los funcionarios del local rebelde eran "subversivos". Como "prueba" mencionó los cargos federales de "conspiración sediciosa". Asimismo, Thomas McHugh del Comité de los 99 fue llamado a testificar para afirmar que había visto una bandera roja en la sede del Sindicato General de Choferes durante las huelgas de 1934. Lo que en realidad había visto era la bandera oficial del local. Su borde era azul y el número 574 aparecía en blanco sobre un fondo rojo. Pero lo único que McHugh podía recordar era el rojo.

También se escuchó el testimonio de Sidney Brennan del Comité de los 99. Con la misma duplicidad, presentó un refrito de las declaraciones juradas antitrotskistas que él y otros habían preparado bajo la tutoría del FBI en abril pasado. Como siempre, la prensa patronal destacó mucho esta basura.

Después de estas acusaciones anti-rojos, ofrecieron "pruebas" para demostrar que los tobinistas representaban la mayoría de los empleados del transporte por camión. Consistía de un informe de contadores públicos que simplemente habían hecho una suma de los nombres que aparecían en los libros del 544-AFL. Blair aceptó estas cifras como un informe verídico sobre la fuerza de la IBT en el transporte motorizado a nivel local. Pasó por alto el hecho de que los miembros en cuestión habían sido inscritos usando métodos terroristas.

El Local 544-CIO denunció la flagrante negligencia de Blair y exigió que fuera destituido de su cargo por "injusto, tendencioso, no calificado e incompetente". El *Minneapolis Tribune* del 14 de agosto de 1941 informó sobre la respuesta del gobernador Stassen. "Me mantendré al tanto de la situación", nos contestó cínicamente el gobernador, "pero no creo que hasta ahora hayan demostrado nada injusto de parte de Blair".

Apenas 24 horas más tarde, las empresas del transporte

por camión empezaron a firmar convenios con el 544-AFL. Como lo hicieron antes de una decisión oficial sobre quién tenía derecho a negociar, Blair trató de encubrir el hecho de que se pretendía sentar las bases para el reconocimiento oficial de los tobinistas. "Esto no necesariamente significa que este sindicato ha sido certificado como agente negociador para los empleados de estas industrias", dijo en una declaración mendaz a la prensa. Al igual que Blair, los patrones intentaron suavizar el impacto para los trabajadores de esta violación despiadada de sus derechos. Con una rapidez inaudita, entregaron cheques para pagar los salarios atrasados por el aumento de seis centavos la hora, y lo pagaron retroactivamente a partir del 1 de junio de 1941.

Dado que la firma de los contratos de esta manera constituía una violación directa de la ley federal, el 544-CIO exigió que la Junta Nacional de Relaciones Laborales tomara acción contra las 90 empresas. Blair se apresuró a ofrecer una "explicación de los hechos" a la NLRB, la cual utilizó la intervención de Blair como pretexto para hacer caso omiso de todo el asunto.

Entretanto, Casey convocó una reunión sumaria del 544-AFL, en la que su convenio con los patrones fue presentada para ser "ratificada" por los pocos miembros presentes. Dio un informe verbal de las condiciones, que habían sido negociadas a espaldas de los trabajadores, y se negó terminantemente a leer el texto del acuerdo. Después se hizo una moción para aprobar su informe y, a pesar de las protestas de algunos participantes, se proclamó que la moción había sido aprobada. Se informó a los diarios que los trabajadores habían votado a favor de aceptar el pacto tobinista con los patrones del transporte por camión.

Entretanto ya habíamos conseguido una copia del convenio de la IBT con los supermercados mayoristas. Sus términos básicos eran típicos de los que aparecían en pactos con otras empresas. El texto íntegro del acuerdo con los supermercados fue publicado en un boletín especial del *Industrial Organizer* el 8 de agosto de 1941. La primera tirada de dos mil ejemplares se repartió en dos horas. Se imprimieron 4 mil más, y estos también fueron arrebatados por los trabajadores, ansiosos de conocer los hechos sobre el acuerdo que Casey había hecho entre bastidores.

El boletín especial también contenía un análisis de la estafa fraguada entre la IBT y los patrones. Los trabajadores de supermercados habían pedido un aumento de 17 centavos y medio la hora, explicó el boletín, y Casey había aceptado seis centavos, sin dar importancia a los problemas apremiantes causados por el creciente costo de la vida. Se habían hecho concesiones a la patronal respecto a las horas extras y los derechos a vacaciones. Las garantías de medidas de protección fueron reducidas. Se estipuló el arbitraje obligatorio de las quejas, con la toma de decisiones en manos de un individuo "neutral" recomendado por un "cura, pastor, reverendo o rabino". Esta última disposición era especialmente perjudicial para los trabajadores. Permitía que los patrones estafaran libremente a los trabajadores, burlándose de la política establecida por el Local 544 de hacer cumplir los términos del convenio al pie de la letra.

Al conocerse los hechos, los trabajadores reaccionaron airadamente a la traición tobinista de sus intereses. Más de 1200 abarrotaron el auditorio del 544-CIO para la asamblea de miembros el 25 de agosto, deseosos de batallar colectivamente en defensa de sus derechos. Fue incluso la reunión más grande desde que el local votó el 9 de junio a favor de salirse de la AFL. Las filas nuevamente se estaban movilizando masivamente en apoyo al sindicato de su elección, sin mostrar reservas por el hecho de que sus dirigentes enfrentaban cargos criminales que variaban desde desfalco hasta conspiración sediciosa.

En la asamblea se repartieron pegatinas con la consigna, "No dejen que los patrones les hagan tragar el contrato de Casey". La mañana siguiente las habían pegado en todos los centros de trabajo. Los trabajadores enojados discutían acaloradamente con los "organizadores" de Tobin en cualquier sitio donde se aparecían.

Casey intentó contrarrestar esta tendencia clamando acerca del "americanismo" y denunciando la "propaganda infecciosa difundida por el CIO". Al mismo tiempo prometió que el 544-AFL celebraría elecciones para la directiva "en un futuro cercano" y que se tomarían medidas para establecer prestaciones por enfermedad y muerte. Pero los trabajadores sabían que Tobin no permitiría la democracia sindical, y habían aprendido demasiado bien las tácticas de la lucha de clases como para dejarse engañar con un plan que ofrecía "prestaciones suplementarias" en lugar de aumentos salariales, horas reducidas y el derecho incondicional a la huelga.

Fue en este contexto que el 544-CIO rebatió los argumentos de la IBT sobre la cuestión de la certificación. En la audiencia presentaron a trabajadores, y no libros de contabilidad, como pruebas de lo que realmente estaba sucediendo. Decenas de testigos de todos los sectores de la industria comparecieron hasta convertir la audiencia en un foro público.

Un trabajador tras otro relató los métodos brutales utilizados por los matones de Tobin para hacer que se quitaran los botones del CIO y firmaran la solicitud de membresía de la AFL. Describieron las fuertes palizas propinadas a los empleados que se negaban a afiliarse a la AFL, a veces mientras miraban los patrones. Los testigos explicaron por qué se habían salido de la IBT, por qué respaldaban el CIO. Y todos exigieron que Blair ordenara que se realizaran elecciones democráticas para decidir quién sería su agente negociador.

Al principio de la presentación del 544-CIO, varios de los matones de Tobin estaban presentes como espectadores. Pero cuando nuestros testigos los fueron señalando como agresores, de repente desparecieron de la sala. A Goldberg también se le hizo difícil. Trató de intimidar a los primeros que dieron testimonio a favor del CIO, pero le salió el tiro por la culata. Después tuvo muy poco que decir, porque le resultó arriesgado tratar de interrogar a estos trabajadores enardecidos.

Esta fase de la audiencia, por supuesto, recibió poca atención en la prensa patronal. Pero el *Industrial Organizer* publicó extensos informes, y así se ofreció a todo el movimiento obrero de Minneapolis un cuadro completo de lo que estaba pasando.

Blair, al igual que los directores de los diarios capitalistas, parecía estar nervioso con esta etapa del proceso, e inmediatamente después de la presentación del CIO declaró un breve receso. Su decisión parecía obedecer al hecho de que los conspiradores antisindicales necesitaban tomar contramedidas para soslayar los sólidos argumentos que habíamos presentado a favor de celebrar una votación de los empleados. Inmediatamente se emprendieron esas medidas.

Para evitar que la ira de los trabajadores desembocara en paros industriales, las comisiones nombradas por Stassen para revisar la última serie de notificaciones de huelga del Local 544-CIO tomaron decisiones apresuradamente. Las conclusiones fueron esencialmente las mismas en todos los casos: todas las notificaciones fueron rechazadas como "inválidas" por razones artificiosas.

Fuimos acusados de violar las leyes de Minnesota en dos sentidos: por no entregar a los empleadores las nuevas demandas por escrito antes de presentar nuevas notificaciones de huelga, y por presentar las notificaciones antes de que Blair "tuviera la oportunidad de tomar acción" sobre la certificación de un agente de negociación colectiva. Aunque nos tacharon así de "transgresores de la ley", no dijeron ni una palabra sobre las notificaciones de huelga presentadas antes por los tobinistas. Nos reprendieron por nuestra intención de efectuar una huelga contra empresas que ya habían firmado convenios con la AFL. El propósito de esta lógica perversa, desde luego, era pintar falsamente al 544-CIO como un "sindicato dual" que, por medios ilegales, pretendía violar la jurisdicción que la IBT había "establecido" en la industria del transporte por camión.

Cuando la primera de estas comisiones anunció sus conclusiones, los empleadores afectados inmediatamente acudieron al tribunal y obtuvieron nuevas órdenes de restricción para impedir una huelga por parte del 544-CIO. Estas órdenes fueron emitidas con el argumento de que habíamos violado la ley estatal de relaciones laborales. Acto seguido, las otras comisiones agregaron estas órdenes judiciales a sus razones para desestimar las restantes notificaciones de huelga del CIO. En cada instancia se utilizaron restricciones judiciales para maniatar a los trabajadores en todos los sectores de la industria.

Mientras se desenvolvía este fraude, Tobin había estado presionando a Green, presidente de la AFL, para que intensificara sus medidas contra la Unión Central del Trabajo de Minneapolis (CLU). Aunque los dirigentes de la CLU se habían declarado a favor de la lucha de la IBT contra el 544-CIO, la resistencia de las filas les había impedido respaldar sus palabras con hechos. Así que el dictador de los Teamsters ahora los tildó de "simpatizantes comunistas" y pidió sus cabezas oficiales.

Green respondió nombrando una comisión investigadora encabezada por Matthew Woll, uno de los más reaccionarios vicepresidentes de la AFL. La comisión, anunció Green, tendría la facultad para revocar la carta constitutiva de la CLU. Esta amenaza empezó a surtir efecto aun antes de que la comisión de Woll llegara a la ciudad. Los burócratas locales tomaron medidas para depurar a los opositores de Tobin de los sindicatos afiliados a la AFL. Prohibieron el uso de materiales de construcción entregados por choferes del CIO.

En esos momentos Blair había programado otra sesión para escuchar los argumentos finales sobre la cuestión de la representación. Al resumir el argumento del CIO, nuestros abogados se enfocaron en las pruebas contundentes ofrecidas por los trabajadores que habían testificado a favor de realizar una votación de los empleados. Los abogados de Tobin simplemente repitieron su línea de *red-baiting*, insistieron en la supuesta cifra total de miembros presentada en el informe del contable y concluyeron el argumento de la IBT sin llamar a testificar a un solo trabajador de filas. Terminada esta presentación, Blair clausuró la sesión anunciando que "tomaría en consideración" la solicitud de la AFL de ser designado como agente negociador en la industria.

A esas alturas, exigimos públicamente que el alcalde Kline y el consejo municipal de Minneapolis insistieran en que el gobernador Stassen ordenara la celebración de las elecciones democráticas que los trabajadores solicitaban. También intentamos que una delegación del 544-CIO se reuniera directamente con Stassen al respecto. El gobernador aceptó sostener esta reunión pero, por una razón que resultó ser diabólica, la aplazó hasta el 20 de septiembre.

El 19 de septiembre —un día antes de nuestra reunión con Stassen— Blair anunció su fallo. Certificó al 544-AFL como agente negociador de los empleados del transporte camionero en toda la industria. Seguidamente, todas las solicitudes de elecciones por parte del CIO fueron denegadas con el argumento de que su decisión de certificar la AFL había resuelto el asunto.

Los diarios capitalistas y el *Minnesota Teamster* ya estaban circulando en las calles con el texto completo del fallo de Blair, horas antes de que el 544-CIO fuera notificado oficialmente de la decisión. Los tobinistas, a quienes les habían otorgado control sobre trabajadores a quienes no tenían derecho de representar, pronto organizaron un desfile de la victoria con sus seguidores. Fue encabezado por una banda de la Legión Americana.

La decisión de Blair, según fue citada en el *Minneapolis Star Journal* del 19 de septiembre de 1941, decía: "Tras una investigación completa, y a partir de todas las pruebas aportadas en dichas audiencias y de los argumentos de los abogados, y de todos los hechos y pruebas presentados aquí, por medio de la presente, el mediador dictamina:

"Que el asunto señalado arriba no representa una disputa rutinaria entre la AFL y el CIO, sino una disputa entre el sindicato de la AFL de larga data y un grupo relativamente pequeño de hombres bajo una dirección activamente afiliada al Partido Socialista de los Trabajadores, que se retiró de la AFL para evitar ser expulsado de esta organización y que ha buscado crear un sindicato, bajo una carta constitutiva del CIO, que responda a sus propios fines.

"Que la disputa en torno a la representación surgió el 9 de junio de 1941 a raíz del intento de ciertos miembros de la directiva de este sindicato de separarse y formar un nuevo sindicato bajo una carta constitutiva del CIO.

"Que el 9 de junio había 5 473 empleados en el área de Minneapolis, que 4 251 eran y son miembros hábiles del Local 544 del Sindicato General de Choferes de la AFL, y han pagado voluntariamente las cuotas a dicho sindicato después de la fecha del 9 de junio de 1941.

"Que de los 5 473 choferes y ayudantes en el área de Minneapolis, 172 eran y son partidarios de un grupo de hombres que está dirigiendo el Sindicato Industrial de Trabajadores del Transporte Automotor y Afines, 544 CIO...

"Que para cumplir con los fines de la ley de relacionales labores de Minnesota y para promover y mantener la paz industrial, y asegurar el comercio continuo, es esencial que exista un solo agente negociador para los choferes y ayudantes generales del área de Minneapolis".

Como se puede observar, el fallo se basaba completamente en una lógica engañosa y en mentiras descaradas. Utilizaba referencias al Partido Socialista de los Trabajadores como *red-baiting* para encubrir la total tergiversación de los hechos. Blair no se atrevió a reconocer que los "ciertos miembros de la directiva" del Local 544 eran en realidad la dirección completa, y que la decisión de retirarse de la IBT se hizo con un voto casi unánime de unos 4 mil trabajadores en la asamblea local de miembros del 9 de junio.

El fallo no mencionó el hecho de que durante 91 días los obreros transportistas se habían esforzado, a través del 544-CIO, en lograr elecciones democráticas. Tampoco intentó justificar la denegación de esas elecciones. Usó cifras falsificadas para tratar de legitimar la certificación del sindicato fantasma de Tobin. Blair hizo como que el 544-CIO consistía únicamente de los 172 trabajadores que habían comparecido en las audiencias que él dirigió. Pero ellos habían ido a prestar testimonio, no sobre su afiliación sindical sino sobre los métodos de intimidación y coacción utilizados por el aparato de Tobin. Descartando cínicamente los hechos expuestos por esos trabajadores, Blair quiso hacer creer que las cuotas habían sido pagadas a la IBT de forma "voluntaria". Dio por válidos los datos en los libros de contabilidad del 544-AFL, y con estos descarados argumentos lo certificó como agente negociador.

La junta ejecutiva del 544-CIO señaló estas omisiones, tergiversaciones y absolutas mentiras en el *Industrial Organizer* del 25 de septiembre de 1941. Sobre las afirmaciones de Blair de que el reconocimiento del 544-CIO "anularía el propósito de la ley de relaciones laborales de Minnesota", la junta dijo: "Lo que él realmente quiere decir es que el reconocimiento del derecho democrático de los choferes a tener elecciones anularía los objetivos de Stassen… Blair pretende autoproclamarse juez de lo que es un buen sindicato y un mal sindicato… Le da su sello de aprobación al régimen antidemocrático de Tobin y a su política de gángster…

"Está muy bien hablar de democracia", agregó amargamente la declaración de la junta, "y enviarla a otros países en las puntas de bayonetas. Pero la democracia está fuera del alcance de los choferes de Minneapolis".

A partir de la edición del periódico en que apareció la declaración anterior, se puso un nuevo lema a la cabeza de la portada. Afirmaba: "Nuestra guerra por la democracia se da aquí, contra los patrones, Stassen y Tobin".

Después intentamos nuevamente que la Junta Nacional de Relaciones Laborales anulara la orden de Blair y convocara las elecciones de negociación colectiva que él había denegado. Pero pronto nos enteramos que la oficina regional de la NLRB había recibido órdenes de Washington para respaldar la línea de Stassen-Blair. Esta agencia de Roosevelt rechazó la apelación del 544-CIO para que el gobierno federal tomara medidas a fin de garantizarles a los trabajadores sus derechos democráticos, y se negó rotundamente a decretar quejas contra los patrones del transporte por haber firmado convenios con la IBT mientras estaba en litigio la cuestión de la representación sindical.

Nuestra próxima gestión fue solicitar que una corte

revisara la decisión de Blair. Como él trabajaba desde la capital estatal de Saint Paul, el asunto fue llevado ante un juez del condado de Ramsey en vez del condado de Hennepin, donde se daba la lucha. Como suele ocurrir cuando se trata de los derechos de los trabajadores, el caso quedó estancado por mucho tiempo en los tribunales.

A todos los efectos, el 544-CIO había quedado aislado en Minneapolis, y no había perspectivas realistas para continuar la lucha en otros lugares a través del Comité Organizador de los Trabajadores de la Construcción Unidos (UCWOC). Aunque varios locales de la IBT en la región habían intentado sumarse a la rebelión contra Tobin, ahora se encontraban en una situación parecida a la nuestra.

Las unidades rebeldes estaban en Austin, Minnesota; Fargo, Dakota del Norte; y Dubuque, Mason City, Ottumwa y Waterloo, en Iowa. Como estos pueblos eran relativamente pequeños, los sindicatos locales ahí eran bastante débiles numéricamente. Eso le permitió a Tobin tomar medidas contra ellos sin recurrir mucho a las fuerzas concentradas contra nosotros en Minneapolis. Además, en todos estos casos recibió ayuda de la clase dominante local. Con esta combinación de fuerzas, tarde o temprano, la IBT logró forzar a los trabajadores en estos pueblos a someterse nuevamente.

La situación no era mejor para el UCWOC y sus intentos de organizar a los transportistas en Michigan. Esa campaña había continuado con un perfil bajo mientras ardía la batalla en Minneapolis, y no se tomaron medidas efectivas para intensificarla hasta principios de septiembre. Para entonces, por supuesto, Tobin había logrado desplazar a muchos de sus matones al frente en Michigan, y el conflicto ahí pronto terminó con otra victoria de la IBT. Una vez más quedó demostrada la ineficacia de la estrategia de Lewis de hacerlo uno por uno. Con esta segunda derrota importante, la campaña del UCWOC en la industria del transporte prácticamente quedó agotada.

Otro suceso adverso sucedió en septiembre. El comité de Woll llegó a Minneapolis para llevar a cabo una inquisición de lealtad en el movimiento de la AFL en esa ciudad. Interrogaron a dirigentes de la Unión Central del Trabajo y a funcionarios de diversos sindicatos locales sobre su conducta anterior y sus futuras intenciones respecto a la lucha de Tobin contra los "subversivos" del Local 544. El comité se marchó de la ciudad diciendo que enviaría un informe a Green con sus conclusiones.

Aunque no se revelaron los detalles del informe del comité, su mera existencia intimidó a los funcionarios de la AFL en Minneapolis y sus alrededores. Ellos se mostraron más serviles que nunca ante los burócratas sindicales nacionales, según se vio en el congreso de 1941 de la Federación Estatal del Trabajo. Ese congreso se comprometió a respaldar a Tobin frente al 544-CIO y votó a favor de proscribir a los "trotskistas" de los sindicatos de la AFL en Minnesota.

Ante los golpes que nos llovían de todas partes, había llegado el momento de hacer un balance del cambio en la situación. Por un lado, el sindicato de Tobin había sido certificado como agente negociador; tenía convenios con los empleadores, y para los empleados del transporte camionero ya era obligatorio afiliarse a la IBT. Por otro lado, el 544-CIO no tenía derechos de negociar; no era reconocido por los empleadores y los tribunales lo había privado del derecho de salir en huelga.

Encima de todo, la dirección del sindicato enfrentaba un juicio por cargos fabricados de malversación, hurto mayor y conspiración sediciosa. El movimiento del AFL en la ciudad se había visto forzado a respaldar a Tobin, y los estalinistas hacían todo lo posible para alejar de nosotros a la sección de Minnesota del CIO.

Debido a esa combinación de factores, lo que antes había sido una organización dinámica, con mucha capacidad de defender los intereses de los trabajadores, se había reducido a poco más que un sindicato solo de nombre.

En estas condiciones había que tomar medidas inmediatas para proteger a los trabajadores —incluidos los mejores combatientes entre las filas sindicales— del riesgo innecesario de mayores represalias. Eso se podía lograr de una sola manera. Por más rabia que les diera, tenían que afiliarse a la organización de Tobin. Así tendrían la mejor posibilidad de proteger sus empleos y seguir en condiciones para reiniciar, a la primera oportunidad, la lucha contra la burocracia de la IBT. Entretanto, el 544-CIO simplemente tendría que depender de los pocos recursos que le quedaban, además de cualquier ayuda que se pudiera obtener del CIO nacional, en un intento de mantener por lo menos una existencia nominal.

Una vez que la dirección, renuente pero unánimemente, llegó a estas conclusiones, convocó a una asamblea para presentar ese curso de acción y que los miembros del sindicato decidieran. Me tocó a mí dar el informe. Fue una experiencia inolvidable.

Los presentes eran los mejores militantes del Local 544. Habían vivido siete años de enfrentamientos con los patrones, el gobierno capitalista y el dictador de la IBT. La experiencia y los conocimientos adquiridos así les habían permitido realizar la compleja lucha de 1941 como una fuerza de combate disciplinada, capaz de librar una lucha feroz frente a enormes obstáculos. Como combatientes templados, no eran propensos a arrebatos emocionales, y una vez más demostraron su capacidad de autocontrol bajo condiciones muy difíciles. Pero la gravedad misma con la que estos trabajadores debatieron la situación en que se hallaba el sindicato ilustró gráficamente la profunda rabia y el intenso resentimiento que sentían por la injusticia que se cometía contra ellos.

En esta amarga sesión se acordó la necesidad de que todos los que pudieran reincorporarse a la IBT lo hicieran. La decisión se cumplió con la habitual disciplina, y con resultados gratificantes. Casi todos los militantes pudieron mantener sus puestos en la industria camionera; un bloque sólido de buenos luchadores sindicales penetró la organización de Tobin, aguardando esperanzadamente una oportunidad para enfrentarlo de nuevo.

Poco después de la asamblea sindical, el 4 de octubre de 1941, Grant Dunne se suicidó. Fue víctima de dos guerras diferentes: la primera, una guerra entre potencias imperialistas, y después, la guerra de los patrones contra los trabajadores en este país.

Durante dos días, centenares de miembros del Local 544 y otros sindicalistas desfilaron por la funeraria para presentar sus respetos. Su familia me honró pidiendo que yo pronunciara el discurso fúnebre, y mis palabras fueron publicadas en el número del 9 de octubre del *Industrial Organizer*. Respecto a las circunstancias de su muerte, dije:

"Cinco meses después de su matrimonio [con Clara Houck, el 6 de febrero de 1918] Grant fue reclutado a la Tercera Infantería Pionera, y al mes siguiente se encontró en las trincheras de primera línea en Francia... En la misma víspera del Armisticio, él estaba transportando municiones al frente cuando quedó atrapado junto a otros soldados en una enorme explosión de un depósito de municiones. Grant sufrió un severo caso de neurosis de guerra. Fue hospitalizado en Francia y regresó a Estados Unidos en una camilla. El 12 de octubre de 1919, Grant fue dado de alta en Fort Snelling con una baja honorable del ejército. Su recuperación de las heridas de guerra fue lenta y sufrió muchas recaídas, especialmente en el último año de su vida...

"En años recientes, Grant había visto de nuevo al mundo envuelto en otra sangrienta guerra causada por las fuerzas del imperialismo. Había visto la mano pesada de Roosevelt que presionaba a la clase obrera, que trataba de aplastar todo elemento de combatividad en el movimiento, que empujaba a las masas hacia la guerra. Grant había visto las graves injusticias cometidas por el gobernador Stassen contra su sindicato. Había observado el papel de chacal que jugaba Tobin, traicionando a los trabajadores como lo ha hecho siempre... Vio cómo la administración Roosevelt arremetía contra el sindicato al que Grant pertenecía y contra el partido, el Partido Socialista de los Trabajadores, al que Grant pertenecía...

"Al ver que se acercaba el ingreso de Estados Unidos a la sangrienta contienda por mercados, colonias y ganancias, Grant miraba a sus tres hijos en edad militar. Pensaba en el sufrimiento que esta guerra podría causarles, como la guerra anterior le había causado a él... Estas tristes cargas agravaron las heridas que su mente y su cuerpo habían sufrido en el bosque de Argonne. Todo esto era más de lo que podía soportar".

Tres semanas después del entierro, los demás acusados en el caso federal —ahora reducido a 28 por una trágica muerte— fuimos a juicio en un tribunal en Minneapolis.

Anatomía de un caso fabricado

12

Acusados de 'sedición'

La acusación que el gobierno federal presentó contra nosotros el anterior mes de julio contenía dos cargos. El primer cargo se basaba en una ley promulgada en 1861 que iba dirigida hacia la contrarrevolución armada que los esclavistas del Sur libraban en aquel entonces. Esa medida nunca había sido invocada contra la esclavocracia. Ahora el gobierno la estaba usando por primera vez —80 años más tarde— ¡para fabricar cargos contra militantes socialistas y sindicales! De ser declarados culpables bajo esa ley, enfrentaríamos sentencias de hasta seis años de prisión, una multa de 5 mil dólares o las dos cosas.

El primer cargo de la acusación alegaba que "desde y antes del día 16 de julio de 1938", los acusados "conspiraron de manera ilegal, intencional, consciente y criminal... para derrocar, abatir y destruir por la fuerza el gobierno de Estados Unidos de América, y para oponerse por la fuerza a la autoridad del mismo...

"Los acusados se proponían llevar a cabo, cuando consideraran que era el momento propicio, una revolución armada...

"Dicha revolución armada la llevarían a cabo, y se le sumarían, los trabajadores, obreros y agricultores...

"A dichos trabajadores, obreros y agricultores se les... persuadiría de que el gobierno de Estados Unidos era imperialista, capitalista y que estaba organizado y constituido con el fin de someter a los trabajadores y obreros a varias y diversas privaciones y con el fin de negarles un supuesto derecho a poseer, controlar y administrar toda la propiedad y la industria en Estados Unidos...

"Miembros del Partido Socialista de los Trabajadores serían colocados en puestos claves en todas las principales industrias... para que dichos miembros del partido pudieran y lograran inducir, persuadir y hacer que los trabajadores y jornaleros en dichas industrias se afiliaran a dicho partido, aceptaran sus principios y objetivos y obedecieran las órdenes de sus dirigentes...

"Los miembros del Partido Socialista de los Trabajadores serían colocados en puestos claves en todos los sindicatos... permitiéndoles así a los acusados y a sus co-conspiradores efectuar una paralización total del trabajo en las principales industrias... e impedir así que el debidamente constituido Gobierno de Estados Unidos se defendiera adecuadamente contra la revolución armada...

"Los acusados y sus co-conspiradores intentarían, por todos los medios a su disposición, lograr que los miembros de las fuerzas militares y navales de Estados Unidos se volvieran indisciplinados, se quejaran de la comida, de las condiciones de vida y de las misiones que se les asignara, para crear disensión, descontento e insubordinación entre las fuerzas armadas, perjudicar la lealtad y la moral de las mismas, y al final, intentar tomar el control de dichas fuerzas navales y militares para que el personal alistado se rebelara contra sus oficiales…

"Al ser promulgada la Ley del Servicio Militar Selectivo, los miembros de dicho Partido Socialista de los Trabajadores serían instados a aceptar voluntariamente el servicio militar… y cuando llegara el momento apropiado, enfilar sus armas contra sus oficiales.

"Los acusados… recomendarían, aconsejarían e instarían a dichos trabajadores y obreros a que se armaran y adquirieran competencia y entrenamiento en el uso de las armas…

"Trabajadores y obreros serían —y fueron— organizados en unidades militares que serían armadas, entrenadas e instruidas para manejar con destreza pistolas y fusiles; dichas unidades serían —y fueron— llamadas la 'Guardia de Defensa Sindical'; dichas unidades supuestamente se usarían para la protección contra intentos violentos de destruir sindicatos, pero en realidad y en la práctica fueron diseñadas y destinadas para ser utilizadas, en definitiva, para derrocar… el gobierno debidamente constituido y constitucional…

"Los acusados y sus co-conspiradores obtendrían —y obtuvieron… algunos explosivos, armas de fuego, municiones, armamentos y equipo militar, para los fines antes mencionados.

"Los acusados y sus co-conspiradores aceptarían —y aceptaron— como la fórmula ideal para la realización de sus objetivos, a la Revolución Rusa de 1917… y los principios, enseñanzas, consejos y recomendaciones de los dirigentes de esa revolución, principalmente V.I. Lenin y León Trotsky, serían —y fueron— los que considerarían, usarían, seguirían y señalarían a otras personas como catecismos y libros de texto para guiar los métodos y medios por los cuales los fines antes mencionados de los acusados serían y podrían ser logrados; y en consecuencia, varios de los acusados irían —y fueron... a Ciudad de México, México, para consultar y recibir los consejos, recomendaciones, orientaciones e instrucciones de León Trotsky.

"Los acusados y sus co-conspiradores se empeñarían —y se empeñaron— en conseguir y persuadir al mayor número de personas posible a que se unieran a ellos en su tarea de imprimir, publicar, vender, distribuir y exhibir en público... materiales escritos e impresos... que propugnaban, aconsejaban y enseñaba el deber, la necesidad, conveniencia y pertinencia de derrocar y destruir por la fuerza y la violencia a todos los gobiernos del mundo que según los acusados, sus mentores y dirigentes son imperialistas y capitalistas, y entre todos los gobiernos caracterizados como tales, se decía que el gobierno de Estados Unidos de América era el principal".

El segundo cargo de la acusación invocó la Ley Smith, una medida netamente de control del pensamiento, promulgada en 1940. También en este caso fuimos los primeros en ser llevados a juicio bajo esa ley, que conllevaba una sentencia de hasta 10 años de prisión, una multa de 10 mil dólares, o ambas cosas.

Este cargo alegaba que "a partir del 28 de junio de 1940" los acusados "conspiraron, planearon, se juntaron, se aliaron y acordaron conjuntamente y entre sí de manera ilegal, intencional, consciente y criminal...

"Con la intención de obstruir, perjudicar e influenciar la lealtad, moral y disciplina de las fuerzas militares y navales de Estados Unidos, [los acusados] habrían de (a) Recomendar, aconsejar, promover y provocar la insubordinación, deslealtad, amotinamiento e incumplimiento del deber... (b) Distribuir materiales escritos e impresos que recomendarían, aconsejarían y promoverían la insubordinación, deslealtad, amotinamiento e incumplimiento del deber...

"De forma consciente e intencional, habrían de propugnar, instigar, aconsejar y enseñar —y así lo hicieron— el deber, la necesidad, conveniencia y pertinencia de derrocar y destruir el gobierno de Estados Unidos por la fuerza y la violencia, y

"Con la intención de provocar el derrocamiento y la destrucción del gobierno de Estados Unidos, ellos habrían de imprimir, publicar, redactar, emitir, circular, vender, distribuir y exhibir en público —y así lo hicieron— materiales escritos e impresos que propugnaban, aconsejaban y enseñaban el deber, la necesidad, conveniencia y pertinencia de derrocar el gobierno de Estados Unidos por la fuerza y la violencia, y

"Habrían de organizar y ayudar a organizar —y así lo hicieron— asociaciones, grupos y asambleas de personas para enseñar, propugnar y promover el derrocamiento y la destrucción del gobierno de Estados Unidos por la fuerza y la violencia, y

"Se harían miembros y afiliados de dichas asociaciones, grupos y asambleas, conscientes de sus propósitos, y así lo hicieron.

"Y los miembros del gran jurado afirman que los acusados y co-conspiradores intentarían llevar a cabo y lograr dicha conspiración —y así lo hicieron— de la manera descrita... en el primer cargo de esta acusación".

Como mostraban estos cargos maliciosos, el gobierno federal estaba usando todo su peso contra nosotros, en colaboración con la burocracia de la IBT. Uno de los objetivos era usar a Minneapolis como punto de partida en una campaña nacional para eliminar hasta la más mínima democracia sindical, a fin de depurar los sindicatos de los elementos rebeldes que se oponían a la política guerrerista de Roosevelt. Un segundo objetivo, claramente, era forzar al Partido Socialista de los Trabajadores a pasar a la ilegalidad y, de ser posible, aplastarlo.

El PST reaccionó con rapidez a este ataque e intensificó sus actividades públicas a nivel nacional. En desafío a la policía política, el partido afirmó combativamente —y siguió ejerciendo enérgicamente— su derecho constitucional a realizar su trabajo político y propagandístico, incluida la oposición a la guerra imperialista.

En Minneapolis se tomó una acción audaz poco después de que empezara el ataque federal. Después de las redadas del FBI, George Novack habló en una serie de foros públicos en la sede municipal del PST. Abordó temas muy pertinentes para el momento: "La guerra revolucionaria de 1776", "La Segunda Revolución Americana " y "La Carta de Derechos".

Durante la misma época James P. Cannon emitió una declaración pública, en su calidad de secretario nacional del PST. Según el *Militant* del 26 de julio de 1941, Cannon dijo: "Los agentes de Roosevelt no pudieron borrar completamente los indicios reveladores del verdadero motivo de esta persecución. Ellos muestran sus cartas en el cargo número 4 de la acusación, que nos imputa promover, aconsejar y persuadir a los trabajadores y agricultores de 'que el gobierno de Estados Unidos era imperialista…'

"Roosevelt y su Partido Belicista entienden muy bien que un partido obrero honesto como el nuestro, con principios firmes y cuadros fogueados y templados en la lucha de clases, puede convertirse mañana en el portavoz aceptado por las grandes masas en la lucha por acabar con la guerra. El Partido Belicista de Roosevelt nos destruiría antes de que ese mañana llegara…

"No somos pacifistas. No vamos a dar la otra mejilla frente al ataque de Roosevelt contra nuestro partido. Al contrario, vamos a empeñarnos en que cada trabajador y agricultor en este país oiga nuestras verdaderas ideas y sepa cómo Roosevelt ha orquestado este vil caso fabricado contra nosotros. El gobierno llevará este juicio ante un tribunal en Minneapolis y ahí nos defenderemos. Pero mucho más importante aún, nos defenderemos ante nuestros verdaderos jueces: los trabajadores y agricultores de este país. Ante todo es su veredicto el que nos interesa".

Como indicaban las palabras de Cannon, había buenas razones para anticipar protestas en muchas partes en respuesta a la caza de brujas que Roosevelt libraba contra nosotros. Esto se evidenció desde que el FBI efectuó sus redadas. La Liga No Partidista del Trabajo condenó el curso reaccionario del gobierno en una declaración emitida el 28 de julio de 1941. En su calidad de brazo político nacional del CIO, afirmó:

"Las tácticas de caza de brujas del Departamento de Justicia bajo A. Mitchell Palmer en la Primera Guerra Mundial están siendo resucitadas aquí al repetirse la historia con la Segunda Guerra Mundial.

"La época de Palmer en el Departamento de Justicia ha sido reconocida desde hace mucho tiempo, por todo americano con un mínimo respeto a la libertad del hombre, como una de las más sombrías en la historia de nuestro gobierno. Sin embargo, una de las figuras claves de esos años aún desempeña funciones en un alto cargo del Departamento de Justicia. Se trata de J. Edgar Hoover, actual jefe del FBI.

"Hoover fue el responsable de los esfuerzos recientes de la administración para acelerar la aprobación en el Congreso de un proyecto de ley sobre las escuchas telefónicas, que fue derrotado solo cuando el CIO hizo una campaña activa en su contra. En la posguerra, la oficina de Hoover se rebajó a husmear en el correo privado de senadores, y hasta trató de acusar falsamente a un senador estadounidense.

"Hoy día las actividades del Departamento de Justicia son nuevamente una amenaza para las libertades civiles fundamentales y los derechos básicos del movimiento obrero. El patrón de actividades es el mismo que en los días de Palmer, y J. Edgar Hoover no lo ha olvidado para nada.

"Hace unos días en Saint Paul, un gran número de miembros del CIO de Minneapolis fueron encausados por tener opiniones supuestamente subversivas. El alegato se remontaba a 1938, en un intento forzado de hallar algún incidente en que basar su acusación. El verdadero delito de estos hombres no fue lo que hicieron sino lo que pensaron…

"Si pueden encarcelar a los Teamsters de Minneapolis por sus opiniones, pueden hacerlo con cualquiera. Por eso es un caso de relevancia nacional para las libertades civiles".

Entretanto, la Unión Americana de Libertades Civiles (ACLU) había enviado un telegrama de protesta al fiscal general Biddle. Calificó las implicaciones de la redada del FBI como "un evidente peligro para la preservación de la democracia". Después de que los cargos fueron presentados, la ACLU ofreció sus servicios a los acusados con el propósito declarado de impugnar la validez constitucional de la Ley Smith. Un poco más tarde, Vincent Johnson, un abogado que representaba a la ACLU en Minneapolis, fue escogido para colaborar con los abogados de la defensa.

Otro crítico de las acciones del gobierno fue I.F. Stone, un conocido periodista, quien abordó el caso de Minneapolis en la edición de la revista *The Nation* del 26 de julio de 1941. Respecto a la acusación, Stone escribió: "Por primera vez en tiempos de paz desde las Leyes sobre Extranjeros y Sedición [del presidente] John Adams, la mera expresión de opiniones se convierte en delito federal".

Dos periódicos que circulaban en las comunidades negras de las Ciudades Gemelas también expresaron su desacuerdo. El 1 de agosto de 1941 aparecieron editoriales simultáneamente en el *Minneapolis Spokesman* y el *Saint Paul Recorder*, que dijeron: "No conocemos bien los méritos de la causa del gobierno contra el Partido Socialista de los Trabajadores, pero sí sabemos que muchos de sus dirigentes han atacado repetidamente a los enemigos de la gente de color en esta zona.

"Dada la evolución rápida de los sucesos en este caso y la guerra total entre facciones en el movimiento obrero, el público en general no ha tenido la oportunidad de llegar a la verdadera raíz de las acusaciones formuladas por el gran jurado federal...

"Sin embargo, no podemos negar que los miembros del PST y su dirección, o por lo menos muchos de los nombrados en las acusaciones, han combatido los programas antinegros y los prejuicios raciales dondequiera que los hallaran. Eso para nosotros es razón suficiente para esperar que sea demostrada la falsedad de los cargos que les imputan y que sean absueltos".

Aunque estas expresiones iniciales de apoyo eran muy alentadoras, aún enfrentábamos un problema al tratar de promover al máximo el movimiento de protesta. En su oposición a la acción del Departamento de Justicia, los liberales —tales como los dirigentes de la ACLU— expresaban criterios progresistas a favor del cumplimiento estricto de la Carta de Derechos. Pero estaban muy confundidos sobre los verdaderos motivos del gobierno para llevarnos a juicio bajo cargos propios de una caza de brujas.

Los liberales tendían a ver el problema simplemente como un choque entre el Local 544 y Tobin por asuntos de política interna del sindicato. Ellos pensaban que Roosevelt no tenía un interés directo en la disputa, y que simplemente había acudido en ayuda de Tobin como favor político a un partidario leal. Creían que el presidente había cometido un error al hacerlo, que había involucrado al gobierno en un asunto en el cual debía haber mantenido una posición neutral. Así que los liberales esperaban presionar al Departamento de Justicia para que anulara la instrucción de cargos, y estaban seguros que su tan admirado Roosevelt no permitiría que el caso fuera a juicio.

Estas suposiciones eran completamente falsas, claro está, y resultaron perjudiciales a la organización de nuestra defensa. Los pronósticos de que el demagogo en la Casa Blanca rectificaría su "error" hicieron más difícil nuestra tarea de hacer entender a los posibles partidarios de que el gobierno haría todo lo posible para condenarnos. Por tanto, era imprescindible que actuáramos con rapidez para organizar un movimiento de defensa al nivel más amplio posible.

De esta manera se podría llevar a cabo una sistemática ofensiva propagandística para demostrar que la persecución de los trotskistas no era una aberración, sino que partía de la decisión de la administración Roosevelt de amordazar a los opositores de su política bélica, y que el gobierno ocultaba el motivo real de los cargos debido a las opiniones generalizadas en contra de la guerra. Para engañar a la gente habían recurrido al cargo fraudulento de "conspiración para derrocar el gobierno". Como dijo otrora el famoso abogado Clarence Darrow: "conspiración" es una idea inventada por un gobierno reaccionario para deshacerse de sus críticos.

Había que hacer esfuerzos sistemáticos con un movimiento de defensa bien organizado para poder enfrentar el formidable frente único que se había movilizado contra nosotros. Estábamos siendo atacados por agencias del gobierno a nivel federal, estatal y local. Los patrones de Minneapolis y la prensa comprada de la clase capitalista estaban metidos hasta las narices en el complot. Tobin, sus matones y los altos burócratas de la AFL eran participantes en el ataque. Y como perros callejeros que ladraban a nuestros talones, los estalinistas se habían plegado a la campaña para difamarnos públicamente.

Ante fuerzas tan poderosas, resueltas y maliciosas que estaban desplegadas contra nosotros, teníamos que actuar con premura para lanzar una amplia organización de defensa. Felix Morrow, un experto periodista, fue enviado rápidamente a Minneapolis desde la sede nacional del partido para ayudar a editar el periódico del 544-CIO, tarea con la que tenía experiencia porque había ocupado un papel similar tras el asesinato de Pat Corcoran en 1937. Eso a su vez permitió que George Novack, quien había estado ayudando con el periódico sindical, se dedicara a otras actividades. A Novack se le encargó el importante papel de crear una estructura amplia que llegó a conocerse como el Comité de Defensa de los Derechos Civiles (CRDC). Tenía mucho talento para este tipo de trabajo y ya tenía experiencia en ello. Durante bastante tiempo se desempeñó como secretario ejecutivo nacional del CRDC.

Al establecer el comité de defensa, nos atuvimos cuidadosamente a un método basado en principios. El PST no buscaba sacar una ventaja partidista artificial por el hecho de ser la principal víctima en el caso federal. No obstante, insistimos en el derecho de los acusados de decidir cómo actuarían en la corte y resistimos los intentos de convertir el amplio comité en un ámbito para conflictos sobre este o cualquier otro asunto político.

Nuestro objetivo era crear un organismo de trabajo con funciones concretas y limitadas. Sus actividades pertinentes consistían en divulgar lo que estaba en juego con nuestro caso judicial, movilizar el apoyo más amplio posible a nuestro favor basándonos en las libertades civiles, lanzar una campaña de protesta contra el ataque del gobierno a nuestros derechos constitucionales y recaudar fondos para las necesidades de la defensa. Se abrían las puertas del CRDC a todos los que estuvieran dispuestos a participar de buena fe según estas normas. Nadie era excluido por motivos faccionales.

Como lo demostraron los hechos posteriores, un esfuerzo unitario de esa índole era el mejor vehículo para destacar el nexo fundamental entre la amenaza real a los derechos del Partido Socialista de los Trabajadores y el peligro implícito para los derechos de todos los que de alguna manera criticaran el orden capitalista o tuvieran un interés en proteger las libertades constitucionales. Así se generaba un sentido de necesidad común frente a un peligro común.

Debido a la situación que existía en los sindicatos y en otros partidos obreros, era necesario obtener la ayuda de personalidades destacadas para iniciar el movimiento de defensa. Por lo tanto se hizo un llamamiento y uno de los primeros en responder fue James T. Farrell, un conocido escritor. Él aceptó la presidencia del Comité de Defensa de los Derechos Civiles, y emitió una declaración en esa capacidad en la que afirmó:

"Este caso es el más importante en torno a las libertades civiles desde los juicios a los miembros de los IWW [Obreros Industriales del Mundo] durante la Primera Guerra Mundial... A menos que se frene este ataque a nuestros derechos básicos, creará un precedente para otros más. Es precisamente así como muere la libertad. Se corroe pulgada por pulgada. Se establece un precedente tras otro. Se acumulan tendencias represivas y reaccionarias hasta que, con el tiempo, parecen un maremoto... Y seguimos siendo hombres libres cuando defendemos la libertad de los demás, además de la nuestra, sin importar si estamos de acuerdo o no con ellos".

Otros dos personajes destacados se ofrecieron para ocupar los cargos de vicepresidentes del Comité de Defensa de los Derechos Civiles: John Dos Passos, de renombre literario, y Carlo Tresca, eminente figura del movimiento obrero y dirigente anarquista que era el director de *Il Martello*, un periódico obrero en italiano.

Paso a paso, el CRDC fue creando un comité nacional cada vez más amplio. Estaba integrado por personas que desempeñaban un papel dirigente en los movimientos sindical y agrícola, educadores, dirigentes políticos radicales, editores, luchadoras por los derechos de la mujer, novelistas, dirigentes negros, abogados, poetas, columnistas de la prensa y, de especial importancia histórica, Warren K. Billings, quien había cumplido una larga condena en la prisión de San Quentin junto con Tom Mooney como víctima del caso fabricado de San Francisco durante la Primera Guerra Mundial.

Se estableció una sede nacional para el CRDC en Nueva York bajo la supervisión de Evelyn Reed. Se empezó a crear unidades locales donde fuera posible, en ciudades de costa a costa, y una gira nacional de George Novack promovió este proceso. Como herramienta adicional para la campaña de defensa, el comité publicó un folleto titulado *Witch Hunt in Minnesota* (Caza de brujas en Minnesota), que presentaba los principales hechos y las cuestiones importantes del caso.

Más adelante, cuando comenzó el juicio, quedó demolido concluyentemente el mito de que Roosevelt cancelaría todo el proceso, y la nación fue testigo de un abierto ataque de los fiscales contra nuestras ideas. En ese momento surgió una nueva ola de protestas. Entre los que protestaron estaba la Liga de Defensa Obrera, una agrupación auspiciada por el Partido Socialista. Su mensaje decía en parte: "La Liga de Defensa Obrera considera injustificado e injusto el actual enjuiciamiento federal de los Teamsters de Minneapolis y de otras personas... La libertad del pueblo a organizarse está en grave peligro si estas acciones pueden ser tergiversadas y presentadas como una conspiración para derrocar al gobierno".

Al mismo tiempo, la Unión por la Acción Democrática emitió una declaración que condenaba el juicio y apoyaba a los acusados. Sus principales funcionarios eran el Dr. Reinhold Niebuhr, del Seminario Teológico Unión (Union Theological Seminary), y Freda Kirchwey, directora de *The Nation*. Según se describía en sus propias palabras, la Unión era "una organización de liberales americanos cuyo declarado intervencionismo discrepa marcadamente con la política internacional y nacional propugnada por los acusados en el juicio de Minneapolis". En su declaración, la Unión afirmó que se había fundado "con el objetivo de combatir cualquier tendencia antidemocrática que pueda surgir en este período de emergencia nacional. El actual enjuiciamiento de los 28 presuntos miembros del Partido Socialista de los Trabajadores en Minneapolis es una indudable muestra de esta tendencia antidemocrática..."

También el Comité de Defensa General de los Obreros Industriales del Mundo anunció su respaldo a nuestra campaña de defensa, diciendo: "Las acusaciones son en realidad un ataque al derecho de los trabajadores y trabajadoras a organizarse. Si el estado puede instruir de cargos y condenar a estos hombres y mujeres y establecer ese precedente, los derechos de los trabajadores se verán gravemente amenazados".

Para entonces el CRDC estaba distribuyendo un nuevo folleto, "Trabajadores en el banquillo de acusados", que contenían breves resúmenes biográficos de los 28 acusados. Esto ayudó especialmente a obtener muestras de apoyo y aportes económicos para nuestra defensa en el movimiento obrero a nivel nacional. No obstante, hasta ese momento las respuestas oficiales aún venían principalmente de sindicatos locales. El respaldo que recibíamos entre los círculos sindicales más altos todavía se limitaban mayormente a funcionarios sindicales que hablaban en calidad individual.

Cabe señalar que aun antes de que la campaña de defensa alcanzara este nivel, la administración Roosevelt ya se había empezado a preocupar por el alcance del movimiento de protesta. Por tanto se había propuesto embaucar a los críticos del enjuiciamiento, valiéndose de métodos tramposos como los que se reflejaron en un intercambio entre la Unión Americana de Libertades Civiles y el fiscal general Biddle.

El 20 de agosto de 1941, la ACLU se había dirigido a Biddle en una carta firmada por John Haynes Holmes, Arthur Garfield Hays y Roger Baldwin, todos destacados personajes a nivel nacional. Ellos declararon: "La Unión Americana de Libertades Civiles ha examinado el carácter de las pruebas que sustentan la acusación y ha llegado a estas conclusiones:

"1. Que los cargos claramente plantean cuestiones de libertades civiles cuando atacan declaraciones verbales o publicaciones sin que haya actos abiertos, o siquiera algún 'peligro claro e inmediato', con la sola excepción de la organización del cuerpo de defensa obrera.

"2. Que los hechos en relación al cuerpo de defensa obrera muestran que el sindicato de los Teamsters, que ciertamente estaba bajo la dirección de miembros del Partido Socialista de los Trabajadores, no tenía otra intención que la de proteger la propiedad del sindicato contra las amenazas de violencia extrajudicial. Sus actividades eran completamente públicas y duraron solo unos meses cuando la preocupación por un posible ataque fue grave.

"3. Que las acusaciones se basan en dos nuevos estatutos nunca antes aplicados, ambos incorporados a la Ley de Registro de Extranjeros de 1940. Uno de estos penaliza el abogar por el derrocamiento del gobierno por la fuerza; el otro penaliza la incitación al descontento en las fuerzas armadas. A nuestro juicio, ambos estatutos violan la Primera Enmienda de la Constitución; y aun si estos estatutos fueran confirmados, no podrían ser aplicados a este conjunto de hechos de acuerdo con la regla del 'peligro claro e inmediato'.

"A la luz de estas consideraciones, es obviamente imperativo que la Unión Americana de Libertades Civiles se involucre en la defensa con miras a poner a prueba ante la Corte Suprema, si fuera necesario, la validez constitucional de las leyes y su aplicación a este conjunto de hechos".

En su respuesta del 4 de septiembre, Biddle dijo a la ACLU: "Ustedes afirman, a partir de su examen del 'carácter de las pruebas que sustentan la acusación', que los cargos atacan declaraciones verbales o publicaciones, y que incluyen un solo acto abierto: la organización de los trabajadores en un cuerpo de defensa. No obstante, este acto abierto —armar a trabajadores para cumplir los objetivos a los que van dirigidas estas declaraciones— es claramente suficiente para excluir este caso de una situación basada en expresiones de opinión, aun si las declaraciones no se pasaron de eso, aunque sí se pasaron de eso. Ustedes sugieren que los hechos demuestran que la intención no era nada más que proteger la propiedad del sindicato contra amenazas de violencia. Pero la acusación alega específicamente lo contrario, y estoy seguro que esto será avalado por la evidencia".

Este intento de justificar la acusación marcó un cambio en la línea que Biddle había adoptado cuando el FBI efectuó sus redadas contra el PST. Según el *Minneapolis Star Journal* del 28 de junio de 1941, él había dicho que la base principal de las acusaciones contra nosotros "se encuentra en la Declaración de Principios adoptada por el Partido Socialista de los Trabajadores en su congreso de fundación, celebrado en enero de 1938".

Respecto a los cargos presentados por el gobierno en ese momento, el *Star Journal* informó que Biddle había destacado un pasaje de la Declaración de Principios del partido, el cual decía: "Si, a pesar de los esfuerzos de los revolucionarios y los trabajadores combativos, el gobierno de Estados Unidos ingresa en una nueva guerra, el PST de ninguna manera apoyará la guerra sino, al contrario, luchará contra ella".

Cuando se produjo una creciente oleada de protestas después de ese discurso patriotero, el fiscal consideró que, al definir su línea inicial de propaganda, había metido la pata. Había subestimado el alcance de la opinión antibélica en el país, y no había tomado en cuenta la convicción popular de que las personas que se oponían a la guerra tenían el derecho democrático de expresar sus ideas. Así que Biddle tuvo que hacer un cambio en su línea propagandística: en vez de insistir en que los acusados "propugnaban" actos, más bien poner el énfasis en "actos abiertos". Para hacer este cambio, afirmó falsamente que la creación de la guardia de defensa del Local 544 significaba "armar a los trabajadores para cumplir los objetivos a los que van dirigidas estas declaraciones" del PST.

Pero la ACLU no cayó en la nueva trampa. Incrementó su oposición al enjuiciamiento con la publicación de un folleto titulado "Sedición". Uno de los pasajes en el folleto afirmaba:

"El caso plantea la cuestión de si un cuerpo de defensa sindical, creado para proteger la propiedad del sindicato contra amenazas de violencia, puede ser interpretado como parte de una conspiración de un partido político para apoderarse del movimiento obrero y usarlo para el derrocamiento del gobierno y el establecimiento de un gobierno obrero. Es evidente que harán todos los intentos posibles para darle esa interpretación al único acto abierto que se les imputa…

"El Comité de Defensa de los Derechos Civiles ha sido creado con el objetivo de recaudar fondos para los 28 acusados que están bajo procesamiento… Su solicitud de fondos ha sido respaldada por la Unión Americana de Libertades Civiles, la cual ha participado en las audiencias preliminares y participará en el caso en todas las etapas posibles".

"La guardia de defensa sindical fue organizada en 1938 porque una organización de corte fascista llamada los Camisas Plateadas amenazaba con hacer una incursión armada contra la sede del Local 544. Conscientes de las lecciones de anteriores luchas de clases, la dirección comprendió que el sindicato no podía depender del gobierno capitalista ni de sus agencias locales para proteger sus derechos. Así que se formó la guardia en defensa propia, abiertamente y con la máxima publicidad. En el enfrentamiento posterior, su mera presencia bastó para detener la amenaza. Después de un tiempo, el movimiento de los Camisas Plateadas se desvaneció en Minneapolis y la guardia —que mantuvo su existencia oficial ante la posibilidad de futuras amenazas de esta índole— fue utilizada solo en tareas de vigilancia para eventos sociales grandes.

A pesar de esos hechos, la clase de acusaciones que Biddle estaba resaltando ahora no eran nuevas. En la demanda esquirol entablada en 1938 contra la junta ejecutiva del Local 544 se habían hecho alegaciones similares. El abogado de los esquiroles había acusado a los dirigentes del sindicato local de organizar un "ejército permanente" que usaba el "pretexto" de estar amenazados por los Camisas Plateadas.

Tras un prolongado litigio sobre la demanda en las cortes locales, el juez Paul S. Carroll emitió una decisión en el otoño de 1940, en la cual falló que el sindicato había llevado a cabo un acto legítimo de defensa propia. En su decisión dijo:

"Alrededor del mes de septiembre de 1938, fue organizada una llamada 'guardia de defensa'. Consistía de ciertos miembros del sindicato, organizados en diversas divisiones encabezadas por capitanes. Según lo que afirma el sindicato, estas llamadas 'guardias de defensa' fueron organizadas 'para enfrentar la amenaza de los dirigentes de las Camisas Plateadas y otros gángsters antisindicales'... No se comprobó que estos hombres alguna vez hayan portado armas o que hayan hecho algo más que vigilar los picnics y actividades de ese tipo. Según las pruebas presentadas ante el tribunal, no se demostró que la llamada 'guardia de defensa' haya representado jamás algo grave".

Puesto que el FBI había mantenido al Local 544 bajo estrecha vigilancia, el Departamento de Justicia indudablemente tenía mucha información sobre la guardia de defensa desde el principio. Sin duda estaba igualmente consciente de las actividades de los Camisas Plateadas. Por tanto, la policía política sabía que el único objetivo de la guardia era defender el sindicato, y que todo su "armamento" consistía de dos pistolas calibre .22 y dos rifles calibre .22 que se empleaban para prácticas de tiro.

Esto explica por qué la administración Roosevelt no dijo nada sobre este tema hasta que acudió en ayuda de Tobin en 1941: tres años después de que se formó la guardia sindical. En ese momento los hechos fueron puestos al revés y patas arriba, para presentar cargos falsos contra nosotros, cuando la verdadera razón del ataque federal era nuestra oposición a la guerra. Nos acusaron de formar la guardia, no para la defensa propia del sindicato, sino para utilizarla en última instancia con el propósito de derrocar el gobierno. Como "prueba" de esa intención, según el *New York Times* del 9 de octubre de 1941, Biddle hizo la grotesca acusación de que "Los acusados en este caso portaban armas, y se observaron letreros que decían 'El movimiento obrero debe armarse para el día que viene'".

Al mismo tiempo, se filtraron insinuaciones a la prensa de que el FBI andaba corriendo por todas partes en busca de "más información" sobre los supuestos aspectos conspirativos de la guardia de defensa del 544. Los esfuerzos de los policías federales, como se verá más tarde, se enfocaban en preparar a los testigos de la fiscalía proporcionados por el Comité de 99, para "establecer los hechos" a través de ellos.

En medio de este ambiente, el Partido Socialista de los Trabajadores convocó a un pleno-conferencia en Chicago un poco antes del inicio del juicio. Formalmente era una reunión del Comité Nacional del partido, que estaba autorizado por la constitución a tomar las decisiones necesarias entre los congresos nacionales del partido. Pero en este caso el encuentro fue ampliado con la invitación de activistas del partido de todo el país para participar en calidad consultativa. Este procedimiento permitió celebrar una sesión ampliamente representativa para considerar los problemas que nos imponía el ataque federal.

Entre los temas abordados por los participantes estaba la Declaración de Principios del PST, que se había aprobado en 1938. En ese documento el partido había proclamado su intención de mantener su afiliación al movimiento trotskista mundial. Pero ya era imposible mantener los lazos con la Cuarta Internacional debido a la aprobación de la Ley Voorhis en 1940. Entonces, en diciembre de ese año, un congreso especial del PST había votado a favor de desafiliarse del organismo mundial. Conforme a esa decisión, la Declaración de Principios había sido revocada al mismo tiempo, y se le instruyó al Comité Nacional del partido que redactara, de una forma u otra, documentos programáticos revisados.

Aunque la ley reaccionaria había obligado al PST a romper su afiliación internacional, los borradores de las declaraciones políticas elaboradas posteriormente continuaron afirmando su apego a los principios del internacionalismo, su solidaridad con los trabajadores del mundo y su defensa de la Unión Soviética contra ataques imperialistas. Además, los documentos redactados a fin de reemplazar la declaración de 1938 fueron actualizados a la luz de los nuevos acontecimientos y las nuevas decisiones políticas adoptadas por el partido. Estas incluían: coincidir con el programa de transición de la Cuarta Internacional para la clase trabajadora y sus aliados, abogar por la formación de un partido obrero en Estados Unidos y proyectar una política militar proletaria, así como un resumen de las tareas que los revolucionarios enfrentaban en tiempos de guerra. En el encuentro de Chicago se tomaron decisiones para facilitar este proceso general de formulación de la política del partido.

Los delegados también comprometieron al PST a luchar por cada elemento de democracia posible bajo el dominio del capitalismo. Hicimos esto no solo porque reconocíamos el valor de las libertades civiles en sí, sino porque los procedimientos democráticos ofrecían las mejores oportunidades para educar y organizar a las masas para una transición del capitalismo al socialismo. Por estas razones, el pleno-conferencia declaró que el partido resistiría todo intento de forzarlo a pasar a la ilegalidad. Lejos de irnos a la clandestinidad ante las presiones reaccionarias, lucharíamos con todas nuestras fuerzas por nuestro derecho a mantener una existencia pública.

Asimismo, se definió una línea de cómo se llevaría a cabo la defensa en la corte. No íbamos a diluir nuestras ideas revolucionarias o evadir nuestras posiciones políticas. Las defenderíamos combativamente. Insistiríamos en nuestra libertad, bajo la Carta de Derechos, de difundir nuestros principios. Con ese objetivo, utilizaríamos el estrado como tribuna para dirigirnos al pueblo trabajador del país.

Además se acordó que cualquier decisión inmediata que se impusiera durante el juicio sería tomada por la mayoría de los que estaban directamente involucrados.

13

Artimañas del fiscal

El juicio de los 28 comenzó el 27 de octubre de 1941, ante el juez Matthew M. Joyce. Desde un principio sabíamos qué esperar de este juez, ya que él también había presidido el caso fabricado en que fueron condenados a prisión los huelguistas de la WPA en 1939.

Fue igualmente predecible el papel del fiscal federal de distrito Anderson como uno de los procuradores del juicio. Él era un reaccionario agresivo y desenfrenado a quien los militantes de la Sección de Trabajadores Federales del Local 544 habían afrontado en los juicios de la WPA. Anderson era belicosamente ignorante de los fundamentos de la política obrera, y sin duda iba a enfocarse en apelar a la intolerancia y a los prejuicios en el intento de volver al jurado contra nosotros.

El vicefiscal general Schweinhaut, principal procurador del caso, resultó ser un tipo más astuto. Pronto quedó evidente que Biddle le había encargado la tarea de darle al caso del gobierno una imagen política seudosofisticada con miras a confundir a los que protestaban contra el caso fabricado. Schweinhaut se dedicó a tergiversar y manipular nuestras ideas para presentarlas como lo opuesto de lo que realmente significaban. Como "pruebas" mantenía frente a él en la mesa de la fiscalía una pila de libros, folletos y periódicos. También tenía a agentes del FBI que merodearon en la sala de la corte y el corredor contiguo, tratando a escondidas de escuchar fragmentos de conversaciones que pudieran ser aprovechados por la fiscalía.

A las víctimas inmediatas de este ataque, un grupo excepcionalmente grande de 28 acusados, se les reservó el espacio más mínimo posible en el pequeño salón utilizado para el juicio. Hacinados como ganado en un corral de matadero, estos dignos luchadores por los derechos obreros tuvieron que escuchar ardiendo de indignación mientras los fiscales los pintaban como unos tipos escurridizos implicados en un complot siniestro para apropiarse del poder estatal por la fuerza y la violencia.

Sin embargo, fuera de la corte los acusados recibieron una inspiración constante, lo cual les ayudó a mantener la moral alta durante todo el proceso. Se organizaron comidas calientes dos veces al día para todo el grupo en la sede local del PST. Las tareas culinarias las hicieron compañeras que no estaban directamente involucradas en el caso, y por todo el estado, gente que simpatizaba con nosotros nos envió donaciones de alimentos y fondos para el comedor.

También nos llegó ayuda concreta de otra manera. Entre los pocos espectadores que lograron entrar a la abarrotada sala de la corte había sindicalistas que fueron a demostrar su apoyo a nuestra causa. Escuchaban el proceso por un rato, y cuando llegaba un receso, uno u otro de ellos le ponía unos dólares en la mano de uno de los acusados para ayudar con los gastos del juicio.

Arriba: James P. Cannon (izquierda), secretario nacional del PST y uno de los acusados, y Albert Goldman, abogado del PST y también uno de los acusados.

Abajo: El juez Matthew M. Joyce (izquierda) y Henry Schweinhaut, principal fiscal federal en el juicio.

La oportunidad de juntarnos dos veces al día para las comidas hizo más que reducir los gastos de alimentación. Estas sesiones regulares tenían el carácter de continuos actos de solidaridad que levantaron nuestro ánimo. Al mismo tiempo nos ofrecían un medio valioso para formular colectivamente la política de la defensa día a día.

En relación al último objetivo se escogió un comité timón. Estaba integrado por tres oficiales nacionales del PST que estaban entre los acusados: James P. Cannon, Albert Goldman y yo. Nuestra responsabilidad era guiar la dirección general de la defensa, en consulta con el resto de los 28, y de tomar decisiones rápidas en la sala de la corte. Goldman, uno de los acusados así como el abogado principal de la defensa, estuvo a cargo de guiar la implementación de nuestro curso político durante el juicio. Era un hábil abogado litigante con una amplia experiencia, que incluía haber sido representante legal de Trotsky desde 1937 hasta que este fue asesinado en 1940.

M.J. Myer, un abogado capaz de Chicago que en ese entonces compartía nuestras ideas políticas, fue el ayudante principal de Goldman. Nuestro equipo judicial se completó con Arthur Le Sueur, un abogado de Minneapolis con reputación de liberal. Además, Gilbert Carlson y D.J. Shama del personal jurídico del 544-CIO ayudaron en la defensa a nivel informal de todas las maneras posibles.

Uno de los acusados, Nick Wagner, decidió tener su propio abogado, y fue representado por Samuel Dolf, un abogado local. Había motivos válidos para esa situación excepcional.

Wagner, ex organizador de la IBT en Chicago, había sido enviado por Tobin a Minneapolis como parte de la fuerza intimidatoria utilizada contra el Sindicato General de Choferes en 1936. Después de que fue detenido ese ataque, Wagner fue incorporado a la dirección reorganizada del nuevo Local 544. A partir de entonces actuó lealmente como miembro de la junta ejecutiva del local; a pesar de su limitada formación política, Nick se identificaba por completo con nuestra política de lucha de clases a nivel sindical, percibiendo su importancia inherente. A su vez fue esa la razón para que el Comité de los 99 lo delatara al FBI, y terminó siendo uno de los acusados de "sedición".

En esas circunstancias, era aconsejable que Wagner tuviera su propio abogado porque ayudaba a demostrar que él no era miembro activo del Partido Socialista de los Trabajadores. Lo hizo con nuestra aprobación, teniendo cuidado al mismo tiempo de asegurarse de que Dolf no hiciera nada que pudiera causarles problemas a los demás acusados.

Dado el gran interés que el caso había creado a nivel nacional e internacional, hubo mucha cobertura en la prensa al comienzo del juicio. Además de los diarios locales, periódicos de otras ciudades y las principales agencias de noticias enviaron reporteros para cubrir el evento. No obstante, una vez que el gobierno terminó su presentación, la prensa patronal prestó menos atención al juicio y hubo pocos reportajes sobre nuestra refutación de los cargos.

Afortunadamente, no dependíamos totalmente de los medios capitalistas para divulgar nuestro lado del caso. Se amplió el tamaño del *Militant* a fin de brindar una amplia cobertura semanal sobre el juicio para sus lectores a nivel nacional. El *Industrial Organizer* del Local 554-CIO ocupó un papel similar al mantener informados de los hechos a los trabajadores en el Medio Oeste, un servicio tan ampliamente reconocido que creció el tiraje del periódico sindical. Además, el Comité de Defensa de los Derechos Civiles envió regularmente las ediciones de su *Boletín Informativo* a organizaciones sindicales y liberales en todo el país.

A nivel local se desarrolló una forma adicional de comunicación. Se celebraron foros públicos en la sede del PST, donde las actividades políticas continuaban de manera regular. Estos foros, muy concurridos, se enfocaron en debatir cuestiones planteadas en el juicio. Se vendieron muchas publicaciones a los participantes sobre estos temas, y las ventas aumentaron aún más a medida pasaba gente por la sede en otros momentos para preguntar sobre publicaciones que habían sido mencionadas en la sala de la corte.

Ya se habían planteado varias cuestiones de mayor importancia durante los procedimientos previos al juicio. La defensa había entablado una moción para que se aplicara la doctrina jurídica de que el gobierno debe demostrar un "peligro claro e inmediato" para su existencia antes de poder procesar a los acusados bajo los cargos formulados en la acusación. Joyce rechazó de plano la moción.

Después nuestros abogados insistieron en saber si nos acusaban de estar preparando realmente el derrocamiento del gobierno, o más bien de abogar por ese objetivo. Argumentaron que el lenguaje de la acusación era vago e indefinido. No había prueba objetiva alguna del carácter de la supuesta conspiración o de los medios con que se realizaría. Así que se planteaba la interrogante de si nos estaban enjuiciando por un delito penal o si nos perseguían por nuestras ideas.

En respuesta Anderson dijo: "El gobierno presentará en el juicio todos los hechos necesarios para comprobar que existía una conspiración sediciosa". El juez ratificó ese argumento.

En ese momento la defensa pidió que el gobierno proporcionara un alegato detallado respecto a los supuestos hechos mencionados por Anderson, para que tuviéramos la oportunidad de preparar nuestra respuesta a las alegaciones. Nuestros abogados y Dolf argumentaron que la acusación no contenía más que las conclusiones de los fiscales. No detallaba las acciones por las cuales se llevaría a cabo el "derrocamiento del gobierno". Tampoco especificaba el papel que supuestamente había jugado cada uno de los acusados. Habían presentado cargos generales contra todas las personas nombradas. Si no se informaba a cada uno de los acusados sobre los cargos específicos en su contra, el enjuiciarlos sería una violación de sus derechos constitucionales.

Schweinhaut se hizo cargo de la refutación sobre esta cuestión. "Cuando la esencia del delito es una conspiración", afirmó, "no es necesario que el gobierno alegue muchos detalles del delito... Un alegato detallado restringiría innecesariamente al gobierno y limitaría su testimonio". De forma rutinaria, Joyce falló a favor de Schweinhaut y no pudimos obtener información de antemano sobre los cargos específicos en contra de nosotros.

Lo próximo que argumentaron nuestros abogados fue que, como mínimo, cada uno de los acusados debería ser juzgado por separado, conforme a los derechos constitucionales. Si juzgaban a todos los acusados juntos, las pruebas presentadas contra uno no necesariamente corresponderían a otros. Pero al jurado no le sería posible vincular cada prueba concreta únicamente al acusado específico en cuestión. Se iría creciendo la impresión en la mente del jurado de que cada hecho imputado era aplicable a los 28, y así se les negaría el derecho a un juicio imparcial.

Anderson se opuso a la realización de juicios individuales. Afirmó secamente: "Si es evidencia contra uno es evidencia contra todos, puesto que todos participaron en la conspiración". Como de costumbre, el juez coincidió con él y dictaminó que la defensa no debía hacerle "exigencias demasiado rígidas" a la fiscalía.

Con los dados de la justicia cargados así contra nosotros, los fiscales empezaron a amañar el jurado. El primer día del juicio, un grupo grande de posibles jurados —seleccionados de antemano para asegurar que ninguno tuviera vínculos con el movimiento obrero— fueron conducidos a la corte. Nuestros abogados inmediatamente pidieron un listado del grupo para poder revisarlo rápidamente y determinar quiénes estarían más predispuestos a tener prejuicios contra los acusados. Pero el acceso a la lista fue denegado y a la defensa solo se le concedió el derecho de hacer 10 recusaciones sin causa para eliminar a los jurados más indeseados. Una vez agotadas las recusaciones, el juez decidió arbitrariamente quién sería escogido para el jurado.

Al final, los 12 escogidos eran 11 hombres y una mujer. La mayoría provenían de familias de clase media. Identificados por sus oficios, el jurado estaba integrado por un ejecutivo bancario, el dueño de una cadena de elevadores de granos, un gerente de ventas para una compañía maderera, el dueño de un periódico rural, un cocinero de una cárcel remota, un plomero de pueblo, un empleado de ferretería, un dueño de una tienda general, un dependiente de almacén, un agricultor, un trabajador agrícola y el dueño de un taller mecánico.

La mayoría de los jurados eran de distritos rurales. Aunque Minneapolis, donde se celebró el juicio, era una de las ciudades más sindicalizadas del país, entre ellos no había ni un solo sindicalista. Tampoco había un solo partidario del Partido de los Agricultores y Trabajadores; todos apoyaban a los republicanos o a los demócratas.

En teoría estos 12 individuos iban a juzgar a personas acusadas de delitos contra el gobierno. En realidad habían sido convocados para tomar una decisión rotunda —pulgar arriba o pulgar abajo, como los espectadores en un circo romano— sobre el ejercicio de los derechos obreros en la sociedad capitalista. Estaban en juego garantías fundamentales establecidas en la Carta de Derechos: libertad de pensamiento, libertad de expresión, libertad de prensa y libertad de asociación. Por tanto, el jurado cargaba con una grave responsabilidad social al llegar a un veredicto, y merecían la honestidad de las autoridades federales en todos los aspectos del caso.

Pero cuando Anderson hizo la declaración inicial de la fiscalía, intentó ocultar —no revelar— el verdadero carácter del juicio. En vez de explicar nuestro derecho constitucional de pensar por nosotros mismos y decir lo que pensamos, le dijo al jurado: "El programa mismo del Partido Socialista de los Trabajadores es una violación de las leyes... La posición del gobierno en este caso es que no es necesario comprobar actos abiertos y que la conspiración en sí es ilegal". Como lo demostraban esas palabras, ya había sido desechado el intento anterior de Biddle de disfrazar el verdadero carácter de la acusación hablando acerca de "actos abiertos". Instaron al jurado a declararnos culpables por nuestra filosofía y principios socialistas.

Anderson nos acusó de propugnar las doctrinas revolucionarias de Marx y de "un escritor más reciente llamado Engels". Agregó que nosotros también defendíamos las enseñanzas de Lenin así como las de Trotsky. De ahí que nuestro objetivo, según él, era "impulsar la revolución internacional contra la sociedad organizada". Con ese fin llamábamos a defender la Unión Soviética contra ataques imperialistas. Y al hacer esto nosotros alegábamos que el gobierno de Estados Unidos era imperialista; según su interpretación, eso significaba que estábamos en contra de nuestro propio país.

El fiscal federal de distrito puso énfasis especial en nuestras relaciones con Trotsky. Destacó que los testigos del gobierno testificarían que algunos de los acusados habían ido a Ciudad de México "para obtener asesoramiento y consejos" de Trotsky. Por lo tanto, el programa del PST podía resumirse con "hacer en Estados Unidos lo que Lenin y Trotsky hicieron en Rusia en octubre de 1917".

Para lograr nuestros objetivos "subversivos", afirmó el fiscal, el PST realizaba la propagación organizada de sus ideas. Celebraba reuniones para atraer a inocentes; publicaba materiales con el mismo propósito y, con fines igualmente siniestros, instruía a sus miembros a participar activamente en los sindicatos. Con esta política, alegó, el Local 544 había sido puesto completamente bajo el dominio del partido, y a través del sindicato local se había promovido una plataforma antibélica "para obstaculizar y retrasar los procesos" de la conscripción militar.

Anderson criticó el PST por abogar a favor del entrenamiento militar bajo el control de los sindicatos y por insistir que el deber del movimiento obrero era defender los derechos democráticos de los soldados y luchar por mejores condiciones en las fuerzas armadas. Alegó que nuestro verdadero objetivo era volver a los soldados en contra de sus oficiales para promover fines "sediciosos", y que se habían revelado pruebas específicas de esas intenciones en relación a la guardia de defensa del Local 544, la cual se había establecido con el "único propósito de crear una fuerza armada" para usar contra el gobierno.

De manera igualmente cáustica, nos denunció por llevar a cabo una política de lucha de clases en los sindicatos. Nos acusó de fomentar huelgas en torno a demandas exageradas, de exigir "más y más" de los empleadores y de negarnos —sin importar las circunstancias— a someter cuestiones disputadas a la mediación. Los trotskistas, dijo el fiscal, "siempre agitan y exigen, para crear una situación de disturbio y causar una ruptura entre la clase patronal y los empleados".

Cuando Anderson terminó su invectiva, se nos permitió hacer una declaración preliminar de nuestra defensa contra los cargos del gobierno. Nosotros valoramos que, para que los jurados nos escucharan con una mente abierta, tendríamos que mostrarles que el término *revolución* era una caracterización política científica de un cambio fundamental en la estructura social, y no la descripción de tirabombas alocados. Necesitaban entender lo que realmente defendíamos y por qué. Ante todo, era indispensable que les hiciéramos ver los derechos constitucionales vitales que estaban en juego en este caso. Por supuesto, era más fácil decirlo que hacerlo, pero Goldman, quien hizo nuestra presentación inicial, hizo un buen intento.

"Tienen aquí a delincuentes muy peculiares", dijo al jurado, "que insisten en su derecho de hacer lo que están haciendo y decir lo que están diciendo".

La verdad, subrayó Goldman, era que este no era un caso criminal común y corriente. Enfrentábamos cargos bajo una acusación que tenía su origen en Washington. Un movimiento político había sido llevado a juicio porque se oponía a la política bélica de la administración Roosevelt. Para ocultar ese hecho, se presentaron falsos cargos de conspiración contra el gobierno, cuando en realidad todo el asunto era un juicio político de principio a fin.

"El Partido Socialista de los Trabajadores", dijo Goldman, "es un movimiento político basado en ciertas ideas con las cuales ustedes [los jurados] quizás no estén de acuerdo, pero no es una conspiración... Lejos de negar el carácter revolucionario de nuestros puntos de vista, les vamos a explicar estos puntos de vista y nuestro derecho a difundirlos bajo la Carta de Derechos... El objetivo del partido es convencer a una mayoría del pueblo de sus ideas por medio de la educación y la propaganda".

Goldman esbozó posiciones específicas propugnadas por el PST, que iban a ser explicadas más a fondo durante el testimonio de la defensa. Estas incluían: por qué éramos internacionalistas y por qué eso no era un delito; las razones por las que nos oponíamos a la guerra imperialista y nuestro derecho a expresar estos criterios; la naturaleza de la amenaza fascista a la clase trabajadora; por qué se formó la guardia de defensa del Local 544; y la realidad sobre su única función, el ejercicio del derecho a la autodefensa del sindicato.

En cuanto a la acusación del gobierno de que "fomentábamos huelgas", la verdadera situación, explicó Goldman, era que existía una lucha constante entre los trabajadores y los capitalistas. No era necesario que abogáramos por ese conflicto; era un hecho real. Igualmente falsa, agregó, era la alegación de que los acusados impusieron su control sobre los sindicatos. No hicieron nada más que tratar de cumplir con las responsabilidades que los trabajadores les habían confiado, y en el Local 544 bajo su dirección había prevalecido la mejor forma de democracia.

Pasando al tema de nuestro apoyo a un cambio fundamental en el orden social, Goldman afirmó que preferíamos una transición pacífica del capitalismo al socialismo. Pero la historia había demostrado que las minorías capitalistas en otros países habían recurrido a la fuerza para tratar de mantenerse en el poder y proteger sus privilegios especiales. Por esa razón histórica, advertíamos a los trabajadores que los capitalistas en este país probablemente tomarían un rumbo similar cuando la mayoría decidiera que hacía falta un cambio en el sistema social. Era esta predicción de la probabilidad de que la actual clase dominante en Estados Unidos recurriera a la fuerza —contra una futura mayoría socialista— que el fiscal pretendía tergiversar para convertirla en "prueba" de que nosotros promovíamos la fuerza y la violencia contra el gobierno capitalista.

Después de que Goldman terminara su exposición, el

gobierno comenzó una presentación detallada de su argumento. Para empezar los fiscales presentaron un inventario de los artículos incautados el anterior mes de junio cuando el FBI allanó las sedes del PST en Minneapolis y Saint Paul. Estos artículos fueron catalogados como pruebas judiciales para servir de "evidencia" contra nosotros.

Entre las pruebas mostraron una foto de León Trotsky dedicada a V.R. Dunne; un brazalete, un emblema de solapa y un carnet de membresía emitido por la guardia de defensa del Local 544; y una pancarta roja con letras blancas que decía "Partido Socialista de los Trabajadores". Además había 110 materiales impresos, en cantidades diferentes por cada uno, sumando 2 442 en total.

La policía política había incautado varios clásicos marxistas. Uno de estos era el Manifiesto Comunista, escrito casi 100 años atrás por Marx y Engels. Las otras publicaciones en esta categoría eran principalmente obras de Lenin y Trotsky.

El gobierno también presentó como pruebas varios materiales publicados por el Partido Socialista de los Trabajadores o en nombre del partido. Estos incluían numerosas ediciones del *Militant* y del *Socialist Appeal*, ejemplares de las revistas teóricas *New International* y *Fourth International*, volantes para la difusión masiva, folletos educativos y boletines mimeografiados para usar en debates internos del partido.

La defensa se opuso a que incluyeran las obras de Marx, Engels, Lenin y Trotsky como "pruebas". Señalamos que el PST aceptaba los principios fundamentales incorporados en las doctrinas de estos grandes maestros, pero eso no significaba que el partido consideraba cada afirmación de los maestros marxistas como algo obligatorio para sus miembros. El juez dijo que decidiría sobre ese tipo de cuestiones a medida que se presentaran durante el testimonio; en las sesiones posteriores permitió que usaran algunas partes de estos materiales contra nosotros pero excluyó otras.

La defensa no se opuso formalmente a que la fiscalía usara los materiales publicados por o para el PST. Pero sí tratamos de limitar el período de tiempo que cubría estas publicaciones. Le pidió al juez que informara al jurado que la Ley Smith no había entrado en vigor hasta el 29 de junio de 1940, y que por tanto los materiales publicados antes de esa fecha no eran aplicables a los acusados. Joyce rehusó hacerlo. Dictaminó que los materiales publicados antes de que se promulgara la Ley Smith podía emplearse como "indicativo del modo de pensar" de los acusados.

También exigimos que los materiales literarios que usaran contra nosotros fueran presentados en su totalidad, en vez de extraer citas de su contexto, como se hizo con las pruebas del gobierno. Los fiscales usaron ese método, argumentaron nuestros abogados, con el objetivo consciente de tergiversar nuestras ideas para pintarnos falsamente como criminales. Pero el juez falló a favor del gobierno sobre este punto.

Además nos opusimos a que usaran materiales escritos por personas que no estaban entre los acusados, que en algunos casos ni siquiera eran miembros del PST. Durante los argumentos al respecto, Goldman apuntó: "Esta conspiración es de un tipo muy peculiar, su señoría. Es una conspiración de ideas..." Donde ese era el caso, dijo, "el gobierno debería comprobar que los escritos y opiniones e interpretaciones de un individuo específico coinciden en términos generales con las ideas básicas del partido". Pero el juez Joyce no consideró que fuera necesario.

Otro aspecto de las pruebas del gobierno se puso de relieve en una disputa en torno a fragmentos de un editorial titulado "Secuelas en la Corte Suprema", publicado en el

Socialist Appeal del 2 de marzo de 1939. Goldman sostuvo que la prueba era claramente inadmisible: "Puede ver, su señoría, cuando se comienza con la premisa de que se trata de una conspiración para derrocar al gobierno por la fuerza y la violencia, entonces todo lo que se dice y se hace puede ser manipulado para presentarlo como parte de la conspiración... Yo, como individuo, puedo ir a comprar un rifle para cazar, pero apenas me hago miembro del Partido Socialista de los Trabajadores, cuando obtengo un rifle el gobierno afirma que supuestamente obtuve el rifle para ir a cazar pero en realidad lo obtuve para derrocar el gobierno por la fuerza y la violencia. Así que estamos en un círculo vicioso".

En respuesta, el juez citó la última parte del editorial, que decía: "La lucha unida del movimiento obrero es tan invencible que fácilmente puede enseñarles una lección a las cortes y a sus amos capitalistas que no olvidarán muy pronto". Respecto a esa cita Joyce comentó: "... ¿No tendría pertinencia este último párrafo, bajo el cargo contenido en la acusación sobre el uso de la fuerza y la violencia, aun según el concepto de la ley que ustedes presentan?"

En ocasiones, al sacar las citas fuera de su contexto le daban un giro adicional: no identificar la fuente. Por ejemplo, una de las pruebas del gobierno era un extracto del *Socialist Appeal* del 4 de abril de 1939. Cuando Anderson comenzó a leerlo al jurado, Goldman lo interrumpió.

"Disculpe," dijo Goldman, "Creo que el fiscal debería informarle al jurado cuando lee una cita... Resulta que este es un editorial de Lenin, tomado de una revista, creo".

"No, no veo ninguna cita", replicó rápidamente Anderson. Después admitió a regañadientes, "pero esto sí es un articulo de Lenin".

"Correcto", agregó Goldman. "Escrito en 1915".

Otro choque se dio en torno a cómo usaron una cita del

Manifiesto Comunista contra nosotros. Decía: "Los comunistas consideran indigno ocultar sus ideas y propósitos. Proclaman abiertamente que sus objetivos solo pueden ser alcanzados derrocando por la violencia todo el orden social existente. Las clases dominantes pueden temblar ante una revolución comunista. Los proletarios no tienen nada que perder con ella más que sus cadenas. Tienen, en cambio, un mundo que ganar".

Nosotros objetamos que el gobierno estaba introduciendo una obra científica que había servido de base para movimientos en todo el mundo durante casi 100 años. Además, al hacerlo, los fiscales habían tomado un pequeño extracto de un folleto de casi 60 páginas.

Schweinhaut respondió que "el segundo cargo de la acusación denuncia una conspiración para, entre otras cosas, abogar, o más bien, distribuir y diseminar literatura que aboga por el derrocamiento del gobierno por la fuerza armada. Nosotros afirmamos que esta obra hace esto."

Joyce aceptó el Manifiesto Comunista como evidencia, dando a entender así que la corte estaba de acuerdo con las alegaciones del fiscal de que su venta y distribución era una violación de la Ley Smith.

Unos ejemplos más completan el cuadro general de cómo el gobierno usó las citas literarias. Ilustran el método que empleó para alegar que los acusados —sin importar los cambios de época y de circunstancias históricas— se identificaban completamente con cada palabra expresada en el pasado por los maestros marxistas.

Una de estas citas, evidentemente escogida con ese fin, fue tomada de un folleto titulado *¿Qué es el socialismo?* escrito por el mismo Goldman. El fragmento contenía estas palabras: "Hay solo un tipo de partido político obrero que se ha mostrado capaz de dirigir a los trabajadores en una revolución exitosa, y es un partido del tipo del Partido

Bolchevique bajo la dirección de Lenin... A partir de nuestra creencia en esa teoría, los miembros del Partido Socialista de los Trabajadores estamos comprometidos a forjar un partido revolucionario del mismo tipo que el Partido Bolchevique que encabezó la exitosa revolución en Rusia".

Asimismo, tomaron una cita de un discurso de James P. Cannon en memoria de León Trotsky: "En su *Historia de la Revolución Rusa*, que él [Trotsky] consideraba su obra maestra, nos ofreció una guía para hacer nuevas revoluciones, o más bien, para extender en todo el mundo la revolución que comenzó en octubre de 1917".

Utilizaron también citas asociadas a la política sindical revolucionaria. Entre las fuentes que usaron había un folleto del PST titulado *The Founding Conference of the Fourth International* (La conferencia de fundación de la Cuarta Internacional), que informaba sobre las posiciones adoptadas en un encuentro mundial celebrado en 1938. Citaron pasajes como los siguientes: "La tarea estratégica de la Cuarta Internacional no radica en reformar el capitalismo sino en derrocarlo... Los sindicatos no son objetivos en sí mismos, sino medios en camino hacia la revolución proletaria... Es imprescindible, en todos los países donde sea posible, empezando con los grupos juveniles, organizar grupos para la autodefensa; entrenarlos y familiarizarlos con el uso de armas".

También leyeron al jurado una cita de un folleto del PST que reproducía el documento titulado "Manifiesto de la Cuarta Internacional sobre la guerra imperialista y la revolución proletaria". Destacaron una frase que decía: "Solamente si toman el camino de la revolución socialista podrán los sindicatos escapar al destino de quedar enterrados bajo las ruinas de la guerra".

Los fiscales se empeñaron especialmente en asegurar que las actas incluyeran extractos de la Declaración de

Principios aprobada en el congreso de fundación del PST en 1938. Goldman protestó argumentando que el partido había revocado el documento después de la promulgación de la Ley Voorhis en 1940. Señaló que desde entonces el PST había aprobado documentos que incluían declaraciones sobre sus perspectivas que "no difieren de la vieja declaración sobre ningún aspecto esencial, pero que tiene un lenguaje más prudente para que ningún fiscal pueda malinterpretar y tergiversarlo".

Nuevamente, el juez falló a favor del gobierno, tras lo cual Anderson leyó al jurado partes de la Declaración de Principios de 1938. Lo que leyó fueron pasajes dispersos, escogidos de un documento de 26 páginas:

"Los trabajadores destruirán todo el aparato del estado capitalista para que sea incapaz de llevar a cabo actividades contrarrevolucionarias y porque no puede servir de instrumento para establecer un nuevo orden social. Será reemplazado por un estado obrero, basado en los consejos obreros…

"El estado obrero no tendrá un ejército profesional sino dependerá de una milicia obrera de masas, en la cual serán abolidas las distinciones, aparte de las que se requieran para la eficiencia técnica, y se ejercerá el control democrático de las filas sobre los oficiales…

"La medida socioeconómica más importante que tomará el estado obrero en su etapa inicial será la expropiación y socialización, sin indemnización, de todos los monopolios en las industrias y la tierra; todas la minas, las fábricas y el transporte marítimo; todos los servicios públicos, ferrocarriles y sistemas aéreos y otros medios de comunicación organizados; todos los bancos, agencias crediticias, tiendas de oro y otros suministros y servicios que el gobierno revolucionario considere necesario controlar para sentar las bases de una sociedad socialista…

"La clase trabajadora puede construir una sociedad socialista integral únicamente a partir de una división mundial del trabajo y de los recursos así como la cooperación global. El partido revolucionario en este país no solo busca dirigir a la clase trabajadora de Estados Unidos, sino unirse con los trabajadores de todos los demás países en la revolución internacional y el establecimiento del socialismo mundial...

"La principal tarea concreta del PST es la movilización de las masas americanas para la lucha contra el capitalismo americano, y para su derrocamiento. Con este fin el partido buscará ganarse el apoyo de los obreros industriales y agrícolas por su labor dentro de sus organizaciones de masas, y establecer una alianza entre los trabajadores y los agricultores y otras secciones de la clase media que se encuentren dispuestas y capaces de unirse al movimiento obrero en una lucha contra la gran clase capitalista. El PST apoyará y buscará ofrecer dirección a todas las luchas progresistas, ya sean luchas por reivindicaciones inmediatas o de mayor alcance, huelgas, campañas de sindicalización, manifestaciones, acciones de masas por asistencia pública, empleos y seguro social, luchas de masas contra linchamientos, desahucios, ejecuciones hipotecarias, violaciones de derechos civiles y toda clase de acciones reaccionarias. Aunque se basará principalmente en acciones de masas, propaganda y agitación, como medios para impulsar sus objetivos revolucionarios, el partido también participará en campañas electorales, aunque siempre contrarrestando la ilusión fatal de que las masas pueden lograr su emancipación a través de las urnas...

"Si a pesar de los esfuerzos de los revolucionarios y los trabajadores combativos el gobierno estadounidense ingresa a una nueva guerra, el PST no apoyará esa guerra bajo ningún concepto, sino al contrario, luchará en contra de ella. El PST abogará por la continuación de la lucha de clases durante la guerra, independientemente de las consecuencias que tenga para el desenlace de la campaña militar americana; y tratará de preparar a las masas para usar la crisis de la guerra con miras a derrocar el capitalismo estadounidense y lograr la victoria del socialismo…

"La política del PST respecto a la guerra imperialista se mantiene vigente bajo todas las condiciones…

"Es aplicable también si hay una alianza militar entre Estados Unidos y la Unión Soviética. En el último caso, el PST apoyaría sin reservas a la Unión Soviética contra el imperialismo, pero expondría los propósitos traicioneros imperialistas de Estados Unidos en esta alianza, llamaría a derrocar el capitalismo estadounidense y reemplazarlo con un gobierno obrero revolucionario. Solo ese gobierno podría llevar a cabo la guerra a favor de los intereses de la clase trabajadora, de la defensa revolucionaria de la Unión Soviética y de la revolución socialista mundial".

Para completar este cuadro general de las pruebas que presentó el gobierno, hay que mencionar un episodio tragicómico. Tenía que ver con una cita de una columna de opinión escrita para el *Socialist Appeal* del 9 de marzo de 1939. El tema era una manifestación antifascista que se había hecho recientemente frente al Madison Square Garden en Nueva York. En el extracto que fue presentado en el juicio, el columnista había escrito: "Solo los trotskistas brindaron dirección a los trabajadores que estaban listos y dispuestos para luchar por su clase. Solo los trotskistas estaban en la línea cuando fue necesario actuar. ¡Caramba, ahí sí estuvimos! ¡Nos vemos en la corte!"

A pesar del ambiente tenso en la sala de Minneapolis, este lenguaje exuberante hizo reír a todos —incluso a los acusados, quienes estaban en una posición excepcionalmente buena para comprender la ironía de la frase.

Acusados se relajan entre sesiones del juicio en Minneapolis, noviembre de 1941.

Arriba: (Desde la izquierda) Roy Orgon, organizador para la Sección de Trabajadores Federales del Local 544-CIO; Kelly Postal, secretario-tesorero del local; Farrell Dobbs, secretario nacional del trabajo sindical del Partido Socialista de los Trabajadores.

Abajo: Grace Carlson (izquierda), dirigente del PST en Minnesota y candidata del partido al Senado por Minnesota en 1940; Dorothy Schultz, secretaria de la Liga de Defensa Obrera en las Ciudades Gemelas.

Pero la intención del fiscal de poner esta cita como "prueba" no tenía nada de chistoso. Al denunciar estas prácticas, Goldman dijo al jurado: "Es una de esas columnas donde alguien trata de ser gracioso, pero no creo que se debe atribuir su humor a nosotros, ni que se trate de culparnos por ello".

En resumen, los métodos taimados del gobierno incluían todo: desde cargos deshonestos en la acusación hasta el uso de citas literarias sacadas de contexto para tergiversar nuestras ideas. Pero por malos que eran esos métodos, usaron recursos aún más turbios para presentar testimonios preparados en contra de nosotros.

14

Testigos preparados

Aparte de unas citas aisladas sacadas de textos revolucionarios, el caso del gobierno recaía principalmente en el falso testimonio de los tobinistas. Ellos fueron utilizados para alegar que nosotros decíamos y hacíamos una cosa en público mientras que, en privado, decíamos y hacíamos lo contrario.

Los que hicieron esas acusaciones eran miembros y partidarios del Comité de los 99. Algunos tenían un interés material en atacarnos; otros se vieron motivados por rencores personales contra los acusados. Al subir al estrado se comportaron como focas amaestradas, dejando entrever que habían sido preparados por la policía política. Incluso se les permitió —a pesar de nuestras objeciones— permanecer en la sala de la corte y escuchar el testimonio de los demás, lo cual les posibilitó usar casi las mismas palabras para contestar las preguntas del fiscal.

Los tobinistas dijeron haber tenido conversaciones privadas con varios de los acusados durante las cuales, curiosamente, nunca estuvo presente una tercera parte. Con esta táctica, era nuestra palabra contra la suya, así que se sintieron envalentonados para mentir desenfrenadamente. El fiscal les hizo decir que, en estas conversaciones privadas, les fue revelado el "verdadero" objetivo del Partido Socialista de los Trabajadores, que era la preparación de una "revolución armada".

James Bartlett fue el primer testigo del gobierno. Era obvio que su testimonio había sido muy bien ensayado, pues demostró una memoria extrañamente precisa. Entre otros actos de chivato, este agente de Tobin dijo que la mayoría de los acusados eran miembros del PST, describió a los nombrados como militantes activos y tildó cada uno de ellos como partidario de "la fuerza y la violencia". Generalizó esta última alegación cuando Anderson le hizo una pregunta que tuvo que haber sido concertada de antemano. Según aparece en las actas oficiales de la corte, esa artimaña se logró de la manera siguiente:

"PREGUNTA: ¿Usted por qué renunció, o descontinuó lo más posible, a su militancia en el Partido Socialista de los Trabajadores?

"RESPUESTA: Las cuestiones debatidas tenían que ver con el derrocamiento de la forma de gobierno que hay en Estados Unidos, y pensé que eso no era correcto y renuncié".

Anderson también hizo que Bartlett detallara diversos aspectos de las discusiones que supuestamente había escuchado en las reuniones del PST o en privado con uno u otro de los acusados. Unos ejemplos tomados de las actas oficiales ilustran el carácter de las patrañas presentadas al jurado.

"P: ¿Y qué se dijo ahí en ese momento [en una reunión en enero de 1938 del recién fundado PST] acerca de este nuevo partido?

"R: Se hizo un gran contraste entre el Partido Socialista

y el Partido Socialista de los Trabajadores, y durante la discusión se señaló que el Partido Socialista actuaba con la ilusión de que se podría poner en práctica el socialismo por medio de las urnas, mientras que el Partido Socialista de los Trabajadores no abrigaba esas ilusiones y más bien sostenía que el derrocamiento armado de la forma capitalista de gobierno era necesario para establecer la dictadura del proletariado…

"P: ¿Y qué fue lo que se dijo ahí [en reuniones posteriores del PST en Minneapolis], si es que usted puede recordar, y diga quién lo dijo, sobre el uso de los sindicatos por parte del partido para tratar de controlar el gobierno?

"R: Recuerdo una vez que V.R. Dunne presentó un informe en una reunión del partido… él señaló cómo, bajo la dirección del partido, al desarrollar su programa y promoverlo en el movimiento sindical, [el partido] logró tomar el control efectivo de Minneapolis. Lo puso como ejemplo de cómo se podría hacer efectivamente lo mismo a escala nacional si el partido tuviera buenos dirigentes con influencia y prestigio en los sindicatos importantes a escala nacional…

"P: Diga qué otras discusiones hubo en las reuniones de miembros, si es que las hubo, sobre el uso de los sindicatos en relación con la toma de control del gobierno por el partido.

"R: Bueno, no recuerdo ninguna ocasión específica. Hubo muchas ocasiones específicas, pero por lo general en las reuniones del partido, las discusiones sobre el movimiento sindical perseguían la idea de que el partido debía reclutar en el seno del movimiento sindical, porque se consideraba que el movimiento sindical era el más importante.

"P: ¿Con qué objetivo?

"R: Para desarrollar una huelga general en un momento oportuno, lo cual generalmente se llama una situación revolucionaria, para que se derrocara exitosamente el gobierno capitalista...

"P: Bueno, según las discusiones en esas reuniones de miembros, si surgiera una situación revolucionaria, ¿cuál sería el programa del partido a partir de ese momento?

"R: Según lo que entiendo, por lo que me enseñaron V.R. Dunne, Carl Skoglund, Oscar Coover, Farrell Dobbs y otros, tenía entendido que en un momento oportuno, lo que se llamaba una situación revolucionaria, se pondría en marcha la fuerza del partido a través de un levantamiento armado con el fin de derrocar el gobierno existente...

"P: ¿En esa discusión se dijo algo de por qué tenía que haber una lucha de clases?

"R: Se dijo que no podía haber colaboración de clases si se pretendía desarrollar efectivamente un movimiento revolucionario que condujera a una revolución armada exitosa..."

En el transcurso de esta farsa, la fiscalía hizo un intento forzado de proyectar a la guardia de defensa del Local 544 como algo sedicioso. Sobre ese tema, Anderson guió a Bartlett para que hiciera un falso relato acerca de una conversación con Trotsky cuando Harry DeBoer y Bartlett fueron a México de vacaciones. Este cuento se puede resumir así:

"P: Sr. Bartlett, mientras usted y Harry DeBoer estaban con León Trotsky durante ese viaje, ¿se dijo algo sobre las guardias de defensa?

"R: Si, León Trotsky dijo que él le dio la idea al partido americano...

"P: ¿Qué dijo él [Trotsky] sobre el movimiento de la guardia de defensa?

"R: Bueno, dijo que debía desarrollarse aún más a nivel nacional porque podría ser utilizada como el núcleo de una insurrección armada en el momento oportuno...

"P: Bueno, ¿dijo a quién le había dado esa idea [en el] partido americano?

"R: Sí, mencionó el nombre de Emil Hansen.

"Mr. Goldman: Un momento. Yo objeto y solicito que esto no conste [en las actas]. No creo que la acusación incluya a Trotsky como conspirador...

"Mr. Anderson: Nosotros acusamos, incluimos a León Trotsky como co-conspirador en esta acusación...

"P: [Anderson] ¿Qué se dijo en ese momento sobre Emil Hansen?

"R: [Bartlett] León Trotsky dijo que cuando Emil Hansen estaba a punto de regresar a Estados Unidos, le había aconsejado que creara guardias de defensa allá, especialmente en Minneapolis..."

El *Industrial Organizer* comentó en un editorial sobre las alegaciones de conversaciones privadas en que los acusados supuestamente habían revelado sus "verdaderos" objetivos. Observó: "Si todo lo que dijo Bartlett fuera cierto, durante los últimos tres años los miembros del PST no hicieron más que acercarse a Bartlett para hablarle de lo muy, muy revolucionario que era el Partido Socialista de los Trabajadores".

Recurrieron a otra argucia más en torno al Manifiesto Comunista. Bartlett identificó, para que constara, un ejemplar de esa obra histórica, y dijo que lo había comprado en la sede del PST. Afirmó que había estudiado cuidadosamente el documento y que había descubierto que "promovía la fuerza y la violencia". Como se verá más adelante, la fiscalía tenía un motivo especial para montar esta farsa.

La actuación de Bartlett fue seguida por un desfile de otros testigos del gobierno que pertenecían o respaldaban al Comité de los 99. Siguiendo su ejemplo, nombraron a los acusados como miembros del PST y los asociaron con la presunta conspiración para derrocar el gobierno. El carácter general de su testimonio se puede resumir con referencias a categorías específicas de acusaciones como las que hicieron varios individuos.

Violet Williams (viuda de Tommy Williams) dio al jurado la siguiente descripción extravagante de una charla de Ray Dunne: "En una reunión a la que asistí, él dijo que colocarían a hombres en posiciones claves en diferentes industrias y hasta dijo que el ejército y la marina tendrían a gente del partido en posiciones claves y que cuando llegara el momento propicio no sería problema alguno. Dijo que no habría votación; los trabajadores simplemente tomarían el gobierno por la fuerza armada".

Eugene J. Williams añadió más a esas mentiras descaradas. Afirmó que Ray Dunne le había dicho en conversaciones privadas "que los miembros del partido, cuando fueran reclutados al ejército, formarían grupitos para quejarse de cualquier cosa de que se pudieran quejar, de manera que llegara a la prensa e hiciera creer al público que estaban siendo tratados mal en el ejército, algo por el estilo... Dunne dijo que al momento de la revolución, los hombres en el ejército, con los grupitos que hubieran formado, tomarían control de todo lo que pudieran, los arsenales, y volverían los fusiles hacia los que están en el poder".

Roy F. Wieneke se propuso revelar al jurado la historia confidencial de la guardia de defensa del Local 544: "En 1939 V.R. Dunne habló en una reunión de miembros del partido en la cual dijo que la idea de formar una guardia de defensa sindical vino de Trotsky y que, disfrazada bajo el objetivo de luchar contra el fascismo o los Camisas Plateadas, en realidad sería la primera parte de la milicia del Partido Socialista de los Trabajadores. Dijo que el Partido Socialista de los Trabajadores controlaba el Local 544 a través de la dirección de esta, y eso le daría control al partido sobre la guardia de defensa sindical".

Elmer Buckingham fue un paso más lejos en la falsificación del concepto de la autodefensa obrera. Cuando el fiscal le preguntó qué había dicho Ray Dunne en una reunión de la guardia de defensa del Local 544, Buckingham contestó: "Pues, dio un discurso bastante largo ahí. Tenía que ver con la movilización de todos los sindicatos del país, y nos dijo de que esta no era simplemente una agrupación local, esta guardia que teníamos aquí. Dijo que lo mismo estaba ocurriendo en todo el país, para que cuando llegara el momento de la revolución, los trabajadores tomarían el control".

Para culminarlo, llamaron a John Novack como testigo del gobierno. Era un tipo lastimoso, que no contaba con las más plenas facultades de percepción mental. Anderson condujo a Novack a que afirmara que un miembro del PST de nombre "Rube", cuyo apellido no conocía, le había dicho: "Tenemos armas y municiones escondidas dentro de las paredes de iglesias. Tenemos balas que pueden penetrar una pulgada y media o dos de placas blindadas, que son mejores que las que tiene el ejército de Estados Unidos".

Los fiscales seguramente sabían lo que Novack iba a decir. Pero por descabellada que fuera su afirmación, le hicieron la pregunta sugestiva que la provocó. Podía existir un solo motivo para esta actuación. Era un truco cínico diseñado para espantar al jurado.

Después de que la fiscalía guiara a los testigos del Comité de los 99 durante toda esta parodia siniestra, Goldman los sometió a un riguroso contrainterrogatorio. Esto produjo varias revelaciones de cómo los soplones de Tobin habían trabajado con el FBI a partir del momento que se organizó su camarilla dentro del Local 544.

Violet Williams reconoció: "La primera vez que vi a un

agente del FBI en mi casa fue a finales de febrero de 1941. Conversó con el Sr. Williams. Después volvió dos o tres veces más".

En el interrogatorio de Henry M. Harris surgieron muestras especialmente reveladoras de la confabulación con la policía política. Su testimonio a favor del gobierno se apegó a la norma descrita antes. Durante el contrainterrogatorio, se le extrajo una confesión a Harris de que Tommy Williams le había dicho que le permitiera a Thomas Perrin asistir a una reunión de la camarilla. Entonces Goldman sacó a relucir los hechos de la siguiente manera:

"P: ¿Tommy Williams le dijo que usted dejara entrar a la reunión en el Nicollet Hotel, una reunión del Comité de los 99 para los choferes, que dejara entrar al Sr. Perrin del FBI?

"R: Sí.

"P: ¿Y él se lo señaló?

"R: En ese momento no me dijo nada acerca del FBI, solo que dejara entrar a un Sr. Perrin".

Harris también confirmó que él le había transmitido a Carl Skoglund una oferta de ayudarle a obtener sus documentos de ciudadanía "si se ponía de nuestro lado". Goldman le pidió más detalles.

"P: Pues, ¿cómo fue que usted le hizo esa propuesta?

"R: Tuvimos una conversación con el agente del FBI.

"P: ¿Y el agente del FBI le dijo que si él [Skoglund] se ponía del lado de ustedes, se le concedería la ciudadanía estadounidense?

"R: No…él pensaba que Carl Skoglund podría pasar a nuestro lado si le hacíamos esta oferta, y yo se la hice…

"P: ¿Quién era el hombre del FBI que conversó con usted sobre esta propuesta para Skoglund?

"R: El Sr. Perrin".

Otro aspecto de la colaboración entre los tobinistas y el

FBI salió a luz durante el contrainterrogatorio de Elmer Buckingham. Él era uno de los que habían firmado declaraciones juradas que tildaban a los dirigentes del Local 544 de "subversivos", las cuales habían sido entregadas a Tobin en abril pasado. Goldman exigió saber quién le había pedido a Buckingham esta declaración jurada.

"Creo que fue el Sr. Perrin", contestó Buckingham.

En el segundo interrogatorio de Buckingham, el fiscal hizo que cambiara su testimonio, tratando de demostrar que lo que él había preparado a solicitud de Perrin no tenía nada que ver con la declaración jurada para Tobin. Pero en el mejor de los casos, esta historia revisada solo subrayaba hasta qué punto el gobierno estaba usando a un grupo opositor interno contra la directiva del Local 544.

Tanto Perrin como Roy T. Noonan, otro agente del FBI, fueron llamados como testigos por el gobierno para testificar sobre las redadas que habían encabezado contra las sedes del PST en junio anterior. En el contrainterrogatorio, Goldman intentó sacar a la luz el papel de Tobin en instigar el juicio federal contra los dirigentes del Local 544. Schweinhaut objetó enérgicamente y el juez falló que los acusados no podían hacer preguntas relativas a su conflicto con el dictador de la IBT.

Al fabricar "pruebas" para los fiscales, los agentes de Hoover recordaron su caso fabricado contra los dirigentes de los Teamsters en el juicio de 1939 en Sioux City, y con típica mentalidad policiaca intentaron usar a las víctimas de ese ultraje para ponernos tras las rejas. Uno de los que contactaron fue Jack Maloney, quien cumplía una condena de dos años en la prisión federal de Sandstone, Minnesota, a raíz del caso fabricado de 1939. Años después le pedí a Jack que describiera ese episodio lo mejor que recordaba. Escribió lo siguiente:

"Un día en el otoño de 1941, un guardia de la parte delantera llegó al taller mecánico donde yo estaba trabajando para llevarme a la oficina del alcaide. En el camino le pregunté al guardia de qué se trataba y me dijo que tenía una visita. Al llegar, el alcaide me presentó a un hombre que estaba sentado en su oficina, y dijo que el hombre era un agente del FBI y que quería hacerme unas preguntas. Aunque me dio el nombre del agente, no lo recuerdo ahora. Le dije que "no tengo tiempo para tipos como usted".

"El agente dijo, 'Entiendo que usted pueda guardarme rencor, pero debería escuchar lo que le voy que decir'. Me describió cómo el gobierno estaba procesando a los funcionarios del 544 y a Dobbs y a otros en Nueva York, por sus actividades subversivas. Dijo que, puesto que yo era funcionario de los Teamsters y tenía relaciones de trabajo muy estrechas con Dobbs y con dirigentes del Local 544, mi testimonio sería muy valioso. A cambio de eso, me dijo, él podría garantizarme la libertad condicional anticipada y un empleo con los Teamsters cuando yo saliera.

"Me indigné. Le dije, 'Usted representa a la gente que me acosó, me fabricó un caso y me mandó a esta cárcel, y ahora tiene el descaro y el mal juicio de proponerme que yo puedo salir de esta cárcel si meto a otro trabajador en la cárcel fabricándole un caso. Entonces le exigí al alcaide que me regresara a mi celda o a mi trabajo. También le dije al alcaide que yo conocía mis derechos y que jamás me volviera a someter a semejante maldito interrogatorio a menos que estuviera presente mi abogado. Al marcharme le dije al agente que se podía ir al diablo con sus ofertas. Después ya no supe más del asunto.

"Unos días más tarde Shorty Stultz, quien también estaba cumpliendo condena por los mismos cargos, fue llamado a la oficina del alcaide. Poco después salió de la prisión escoltado por alguaciles federales. Antes de que lo regresaran a la cárcel nos enteramos por la prensa de que era un testigo del gobierno contra ti y los otros en el juicio de Minneapolis. La mayoría de los presos odian a los soplones e informantes y estaban bastante enojados. El alcaide lo sabía y a Stultz lo mantuvieron en el 'hueco de ratas' hasta que salió bajo libertad condicional un poco después".

"Shorty" Stultz, al que se refería Maloney, era Walter K. Stultz, quien había sido presidente del Local 554 de la IBT en Omaha, Nebraska, cuando fue encarcelado tras ser declarado culpable en el caso de Sioux City. Su testimonio contra nosotros se centró en acusaciones de que el PST había intentado tomar control del Local 554 en Omaha para usarlo contra el gobierno.

Esas acusaciones iban dirigidas especialmente contra Al Russell, quien había sido secretario de actas del Local 554 y hacia el cual Stultz le guardaba mucha animosidad personal. Con mal disimulado regocijo, identificó a Russell como miembro del PST. Aprovechando al máximo el truco de relatar una supuesta conversación íntima con Russell, Stultz dijo al jurado:

"Él dijo que no solo era socialista y del Partido Socialista de los Trabajadores, sino además un ultraizquierdista, y que la única manera de obtener el poder era de tomarlo uno mismo, de agarrar un fusil y tomarlo. Que tendrían que armarse y tomarlo".

Otros dos funcionarios del Local 554 —Thomas V. Smith y Malcolm G. Love— fueron traídos a Minneapolis desde Omaha y puestos en el estrado como testigos del gobierno. Smith fue el primero en dar testimonio. Los fiscales trataron de demostrar, a través de él, que habíamos invadido el sindicato en Omaha a fin de decidir su política. Pero Smith le dijo al jurado que los acusados que habían participado en Omaha habían ido allá en respuesta a una solicitud oficial del local para darles ayuda.

También intentaron demostrar que habíamos inundado el sindicato con propaganda "subversiva". Sobre este tema Smith dijo que sí, que Russell una vez le había sugerido leer el Manifiesto Comunista pero que descubrió que no lo podía entender muy bien. Sí, cuando le dijo a Dobbs que no había entendido lo que leyó, Dobbs le pidió a Russell que organizara una clase para los que estuvieran interesados en discutir el documento. Sí, Russell había organizado esa clase y Smith había asistido. "Le hicimos preguntas y él trató de contestarlas".

Si los fiscales pensaban que Smith les ayudaría a mostrar que nuestras actividades en Omaha habían sido "subversivas", esta esperanza pronto se evaporó. En el contrainterrogatorio Goldman le preguntó al testigo si Dobbs había promovido "la fuerza y la violencia" en conversaciones privadas o en discursos que él había escuchado. Smith contestó:

"Nunca lo oí abogar por el derrocamiento del gobierno por la fuerza y la violencia en ninguna de esas reuniones, y en mis conversaciones privadas con él tampoco abogó jamás por el derrocamiento del gobierno por la fuerza y la violencia".

Al ser interrogado por el fiscal, Smith testificó que se había afiliado al PST en la primavera de 1940. Goldman le preguntó por qué lo hizo, y Smith contestó:

"¿Qué me hizo afiliarme al Partido Socialista de los Trabajadores? Yo era miembro de la directiva de la Hermandad Internacional de Teamsters en Omaha. Recuerdo las condiciones que teníamos antes de crear [el comité de la IBT de sindicalización de choferes de] la Región de 11 Estados y las condiciones en Minneapolis y Saint Paul, en esta reunión [en las Ciudades Gemelas en enero de 1938]. Recuerdo haber visto el trabajo que hacían el Local 544 y sus dirigentes, ayudando a los locales más pequeños, y toda su junta y su personal, según yo los conocía, todos de pensamiento a favor de los trabajadores, tratando de ayudar a los pobres, y me enteré de que eran miembros de este [del PST]. Y pensé: si esto era el Partido Socialista de los Trabajadores, que producía ese tipo de personas, eso era suficiente para mí, y entonces me afilié con ellos".

Cuando Love fue llamado al estrado, el fiscal solo le hizo unas preguntas superficiales, tratando de evitar que se repitiera el desastre sufrido con Smith. Pero Goldman rehusó cooperar en ese intento. Los resultados se reflejan en el siguiente pasaje de su contrainterrogatorio de Love, empezando con la respuesta que Love dio cuando Goldman le preguntó por qué se había afiliado al PST:

"R: ¿Por qué me afilié? Bueno, se lo voy a decir. Me afilié al partido por prácticamente la misma razón que dio Tommy [Smith].

"P: ¿Alguna vez escuchó a Farrell Dobbs dar discursos?

"R: Lo he escuchado dar muchos discursos…

"P: ¿Alguna vez dijo algo sobre el derrocamiento del gobierno por la fuerza y la violencia?

"R: No, señor".

Entre los testigos del gobierno había algunos que fueron empleados para uno u otro propósito específico. Edward P. Shurick, gerente de una radioemisora, identificó las transcripciones de unas presentaciones radiales que Grace Carlson había hecho como candidata a senadora de Estados Unidos por Minnesota en las elecciones de 1940. Luego los fiscales tergiversaron extractos de esas charlas para alegar que ella había abogado por el derrocamiento armado del gobierno.

Franklin F. Page, un reportero del periódico estudiantil de la Universidad de Minnesota, testificó que había oído a Carlson dar un discurso en que abogaba por "la fuerza y la violencia". En el contrainterrogatorio Page reconoció que el Club Socialista en la universidad había protestado contra un artículo que él había escrito para el periódico estudiantil que tergiversaba el discurso de Carlson.

Eugene F. Gleason, un reportero del *Cleveland Plain Dealer*, afirmó haber oído a Carlson abogar por el uso de la fuerza armada contra el gobierno durante un discurso que ella había dado en Cleveland, Ohio.

Elizabeth Humpfner, una enfermera de Minneapolis, alegó que por su asociación cercana con Rose Seiler se había percatado que Seiler era sin duda miembro del PST y estaba de acuerdo con su programa.

Charles H. Chalmers, quien tenía un negocio de calderas de aceite, testificó que Ray Dunne, como orador invitado en un club de almuerzo en Minneapolis, había dicho que él tuvo mucho que ver con la redacción de la Declaración de Principios aprobada por el PST en 1938.

Myrtle Levenius dijo haber comprado una copia de la Declaración de Principios de 1938 en la sede del PST. Lo hizo poco antes del juicio, siguiendo instrucciones de su patrón, según dijo. El patrón resultó ser la Associated Industries [Industrias Asociadas], sucesora de la extinta Alianza Ciudadana la cual se había ganado el odio generalizado por sus ataques brutales contra los huelguistas.

Durante esta etapa del juicio la defensa reanudó sus objeciones a que se incluyera al Manifiesto Comunista como "evidencia" del gobierno. En su réplica el fiscal argumentó que el documento había servido de base para una clase de estudio en Omaha, que el testimonio de Bartlett había revelado que el texto abogaba por la fuerza y la violencia, y que por tanto se había dado pruebas de que los acusados habían usado el Manifiesto Comunista en violación de la ley Smith. Como antes, el juez falló a favor del gobierno.

Este ejemplo de los métodos que usaba el gobierno para enjuiciarnos fue denunciado durante el proceso por Roger

Baldwin, director de la Unión Americana de Libertades Civiles. Lo hizo en un discurso ante un evento público celebrado en Minneapolis el 13 de noviembre de 1941.

"Se ha imputado a los acusados un solo acto abierto: la organización de una guardia de defensa en 1938", dijo Baldwin al público, "así que la acusación se basa principalmente en lo que ellos pensaban… Por primera vez en nuestra historia, se enjuicia a hombres y mujeres por las ideas del Manifiesto Comunista, que data de hace 93 años".

Tres días después, Robert Minor, secretario nacional en funciones del Partido Comunista, tomó una posición contraria. Lo hizo como orador principal en una función auspiciada por los estalinistas, también celebrada en Minneapolis durante el juicio contra nosotros. Minor estaba sustituyendo a Earl Browder, secretario nacional del PC, quien estaba cumpliendo una condena en una prisión federal bajo cargos fabricados en torno a su pasaporte. El caso fabricado había ocurrido durante la época del pacto Stalin-Hitler. Pero después el PC había vuelto a dar apoyo al imperialismo estadounidense, y ahora estaba apoyando fervientemente a Roosevelt contra los que se oponían a su política exterior. El presidente correspondió a ese apoyo, excarcelando a Browder un poco más tarde.

En su discurso en Minneapolis, Minor llamó a la creación de "un frente nacional de todos los patriotas americanos en apoyo a la política de la administración". Acusó a los trotskistas que estaban siendo enjuiciados en una corte federal de ser "quintacolumnistas" (término usado durante la guerra civil española para describir a los agentes de Franco, el dictador fascista). Minor aludió a la presencia de distribuidores del *Militant* afuera del auditorio, e instó al público a que no creyera en "los que tienen extrañas fuentes de dinero con las que pueden pararse en la acera y regalar periódicos".

En marcado contraste con el papel chivato de los estalinistas, los sindicalistas se estaban volviendo más y más críticos de las tácticas del gobierno en su proceso contra los trotskistas. Esta tendencia se reflejó en una resolución adoptada durante el juicio por el Consejo Sindical Industrial del CIO de San Francisco, el cual afirmó:

"Condenamos el uso de agencias del gobierno para oprimir y acosar a cualquier organización sindical o política que esté realizando sus actividades legítimas...exigimos que el Departamento de Justicia desestime las acusaciones contra los 28 acusados en el caso de Minnesota y... pedimos que todos los locales afiliados brinden su pleno apoyo moral y financiero a estos 28 acusados".

También llegaron fuertes críticas del enjuiciamiento desde círculos de clase media. Por ejemplo, un editorial mordaz apareció en el *Belview Independent*, uno de los más conocidos semanales rurales de Minnesota. En su edición del 7 de noviembre de 1941 declaró:

"Estemos o no de acuerdo con los ideales del Partido Socialista de los Trabajadores, hay mucho más en juego en este juicio que la culpabilidad de las personas acusadas. Se trata de si el pueblo de Estados Unidos tiene derecho a la libertad de expresión, de prensa y otros derechos civiles...

"Francamente, creemos que todo el caso es producto de la controversia entre la AFL y el CIO. Al Local 544 del CIO siempre le ha tocado la peor parte. En realidad, si se hubiera cumplido lo que dice la ley, se habrían celebrado elecciones y los miembros del sindicato habrían podido votar y decidir ellos mismos cuál grupo deseaban que los representara.

"Es difícil creer que su organización sería culpable de fomentar una revolución de tipo sangriento, pues nunca ha existido una organización más antiguerra en Estados Unidos. Su motivo para oponerse a la guerra no es necesariamente desde el punto de vista del gasto económico, sino porque creen que las filas del pueblo trabajador en Estados Unidos derramarán su sangre en una guerra que producirá ganancias solo para unos pocos, y muerte y desastre para el pueblo trabajador".

Según indicaban las opiniones expresadas por Baldwin, el CIO de San Francisco y el semanario rural de Minnesota, existía mucho apoyo para la demanda de que el gobierno abandonara el enjuiciamiento de los 28. Nuestro abogado defensor entabló una moción en ese sentido en el juicio. Específicamente, pidió que el juez instruyera al jurado que emitiera un veredicto de no culpable para cada uno de los acusados.

El argumento a favor de un veredicto tan especifico se planteó así: no existía prueba alguna de una conspiración, a menos que se afirmara que la existencia misma del PST —un partido legal— era una conspiración. Las "pruebas" presentadas contra nosotros eran discursos y escritos, todos relativos a un análisis de hechos históricos y de los cambios anticipados a partir de una predicción científica. No había pruebas de intentos de fomentar la insubordinación en las fuerzas armadas. Lo único que el gobierno podía señalar era la guardia de defensa del Local 544, organizada para la defensa propia del sindicato, y la idea de que una agrupación tan pequeña pudiera amenazar al gobierno era absurda.

Schweinhaut se opuso a la moción de la defensa, sosteniendo que lo presentado por los testigos del gobierno había confirmado dos cosas: los acusados esperaban que la deseada revolución llegaría pronto, y ellos instaban a los conscriptos a crear desorden y descontento en el seno del ejército. También afirmó que el hecho de ser miembro del partido demostraba una intención clara y absoluta de derrocar al gobierno por la fuerza si se le presentara la oportunidad. Esas cosas, insistió Schweinhaut, demostraban claramente la conspiración planteada en la acusación.

En su decisión sobre la moción de la defensa, el juez Joyce ordenó que se emitieran veredictos de no culpable para George Frosig, Walter Hagstrom, Dorothy Schultz, Rose Seiler y Nick Wagner. Dijo que no había suficientes pruebas de que esos cinco acusados tuvieran conocimiento del PST o que hubieran participado en actividades para derrocar al gobierno por la fuerza y la violencia.

Las razones que dio Joyce para poner en libertad a los cinco tenían una implicación amenazadora. En efecto el juez le estaba diciendo al jurado que, si aceptaba el argumento del gobierno de que el PST en sí representaba una conspiración, entonces el PST —como partido— estaba siendo juzgado por cargos de conspiración, y los que eran miembros activos y comprobados del partido debían ser declarados culpables automáticamente.

Sobre esa premisa, el juez instruyó a los otros 23 acusados que continuaran con su respuesta al caso presentado por el gobierno contra ellos. En un intento de justificar esa posición, declaró:

"Podría parecer irrazonable el temor —cuando se toma en cuenta el tamaño y el poderío de Estados Unidos— de que este grupo relativamente pequeño de personas pudiera lograr exitosamente los fines que se les imputa. Pero sería bueno recordar al respecto que, en sus días iniciales, Hitler andaba en una gabardina mugrienta y era menospreciado por sus esfuerzos".

Dorothy Schultz, hablando a nombre de los cinco que Joyce había puesto en libertad, dijo a la prensa: "Nos mantenemos en plena solidaridad con los acusados. Debemos redoblar nuestros esfuerzos para salvar a nuestros compañeros y amigos. El resto del fallo emitido hoy por el juez significa que debemos prepararnos para lo peor".

15

‘Si eso es traición...’

La refutación de los cargos del gobierno contra los restantes 23 acusados comenzó el decimosexto día del juicio. Ya habíamos elaborado la línea general de nuestro testimonio en discusiones colectivas, y habíamos escogido a ciertos acusados para que subieran al estrado para tal o cual propósito. En términos generales, nuestros objetivos eran: rebatir la mentira de que estábamos involucrados en una conspiración criminal contra el gobierno, hacer una exposición abarcadora de las perspectivas que realmente defendíamos y, desde el tribunal, hacer un llamamiento al apoyo masivo frente al ataque de la fiscalía contra nuestro derecho democrático a propagar las ideas socialistas revolucionarias.

El primer testigo de la defensa fue James P. Cannon, quien delineó los fundamentos marxistas en los cuales el partido basaba su política. Su testimonio en el interrogatorio directo fue guiado por Albert Goldman, cuyas habilidades como abogado fueron suplementadas felizmente por sus conocimientos de la política marxista. Trabajando en equipo, convirtieron esa fase del juicio en lo que el *Minneapolis Tribune* describió como "una escena como un salón de clase". La exposición que hizo Cannon sobre las perspectivas básicas del PST, que presentó en forma de respuestas a las preguntas de Goldman, pueden ser resumidas así:

El gobierno había invertido la realidad completamente al acusar al Partido Socialista de los Trabajadores de un complot para socavar el sistema existente. En Estados Unidos se desarrollaba una crisis social, no a causa de una conspiración revolucionaria, sino por las operaciones de dos leyes internas del capitalismo que hacen inevitable su declive y su sustitución por el socialismo.

Una de esas leyes tiene que ver con la propiedad privada de los medios de producción, explicó Cannon, y la contratación del trabajo asalariado con salarios inferiores al valor de los productos creados por los trabajadores asalariados. Es evidente que los trabajadores asalariados, que reciben por su trabajo una cantidad menor del valor total de lo que producen, pueden ser clientes solo por la parte del valor que reciben en concepto de salario. El valor restante creado por el trabajo se convierte en plusvalía, para la cual los apropiadores capitalistas tienen que encontrar campos de explotación dentro del país y en el extranjero. Las contradicciones resultantes del sistema capitalista inevitablemente desembocan en crisis periódicas.

La depresión económica después de 1929, que resultó del tipo de crisis que la ciencia política denomina sobreproducción, fue una señal incuestionable del mal estado de salud del organismo social llamado capitalismo. Le impuso a la clase trabajadora el azote del desempleo que prevalecía a nivel mundial, salvo en la Unión Soviética, donde se habían establecido relaciones de propiedad post-capitalistas.

Las relaciones sociales se acentúan aún más por la competencia entre los capitalistas, tendencia que lleva inevitablemente a que los peces más grandes marginen a los más pequeños. Más y más riquezas se concentran en manos de menos y menos monopolistas. Entretanto, la gran masa del pueblo, especialmente los trabajadores, deben afrontar las crecientes dificultades sociales y económicas, y crece el número de los empobrecidos.

Las causas de la incesante lucha de clases bajo el capitalismo son factores estructurales fundamentales como los antes mencionado, y no la propaganda socialista. Entre mayor la mordida del producto nacional tomado por los propietarios, menos reciben los trabajadores asalariados. Esto genera un constante conflicto de intereses entre las dos principales clases, que debe culminar finalmente en una victoria definitiva de la clase trabajadora y el establecimiento del socialismo.

Los sindicatos surgieron en este país como las organizaciones básicas mediante las cuales los trabajadores luchan día a día por defender sus intereses. El Partido Socialista de los Trabajadores apoya el movimiento sindical, a fin de ayudar a los trabajadores a resistir la opresión y procurar mejores condiciones de vida. Al hacerlo, abogamos por métodos democráticos con los cuales las filas pueden controlar los sindicatos. El partido no busca un control dictatorial sobre estas organizaciones de masas, como alega falsamente el gobierno. Nos esforzamos por tener una influencia predominante en los sindicatos demostrando nuestra capacidad de luchar por los intereses de los trabajadores. Así tratamos de ganarnos el respeto de las filas, con la esperanza de encontrar una acogida positiva a nuestro programa de lucha de clases y nuestras ideas socialistas.

Cuando hablamos de las perspectivas para el movimiento obrero, recalcamos la necesidad de que las masas trabajadoras tomen control de la dirección del país. Como primer paso hacia ese objetivo, instamos a los trabajadores a que rompan definitivamente con los partidos capitalistas, desarrollen su propio partido independiente y adopten un programa político que realmente beneficie los intereses de los trabajadores y sus aliados.

La segunda ley interna del capitalismo, dijo Cannon, tiene que ver con el conflicto entre el mayor desarrollo de las fuerzas productivas y las barreras nacionales a las que están limitadas estas fuerzas. En sus intentos de resolver las crisis de sobreproducción, los capitalistas buscan mercados extranjeros para vender sus mercancías e invertir su capital excedente. Esta tendencia es inherente a todos los países industriales avanzados que tienen una base capitalista. Tienden a convertirse en potencias imperialistas, lo cual significa que buscan explotar a otros pueblos.

Pero cuando el capitalismo entra en un nuevo territorio, la esfera mundial disponible para la explotación comienza a estrecharse, porque las leyes de la competencia capitalista le siguen como una sombra. Los rivales imperialistas tienen cada vez menos margen para expandir sus esferas de influencia, y por tanto entran en conflicto por la repartición del botín territorial.

A principios del siglo 20 estos choques globales se intensificaron a tal punto que desembocaron en la guerra de 1914–18. El estallido de un conflicto sangriento a una escala tan inmensa era señal de que el mundo capitalista había llegado a una profunda crisis de desarrollo histórico. Desde ese momento las naciones capitalistas habían seguido en estado de guerra o en un proceso de preparativos para la guerra, y solo tardó dos décadas para que estallara otro holocausto mundial. Como en todos los conflictos imperialistas, lo que provocó la Segunda Guerra Mundial fue la competencia entre pandillas capitalistas rivales por mercados, fuentes de materias primas, ámbitos de inversión y esferas de influencia. Y más conflictos de esta naturaleza son inevitables mientras perdure el dominio monopolista.

Las afirmaciones de Roosevelt de que estaba dirigiendo a Estados Unidos a entrar en una guerra por la democracia contra el fascismo eran un engaño, advirtió Cannon. El carácter del conflicto sería imperialista. Sería librado a expensas de la clase trabajadora, pero su objetivo sería promover las ambiciones de los capitalistas de este país, que estaban entre los mayores enemigos de la democracia. Aun antes de que Estados Unidos se sumara abiertamente a las hostilidades, habían usado los preparativos de guerra como pretexto para atacar el nivel de vida y socavar las libertades civiles en este país. Una victoria sobre Hitler de ninguna manera pondría fin a la amenaza del fascismo ni garantizaría una prosperidad continua para los trabajadores. Se podía evitar la guerra, abolir el desempleo y superar el peligro de un régimen represivo solo si se eliminaba el sistema capitalista que engendra la guerra, el desempleo y el fascismo.

El Partido Socialista de los Trabajadores se opone invariablemente a la guerra imperialista, declaró Cannon desde el banquillo de los testigos. Nos pronunciamos en contra de la guerra, escribimos en contra de ella, tratamos de crear un sentimiento de masas en contra de ella. Apoyamos la demanda a favor de un referéndum del pueblo antes de que Estados Unidos pueda entrar en una guerra contra cualquier país. Es más, nos mantendremos opuestos a la participación en una guerra imperialista aun cuando este país esté enfrascado en ese conflicto. Expresaremos esa oposición en el plano político, buscando ejercer nuestro derecho constitucional de reclamar una política exterior diferente.

Al oponerse a la guerra imperialista, el PST rechaza toda idea de hacerlo mediante actos de sabotaje o intentos de fomentar la insubordinación en las fuerzas armadas. Si el partido recurriera a esa conducta, se desacreditaría; destruiría toda posibilidad de captar a una mayoría a favor de su programa, que es la única manera de lograr la transformación social por la que abogamos.

En cuanto a las fuerzas armadas, el partido había decidido recientemente proponer el adiestramiento militar bajo el control de los sindicatos y financiado por el gobierno. También había reivindicado que los trabajadores reclutados al servicio militar del imperialismo tuvieran derecho elegir a sus propios oficiales, crear comités de quejas y mantener todos sus derechos como ciudadanos. Los miembros del PST de edad militar no intentaban evitar el servicio militar como objetores de conciencia. Eso los aislaría de la clase trabajadora. Por esa razón los revolucionarios se sometían al reclutamiento, para mantenerse en contacto con los trabajadores reclutas y pasar por la experiencia militar junto a ellos.

La guerra imperialista para la cual estaban reclutando a los trabajadores era en sí una expresión de una terrible crisis social, y esa crisis no se resolvería con la guerra. El sufrimiento y miseria de masas crecería a pasos agigantados durante el conflicto. Se produciría un profunda turbulencia; las amargas experiencias harían que las masas anhelaran un cambio fundamental en las condiciones sociales.

Por definición, eso es lo que significa el término *revolución social*, subrayó Cannon: una transformación política y económica fundamental de la sociedad. Un ejemplo en la historia de Estados Unidos es la Guerra Civil de 1861 a 65. Esa fue una revolución social porque destruyó el sistema del trabajo esclavo y de esclavos como propiedad, y lo sustituyó por el dominio completo de la empresa capitalista y del trabajo asalariado.

Para que ocurra una semejante revolución social contra el capitalismo, se tienen que cumplir varias precondiciones. La sociedad existente tiene que haber agotado sus posibilidades de mayor desarrollo. En consecuencia, la clase gobernante, que ya no puede resolver los problemas que va creando, pierde confianza en sí misma. Al mismo tiempo la miseria y desesperación de las masas aumenta a tal punto que desean un cambio radical. Crece el reconocimiento de que hace falta una revolución social, lo cual lleva a una creciente aceptación de las ideas socialistas. Sin embargo, antes de que se pueda lograr el cambio deseado, tiene que haber un partido obrero fuerte y capaz de dirigir a las masas resueltamente hacia una solución fundamental de la crisis social. Para lograr eso el partido obrero debe ser capaz de dirigir la lucha por el socialismo de la manera más económica y eficaz.

En 1941, señaló el dirigente del PST, se habían manifestado graves y crecientes síntomas de la decadencia capitalista en este país. Durante toda la década de 1930 había existido un desempleo masivo. En la medida que se había logrado cierta estabilización económica, era mayormente la consecuencia de la producción de armamentos. De ahí que la crisis de la depresión se estaba transformando en una crisis bélica. Esto demostraba que los gobernantes capitalistas eran incapaces de resolver sus problemas; pero aún no estaban consciente de ello, así que todavía no habían perdido confianza en sí mismos.

Las condiciones de vida de las masas habían empeorado drásticamente durante la depresión, y a largo plazo se podía anticipar aún más trastornos en el bienestar económico y social de los trabajadores. Desafortunadamente, las masas todavía no estaban familiarizadas con las ideas socialistas, lo cual significaba que nuestro partido no tenía suficiente peso para influir decisivamente en la trayectoria de los trabajadores en defensa de sus intereses de clase.

Como partido minoritario, el PST tenía que concentrarse en propaganda para popularizar su programa. Eso se hacía con la publicación de periódicos, revistas, libros y folletos y con eventos públicos. Al mismo tiempo, el partido buscaba jugar un papel constructivo en los sindicatos y otras organizaciones de masas. También postulaba candidatos a cargos públicos. Esta última actividad servía como una vía más para que nuestras ideas fueran comprendidas más ampliamente. A medida que el apoyo más amplio a nuestro programa se expresara en un creciente apoyo a nuestros candidatos en las urnas, sería una prueba de si la minoría capitalista permitiría un cambio social fundamental a través de una expresión democrática de la voluntad del electorado.

El cambio que concebíamos se enfocaría en la creación de un orden social basado en la propiedad común de los medios de producción, dijo Cannon al jurado. La industria sería nacionalizada, se eliminaría la competencia y el derroche que la acompaña y sería abolida la propiedad privada de los medios de producción, junto con el lucro privado y el sistema salarial. El uso del término "riqueza productiva" en ese sentido no se refiere a la propiedad personal de los individuos. Significa la riqueza requerida para producir las necesidades de la población: industrias, minas, ferrocarriles, etcétera.

Al hacer estos cambios, no se va a interferir con los pequeños propietarios, quienes no son explotadores de trabajadores. Se permitirá que mantengan sus fincas, talleres de artesanías y pequeños negocios de servicios. Un gobierno revolucionario tratará de convencerlos —con el ejemplo— de las ventajas de las empresas socializadas. Pero hasta que se logre eso, se les brindará consideración razonable a sus necesidades y problemas especiales.

No se ofrecerá las mismas consideraciones, agregó Cannon, a los industrialistas, grandes terratenientes y banqueros, quienes explotan a mucha gente. Sus propiedades serán expropiadas y puestas en manos de las masas para administrarlas con representantes democráticamente electos. La cuestión de si indemnizar o no a las personas cuyas propiedades han sido expropiadas no es un asunto de principios. Si están dispuestos a aceptar pacíficamente el nuevo orden a cambio de una indemnización razonable, ese método de implementar la transformación social sería más económico que una guerra civil. Pero si se resisten a la norma de la mayoría, perderían automáticamente todo reclamo de indemnización.

Para llevar a cabo los cambios sociales necesarios, dijo Cannon, habrá que reorganizar drásticamente los instrumentos de gobierno. Un gobierno capitalista surge de una sociedad basada en la propiedad privada de los medios de producción. Como tal, representa en general los intereses de los capitalistas y excluye de sus consideraciones primordiales las necesidades de las masas. Por lo tanto, a ese tipo de órgano rector no se le puede confiar las tareas de transformar las relaciones sociales.

Hay que establecer un gobierno de la clase trabajadora, con el apoyo de los aliados de los trabajadores. Debe representar verdaderamente los intereses económicos y sociales de los que trabajan. Ese gobierno tendrá la tarea de organizar y controlar la transición social del capitalismo al socialismo. No obstante, antes de que eso se pueda lograr, nuevas formas de gobierno tendrán que reemplazar el aparato del actual estado capitalista, que está diseñado para servir los intereses capitalistas por encima de los demás. El aparato de gobierno tendrá que ser reconstruido de arriba abajo. El Congreso podría ser reorganizado, por ejemplo, de manera de estar compuesto de representantes de los trabajadores y sus aliados, basándose en las unidades de trabajo, en vez del engañoso método de representación territorial que actualmente usan los capitalistas.

En la terminología marxista, un gobierno que auténticamente representa a las masas trabajadoras se define como la "dictadura del proletariado". Pero no se debe confundir este término con la impresión popular de dictadura como el dominio de tiranos. Cualquiera que sea la forma de gobierno que usen los capitalistas, ellos ejercen una dictadura sobre todas las relaciones sociales y económicas, subordinando siempre las necesidades de las masas a sus propios intereses privados. Lo que los marxistas llaman "la dictadura del proletariado" simplemente invierte esa situación: deja a un lado los intereses especiales de los capitalistas y, en cambio, presta atención a las necesidades de quienes por mucho tiempo han sido explotados por los capitalistas. Desde la perspectiva de las masas, será el gobierno más democrático que jamás ha existido.

En términos generales, los gobiernos son principalmente instrumentos de represión que una clase social usa contra otra. En las primeras etapas de una transición al socialismo, el gobierno obrero revolucionario continuará cumpliendo esa tarea básica, excepto que lo hará con fines progresistas. Servirá tanto para hacer cumplir los deseos del pueblo trabajador como para impedir que los capitalistas obstruyan ese esfuerzo. Luego —a medida que el nuevo gobierno de las masas trabajadoras avance en el proceso de socializar las industrias, abolir las desigualdades, elevar el nivel de ingresos del pueblo y suprima los intentos contrarrevolucionarios de los explotadores desposeídos— su importancia y peso como fuerza de control disminuirá gradualmente.

Después de un tiempo, la transición social se llevará a

cabo hasta que la explotación sea completamente eliminada y las distinciones de clase abolidas, acabando así con el conflicto de clase contra clase. De esta manera se desvanecerá gradualmente la necesidad de una fuerza represiva oficial. El gobierno podrá ser reemplazado por consejos administrativos, cuyas funciones consistirán en planificar la producción, supervisar las obras públicas, la educación, la salud pública, etcétera. A medida que la transición conduzca a una sociedad socialista plenamente desarrollada, el gobierno sobre las personas será reemplazado por la administración sobre las cosas. Ya no habrá más necesidad de ejércitos, policías, cárceles y otros instrumentos de represión, de manera que ese aspecto tradicional del gobierno desaparecerá por falta de necesidad.

Esta perspectiva básica sobre el futuro de la humanidad, observó Cannon, es lo que hace que el Partido Socialista de los Trabajadores sea internacionalista hasta la médula. El mundo moderno se ha convertido en una sola unidad económica; ningún país es completamente autosuficiente. Por consiguiente, los problemas actuales de los miles de millones de personas en el mundo solo se pueden resolver a escala mundial. El nuevo orden social debe ser un orden mundial, ya que es la única manera de lograr el desarrollo integral y armonioso de las fuerzas productivas con la capacidad de promover un progreso humano perdurable para todos.

Dado que el establecimiento del socialismo es una tarea mundial, los trabajadores de todos los países deben aunar esfuerzos hacia esa meta. Para impedir divisiones nocivas en el seno de la clase, hay que oponerse a todas las formas de prejuicios raciales así como al antisemitismo. Los trabajadores en los países avanzados deben actuar como amigos de los pueblos coloniales. El movimiento obrero debe defender la plena igualdad de todas las nacionalidades, razas y credos. Nuestra meta debe ser la plena unidad de clase en la lucha contra el capitalismo, y los trabajadores necesitan tener organizaciones internacionales para ese objetivo.

Una vez establecida la sociedad socialista, explicó Cannon, la participación en sus beneficios estará abierta a todos. Esto puede incluir a antiguos capitalistas individuales, siempre y cuando acepten el cambio social y no tomen las armas en su contra. Si la norma de la mayoría no se ve desafiada por la fuerza, la transición judicial podría comenzar con extensas enmiendas a la Constitución de Estados Unidos para adaptarse al nuevo régimen. Por ejemplo, los conceptos democráticos establecidos en la Carta de Derechos se mantendrían intactos, solo que serían mejorados y ampliados. Por otro lado, habría que eliminar las actuales garantías constitucionales al derecho a la propiedad privada de los medios de producción.

Esta última cuestión es precisamente el meollo del asunto. Los precedentes históricos muestran que toda clase propietaria y privilegiada, por más caduca que sea, no está dispuesta a retirarse del escenario sin tratar de imponer su voluntad forzosamente sobre la mayoría. Por consiguiente, cada importante transformación social ha sido acompañada de la violencia. Una guerra civil estalló en este país, por ejemplo, porque los esclavistas sureños no podían aceptar la victoria parlamentaria legal del capitalismo del Norte: la elección del presidente Lincoln.

Se encuentra una manifestación moderna de esta tendencia reaccionaria en el ascenso del fascismo en otras partes del mundo. Cuando los capitalistas ya no pueden mantener un equilibrio social basado en el parlamentarismo democrático, recurren a formas más abiertas del dominio de clase. El último paso en esa dirección es recurrir al fascismo, a fin de destruir el movimiento obrero a la fuerza.

Por tanto, si un movimiento fascista recibe un importante apoyo de los capitalistas, es una terrible alarma para los trabajadores. Significa que deben tomar las riendas de la situación, o de lo contrario sufrirán la misma suerte que el pueblo alemán bajo Hitler.

Por esa razón les aconsejamos a los trabajadores que se preparen para impedir que la minoría capitalista obsoleta frustre la voluntad de la mayoría. Una vez que se presenta una amenaza fascista, se hace imprescindible que el movimiento obrero organice una autodefensa eficaz. También hay que tomar en cuenta el objetivo de los capitalistas de usar a elementos de clase media —pequeños agricultores, pequeños comerciantes y profesionales— como campo de reclutamiento para las pandillas fascistas. La política del movimiento obrero debe diseñarse de manera de contrarrestar estas medidas, tanto para impedir el reclutamiento fascista y porque hay que ganar el apoyo de importantes capas de la clase media antes de que los trabajadores puedan lograr una revolución social.

Para hacer frente a cualquier amenaza fascista que surja, el PST propugna la organización de guardias de defensa obreras para proteger las sedes, asambleas y líneas de piquetes de los sindicatos. Durante el año 1938 hubo, de hecho, un ascenso del fascismo incipiente que pretendió incapacitar al movimiento obrero con métodos violentos. En Minneapolis el Local 544 tomó la iniciativa en la creación de una guardia de defensa sindical para enfrentar a los matones fascistas en sus propios términos. Un poco más tarde, al acercarse la Segunda Guerra Mundial, los nuevos acontecimientos empujaron a los aspirantes a Hitler a un segundo plano y disminuyó la necesidad anterior de las guardias de defensa obreras. Sin embargo, hemos mantenido el concepto de la defensa propia como parte de nuestro programa a largo plazo, porque se puede prever que la amenaza del fascismo volverá a presentarse en una futura etapa de la lucha de clases.

Al describir el choque entre las fuerzas de clases en épocas turbulentas de cambios sociales, Cannon esbozó la dinámica de la revolución de 1917 en Rusia. Ese fue el acontecimiento más grande y progresista en la historia de la humanidad hasta la fecha, explicó Cannon, experiencia en la que quedaron plasmadas las doctrinas y teorías del marxismo con las cuales el Partido Socialista de los Trabajadores se identifica. La Revolución Rusa de ninguna manera fue una conspiración ilegal de una minoría armada, según afirmaba la fiscalía. Fue el resultado de la acción colectiva de la abrumadora mayoría de la población.

Desde el principio, las propias masas iniciaron la formación de consejos de trabajadores, campesinos y soldados, que los rusos llamaron soviets. Estos eran tan directamente representativos de la amplia población que constituían la autoridad reconocida por el pueblo ruso, y no se podía aplicar ninguna política sin el apoyo de los soviets. Cuando el gobierno establecido después de la revolución de febrero de 1917 no llevó a cabo la voluntad de las masas, perdió el respaldo popular. Mientras tanto, los bolcheviques, dirigidos por Lenin y Trotsky, plantearon una política que correspondía a los deseos de los trabajadores, campesinos y soldados, y eso permitió que los bolcheviques ganaran influencia progresivamente. En octubre los bolcheviques ya habían obtenido una mayoría en los soviets, lo que permitió tomar control del gobierno con un sólido apoyo de masas. Además, esta transformación revolucionaria se logró sin violencia grave; no hubo más que unas pequeñas escaramuzas.

La violencia en gran escala comenzó solo cuando las fuerzas reaccionarias lanzaron un ataque contrarrevolucionario para tratar de derrocar al gobierno soviético electo democráticamente y dirigido por los bolcheviques. Se produjo una sangrienta guerra civil, durante la cual las potencias imperialistas, incluido Estados Unidos, respaldaron a los contrarrevolucionarios dentro de Rusia. Al final los bolcheviques salieron victoriosos. Se consolidó un estado obrero sobre la base de formas de propiedad post-capitalistas, es decir, la nacionalización y la propiedad colectiva de los medios de producción.

Lenin murió poco después, en 1924 , y surgió una lucha entre dos facciones, encabezadas por Stalin y Trotsky, en torno a la democracia soviética, el ritmo de la industrialización y el control obrero. Los estalinistas se empeñaron en imponer el dominio burocrático en todas las esferas. Su trayectoria surgió del esfuerzo por dar marcha atrás a la perspectiva revolucionaria internacionalista que había prevalecido en la época de Lenin y de establecer un régimen autocrático en la Unión Soviética para implementar la política retrógrada nacional e internacional que desarrollaron.

Cuando Cannon llegó a este punto en su discurso, Schweinhaut lo interrumpió bruscamente. Unos pocos meses antes, Alemania había invadido a la Unión Soviética, y desde entonces Roosevelt había comenzado a ver a Stalin como un aliado contra Hitler. Por esa razón la Casa Blanca ya no quería que se hicieran críticas públicas a su posible socio en la guerra. Se había dado a conocer este cambio de línea a todas las agencias del gobierno, y la fiscalía actuó en consecuencia cuando se opuso a una discusión en nuestro juicio sobre la situación interna soviética. "¿Qué nos importa?" preguntó retóricamente. El juez Joyce respaldó a Schweinhaut, dictaminando que una descripción del régimen de Stalin era "irrelevante e innecesario".

El juez permitió testimonios adicionales sobre la cuestión rusa únicamente cuando tenían que ver con la política del PST hacia el estado obrero que había surgido originalmente bajo la dirección bolchevique. Apoyamos a la Unión Soviética contra el imperialismo, dijo Cannon al jurado, porque representa un avance para la clase trabajadora. Nuestra oposición al estalinismo no cambia nuestra actitud a favor de la forma soviética de producción industrial.

Este tema, añadió Cannon, tenía que ver directamente con la relación entre el PST y Trotsky. Lo habíamos respaldado contra Stalin desde un principio. Habíamos adoptado el análisis básico de Trotsky sobre el estalinismo como parte de nuestro programa. Además, sus ideas e interpretaciones del marxismo en nuestra época eran la fuente de nuestros principales conceptos sobre la política contemporánea en la lucha de clases internacional. Estudiábamos esas ideas, por supuesto, con relación a los acontecimientos en Estados Unidos y buscábamos aplicarlas a la realidad concreta en este país.

Cannon también respondió a cómo el gobierno pretendía usar el Manifiesto Comunista contra nosotros, enfocándose en una sola oración de ese documento, que decía que los comunistas "proclaman abiertamente que sus objetivos solo pueden ser alcanzados derrocando por la violencia todo el orden social existente". Hay que tener presente, explicó, que cuando se escribió el Manifiesto en 1848, todo el continente europeo era un hervidero de revoluciones y contrarrevoluciones. En ninguna parte del continente existían sistemas parlamentarios estables o procesos democráticos mediante los cuales se pudiera iniciar un cambio social fundamental.

En cuanto a nuestra actitud hacia Marx, agregó Cannon, el PST lo considera el representante de su ideología con mayor autoridad. Pero eso no quiere decir que aceptemos todas las declaraciones de Marx como infalibles. La teoría marxista no es ni una revelación ni un dogma. Es una guía para la acción, que hay que saber aplicar a su propia época. Y lo mismo se puede decir de los escritos de Engels, Lenin, Trotsky y otros maestros marxistas.

Schweinhaut se encargó del contrainterrogatorio a Cannon. Lo que se dio fue un fuerte debate entre el vocero capitalista y el dirigente revolucionario. Schweinhaut, quien defendía un orden social en bancarrota, empleó todas las artimañas legales posibles. Pero Cannon lo aventajó políticamente en el enfrentamiento, como lo demostrará un resumen de algunos aspectos más sobresalientes.

El fiscal comenzó citando el testimonio de Cannon durante el interrogatorio, según el cual la expropiación de la propiedad capitalista sin indemnización no era una cuestión de principios. Después leyó una oración tomada de la Declaración de Principios del PST de 1938, que planteaba la "expropiación y socialización, sin indemnización". La cita demostraba, insistió Schweinhaut, que el PST sí consideraba como principio la expropiación de dichas propiedades sin indemnización. Implícitamente estaba acusando de mentiroso al dirigente del partido.

Esa frase sí estaba en la declaración, contestó Cannon, pero la cuestión de la indemnización no era un principio. Nos interesa el bienestar de la gran masa del pueblo. Las preocupaciones de la minoría capitalista son secundarias a lo que consideramos el interés público. A los capitalistas se les puede dar pensiones si aceptan no resistir por la fuerza el poder de la mayoría.

Seguidamente, el fiscal argumentó que, dado que el PST cree que el gobierno es el instrumento de los capitalistas, para suprimir a los capitalistas el PST debe suprimir el gobierno. Quería decir, por supuesto, que el PST tenía como objetivo derrocar el gobierno por la violencia por parte de una minoría.

Cannon respondió que haríamos un cambio radical en toda la estructura del gobierno según la voluntad de la mayoría. Nuestras ideas ganarían mayor apoyo debido a la bancarrota del sistema actual y las crecientes dificultades que esto significa para las masas. Los capitalistas tratarían de impedir la popularización de ideas contrarias a su sistema y la organización de un movimiento anticapitalista. Recurrirían a métodos fascistas. Es la clase gobernante la que emplearía violencia en vez de una resolución pacífica y democrática de los males de la nación.

Schweinhaut exigió saber cómo el PST resistiría esa sublevación capitalista. Igual que hizo Lincoln, contestó Cannon. Lincoln convocó a voluntarios para suprimir la rebelión de los esclavistas.

Buscando algún ángulo nuevo sobre el tema de la fuerza y la violencia, el fiscal atacó la posición del PST respecto a las guardias de defensa obreras. El propósito de estas agrupaciones, insistió, no es principalmente la protección de los sindicatos, sino la expansión de un proceso que se enmarca en los preparativos para una lucha por el poder.

Las guardias de defensa van a existir y crecer, replicó Cannon, en la medida que tengan tareas que realizar. Si los fascistas crecen y atacan a los sindicatos, los trabajadores tendrán que contrarrestar esas acciones hostiles desarrollando y reforzando las guardias de defensa. En el transcurso de esa lucha, el poder inherente del movimiento obrero podría llevar a las guardias a convertirse en una fuerza muy eficaz.

Puesto que el PST preveía la violencia capitalista, afirmó Schweinhaut infundadamente, el partido quería empezar a desarrollar un ejército obrero por adelantado.

Nosotros no podíamos crear un ejército obrero simplemente con un programa, explicó Cannon pacientemente para beneficio del jurado. No podríamos organizar guardias de defensa obreras simplemente porque quisiéramos. Solo podrán surgir cuando los trabajadores lo vean como una necesidad apremiante. Es un proceso natural que se desprende de la lucha de clases.

Continuando el interrogatorio, Schweinhaut mencionó su cita preferida del Manifiesto Comunista de "derrocar por la violencia todo el orden social existente". Cuando el PST distribuye ese documento, preguntó, ¿hacen alguna advertencia sobre la oración citada?

Lo publicamos como un documento histórico, respondió Cannon. Se espera que nuestros miembros se rijan por el programa del PST.

Luego el fiscal se refirió a una oración en un folleto titulado *La conferencia de fundación de la Cuarta Internacional,* que decía: "La tarea estratégica de la Cuarta Internacional no es reformar el capitalismo, sino derrocarlo". ¿Acaso eso no significa, insistió Schweinhaut, que el PST ni siquiera va a intentar algo mediante reformas legislativas? Los objetivos del socialismo, respondió Cannon, no se pueden lograr con la reforma del capitalismo, que es un sistema caduco.

Tomando un ángulo diferente para tratar de presentar al PST como "antipatriota", Schweinhaut trató de agitar un poco la bandera patriotera. Exigió saber si el partido creía en la defensa nacional.

Creemos en defender el país utilizando nuestros propios medios, dijo Cannon, pero no creemos en defender el gobierno imperialista. Estamos en contra de dar apoyo alguno al actual gobierno estadounidense o a una guerra imperialista librada por este gobierno. Nos opondremos a esta guerra pronunciándonos en contra de ella; nos opondremos a ella políticamente.

Casi al final del contrainterrogatorio, el fiscal leyó en voz alta un fragmento del *Militant* del 12 de julio de 1941.

Había escogido un extracto que decía: "Durante la primera huelga de los choferes de camiones en mayo de 1934, los patrones lanzaron contra los obreros del transporte asediados a toda la fuerza policial de Minneapolis y 5 mil agentes especiales armados con garrotes y rifles. En una batalla histórica...los choferes combatieron y pararon en seco a los policías y agentes especiales, y los expulsaron de las calles de la ciudad". Cuando terminó de leer, ocurrió el siguiente intercambio:

Schweinhaut: "¿Es esa una demostración del trotskismo?"

Cannon: "Bueno, puedo darle mi propia opinión, de que estoy sumamente orgulloso del hecho de que el trotskismo contribuyó a influir en los trabajadores para que se protegieran contra esa clase de violencia".

Schweinhaut: "¿Y a qué clase de violencia se refiere?"

Cannon: "Para eso fueron organizados los agentes, para expulsar a los trabajadores de las calles. Recibieron una dosis de su propia medicina. Pienso que los trabajadores tienen derecho a defenderse. Si eso es traición, que así sea".

Durante esta etapa del juicio la defensa presentó varios textos como pruebas. Incluyeron resoluciones del PST sobre el partido obrero y las guardias de defensa obreras; un artículo de Goldman en el *Militant* del 29 de marzo de 1941, que explicaba por qué la oposición a la participación de Estados Unidos en la Segunda Guerra Mundial no implicaba dar apoyo a Hitler; y fragmentos del folleto de Goldman *What is Socialism?* (¿Qué es el socialismo?), que delineaba los beneficios que la propiedad común de los medios de producción haría posible para las masas. También había dos resoluciones aprobadas en el congreso especial del PST en diciembre de 1940: una para desafiliar el partido de la Cuarta Internacional y la otra para suspender su Declaración de Principios de 1938.

Además, se intentó incluir como evidencia un proyecto

de resolución presentado al pleno-conferencia del PST celebrado un poco antes del juicio. Contenía reformulaciones de algunos puntos en la Declaración de Principios. La fiscalía se opuso a que se incluyera este artículo porque había sido redactado después de la fecha en que fuimos instruidos de cargos. El juez Joyce falló que el documento no podía ser presentado como prueba.

Entre los testigos que comparecieron en nuestra defensa había seis trabajadores que habían pertenecido a la guardia de defensa del Local 544: Richard E. Atherton, Daniel E. Doyle, Harold B. Martin, Kenneth E. McKenzie, Gustave Reierson y Ole G. Reierson. Testificaron en este sentido:

En 1938 llegó a ser de conocimiento público que los Camisas Plateadas amenazaban con agredir al Local 544. El sindicato además se enteró de que George K. Belden, jefe de las Industrias Asociadas, asistía a las reuniones de los Camisas Plateadas. Belden representaba a una pandilla de patrones a quienes no les gustaba el sindicato porque se estaba poniendo demasiado fuerte.

Para enfrentar esa amenaza, el Local 544 tomó la iniciativa de organizar una guardia de defensa sindical. Se notificó a los periódicos y se instó a los miembros de la guardia que explicaran a todos sus conocidos lo que se estaba haciendo. Valoramos que si se daban a conocer al público las medidas tomadas por el sindicato para defenderse, podría ayudar a prevenir cualquier posible ataque. Se celebraron reuniones de la guardia para discutir sus funciones defensivas. Nunca se dijo nada en esas reuniones de usar la fuerza sindical contra el gobierno.

Durante un tiempo, los miembros de la guardia hicieron prácticas de tiro con armas de calibre .22. Más tarde la amenaza de los Camisas Plateadas empezó a desvanecerse y se suspendieron las prácticas de tiro, puesto que ya no eran necesarias. Después, la guardia funcionó solo en calidad de monitores en los picnics del sindicato y otros eventos sociales grandes.

Ray Rainbolt, quien había sido electo presidente de la unidad de defensa obrera, también dio testimonio sobre este tema. Todos los sindicalistas estaban invitados a unirse a la agrupación, dijo Rainbolt, y había miembros de distintos sindicatos. Las decisiones sobre la política de la guardia se tomaban por votación de los miembros. Sus armas consistían en dos pistolas y dos rifles calibre .22 de un solo tiro, que se usaban para prácticas de tiro. Se mantuvo activa hasta la fiesta de Navidad para los hijos de los miembros del sindicato en 1940. Después la guardia dejó de existir.

Grace Carlson rebatió el testimonio de los reporteros del *Cleveland Plain Dealer* y del periódico estudiantil de la Universidad de Minnesota, según los cuales ella había promovido el uso de la fuerza armada contra el gobierno. Aprovechó para explicarle al jurado lo que realmente se había abordado en esas ocasiones. En el evento de Cleveland su tema era "El derecho a vivir" y ella se había enfocado en la política despiadada del gobierno de gastar miles de millones de dólares para la guerra mientras descuidaba de forma criminal los problemas de la pobreza y las enfermedades. Su charla en la Universidad de Minnesota se titulaba "El camino hacia el socialismo". Había instado al público estudiantil a que estudiara el carácter reaccionario del sistema capitalista, para convencerse ellos mismos de la necesidad de ayudar a crear una sociedad socialista en este país.

Dos estudiantes de la Universidad de Minnesota, John Hart y Earl Opstad, testificaron en apoyo a Carlson. En su charla en la universidad, dijeron ellos, Carlson señaló que una mayoría tenía que estar convencida de la necesidad de un cambio fundamental antes de que se pudiera establecer el socialismo. Hablando en ese contexto, ella agregó que la mayoría tal vez tendría que defenderse militarmente porque la clase gobernante no cedería sus posesiones sin una lucha.

Roy Orgon, que había sido uno de los organizadores en la Sección de Trabajadores Federales (FWS) del Local 544, describió al jurado cómo fue atacado por matones de Tobin en junio pasado. Al resumir sus responsabilidades como organizador, también logró describir cómo la FWS apoyaba los intereses de los desempleados. Durante el contrainterrogatorio, Anderson acusó hipócritamente a los dirigentes de la FWS de haber incitado a los trabajadores a la violencia durante la huelga de la WPA en 1939. El fiscal también destacó que Orgon había sido uno de los condenados de "conspiración contra el gobierno " en el juicio federal después del paro de 1939.

En un momento anterior de nuestro juicio, el testigo estrella del gobierno, James Bartlett, había testificado que el PST conspiró para "apoderarse" de los sindicatos desarrollando a "dirigentes excelentes con influencia y prestigio" en el movimiento sindical. De esta forma, nuestro compromiso de ayudar a los trabajadores a usar el poder sindical a favor de sus intereses de clase había sido reducido a lo opuesto: un plan astuto para lograr influencia y prestigio con fines "subversivos". Ray Dunne hizo trizas esta línea falsa cuando subió al estrado para ofrecerle al jurado una imagen real de nuestra política sindical. Rebatió punto por punto el cuento de Bartlett sobre las conversaciones privadas en las que Dunne supuestamente le había revelado la verdad sobre los objetivos del PST.

Dunne además puso las cosas en claro sobre la versión que Bartlett había contado en la corte acerca de un "complot" del PST para destituirlo de su cargo en el sindicato. Bartlett había pedido ayuda a los dirigentes del Local 544 para ser reelecto a la presidencia de su local, dijo Dunne al jurado. "Yo le dije que él se había convertido en el agente de negocios común y regordete y que el movimiento [socialista revolucionario] no tenía interés en apoyar esa clase de material en el movimiento obrero".

Hicimos otro intento en ese momento de relatar el papel que jugó Tobin en la fabricación de cargos de "sedición" contra nosotros. Schweinhaut saltó de su silla como si le hubieran prendido fuego a los zapatos. Protestó diciendo que no era correcto introducir nuestra "querella con la AFL" en el caso. El juez una vez más declaró que esa discusión era "irrelevante."

Desde el estrado, Dunne repasó los antecedentes del Sindicato General de Choferes de Minneapolis. Trazó su ascenso como fuerza poderosa en el movimiento obrero de la ciudad, describió su vida interna democrática y relató los logros que los trabajadores habían obtenido gracias a la organización.

Además de ayudar a lograr esos objetivos, admitió con franqueza, el PST estaba interesado en difundir las ideas socialistas entre sindicalistas. "Nuestra política era organizar y desarrollar sindicatos fuertes", dijo Dunne, "para que los trabajadores pudieran tener algo que decir sobre su propia vida y ayudar a transformar el presente orden en una sociedad socialista... El Partido Socialista de los Trabajadores apoya la formación de un partido obrero basado en los sindicatos... Queremos que [los trabajadores] cobren experiencia en sus propias organizaciones políticas y que dependan de sus propios partidos políticos, aparte y en lugar de los viejos partidos de la clase capitalista. Apoyamos esa idea porque creemos que es bueno que sometan a prueba y experimenten los métodos que tienen que ser empleados para encontrar el camino hacia el socialismo".

Anderson dirigió el contrainterrogatorio. Uno de sus

temas fue acusar a la dirección del sindicato de haber provocado la violencia que ocurrió durante las huelgas de 1934 en la industria camionera. Pero Dunne le contestó tan bien que el intento fracasó.

El fiscal también usó una pila de pruebas del gobierno que contenían extractos de publicaciones revolucionarias. Las fue leyendo, una por una, haciendo énfasis para el jurado de cómo cada una "comprobaba" que el PST abogaba por una lucha armada para derrocar al gobierno. Cada vez que terminó de leer un fragmento, le pidió a Dunne que dijera si coincidía o no con lo que se había escrito. Entonces se dio una batalla entre el abogado inescrupuloso y el dirigente obrero con principios. Dunne rehusó caer en la trampa de dar simples respuestas de sí o no a las preguntas engañosas. Más bien intentó poner cada una de las citas en su debido contexto para que el jurado las comprendiera correctamente.

Yo también fui llamado a testificar para la defensa. Mi testimonio se enfocó en un resumen de la campaña de la IBT para sindicalizar a los choferes de larga distancia, en nuestra oposición a toda forma de control de los sindicatos excepto por voto mayoritario de las filas, y en la política del PST sobre las huelgas. Respecto al último tema, señalé que una huelga no es un juego que se toma a la ligera o por capricho. Implica grandes dificultades para los trabajadores. Por tanto, solo se debe hacer una huelga cuando sea necesaria para proteger los intereses de los trabajadores, y la dirección del sindicato debe hacer todo lo posible para ayudar a ganar la batalla contra los patrones.

Schweinhaut me contrainterrogó. Insistió en que nosotros éramos muy rápidos en convocar a huelgas a cada rato, y que nos oponíamos tajantemente a toda forma de arbitraje para resolver los conflictos laborales. Si eso no era cierto, preguntó, ¿cuándo considerábamos admisible el arbitraje?

Yo le contesté que era incorrecto que los dirigentes sindicales se precipitaran al arbitraje de los conflictos con los patrones, pero que en ciertas condiciones ese recurso era necesario. Por ejemplo, si las cosas fueran mal con una huelga y existiera el riesgo de que los trabajadores fueran derrotados completamente, el arbitraje sería apropiado. A veces puede ser aconsejable resolver las cuestiones secundarias de esta forma. Por ejemplo, la cuestión clave en 1934 era el reconocimiento patronal del Sindicato General de Choferes de Minneapolis. Una vez que los patrones cedieron y aceptaron esa demanda principal, nos pareció mejor —en esas circunstancias— era que el sindicato aceptara el arbitraje sobre salarios específicos. Pero en general no era una buena práctica limitar así la libertad de decisión de los trabajadores respecto a las condiciones de trabajo, aun si a veces fuera necesario.

El fiscal entonces intentó otro ángulo más. Insinuó que yo había mentido al contestar su pregunta, recalcando que "usted cree que no existe tal cosa como el arbitraje imparcial en disputas entre fuerzas contendientes en la lucha de clases".

Yo le expliqué al jurado que existe un conflicto por la división de la riqueza industrial entre los salarios y las ganancias. No existe una persona cuyos intereses no se basen, en última instancia, en una de estas dos fuentes de ingresos. Por lo tanto, cuando se trata de problemas de la lucha de clases, nadie puede ser completamente objetivo e imparcial. No obstante, a veces se presentan situaciones donde es necesario que los trabajadores tomen un riesgo con la decisión de un árbitro.

Se dio otro choque en torno a una carta que supuestamente alguien me había escrito desde Seattle, Washington, el 11 de agosto de 1941, y que estaba firmada por una persona que yo desconocía. La carta pedía que yo fuera a esa ciudad, o que enviara a Ray Dunne, para ayudar a establecer una rama del PST ahí. Esa zona parecía prometedora para nosotros, según esta extraña solicitud, porque Seattle se encontraba "cerca de la concentración militar y naval en Fort Lewis y Bremerton, y Sand Point; es la puerta de entrada a Alaska, donde se están estableciendo grandes campamentos militares".

Schweinhaut blandió una copia de esa carta en la corte. Preguntó qué significaba la "referencia a la concentración militar y naval".

Lo único que yo recordaba, le contesté, era que se nos había pedido ayuda para crear una rama del partido en Seattle. Si hubo referencia a instalaciones militares, no me había dejado impresión, porque no me acordaba de semejante comentario.

La carta de Seattle había sido escrita después de que el gobierno formulara cargos contra nosotros que incluían supuestos intentos de "fomentar la insubordinación en las fuerzas armadas". Estaba redactada de tal manera que coincidía perfectamente con ese cargo específico. Yo no conocía al firmante y además el fiscal tenía una copia de la carta. Bajo esas circunstancias, era bastante evidente el verdadero origen de la carta: la bolsa de trucos sucios del FBI.

Después de cometer ese vil acto de falsificación, Schweinhaut concluyó su contrainterrogatorio. Como yo era el último testigo de la defensa, había llegado la hora de que los abogados tomaran el centro del escenario.

16

Un jurado confundido

Ahora los abogados de ambos lados pasaron a resumir la evidencia que se había presentado. Nuevamente el gobierno tomó la ventaja. Goldman, que hizo la presentación principal de la defensa, se encontró entre los dos fiscales.

Anderson habló primero. Desató un ataque brutal contra los acusados que pretendía suscitar prejuicios antiobreros y otros sentimientos reaccionarios entre el jurado. Nos acusó de convocar huelgas en busca de reivindicaciones "poco razonables" en tiempos de "emergencia nacional" y de haber organizado manifestaciones de masas con "fines sediciosos". La creación de la Sección de Trabajadores Federales del Local 544 fue calificada como un complot para apoderarse de Minneapolis. "¿Por qué los trabajadores de la WPA necesitaban un sindicato? El gobierno atiende la WPA".

El fiscal federal de distrito destacó nuestra oposición a la guerra imperialista, cómo abogábamos por el adiestramiento militar bajo control sindical y la creación de la guardia de defensa del Local 544. Esas políticas, insistió, tenían como objeto socavar las fuerzas armadas del gobierno y crear nuestro propio ejército. Eran pruebas en sí de que pretendíamos derrocar el gobierno por la fuerza y la violencia.

A Trotsky lo nombraron el conspirador principal, el "hombre que daba las órdenes". "¿Qué les importa a ellos", declaró el fiscal, "traer la historia de la revolución rusa a Estados Unidos? ¿Por qué no se van a Rusia, si tienen tanto interés en ese país?"

Respecto al *Militant*, dijo, "Solo un santo podría leer esas publicaciones y no envenenarse con ellas". En cuanto al Partido Socialista de los Trabajadores, era un "cáncer en el organismo del país" y el gobierno quería "exterminar este partido para que no sea una amenaza durante el próximo siglo". Afirmó que nunca antes, "desde que Benedict Arnold vendió secretos militares a los británicos, ha sido desafiada la autoridad del gobierno tanto como lo ha hecho este partido revolucionario".

Al mismo tiempo que lanzaba esa despiadada invectiva contra nosotros, Anderson elogió efusivamente a Bartlett por ser "patriota". Afirmó que creía en "cada palabra" que el soplón tobinista había pronunciado desde el banquillo de los testigos.

Habiendo cubierto con la bandera estadounidense a su informante predilecto, el fiscal apeló a los prejuicios religiosos. Instó al jurado a que tuviera la misma fe sencilla en el gobierno que el discípulo Pablo tuvo en Jesucristo. "¡Crean! ¡Crean!" exclamó, después de afirmar en voz baja y escandalizada que los acusados celebraban reuniones "en el día del Señor". Pidió que fuéramos declarados culpables para preservar la santidad de la familia, el hogar, la iglesia, las escuelas y la nación.

Goldman tenía la tarea difícil de seguir esa letanía de

prejuicios apelando a la razón. "Nunca antes en la historia de un tribunal federal", observó, "un jurado ha tenido la necesidad de escuchar las ideas y los ideales sociales, políticos y económicos de unos acusados, formulados en centenares de artículos y folletos, a fin de decidir si los acusados son culpables o no de los cargos en la acusación... No estoy aquí para tratar de convencerlos a ustedes de lo correcto de nuestras ideas... Pero sí estoy aquí principalmente para explicar estas ideas suficientemente bien para que a ustedes les resulten claras las cuestiones pertinentes en este caso".

Nuestro abogado le recordó al jurado que había tres cargos importantes contra nosotros: conspiración para derrocar el gobierno por la fuerza y la violencia, conspiración para abogar por dicho derrocamiento y conspiración para fomentar la insubordinación en las fuerzas armadas. Pero la realidad era que no existía conspiración alguna de nuestra parte. Al contrario, estábamos ansiosos de proclamar nuestras ideas a los cuatro vientos, según se demostró por la gran cantidad de publicaciones del PST que había sido presentada como evidencia.

Frente a lo que nosotros habíamos escrito, el gobierno había contrapuesto el testimonio de tobinistas que alegaban que nosotros decíamos una cosa en público pero que nuestras intenciones privadas eran hacer algo completamente contrario. Después de mucha experiencia en las cortes, dijo Goldman, uno podía percibir algo peculiar en su testimonio. Abogados litigantes habían reconocido que, si todos los testigos cuentan más o menos la misma historia, es un indicio de que han sido preparados. Eso no cambiaba con las proclamaciones de Anderson sobre el "patriotismo" de Bartlett, porque —como dijera una vez un famoso personaje literario— "el patriotismo es el último refugio del canalla". Por tanto, era evidente que no era posible hacer un juicio correcto basándose en las declaraciones de los testigos del gobierno. Al contrario, había que darle peso decisivo a lo que estaba escrito en los documentos oficiales del PST.

Goldman advirtió al jurado que se mantuviera en alerta contra las tácticas retorcidas que usaba el gobierno al citar extractos de nuestros documentos. Explicó su advertencia contra esas artimañas de una manera que además ayudó a contrarrestar los intentos vulgares de Anderson de suscitar prejuicios religiosos contra nosotros. Goldman se refirió a un fragmento del Nuevo Testamento, Matías 10:34, que cita así a Jesucristo: "No penséis que vine a traer la paz sobre la tierra; no vine a traer la paz, sino la espada". Con los métodos descarados que usaba el fiscal, señaló nuestro abogado principal, esa cita podría ser tomada fuera de su contexto para tildar también a Jesucristo como "promotor de la fuerza y la violencia".

Goldman, un orador muy habilidoso, captó la atención del jurado al hacer una exposición integral de las verdaderas perspectivas del partido. Sus palabras fueron bastante extensas y solo se puede resumir los puntos principales en este breve relato.

Nuestro objetivo fundamental, dijo Goldman, era convencer a una mayoría de la población de que hacía falta cambiar a una sociedad socialista. Para establecer un nuevo orden social de esa naturaleza, sería necesario crear un nuevo gobierno de los trabajadores y sus aliados. Usar la palabra "revolución" en ese contexto no implicaba usar o abogar por la violencia contra el gobierno actual. Simplemente quería decir la transferencia del poder económico y político de los capitalistas a los trabajadores.

Nosotros no habíamos provocado la lucha de clases existente en el capitalismo, y al encarcelarnos no se le pondría fin. Había un conflicto fundamental incesante entre los trabajadores que buscaban salarios más altos y los capitalistas ansiosos de extraer mayores ganancias. Esta lucha reflejaba contradicciones en el sistema capitalista que se habían agudizado, dando lugar al desempleo, al fascismo y a guerras catastróficas. Abogábamos por cambiar este sistema caduco. Puesto que fundamentábamos nuestras perspectivas de cambio en la posibilidad de ganar a la mayoría de la población al punto de vista socialista, debía ser evidente que preferíamos una transición pacífica en el orden social, basada en la norma de la mayoría.

Pero predecíamos que aun cuando la mayoría llegara a apoyar nuestras ideas, la minoría capitalista se opondría violentamente a un cambio social fundamental. Esta predicción, basada en precedentes históricos, de ninguna manera implicaba que abogábamos por la violencia, y esperábamos que el jurado no se dejara engañar por el intento deshonesto del fiscal de tergiversar esa predicción para acusarnos de promover el derrocamiento del gobierno por la fuerza.

No negamos el hecho de que creíamos en la eficacia de las manifestaciones de masas. En la historia de este país, esa forma de lucha había ayudado a que las masas obtuvieran importantes victorias. Por ejemplo, había jugado un papel importante en lograr el derecho al voto y la educación gratuita. Continuábamos abogando a favor de manifestaciones y huelgas —y estas seguirían ocurriendo— en defensa de los derechos de los muchos explotados por los capitalistas. La gente seguiría siendo arrastrada a la corte y encarcelada por estas actividades, pero eso no pondría fin a los conflictos.

Con relación a la guerra imperialista, el gobierno nos acusaba de dos cosas: que nos oponíamos a la guerra y que pretendíamos aprovechar una situación revolucionaria que, según nuestras expectativas, la guerra iba a crear. En realidad, nos oponíamos a la guerra porque era un conflicto entre naciones imperialistas, que se libraba únicamente para beneficio de los capitalistas. Por eso nos oponíamos a la política de Roosevelt de llevar este país a la guerra. Exigíamos que el pueblo decidiera sobre la cuestión de la guerra y la paz llevando a cabo un referéndum.

El hitlerismo, que representaba un régimen fascista, tenía que ser destruido. Pero no se podría hacer con una guerra imperialista, la cual no sería una guerra para destruir el fascismo. En cualquier país donde los capitalistas mantuvieran el control, incluido en Estados Unidos, seguiría existiendo el peligro del fascismo. Sin embargo, las cosas serían distintas si en este país existiera un gobierno socialista. Ese gobierno estadounidense le pediría al pueblo alemán que se sumara a nosotros para crear una mancomunidad cooperativa en todo el mundo. Les instaría a los trabajadores alemanes: Organicen su rebelión contra los nazis y establezcan su propio régimen socialista. Hitler no podría durar mucho después de un llamamiento así de un Estados Unidos socialista.

Nos acusaban de conspirar para crear insubordinación en las fuerzas armadas, dijo Goldman. Esa acusación parecía ir dirigida contra nuestra reivindicación de adiestramiento militar bajo control sindical, nuestra propuesta de que los oficiales fueran elegidos por las filas de las fuerzas armadas y nuestra demanda de que los soldados mantuvieran todos sus derechos democráticos como ciudadanos. También catalogaban como conspiración nuestra promoción de la autodefensa obrera y la creación de una guardia con ese objetivo por el Local 544. Pero la verdad, según lo demostraban nuestros escritos y testimonios, era que nuestro objetivo era defender los derechos de los ciudadanos-soldados y defender las organizaciones obreras contra los ataques fascistas.

"Tobin había convocado a una guerra total contra el Local 544. Una fuerza intimidatoria de más de 300 hombres fue despachada a Minneapolis. La mayoría era del plantel de Tobin, junto con funcionarios ávidos por ascender en la burocracia. Otros eran simples matones a sueldo".

MINNEAPOLIS MORNING TRIBUNE

Minneapolis, junio de 1941. Tres matones (al frente, camisas blancas) salen del depósito Red Owl tras "inscribir" a trabajadores en el local de Tobin, el 544 de la AFL. Pandillas en toda la ciudad acosaron a trabajadores que portaban insignias del Local 544-CIO, usando garrotes, cadenas y armas de fuego para forzarlos a incorporarse al "local" de la AFL.

"El 27 de junio de 1941, agentes del FBI y alguaciles federales allanaron la sede del PST en Minneapolis. Incautaron grandes cantidades de materiales impresos. Invitaron a fotógrafos a tomar fotos de 'pruebas' confiscadas por la policía política. Usaron titulares alarmistas para mostrar que el ataque al PST iba también dirigido contra los Teamsters rebeldes".

Thundershowers

Minneapolis Morning Tribune

FOUNDED IN 1867

Seventy-Fifth Year. No. 35, 18 PAGES MINNEAPOLIS, MINN., SATURDAY, JUNE 28, 1941 ★★★ Price 3 Cents

Socialist Worker Party Offices Here Raided by U.S. Marshals

LEADERSHIP FACES CON...

Literature and Other Articles Seized at Local Office

...and Trotsky Photo Taken

3 Women, One Man Flee Headquarters as Deputies Arrive

Special Assistant U. S. Attorney General Directs Action

Four federal officials raided the Minneapolis headquarters and meeting room of the Socialist Workers party at 919 Marquette avenue 5 p.m. yesterday and confiscated several bushels of papers, two red flags, a picture of Leon Trotsky and other allegedly Communistic material.

...Some 544-CIO Chiefs to Group Under Fire

Local Officials Accused of 'Gaining Control of Legitimate Labor Union to Use It for Illegitimate Purposes'

By RICHARD WILSON

WASHINGTON — Criminal proceedings for alleged "seditious conspiracy to advocate overthrow of the government of the United States by force and violence" were authorized here late yesterday by Acting Attorney General Francis Biddle against leaders of the Socialist Workers party in Minneapolis and St. Paul.

CIO SAYS: If Government Has Evidence, Why Does It Not Indict?

Deputy United States marshals who raided headquarters of the ... | At left, Deputy John Kane is shown carrying out two red flags while ...

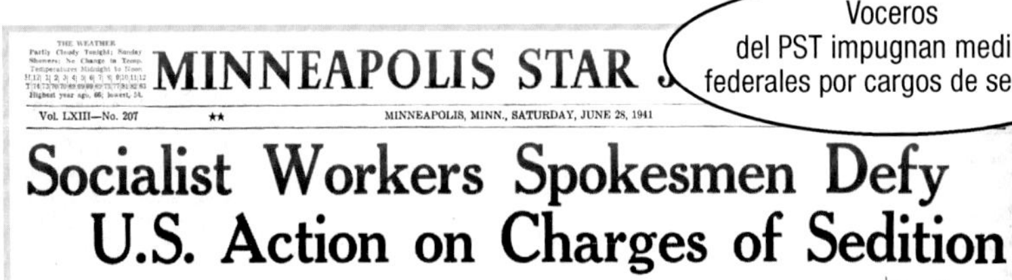

MINNEAPOLIS STAR J...

Vol. LXIII—No. 207 ★★ MINNEAPOLIS, MINN., SATURDAY, JUNE 28, 1941

Socialist Workers Spokesmen Defy U.S. Action on Charges of Sedition

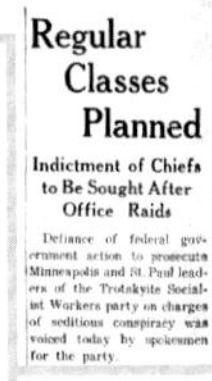

Regular Classes Planned

Indictment of Chiefs to Be Sought After Office Raids

Defiance of federal government action to prosecute Minneapolis and St. Paul leaders of the Trotskyite Socialist Workers party on charges of seditious conspiracy was voiced today by spokesmen for the party.

El allanamiento de la sede del PST fue noticia de primera plana en los diarios de Minneapolis. Dirigentes del PST respondieron que el ataque no frenaría las actividades de propaganda y trabajo de masas del partido. "Planean clases regulares", era el subtítulo del *Minneapolis Star Journal*.

MINNEAPOLIS STAR JOURNAL

MILITANT

Arriba: Aguaciles federales buscan “pruebas” de conspiración en libros, revistas y periódicos confiscados en la redada.

Abajo: Sede del PST en Minneapolis.

"Cuando el Local 544 ingresó al CIO, hubo mucho alboroto en Washington. Por unos días pareció que la administración abandonó su campaña de 'Ayuda para Inglaterra' por una de 'Ayuda para Dan Tobin'".

—Cecil Owen, dirigente del sindicato de obreros de la construcción del CIO

REVIVE THE SPIRIT OF 1934!

THE NORTHWEST ORGANIZER

of Motor Transport and Allied Workers Industrial Union Local 544

MINNEAPOLIS, MINN., THURSDAY, JULY 3, 1941 — FIVE CENTS

Stand all as one — Till right is done! — Believe and dare and do!

Spokesmen Pledge National CIO Support to 544

3 DE JULIO DE 1941

MINNEAPOLIS MORNING TRIBUNE

SPEAKERS ASSAIL AFL AT CIO-544 RALLY

CARLOS HUDSON — Northwest Organizer editor read pledges of CIO support

LEE PRESSMAN — CIO general counsel, reviewed rapid growth of CIO

JAMES ROBB — Detroit CIO organizer, who aided Ford drive

2 DE JULIO DE 1941

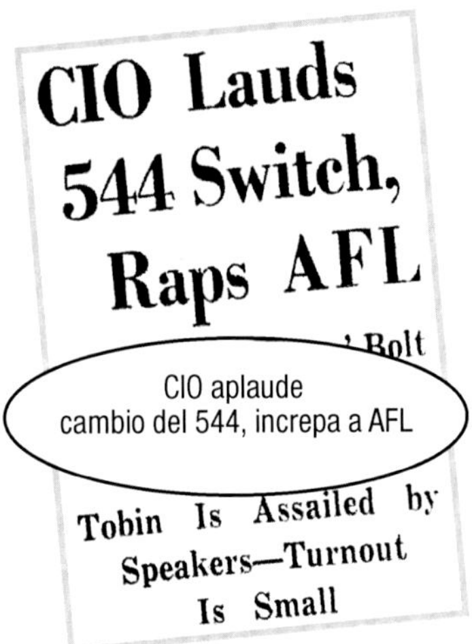
CIO Lauds 544 Switch, Raps AFL

Tobin Is Assailed by Speakers—Turnout Is Small

MINNEAPOLIS MORNING TRIBUNE, 2 DE JULIO DE 1941

Unos 1 500 miembros del Local 544 de Minneapolis colmaron el teatro Lyceum (foto de abajo) para un acto de bienvenida al CIO, cuando el 544 luchaba por defenderse de patrones, policía federal y burócratas de los Teamsters y la AFL. Entre los oradores (de izq. a der.): Carlos Hudson, director del *Northwest Organizer*, muestra telegramas solidarios de sindicatos del CIO de todo el país; Lee Pressman, abogado del CIO; y James Robb, dirigente del CIO de Detroit.

INDUSTRIAL ORGANIZER

To defend the USSR as the main fortress of the world proletariat, against all assaults of world imperialism and of internal counter-revolution, is the most important duty of every class conscious worker.
—LEON TROTSKY

THE MILITANT

Formerly the SOCIALIST APPEAL

Official Weekly Organ of the Socialist Workers Party

VOL. V—No. 28 — NEW YORK, N. Y. SATURDAY, JULY 12, 1941 — FIVE (5) CENTS

NATIONAL CIO BACKS 544'S FIGHT

Screaming Headlines In Minneapolis Press

Here are headlines and pictures from the Minneapolis newspapers on the attempts of the FBI to frameup members and leaders of Local 544-CIO and of the Socialist Workers Party on charges of "seditious conspiracy." The FBI onslaught against the SWP is an attempt to intimidate the members of Local 544-CIO, to prevent the Minneapolis truck drivers from exercising their democratic right to free themselves from the dictatorship of Tobin and the AFL. Roosevelt's intervention in this internal union dispute indicates the Administration's hostility to this major trend from the reactionary AFL into the progressive CIO.

Unmoved By FBI Raids On SWP

Press Reveals That Government Had Sent 'Agents Provocateurs' Into 544-CIO; National CIO Speakers Pledge Aid To 544

BULLETIN

MINNEAPOLIS, July 8—Hundreds of telegrams from national CIO leaders, CIO international unions and local unions, have been received by Local 544-CIO, Motor Transport and Allied Workers Industrial Union, pledging support to Local 544's fight.

The United Mine Workers, the United Rubber Workers, the United Shoe Workers, the Die Casting Workers, the Transport Workers Union, and numerous regional, state and local CIO councils were among those pledging solidarity and support.

Meanwhile the Department of Justice continued to press for indictments against Local 544 leaders and against Socialist Workers Party leaders, before the federal grand jury at St. Paul. Today was the fifth day of the secret hearings.

Republican Mayor Kline yesterday appointed as police chief Edward B. Hansen, head of the Northern Pump Company's "protective service"—the Northwest equivalent of Ford's "service department" in Minnesota's biggest arms plant. This Minneapolis Harry Bennett is a graduate of the FBI Training School and was recommended to Mayor Kline by FBI head J. Edgar Hoover. "His past record is his best recommendation," said Hoover of this company cop.

12 DE JULIO DE 1941

Arriba: Marcha del Día del Trabajo en St. Louis, septiembre de 1941. Sindicato de Trabajadores de Almacenes del CIO brinda apoyo al Local 544 del CIO.

Abajo: El *Militant*, en julio de 1941, informa sobre apoyo sindical para el 544-CIO a pesar de "estridentes titulares" sobre ocupación de la sede del PST en Minneapolis por parte del gobierno.

"Fuimos acusados de conspiración para derrocar al gobierno. Aunque el verdadero motivo era nuestra posición antiguerra, la palabra 'guerra' no figuró en la acusación. En esos momentos no habría sido popular enjuiciarnos como opositores de la política exterior de Washington".

THE MILITANT

Formerly the SOCIALIST APPEAL

...RS PARTY, 544-CIO LEADERS INDICTED

Indicted Union Leader

Indicted Party Leader

FBI Frameup Is Aid To Tobin's Anti-CIO Drive

James P. Cannon's Statement On FBI Frameup of the CIO and SWP

The Honor Roll: Those Indicted In St. Paul

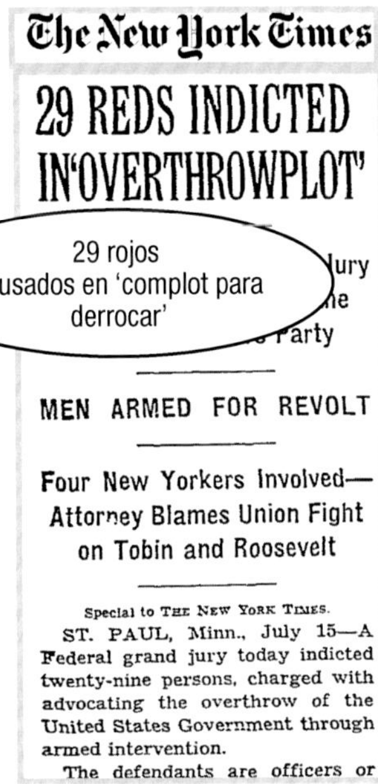
The New York Times

29 REDS INDICTED IN 'OVERTHROW PLOT'

MEN ARMED FOR REVOLT

Four New Yorkers Involved—Attorney Blames Union Fight on Tobin and Roosevelt

Special to THE NEW YORK TIMES.

ST. PAUL, Minn., July 15—A Federal grand jury today indicted twenty-nine persons, charged with advocating the overthrow of the United States Government through armed intervention.

The defendants are officers or

MINNEAPOLIS STAR JOURNAL

Vol. LXIII—No. 222 MINNEAPOLIS, MINN., WEDNESDAY, JULY 16, 1941 26 PAGES Price 3 Cents

JAP CABINET QUITS IN CRISIS

New Policy Need Given

23 to Surrender on U.S. Plot Charges

The Leader-Republican

GLOVERSVILLE AND JOHNSTOWN, N. Y.

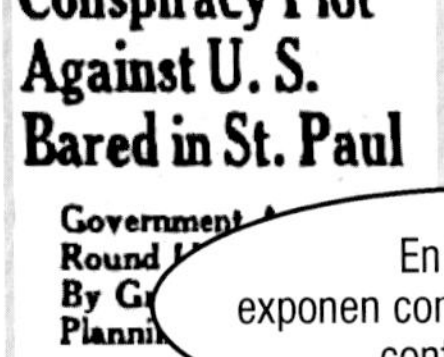
Conspiracy Plot Against U. S. Bared in St. Paul

La acusación federal en julio de 1941 fue dirigida contra miembros del PST y del Local 544-CIO. La razón, dijo Dobbs, era que el sindicato de Minnesota era "una organización de masas en la vanguardia del movimiento antibélico". **Arriba:** Titulares de primera plana en la prensa nacional.

THE WEATHER

MINNEAPOLIS STAR J

Vol. LXIII—No. 247

MINNEAPOLIS, MINN., THURSDAY, AUGUST 14, 1941

F.D.R., CHURCHILL REVEAL AIMS AFTER PARLEY AT SEA

Menos de un mes después de que fueron presentados los cargos, Washington y Londres anunciaron planes de guerra contra rivales imperialistas en Europa y Asia. **Arriba:** El presidente Franklin D. Roosevelt y el primer ministro Winston Churchill se reúnen en el buque de guerra británico *Prince of Wales* en agosto de 1941, preparando el ingreso de Washington a la matanza mundial.

"Los trabajadores sabían que Tobin no permitiría la democracia sindical. Y habían aprendido demasiado bien las tácticas de la lucha de clases como para dejarse engañar con un plan que ofrecía 'prestaciones' en lugar de alzas salariales, horas reducidas y el derecho a la huelga".

INDUSTRIAL ORGANIZER/ 28 DE AGOSTO DE 1941

Minneapolis Sunday Tribune
and STAR JOURNAL

MINNEAPOLIS, MINN., SUNDAY, AUGUST 3, 1941 ★★★

CIO-544 Turned Down by Blair on Furniture Certification Plea

IN THIS CORNER
with Cedric Adams

FAN YOUR BROW and gaze at the weather statis-

3 DE AGOSTO DE 1941

El 2 de agosto de 1941 el árbitro laboral estatal A.P. Blair dijo que no autorizaría elecciones de representación sindical en las mueblerías de Minneapolis.

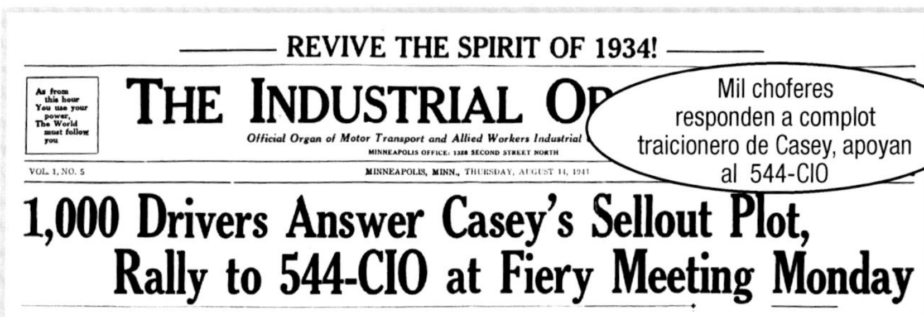

REVIVE THE SPIRIT OF 1934!

As from this hour You use your power, The World must follow you

THE INDUSTRIAL OR[GANIZER]

Official Organ of Motor Transport and Allied Workers Industrial [Union Local 544-CIO]

MINNEAPOLIS OFFICE: 1328 SECOND STREET NORTH

VOL. 1, NO. 5 — MINNEAPOLIS, MINN., THURSDAY, AUGUST 14, 1941

1,000 Drivers Answer Casey's Sellout Plot, Rally to 544-CIO at Fiery Meeting Monday

14 DE AGOSTO DE 1941

Our War for Democracy is Here, Against the Bosses, Stassen and Tobin

As from this hour You use your power, The World must follow you

THE INDUSTRIAL ORGANIZER

Stand all as one Till right is done! Believe and dare and do!

Official Organ of Motor Transport and Allied Workers Industrial Union Local 544-CIO

MINNEAPOLIS OFFICE: 1328 SECOND STREET NORTH

VOL. 1, NO. 12 — MINNEAPOLIS, MINN., THURSDAY, OCTOBER 2, 1941 — FIVE CENTS

544-CIO Starts Court Action Against Stassen

2 DE OCTUBRE DE 1941

Foto: Choferes participan en asamblea del 11 de agosto de 1941 para condenar fallo antisindical de Blair contra el 544-CIO y contrato ventajoso a los patrones del transporte, impuesto por burócrata Teamster Joseph Casey.

Abajo: El *Industrial Organizer* del 2 de octubre de 1941 (titular de abajo) presenta nueva consigna en su membrete: "Nuestra guerra por la democracia está aquí: contra los patrones, Stassen y Tobin". Harold Stassen era el gobernador de Minnesota.

"Está muy bien hablar de democracia y enviarla a otros países en las puntas de bayonetas. Pero la democracia está fuera del alcance de los choferes de Minneapolis", explicó la junta directiva del 544-CIO.

“El PST respondió rápidamente a la acusación federal de ‘sedición’ e intensificó sus actividades públicas a nivel nacional. En desafío a la policía política, el partido afirmó —en la práctica— su derecho constitucional a hacer trabajo político, incluida su oposición a la guerra imperialista”.

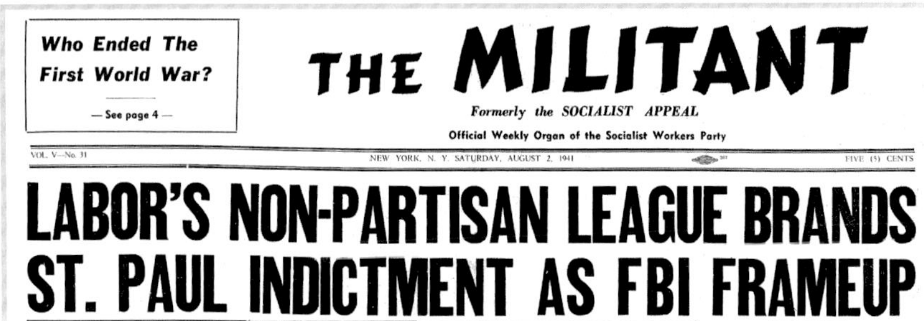

Who Ended The First World War?

— See page 4 —

THE MILITANT

Formerly the SOCIALIST APPEAL

Official Weekly Organ of the Socialist Workers Party

VOL. V—No. 31 NEW YORK, N. Y. SATURDAY, AUGUST 2, 1941 FIVE (5) CENTS

LABOR'S NON-PARTISAN LEAGUE BRANDS ST. PAUL INDICTMENT AS FBI FRAMEUP

James P. Cannon Is SWP N. Y. Mayor Candidate

JAMES P. CANNON

Says U. S. Gov't

2 DE AGOSTO DE 1941

MILITANT

En respuesta a la acusaciones contra 29 dirigentes del PST y los Teamsters, se formó el Comité de Defensa de los Derechos Civiles (CRDC), que obtuvo apoyo de organizaciones sindicales, militantes obreros, dirigentes pro derechos de los negros e individuos conocidos.

Arriba: El *Militant* informa sobre respuesta de la Liga Obrera No Partidista, brazo político del CIO, con más de 5 millones de miembros.

Otro titular dice, “James P. Cannon es candidato del PST para alcalde de Nueva York”. Cannon era secretario nacional de PST y uno de los acusados. “Su campaña movilizará a trabajadores de vanguardia contra intentos descarados de Roosevelt y su Partido Guerrerista de intimidar a las fuerzas antiguerra en Estados Unidos”, dijo el *Militant*.

Foto: George Novack (izquierda), secretario del CRDC, durante su gira con Warren K. Billings, militante sindical que estuvo preso 23 años bajo cargos fabricados, indultado en 1939 tras campaña internacional de defensa.

WITCH HUNT IN MINNESOTA

The Federal Prosecution of the Socialist Workers Party and Local 544—C.I.O.

by GEORGE E. NOVACK

foreword by JAMES T. FARRELL

Author of "Studs Lonigan", etc.

—is it treasonable to oppose the war?
—has the Bill of Rights been abolished?
—what was the Minneapolis Union Defense Guard?
—how does the Administration fight the C. I. O.?
—how does the Justice Department serve Daniel J. Tobin?
—have workers the right to choose their own union?

5 cents

Sedition!

☆ ☆ ☆

THE first federal peacetime prosecution for utterances and publications since the Alien and Sedition Act of 1798.

The federal indictment of 29 alleged members of the Socialist Workers Party at Minneapolis charged with advocating force and violence to overthrow the government and incitement to disaffection in military forces.

Set for trial at Minneapolis on October 20.

Read the facts and use the coupon on the last page.

AMERICAN CIVIL LIBERTIES UNION
170 Fifth Avenue
New York, N. Y.

October, 1941

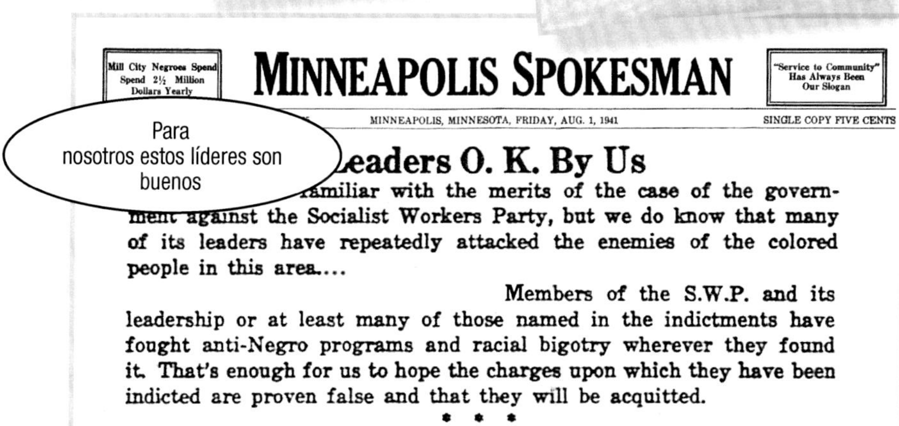

Mill City Negroes Spend Spend 2½ Million Dollars Yearly

MINNEAPOLIS SPOKESMAN

"Service to Community" Has Always Been Our Slogan

MINNEAPOLIS, MINNESOTA, FRIDAY, AUG. 1, 1941 SINGLE COPY FIVE CENTS

Leaders O. K. By Us

familiar with the merits of the case of the government against the Socialist Workers Party, but we do know that many of its leaders have repeatedly attacked the enemies of the colored people in this area....

Members of the S.W.P. and its leadership or at least many of those named in the indictments have fought anti-Negro programs and racial bigotry wherever they found it. That's enough for us to hope the charges upon which they have been indicted are proven false and that they will be acquitted.

* * *

1 DE AGOSTO DE 1941

Arriba izquierda: El Comité de Defensa de los Derechos Civiles publicó el folleto *Witch Hunt in Minnesota* (Caza de brujas en Minnesota), que expuso el caso fabricado.

Arriba derecha: Folleto del ACLU de octubre de 1941, titulado *¡Sedición!*, condena "el primer juicio federal por declaraciones verbales y publicaciones desde las Leyes Sobre Extranjeros y Sedición de 1798".

Abajo: El semanario *Minneapolis Spokesman* de la comunidad negra escribió: "Muchos de los nombrados en las acusaciones han combatido los programas antinegros y prejuicios raciales dondequiera que los hallaran. Eso para nosotros es suficiente..."

"Nuestro objetivo en el juicio era rebatir la mentira de que estábamos implicados en una conspiración contra el gobierno, presentar las perspectivas que defendíamos y llamar a un apoyo masivo ante el ataque a nuestro derecho democrático a propagar ideas revolucionarias".

23 DE OCTUBRE DE 1941

1 DE NOVIEMBRE DE 1941

5 DE NOVIEMBRE DE 1941

14 DE NOVIEMBRE DE 1941

El *Militante* y el *Industrial Organizer* dijeron la verdad de quiénes eran los acusados y para qué luchaban. El *Star Journal* y otros diarios capitalistas hicieron reportajes sensacionalistas de las acusaciones falsas de los fiscales.

SOCIEDAD HISTÓRICA DE MINNEAPOLIS

Arriba: Mitin celebrado durante juicio en Minneapolis para denunciar caso fabricado, 13 de noviembre 1941. En la primera fila están los acusados V.R. Dunne (sombrero en el regazo), Grace Carlson y Dorothy Schultz.

Abajo: Roger Baldwin, dirigente fundador de la Unión Americana de Libertades Civiles y su director ejecutivo por muchos años. "Por primera vez en nuestra historia se enjuicia a hombres y mujeres por las ideas del *Manifiesto Comunista*, que data de hace 93 años", dijo Baldwin en el mitin.

"Los cuadros del PST dieron un magnífico ejemplo con su conducta en el juicio contra los 28. Demostraron la diferencia cualitativa entre un sindicalista apolítico y un militante revolucionario con formación política".

BIBLIOTECA DEL CONDADO DE HENNEPIN

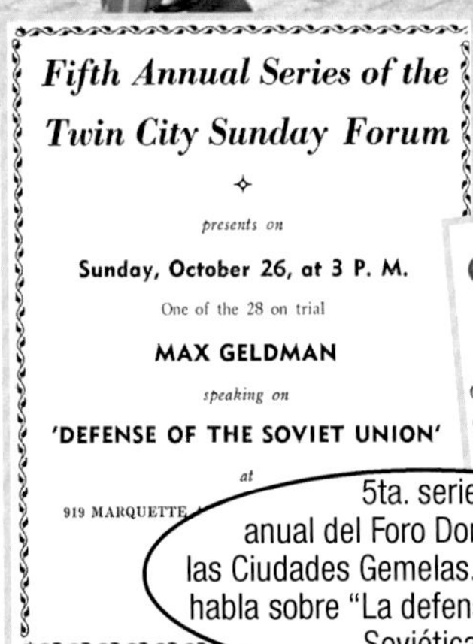

Fifth Annual Series of the
Twin City Sunday Forum

presents on

Sunday, October 26, at 3 P. M.

One of the 28 on trial

MAX GELDMAN

speaking on

'DEFENSE OF THE SOVIET UNION'

at

919 MARQUETTE

MILITANT/25 DE OCTUBRE DE 1941

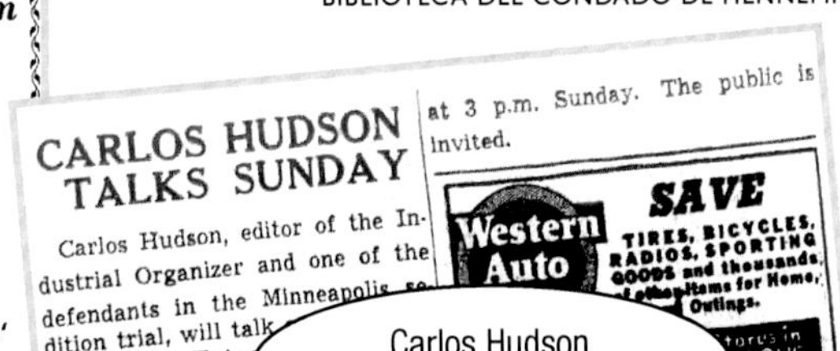

CARLOS HUDSON TALKS SUNDAY

Carlos Hudson, editor of the Industrial Organizer and one of the defendants in the Minneapolis se-dition trial, will talk ... States Ente... the S... Mar...

at 3 p.m. Sunday. The public is invited.

MINNEAPOLIS STAR JOURNAL/ 14 DE NOVIEMBRE DE 1941

Arriba: Durante receso en el juicio, noviembre de 1941. Desde la izquierda: Farrell Dobbs, James P. Cannon, Albert Goldman (atrás) y Felix Morrow.

Abajo: Los socialistas en Minneapolis siguieron organizando foros públicos semanales sobre temas que encaraba el pueblo trabajador. Aquí se ven anuncios de que dos de los acusados iban a hablar sobre la guerra.

INDUSTRIAL ORGANIZER/1 DE NOVIEMBRE DE 1941

MINNEAPOLIS MORNING TRIBUNE/1 DE DICIEMBRE DE 1941

MILITANT/15 DE NOVIEMBRE DE 1941

Arriba: Sede del PST en Minneapolis, octubre de 1941. "Se organizaron comidas calientes dos veces al día para todo el grupo en la sede", dijo Dobbs. "Estas sesiones regulares tenían el carácter de continuos actos de solidaridad que levantaban nuestro ánimo. Y nos ofrecían un medio valioso para formular colectivamente la política de la defensa día a día".

Abajo derecha: Cuatro voluntarias que ayudaban a preparar comidas diarias miran recortes de prensa sobre el juicio. De la izquierda: Elaine Roseland, Julie Rubich, Betty Morrow, Evelyn DeBoer.

Abajo izquierda: Los acusados Carlos Hudson (izq.), director del *Industrial Organizer*, y Ed Palmquist, dirigente del trabajo del Local 544-CIO con los desempleados, ayudan a limpiar después de una comida.

“El resultado del juicio fue algo menos que una victoria rotunda para la administración Roosevelt. Diez de los 28 fueron absueltos de todos los cargos. Ninguno fue condenado por un acto abierto, solo por lo que pensaban o decían. Y la recomendación del jurado de indulgencia minó la validez moral de las condenas”.

CONCLUSION OF CANNON'S TESTIMONY — See Page 2 —

THE MILITANT

PUBLISHED IN THE INTERESTS OF THE WORKING PEOPLE

NEW YORK, N. Y., SATURDAY, DECEMBER 13, 1941 — FIVE (5) CENTS

WAR REINSTATES 1917 ESPIONAGE ACT

SIX OF THE DEFENDANTS CONVICTED

Was Used In Last War To Attack Civil Liberties

Actual Wording of Statute Does Not Apply To Labor Groups; But Judicial Decisions Include Their Regular Activities Under It

Judge Sentences 18 Minnesota Defendants

Twelve Defendants Sentenced to Prison for 16 Months; Six Get Terms of Year and a Day; All Released On Bail Pending Appeal

Four N. J. Unions Aid Defendants

13 DE DICIEMBRE DE 1941

Minneapolis Morning Tribune

18 GUILTY IN SWP CASE

RAIL LABOR ROW SETTLED

Wage Boost Ends Threat of Walkout

Baby Kills Mother

Miles Dunne and 4 Others Win Liberty

CONVICTED

U.S.-Owned Ship Feared Torpedoed

Jap Crisis Grows Ominous

Reds Repel Moscow Thrust

Nazis Battle Against Libya Trap

Active Axis Role for Vichy Hinted

Priorities Cost 3,000 Jobs in State

2 DE DICIEMBRE DE 1941

Tras el veredicto del 1 de diciembre, los 18 anunciaron que seguirían luchando: “Apelaremos al pueblo americano para convencerlo de que peligran los derechos de libertad de expresión, prensa y asociación”.

Arriba: En la foto del *Militant*, seis acusados debaten próximos pasos en campaña de defensa. Atrás, desde la izq.: Farrell Dobbs, James P. Cannon, V.R. Dunne. Al frente, desde la izq.: Albert Goldman, Grace Carlson, Felix Morrow.

Abajo: El *Minneapolis Morning Tribune* destacó el veredicto junto con noticias de la guerra en Europa y el Pacífico.

MILITANT

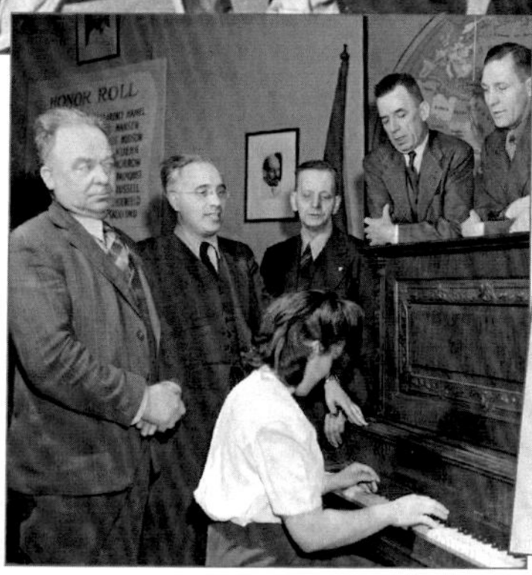

MILITANT

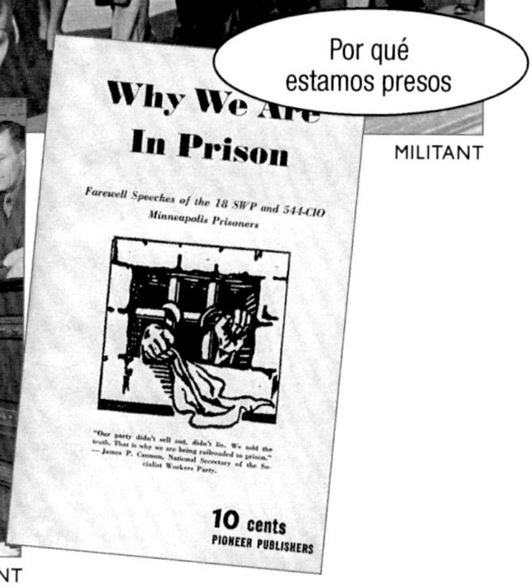

Arriba: Quince miembros del PST y del Local 544-CIO marchan a la corte federal en Minneapolis para comenzar sentencias de hasta 16 meses, Minneapolis, 31 de diciembre de 1943. Desde la izquierda: V.R. Dunne, James P. Cannon, Albert Goldman, Carl Skoglund, Grace Carlson, Harry DeBoer, Felix Morrow, Farrell Dobbs, Carlos Hudson, Max Geldman, Ed Palmquist, Jake Cooper, Emil Hansen. No se ven en la foto a Oscar Coover y Clarence Hamel. Otros tres —Carl Kuehn, Alfred Russell y Oscar Shoenfeld— se reportaron en Nueva York para cumplir sentencias en Connecticut.

Abajo izquierda: En banquete en la sede del PST antes de ir a prisión. Rose Smith al piano, con los acusados (desde izq.) Carl Skoglund, Albert Goldman, Oscar Coover, Vincent R. Dunne y Harry DeBoer.

Abajo derecha: Folleto publicado en marzo 1944, tras agotar apelaciones, cita declaración de James P. Cannon: "Nuestro partido no traicionó, no mintió. Dijimos la verdad. Por eso nos encarcelan bajo cargos fabricados".

"No teníamos intención alguna de pedir libertad condicional. Luchamos por un indulto presidencial. Eso subrayaba que nuestros derechos habían sido violados y presionaba directamente a Roosevelt, principal arquitecto del caso fabricado por 'sedición'".

MILITANT

MILITANT

"Después de las condenas había crecido la indignación pública contra la persecución gubernamental de revolucionarios por nuestras creencias", escribió Dobbs.

Arriba: Protesta de 800 personas, Nueva York, 8 de junio 1944. La banderola dice: "Revocar la Ley Smith de la Mordaza, Indultar los 18".

Abajo: Washington, agosto de 1944. George Novack, secretario del Comité de Defensa de los Derechos Civiles, entrega peticiones y cartas que piden indulto inmediato de los 18. Llegaron de sindicatos y otras organizaciones en representación de más de 2 millones de miembros.

MILITANT

MILITANT

Arriba: En la tribuna de un acto en Nueva York en junio de 1944 estaban George Baldanzi (al podio), vicepresidente ejecutivo de Sindicato de Obreros Textiles del CIO, quien moderó; George Novack; y Roger Baldwin, director ejecutivo de la Unión Americana de Libertades Civiles.

Abajo: Estación de tren de Minneapolis, enero de 1945. Familias reciben a miembros de PST y del Local 544-CIO que regresaban tras un año entre rejas.

"La historia demuestra que las prisiones jamás han destruido las ideas progresistas. Vamos a la cárcel con la confianza de que tarde o temprano nuestras ideas socialistas serán adoptadas por las masas que han sufrido un capitalismo moribundo. Saldremos de la prisión listos para continuar la lucha".

—Los 18 de Minneapolis, diciembre de 1943

MILITANT

LAURA GRAY/MILITANT

Octubre de 1945: Farrell Dobbs —nueve meses después de ser excarcelado, ahora director del *Militant* y candidato para alcalde de Nueva York— lee el periódico cuando sale de la imprenta. El artículo de primera plana exige que los imperialistas norteamericanos, británicos, franceses y japoneses se retiren de Vietnam y toda Indochina.

La caricatura del *Militant* declara: "¡Manos fuera de Indochina!" La bandera dice, "Independencia nacional".

El gobierno había dedicado más tiempo a la cuestión de los sindicatos que a cualquier otro tema en los procedimientos judiciales. De hecho, esa cuestión tenía mucho más que ver con las razones para hacer el juicio que las falsas acusaciones de que habíamos conspirado para derrocar el gobierno. Pero Tobin estaba involucrado en los aspectos sindicales del caso y el juez había decretado que no podíamos discutir el papel que él había ocupado en el proceso contra nosotros. Así nos habían impedido explicar plenamente nuestro argumento de que los tobinistas, al alegar que nuestro objetivo era usar los sindicatos contra el gobierno, habían prestado falso testimonio. Sin embargo, como había demostrado el testimonio de la defensa, el objetivo del PST era que sus miembros participaran en los sindicatos para hacer todo lo posible a favor de las causas de los trabajadores y lograr así una mayor acogida para nuestras ideas socialistas.

En cuanto a los acusados como individuos, dijo Goldman en su discurso: "Todos nosotros representamos el tipo de persona que no piensa mucho en su fortuna personal sino en la de la humanidad, de la sociedad en general. Para nosotros la agonía, la muerte de millones de seres humanos en guerras sin sentido no son abstracciones. Las sentimos profundamente y reaccionamos ante ellas y tratamos de crear un mundo donde la destrucción, la guerra, la pobreza y las enfermedades no serán la suerte del hombre... Afirmamos que hemos llegado a una época en que la humanidad debe avanzar hacia el socialismo o retroceder hacia el barbarismo...

"Permítanme decir una vez más, y para finalizar: Nuestras ideas, producto de las condiciones existentes, son indestructibles. Al final conquistarán las mentes y los corazones de las masas que lucharán para realizarlas, porque no hay otro camino a la paz y la abundancia que no sea el camino al socialismo".

Schweinhaut habló a continuación. Enfocó sus palabras, que fueron relativamente breves, en dos puntos centrales. Intentó desesperadamente rehabilitar la imagen del testigo principal del gobierno, Bartlett, cuyo testimonio Goldman había hecho trizas en su discurso al jurado. El fiscal principal le pidió al jurado que tomara en cuenta que, si bien Bartlett "pudo haber cometido unos errores" en sus declaraciones, no era un "perjuro consciente".

Al abordar los temas del juicio, Schweinhaut subrayó la semejanza entre el Partido Socialista de los Trabajadores y el Partido Bolchevique de Lenin y Trotsky. Aunque en estos momentos era pequeño, resaltó Schweinhaut, el PST podría convertirse pronto en una fuerza mucho mayor. Podría adquirir fuerza, advirtió el fiscal, "aprovechando la angustia y la desesperación de la gente durante la guerra y la depresión", ya que a los "hombres hambrientos" se los puede inducir a la "insurrección".

Concluidas las presentaciones de los abogados, el juez hizo su propio resumen del caso. Respecto a los cargos contra los acusados, dijo Joyce al jurado, no era necesario que el gobierno comprobara la existencia, ya fuera explícita o formal, de un acuerdo para un complot ilegal. Los conspiradores podrían llegar a un entendimiento tácito para llevar a cabo un plan ilegal; podrían trabajar conscientemente de alguna manera; y para hacerlo no necesitan conocerse entre sí. Además, cualquier acto o declaración de uno de los conspiradores debía ser considerada como evidencia contra todos los implicados.

Joyce catalogó los cargos del gobierno de esta manera: Los acusados eran oficiales, dirigentes o miembros activos del Partido Socialista de los Trabajadores. El partido ha calificado al gobierno de Estados Unidos como imperialista y capitalista. Debe ser derrocado y reemplazado por un nuevo gobierno llamado la dictadura del proletariado. El nuevo estado obrero expropiaría las propiedades de los capitalistas sin indemnización y destruiría toda la maquinaria del estado capitalista.

El PST se opondría a toda guerra en la que interviniera el actual gobierno de Estados Unidos. Además se opondría a la unidad nacional y a la suspensión de la lucha de clases en tiempos de guerra. Incitaría a la gente a luchar abiertamente siguiendo las pautas de la revolución rusa de 1917. Los dirigentes del PST habían consultado a Trotsky sobre el método para lograr los objetivos del partido. Habían intentado controlar los sindicatos a fin de paralizar las industrias. Su objetivo era fomentar una huelga general, denominada una situación revolucionaria, para derrocar el gobierno, y por lo tanto estaba en contra del uso del arbitraje en disputas entre trabajadores y empleadores. Hacían esfuerzos para crear disensiones en el seno de las fuerzas armadas e inducir a las filas a que volvieran sus fusiles contra los oficiales. El Local 544 organizó una guardia de defensa como primer paso en un movimiento para armar a los trabajadores a nivel nacional. La idea de la guardia, que provino de Trotsky, siguió el método empleado en Rusia. Había algunas armas de fuego en la sede del sindicato, observó Joyce en ese momento para beneficio de la fiscalía, y se realizaron prácticas de tiro.

Los acusados, agregó el juez al enumerar los cargos del gobierno, pronunciaron discursos y distribuyeron publicaciones que promovían los fines del PST antes mencionados. Ellos rechazaban el reformismo con el argumento de que solo derrocando el capitalismo se podría resolver los problemas sociales. Se oponían a la colaboración de clases como obstáculo para el desarrollo de una exitosa revolución armada. Afirmaban que los capitalistas no cederían su poder voluntariamente, así que habría que sacarlos del poder con el uso de las armas.

Después Joyce presentó un resumen del testimonio de la defensa. Habíamos reconocido, dijo, que el PST se basaba en principios marxistas. Nuestro objetivo era establecer un gobierno obrero en lugar del gobierno existente, que denominábamos capitalista. El cambio se basaría en la propiedad común de los medios de producción, la eliminación de la propiedad privada de los medios de producción y la abolición del sistema salarial y de la división de la sociedad en clases. En resumen, el gobierno se desvanecería como ("supuesta", dijo) fuerza represiva. Sería reemplazado por consejos administrativos. El dominio sobre las personas sería reemplazado por el gobierno sobre las cosas.

"La dictadura del proletariado", dijo el juez en su resumen de nuestras ideas, significaba una dictadura solo en el sentido de que representaría los intereses de los trabajadores y no pretendería representar los intereses de los capitalistas. El término *revolución* solo quería decir un cambio radical y extremo de gobierno. Con esa expresión no se contemplaba el uso de la fuerza y la violencia.

Lo más deseable sería hacer el cambio pacíficamente, y el nuevo régimen estaría dispuesto a pagar indemnizaciones a los capitalistas siempre que aceptaran el nuevo orden voluntariamente. Pero la historia demostraba que la minoría capitalista intentaría por medios violentos preservar sus privilegios contra la voluntad de la mayoría. Por lo tanto, era una ilusión pensar que un cambio económico pudiera efectuarse con la persuasión y la educación, con métodos "legales" y parlamentarios. (No fuimos nosotros sino Joyce el que expresó el concepto de que una revolución social no se podría llevar a cabo de manera legal. Nosotros habíamos definido la legalidad como un procedimiento llevado a cabo de acuerdo al principio del régimen de la mayoría. En ese sentido, habíamos afirmado que no podía haber nada más legal que la revolución rusa, la cual había llevado a cabo la decisión de la mayoría).

Los acusados, dijo el juez, habían testificado que el PST apoyaba los sindicatos por dos razones: porque el partido estaba a favor de todo lo que beneficiara a los trabajadores, y porque los sindicatos ofrecían un campo fructífero para la propagación de las ideas socialistas. Habían afirmado que, si Estados Unidos ingresaba al conflicto europeo, se opondrían a dicha acción en un sentido político, pero no sabotearían el esfuerzo bélico ni promoverían la insubordinación en las fuerzas armadas.

Joyce finalizó sus comentarios dando instrucciones legales al jurado. El término *revolución*, afirmó, no implicaba necesariamente la fuerza o la violencia. Había que demostrar que existía una conspiración para promover la idea de realizar una revolución social por la fuerza. Había que comprobar que cada uno de los acusados había actuado de forma voluntaria, consciente e intencional. Pero no era necesario ofrecer pruebas directas de esas intenciones. En muchos casos las acciones hablaban más claramente que las palabras verbales o escritas; por tanto, el jurado tenía que depender parcialmente de pruebas circunstanciales. Ellos no estaban en la corte, agregó el juez, para decidir los méritos relativos del socialismo y del capitalismo, sino para decidir si los acusados habían conspirado contra el gobierno.

Después, según informa el acta del juicio, los jurados se retiraron "a cargo de los oficiales debidamente calificados y juramentados para vigilarlos mientras consideraban su veredicto". Si alguna vez un grupo de personas ha enfrentado una tarea compleja en un estado mental tan confuso, fue esta la ocasión.

Los jurados debían emitir un juicio sobre ideas que tenían que ver con un cambio fundamental en la estructura social de la nación, ideas consideradas "subversivas". Esta tarea significaba evaluar más de 150 pruebas presentadas durante el proceso, mayormente extractos de publicaciones revolucionarias. Además era necesario evaluar horas y horas de testimonio de los testigos del gobierno y de la defensa. Las alegaciones del fiscal sobre los objetivos "ilegales" del PST, según los presentaron los soplones tobinistas, tenían que ser sopesadas contra nuestra explicación de los verdaderos objetivos del partido. Además, para hacer una evaluación objetiva de los temas en cuestión, había que reconocer nuestro derecho constitucional de pensar por nosotros mismos y de propagar nuestras ideas de manera organizada. También había que tener en cuenta el deber del gobierno de cumplir con todas las disposiciones de la Carta de Derechos.

Sin embargo, los que cargaban con esta responsabilidad tan grande no sabían nada o muy poco de la política de la lucha de clases. Sus concepciones de las cuestiones sociales —en la medida que hubieran pensado en esas cosas— se habían formado desde la infancia principalmente bajo el sometimiento a la ideología capitalista. Ahora, seguramente por primera vez en su vida, se topaban cara a cara con revolucionarios declarados, quienes habían introducido conceptos totalmente nuevos en su conciencia. Esa experiencia tenía que resultarles muy confusa. Y doblemente, pues ocurría en momentos cuando la Casa Blanca, con su enorme aparato de propaganda, apelaba a la unidad nacional y a la paz entre clases.

Para complicar aún más el problema para los jurados, la fiscalía había tergiversado conscientemente los hechos durante todo el proceso. Habían tergiversado las ideas del PST de todas las maneras concebibles para que diera la impresión de que hacíamos lo opuesto de lo que decíamos, que de no éramos más que una pandilla de conspiradores malvados. No se hizo mención de nuestros derechos constitucionales. Más bien, pintaron el partido como un "cáncer en el organismo del país", que había que "exterminar" en nombre de la "santidad" de la nación.

Como si todo eso no fuera suficiente, el juez había empeorado aún más la situación. Su resumen de la evidencia estaba astutamente inclinado a favor de la fiscalía. Le dijo al jurado que debía "depender parcialmente de pruebas circunstanciales" puesto que "las acciones hablaban más claramente que las palabras", instrucción que podía ser interpretada como una insinuación de que dieran más peso al testimonio de los tobinistas que a nuestra explicación de los objetivos del PST. Joyce también dijo, en efecto, que la asociación política en apoyo a nuestros objetivos podía ser considerada como una conspiración si se aceptaba la alegación del gobierno de que teníamos intenciones "sediciosas". Y le dio al término "conspiración" una definición vaga y general.

Otra señal de que el jurado había tenido dificultades en llegar a una decisión fue la duración de sus deliberaciones. Estuvo deliberando desde el mediodía del 29 de noviembre hasta las 8 de la noche del 1 de diciembre, unas 56 horas en total. Al final llegaron al siguiente veredicto:

Los 23 acusados restantes fueron declarados no culpables del primer cargo de la acusación. Cinco fueron declarados no culpables del segundo cargo también: Miles Dunne, Roy Orgon, Kelly Postal, Ray Rainbolt y Harold Swanson.

18 fueron declarados culpables del segundo cargo de la acusación, correspondiente con la supuesta violación de la Ley Smith. Estos fueron James P. Cannon, Grace Carlson, Jake Cooper, Oscar Coover, Harry DeBoer, Farrell Dobbs, V.R. Dunne, Max Geldman, Albert Goldman, Clarence Hamel, Emil Hansen, Carlos Hudson, Carl Kuehn, Felix

Morrow, Edward Palmquist, Alfred Russell, Oscar Shoenfeld y Carl Skoglund.

El tribunal proporcionaba un formulario donde los jurados podían indicar su veredicto. Después de llenar la hoja, agregaron una posdata: "El jurado recomienda indulgencia".

Una vez que los jurados fueron liberados, los reporteros les preguntaron sobre sus deliberaciones. Se publicaron artículos según los cuales la mayoría de los jurados estaban dispuestos a declarar culpables a todos los acusados de todos los cargos pero unos pocos habían querido declararlos a todos no culpables de ambos cargos. Se pensaba que entre los que se oponían a que fuéramos declarados culpables estaban el cocinero de la cárcel rural, el gerente de ventas de madera y el banquero. Uno de estos fue citado diciendo que el enjuiciamiento de los 28 acusados al mismo tiempo le recordó los juicios de masas organizados por Hitler y Stalin. Se dice que los jurados tuvieron una larga discusión, tras llegaron a un acuerdo en la forma del veredicto pronunciado.

Tuvieran validez o no estas versiones de la prensa, no había manera de tener una idea completa de las deliberaciones del jurado. Sus conceptos e intenciones, así como las implicaciones de sus conclusiones, solo se pueden evaluar a partir del veredicto que presentaron unánimemente.

Bajo el primer cargo, se nos acusaba de penetrar en los sindicatos con motivos ocultos, de organizar la guardia de defensa del Local 544 como primer paso en la creación de un ejército rebelde y de promover activamente la insubordinación en las fuerzas armadas de Estados Unidos. Usaron a los soplones tobinistas para testificar a favor de esas alegaciones. Prepararon cuidadosamente los cargos así como el testimonio para demostrar que estábamos implicados en una conspiración inmediata para derrocar el gobierno a la fuerza. Sin embargo, el jurado nos declaró a todos no culpables de ese cargo, y ese veredicto tuvo el efecto de demostrar que la fiscalía había montado un burdo caso fabricado policial contra nosotros.

Bajo el segundo cargo se nos acusaba de conspiración para abogar tanto por la insubordinación en las fuerzas armadas como por el derrocamiento violento del gobierno. En ese sentido, como lo señaló el *Minneapolis Tribune* del 27 de noviembre de 1941, los fiscales habían "intentado mostrar que el instrumento mediante el cual [los acusados] buscaban lograr eso era el Partido Socialista de los Trabajadores". El juez Joyce había aceptado precisamente esa premisa cuando, después de que la fiscalía presentara su caso, él puso en libertad a cinco de los acusados. En ese momento el juez falló que no se había comprobado que tuvieran conocimiento del PST ni que hubieran participado en actividades para derrocar al gobierno. En esa situación, parecía probable que el jurado, al exonerar completamente a otros cinco acusados, simplemente había seguido la pauta definida por el juez: que el partido mismo estaba en el banquillo de los acusados, y que la culpabilidad o inocencia de los acusados debía decidirse por la evidencia, o la falta de evidencia, de que eran miembros activos del partido.

En cuanto a los 18 que fueron declarados culpables, la fiscalía no había aportado pruebas en su contra que el jurado considerara aceptables, salvo las ideas propugnadas por el partido. Eso se demostró cuando el jurado rechazó las alegaciones de los tobinistas en apoyo al primer cargo. Por lo tanto, surge una interrogante: ¿cuál fue la intención del jurado al emitir un veredicto de culpable bajo el segundo cargo? El único testimonio de que los acusados supuestamente habían promovido la insubordinación en las fuerzas armadas fue el de los tobinistas, cuya honestidad obviamente estaba en tela de duda. Pero el jurado no podía separar esa cuestión al dar sus conclusiones. Tenían que pronunciar un solo veredicto global sobre el segundo cargo, de si aceptaban o rechazaban todos los cargos. Por consiguiente, la cuestión de "insubordinación" estaba inseparablemente vinculada al cargo principal de abogar por el derrocamiento del gobierno.

Entonces, parece que el jurado solo aceptaba como válido el cargo de "abogar por el derrocamiento del gobierno por la fuerza y la violencia". Pero al mismo tiempo parecía rechazar las ideas presentadas por el PST, que para ellos eran tan nuevas y extrañas. Si hubieran creído que los acusados tenían intenciones criminales, es poco probable que hubieran acompañado su veredicto de culpable con una recomendación de indulgencia en nuestras sentencias.

En su conjunto, el resultado del juicio era bastante menos que una victoria rotunda para la administración Roosevelt. Diez de los 28 acusados fueron declarados no culpables de todos los cargos. Ninguno fue declarado culpable de un acto abierto, solo por lo que uno pensaba y decía. Además, la recomendación del jurado de indulgencia —pese a la gravedad de las cuestiones planteadas— socavó la validez moral de las condenas. Esto era mal presagio para el primer uso de la Ley Smith, que se estaba aplicando por primera vez contra críticos del gobierno. Se había expuesto de manera dramática la saña inherente de esta ley. De ahí surgió un mayor reconocimiento de que nuestras libertades civiles eran el verdadero blanco de ataque de la fiscalía, de que no éramos criminales sino víctimas de un caso fabricado político. Por tanto, era posible ganar un apoyo más y más amplio en nuestra lucha por justicia.

Después de recibir el veredicto, el juez Joyce anunció que las sentencias —que podrían ser un máximo de 10 años— se dictarían el 8 de diciembre. Eso nos dejó colgados toda una semana hasta que nos enteramos cuánto tiempo estaríamos presos. Durante ese tiempo se celebró una fiesta en la sede del PST en Minneapolis. Fue el domingo 7 de diciembre.

Muchos compañeros y amigos fueron a la actividad para solidarizarse con los que íbamos a ser sentenciados al día siguiente. Fue una fiesta amena. Algunos jugaron a cartas, ajedrez y damas; otros simplemente conversaron tranquilamente. Una radio tocaba música de fondo. De repente, como un relámpago, el locutor interrumpió el programa musical para leer un boletín informativo: Los japoneses estaban bombardeando Pearl Harbor.

Cuando comparecimos ante la corte la mañana siguiente, nuestras familias y compañeros llenaron la sala a desbordar. Todos estaban inquietos. En ese preciso momento, el Congreso estaba declarando hostilidades contra Alemania, Italia y Japón. Roosevelt estaba pidiendo represalias por lo que llamó un día de "infamia" en Pearl Harbor. La máquina de propaganda capitalista estaba inundando el país con llamados a dar apoyo patriótico al esfuerzo bélico. Y a nosotros nos acababan de declarar culpables de abogar por el derrocamiento del gobierno por la fuerza y la violencia. Daba la impresión de que el juez aprovecharía el cambio de ambiente político para dejar caer sobre nosotros todo el peso de la ley.

Ray Dunne fue el primero en ser llamado ante el juez. Un silencio llenó la sala y todos se esforzaron para escuchar lo que decía el juez. Él ordenó que Dunne fuera encarcelado por un plazo de… 16 meses. Cuando pronunció estas palabras, bajaron sensiblemente las tensiones. Dieciséis meses es mucho tiempo para estar entre rejas, pero 10 años habría sido mucho peor.

Once de los otros acusados recibieron la misma sentencia de 16 meses: Cannon, Carlson, Cooper, Coover,

Dobbs, Geldman, Goldman, Hansen, Hudson, Morrow y Skoglund. Seis fueron sentenciados a un año y un día de prisión: DeBoer, Hamel, Kuehn, Palmquist, Russell y Shoenfeld.

Nuestros abogados inmediatamente presentaron un aviso de apelación, y el juez ordenó una suspensión de la sentencia en espera del resultado de esa gestión. Se nos permitió estar en libertad bajo fianza mientras se llevaba el caso a los tribunales superiores, empezando con el Tribunal Federal de Circuito de Apelaciones.

Joyce parecía tener varias razones para su moderación al sentenciarnos. Habíamos sido declarados culpables solo bajo cargos de control del pensamiento. El jurado había recomendado indulgencia en las sentencias. Y durante la semana transcurrida desde el veredicto, había crecido la indignación pública contra la persecución gubernamental de los trotskistas por nuestras creencias.

Para alentar más estas protestas, Goldman hizo una declaración pública desde la corte en que proclamó nuestra voluntad de continuar la lucha. "Tenemos la intención de agotar todas las medidas y los recursos en nuestra apelación", dijo. "Ante todo, apelaremos al pueblo americano en un esfuerzo para convencerlos de que realmente peligran los derechos de libertad de expresión, de prensa y de asociación".

Los cinco acusados exonerados por el jurado también hicieron un llamamiento a apoyar a los condenados. Ellos declararon: "Nos solidarizamos totalmente con nuestros 18 co-acusados que fueron condenados, cuyo único 'crimen' es su inalterable devoción a los intereses de la clase trabajadora. Los acusados condenados y las organizaciones obreras y pro libertades civiles que están colaborando con ellos han expresado su decisión de apelar el veredicto contra los 18 ante las cortes federales superiores. Vamos a ayudarlos, e instamos a todos los trabajadores a que respalden esta apelación económica y moralmente.

La Unión Americana de Libertades Civiles (ACLU) anunció sin demora que colaboraría con el Comité de Defensa de los Derechos Civiles (CRDC) hasta el final en la lucha por anular el veredicto. En una declaración los dirigentes de la ACLU dijeron que, si se mantenían las condenas, la Ley Smith "será un arma peligrosa contra los derechos civiles del movimiento obrero y de radicales de todas las variedades".

Un editorial en el número del 6 de diciembre de 1941 del *New Leader*, publicado por la Federación Socialdemócrata, afirmó: "Esta aplicación de la Ley Smith y de la Ley de Sedición de 1861 las convierte en una amenaza a las libertades civiles... todos los americanos que aman la libertad —y esto, al parecer, no incluye a los comunistas— deben estar muy conscientes de lo que está pasando".

Una semana más tarde el *Call*, voz del Partido Socialista, expresó una opinión similar. "Como de costumbre en estos casos", dijo, "la fiscalía recurrió a llamados patrioteros y a hacer que el jurado casi se muriera de miedo con pasajes de la literatura leninista general tomados fuera de contexto y que se remontaban a muchas décadas... Denunciamos sin reservas el increíble proceso de Minneapolis, y apoyamos plenamente las gestiones para apelar la decisión".

La noticia del resultado del juicio también provocó una avalancha de protestas de sindicatos en todo el país. Un ejemplo típico fue una resolución adoptada por el Consejo Sindical Industrial del Estado de Nueva Jersey, afiliado al CIO. Este se comprometió a apoyar a los 18, declarando que "denunciamos las condenas en el caso de Minneapolis y protestamos contra el uso del FBI para interferir en los procedimientos democráticos del movimiento sindical".

El *Industrial Worker*, órgano de los Obreros Industriales del Mundo (IWW), dijo el 6 de diciembre: "Nosotros nos mantenemos fieles al sindicalismo industrial, mientras que ellos [el PST] promueven una de las muchas marcas de la llamada política comunista. Pero coincidimos con ellos y con otras personas amantes de la libertad cuando se trata de los derechos civiles, el derecho a tener opiniones y a expresarlas, no importa si sean del agrado o no de los peces gordos financieros".

Un sindicato tras otro —del CIO, de la AFL, e independientes— empezaron a enviar donaciones para financiar nuestra apelación a las cortes superiores.

W.E.B. Du Bois, el destacado educador negro, se solidarizó con los acusados. Adam Clayton Powell, miembro negro del Consejo Municipal de Nueva York, afirmó: "Siempre que peligren las libertades civiles de cualquier americano o grupo americano, peligran las libertades civiles de todos, y de eso se trata en Minneapolis".

Muchos liberales prominentes denunciaron la persecución del Partido Socialista de los Trabajadores por el gobierno. Entre ellos estaba Melvyn Douglas, conocido estrella de Hollywood, que se unió al Comité de Defensa de los Derechos Civiles.

Irónicamente, justo después de que fuimos sentenciados, Roosevelt proclamó el 15 de diciembre como "Día de la Carta de Derechos". Era el 150 aniversario de la promulgación de ese documento, señaló Roosevelt, y había que honrarlo especialmente en esta ocasión para recordarle al pueblo las metas de la nación en su contemporánea "guerra por la democracia".

La revista *The Nation*, en su edición del 13 de diciembre de 1941, comentó la hipocresía del presidente en un editorial: "El enjuiciamiento de los... trotskistas por sedición y la condena de 18 de ellos... son un desafío para toda persona que crea en las libertades civiles. Son ejemplos precisamente de lo que la Carta de Derechos intentaba hacer imposible: la encarcelación de hombres, no por lo que hicieron, sino por lo que pensaron y dijeron… Creemos que los precedentes establecidos por esta condena son peligrosos para la libertad de pensamiento y de expresión en Estados Unidos… Creemos que todos los progresistas de cualquier orientación política deben sumarse a la defensa de los acusados de Minneapolis, o de lo contrario se permitirá un precedente que algún día será utilizado contra cualquiera de ellos".

El embuste de Roosevelt sobre la Carta de Derechos también se abordó en un evento público celebrado por el CRDC en Nueva York el 15 de diciembre. Asistieron unas 700 personas, incluyendo destacados representantes de grupos de derechos civiles y partidos obreros. Roger Baldwin, fundador de la ACLU, dijo ante el encuentro: "Celebro junto a ustedes, no la glorificación del documento, sino la resistencia a una violación del mismo".

James P. Cannon, una de las víctimas de la Ley Smith, se solidarizó con el comentario persuasivo de Baldwin. "Al luchar por la Carta de Derechos", dijo en el mitin de Nueva York, "en su esencia, en su aplicación, y no como algo que se conserva en un museo, estamos librando una lucha progresista, y en esta coyuntura, una lucha sumamente revolucionaria… Personas con distintos puntos de vista se unen en torno a la causa de este magnífico comité, el Comité de Defensa de los Derechos Civiles… [y esto ofrece] la promesa a otras personas, que como nosotros podrían caer víctimas, de que no se quedarán sin amigos en su día de adversidad, y el día que sean perseguidos".

Poco después el CRDC publicó un nuevo folleto, "La Carta de Derechos en peligro", que actualizó al público sobre los últimos acontecimientos del caso de Minneapo-

Partidarios del Comité de Defensa de los Derechos Civiles. **Arriba**: Adam Clayton Powell (izquierda), concejal municipal en Nueva York, y Melvyn Douglas, actor de Hollywood. **Abajo:** A.J. Muste (izquierda), secretario de la Hermandad de la Reconciliación, y el escritor y educador W.E.B. Du Bois.

lis. Uno de los acusados, Ray Dunne, emprendió una gira nacional para buscar más apoyo a nuestra lucha por la anulación de las condenas.

Al mismo tiempo el Partido Socialista de los Trabajadores tomó todas las medidas posibles para demostrar su compromiso de continuar su trabajo político en desafío de la caza de brujas del gobierno contra nosotros. El partido además dejó claro que continuaría ejerciendo el derecho democrático de usar todos los medios disponibles para difundir su programa socialista revolucionario. El PST en Minnesota postuló a Grace Carlson, una de los condenados bajo la Ley Smith, como su candidata a la alcaldía en las elecciones municipales de Saint Paul, programados para 1942. Al anunciar su candidatura, Carlson afirmó desafiantemente: "Defiendo el socialismo internacional, los principios de Marx, Lenin y Trotsky. Creo que solo un gobierno socialista puede traer una paz perdurable y la libertad y abundancia para todos".

Respecto a la política del PST después de Pearl Harbor, el partido emitió una declaración oficial a nombre de su principal oficial, James P. Cannon. Se publicó en la edición de enero de 1942 de *Fourth International* (Cuarta Internacional), la revista teórica del movimiento trotskista en ese entonces.

En su declaración el partido dijo: "Hasta el 8 de diciembre de 1941, cuando este país entró oficialmente en la Segunda Guerra Mundial, considerábamos la guerra por parte de todas las potencias capitalistas involucradas —Alemania y Francia, Italia y Gran Bretaña— como una guerra imperialista... Determinamos esta caracterización de la guerra en virtud del carácter de las potencias estatales involucradas en ella. Eran potencias capitalistas en la época del imperialismo: o bien imperialistas que oprimen otras naciones o pueblos, o bien satélites de potencias imperialistas. La extensión de la guerra al Pacífico y la entrada formal de Estados Unidos y Japón no cambian nada de este análisis básico".

Por otra parte, respecto a la actitud del PST hacia la Unión Soviética y China, la declaración agregó:

"Hacemos una distinción fundamental entre la Unión Soviética y sus aliados 'democráticos'. Defendemos la Unión Soviética. La Unión Soviética es un estado obrero, aunque degenerado bajo el dominio político totalitario de la burocracia del Kremlin. Solo los traidores pueden negarle apoyo al estado obrero soviético en su guerra contra la Alemania fascista. Defender a la Unión Soviética, a pesar de Stalin y contra Stalin, es defender la propiedad nacionalizada establecida por la Revolución de Octubre. Es una guerra progresista.

"La guerra de China contra Japón también la caracterizamos como una guerra progresista. Apoyamos a China. China es un país colonial, que lucha por la independencia nacional contra una potencia imperialista. Una victoria de China sería un tremendo golpe contra todo el imperialismo, que inspiraría a todos los pueblos coloniales para que se sacudan el yugo imperialista. El régimen reaccionario de Chiang Kai-shek, servil a las 'democracias', ha obstaculizado la capacidad de China para librar una guerra audaz por la independencia; pero para nosotros eso no cambia el hecho esencial de que China es una nación oprimida que lucha contra un opresor imperialista. Estamos orgullosos del hecho de que los cuartainternacionalistas de China están luchando en las primeras filas contra el imperialismo japonés".

En cuanto a la verdadera guerra contra el fascismo, afirmó el PST, esta solo puede ser librada por un gobierno de los trabajadores y sus aliados. Solo ese tipo de gobierno podría garantizar que la paz no traería como secuela una nueva violación económica de Alemania, como se hizo a través del tratado de Versalles al final del primer conflicto mundial.

"Cuando el pueblo de Alemania se sienta seguro de que la derrota militar no será seguida por la destrucción del poder económico de Alemania y la imposición de cargas insoportables por parte de los vencedores, Hitler será derrocado desde dentro de Alemania. Pero los enemigos imperialistas de Alemania no pueden ofrecer estas garantías contra un segundo Versalles".

La declaración emitida a nombre de Cannon también contenía una sección sobre nuestra conducta como minoría revolucionaria en tiempos de guerra.

"Nuestro programa... es hoy solo el programa de una pequeña minoría. La gran mayoría apoya activa o pasivamente el programa de guerra de la administración Roosevelt. Como minoría, debemos subordinarnos a esa mayoría en la acción. No saboteamos la guerra ni obstruimos las fuerzas militares de ninguna manera. Los trotskistas se incorporan junto con su generación a las fuerzas armadas. Acatamos la decisión de la mayoría. Pero mantenemos nuestras opiniones e insistimos en nuestro derecho a expresarlas.

"Nuestro objetivo es convencer a la mayoría de que nuestro programa es el único que puede poner fin a la guerra, al fascismo y a las convulsiones económicas. En este proceso de aprendizaje, los terribles hechos demuestran que nuestros argumentos son totalmente correctos. Dos veces en el transcurso de 25 años, guerras mundiales han sembrado destrucción. Los instigadores y dirigentes de estas guerras no ofrecen, ni pueden ofrecer, la promesa plausible de que no se vaya a producir una tercera, cuarta o quinta guerra mundial si ellos y su sistema social continúan dominando. El capitalismo no puede ofrecer ninguna perspectiva más que la matanza de millones de personas y la destrucción de la civilización. Solo el socialismo puede salvar a la humanidad de este abismo. Esta es la verdad...

"En esta hora oscura vemos claramente el porvenir socialista y preparamos el camino hacia él. Contra el coro desquiciado de los odios nacionales, levantamos una vez más la vieja consigna del internacionalismo socialista: ¡Trabajadores del mundo, uníos!"

Como lo demostró esta afirmación de la oposición continua del Partido Socialista de los Trabajadores a la guerra imperialista, no hicimos concesión política alguna a los que tenían criterios diferentes y cuyo apoyo solicitamos en la lucha para revocar las condenas bajo la Ley Smith. La campaña que libramos a través del Comité de Defensa de los Derechos Civiles para obtener un amplio apoyo a nuestra apelación a las cortes superiores se basó completamente en la necesidad de tomar acción unitaria a fin de proteger los derechos democráticos que estaban en juego.

Pasaron casi dos años hasta que nuestro caso llegó a la Corte Suprema de Estados Unidos. Durante ese período hubo varios nuevos acontecimientos en la lucha del 544-CIO contra Tobin.

17

Otro juicio amañado

Los capitalistas ofrecían dos tipos de "justicia": casos fabricados contra dirigentes obreros que se mantenían fieles a su clase, y generosas recompensas a ciertos funcionarios sindicales que se habían destacado cumpliendo las órdenes de los patrones.

Uno de los que se encontraba en la última categoría era Meyer Lewis, representante personal del presidente de la AFL, William Green. Lewis había sido enviado apresuradamente a Minneapolis en el verano de 1941 para ayudar a Tobin contra el Local 544-CIO. Pero después de pasar apenas tres semanas en la ciudad, aprovechó una oportunidad para emprender lo que prometía ser una carrera aún más lucrativa. Lewis fue a Stockton, California, donde le dieron un puesto de gerente en la fábrica enlatadora Flotill Cannery, que no tenía sindicato. Para ganar el elevado sueldo que correspondía al cargo, él solo tenía que ayudar a mantener los salarios de los trabajadores al nivel más bajo posible. Como experimentado farsante sindical, poseía las habilidades necesarias para la tarea, y el gran aumento de su ingreso personal cuadraba con lo que él obviamente consideraba el más alto principio en la vida: su propio avance personal.

Otro beneficiario de la generosidad capitalista fue Alfred P. Blair, quien había sido funcionario del Sindicato de Trabajadores de Cervecería. A cambio de su apoyo político al gobernador Stassen, Blair fue nombrado al cargo de conciliador sindical del estado a principios de 1941. Aceptó el puesto a pesar de la fuerte oposición sindical a la "Ley del Trabajo Esclavo" de Minnesota, que a él le tocaba hacer cumplir. En esa capacidad oficial, tramó con Stassen y los patrones para despojar al Local 544-CIO de sus derechos legales y certificar el sindicato fantasma de Tobin como único agente negociador en la industria del transporte por camión de Minneapolis.

Menos de un mes después de haber completado ese trabajo sucio, Blair fue contratado con un jugoso salario como "experto en relaciones laborales" de la compañía Gamble-Robinson. Esta empresa grande de frutas y verduras había sido una de las principales responsables de los sangrientos ataques contra las líneas de piquetes durante las huelgas de camioneros de 1934. Desde entonces había combatido a los sindicatos a cada paso, y seguía siendo un empedernido enemigo de los sindicatos. No obstante, Blair estuvo a la altura de la tarea que le encomendó tan exigente patrón, como lo demostró en diciembre de 1941. En esa ocasión rechazó las demandas de los trabajadores de Gamble-Robinson de aumentos salariales sustanciales y los forzó a salir en huelga. Luego la compañía impuso un convenio con condiciones muy ventajosas para los patrones, semejante al que los tobinistas habían negociado el verano anterior con otras empresas del transporte.

Blair y Meyer Lewis se habían diferenciado de los más típicos sindicalistas empresariales solo en el sentido de que se habían pasado abiertamente al lado de los patrones. La perfidia de Daniel J. Tobin, por ejemplo, quien supuestamente permanecía en las filas del movimiento sindical, no tuvo límites después de que Estados Unidos entró en la guerra. El presidente de la IBT fue actuando cada vez más como un abierto lacayo de los capitalistas, y su traición a los trabajadores se puede ilustrar con varias citas de la revista *International Teamster.*

Escribiendo en el número de mayo de 1942 de la revista de la IBT, Tobin previó "una nueva época en las relaciones laborales en que todas las huelgas podrán ser prácticamente prohibidas". Por lo tanto, aconsejó, cada unidad de los Teamsters debe "contratar a un estadístico de primera a fin de presentar sus demandas debidamente ante las juntas de arbitraje". Para la IBT, las huelgas ya habían sido proscritas por decreto de Tobin, y él simplemente estaba recomendando algo que había ideado para reemplazar el poder sindical. Pero las estadísticas en sí, por más detalladas que sean, no pueden defender los intereses de los trabajadores. El mismo dictador de los Teamsters lo reconoció cuando se quejó de "empleadores antipatrióticos" que se aprovechaban de su política de no hacer huelgas para "aumentar sus ganancias personales".

Lo que Tobin exigió de los miembros de la IBT fue más que abstenerse de hacer huelgas. En la misma edición del *International Teamster* ordenó que los choferes de camión sirvieran de rompehuelgas contra otros sindicalistas. "El presidente general", dijo, "llama la atención de todos los sindicatos locales a su carta confidencial del 3 de abril. Una vez más advierte enfáticamente a todos los sindicatos locales que sigan trabajando y que no hagan caso a las líneas de piquetes. Si el representante de otro sindicato les pide que no crucen las líneas de piquetes, díganle que él se lo plantee a su sindicato internacional, y que ustedes responderán cuando reciban órdenes de su propio sindicato internacional".

Al parecer, la orden de mayo no logró suficientemente su propósito, porque Tobin luego emitió un ultimátum brutal. Dijo, en efecto: O me obedecen o se exponen a ser expulsados del sindicato, perder su trabajo y hasta ser blanco de ataque del FBI. Indicó claramente estas amenazas al declarar en la revista de la IBT de junio de 1942: "Si no pueden cumplir con nuestras órdenes internacionales, que se fundan en la necesidad, Y EN LAS ÓRDENES DE NUESTRO GOBIERNO, entonces lo mejor que pueden hacer es notificar al sindicato internacional. Entonces sí nos protegeremos. ¡Sabemos cómo hacerlo!...

"En un futuro muy cercano, a mi juicio, se le va a pedir al sindicato internacional que envíe a las autoridades federales una lista de los funcionarios en cualquier distrito que provoquen un paro laboral sin la autorización del Sindicato Internacional... Y YO AGREGARÍA, PARA QUE SEPAN, QUE LOS FUNCIONARIOS DE SU SINDICATO INTERNACIONAL NO VAN A NEGARSE A CUMPLIR LAS ÓRDENES DEL GOBIERNO FEDERAL".

Para promover esos objetivos represivos, el mandamás de la IBT continuó tratando de dar un terrible escarmiento a los trotskistas. Quería mostrar que los sindicalistas que tuvieran el descaro de contrariarlo se verían sometidos a fuego y azufre sin fin. Por esa razón siguió tomando todas las represalias posibles, por mezquinas e infames que fueran, contra los rebeldes del 544-CIO.

Un típico golpe bajo fue lanzado después de las condenas por sedición en la corte federal. El Local 544-CIO ya no podía mantener un plantel de organizadores remunerados, así que sus funcionarios solicitaron del gobierno seguro de desempleo, al cual tenían derecho. Los abogados de Tobin inmediatamente interpusieron una queja ante las autoridades de Minnesota para que no aceptaran ningunas de estas solicitudes. La oficina estatal de desempleo hizo todas las formalidades de celebrar una audiencia sobre el caso, pero denegó la indemnización por desempleo que se había solicitado. El fallo oficial se basó en el falso argumento de que los solicitantes se habían "separado del AFL-544 por voluntad propia sin causa justa o buena".

Esta gestión para negarles seguro por desempleo fue parte integral del intento de privar a los dirigentes del 544-CIO de todo sustento económico. Tobin y los patrones conspiraron para que ellos fueran puestos en una lista negra en la industria del transporte, y trataron de impedir que se ganaran el pan de cualquier otra forma. Los sindicalistas perseguidos fueron llevado a condiciones muy precarias. Por ejemplo, Harry DeBoer y Carl Skoglund se vieron obligados a establecer, con un escaso presupuesto, un servicio de reparación de aparatos electrodomésticos, y eso apenas les alcanzó para sobrevivir. Emil Hansen y Moe Hork finalmente tuvieron que irse de Minneapolis por un tiempo prolongado a fin de ganar un ingreso que les permitiera mantener a sus familias.

También tomaron represalias contra cualquier miembro de la AFL en Minneapolis que fuera sospechoso de abrigar simpatías hacia el 544-CIO. Uno de ellos era John Janosco, secretario-tesorero del Local 1895 del Sindicato de Tapiceros. El 544-AFL entabló una queja contra él ante la Unión Central del Trabajo por ser un "presunto trotskista". Después el propio Tobin presentó cargos específicos a través del Sindicato Internacional de Tapiceros. Acusó a Janosco de "causar la contratación" de "un tal Miles Dunne" a la redacción del periódico de una cooperativa de crédito, al cual el Local 1895 se suscribía en nombre de sus miembros. A insistencia de Tobin, Janosco fue suspendido del sindicato.

Durante años, el jefe de la IBT manifestó mucha ansiedad por la posibilidad de que volviéramos a surgir en alguna parte del sindicato internacional. Cada vez que aparecía alguna señal de oposición a su política en la organización, se apresuraba a lanzar a una cruzada contra el peligro "trotskista".

Como ilustró el ataque contra Janosco, los burócratas de los Teamsters constantemente acosaban a todo el movimiento de la AFL en Minneapolis. Además, tenían el respaldo de la cúpula nacional de la AFL y de la administración Roosevelt. Bajo estas presiones, la Unión Central del Trabajo, que se había visto influenciada favorablemente por el surgimiento de un fuerte sindicato de choferes en la ciudad, abandonó sus anteriores posiciones progresistas. Su repliegue ante la ola reaccionaria comenzó al estallar el conflicto entre el 544-CIO y la IBT, y el proceso de capitulación pronto se convirtió en una fuga en desbandada.

Hasta junio de 1941, los sindicatos de la AFL a nivel local se habían opuesto al ingreso de Estados Unidos a la guerra. Pero ya para finales del año habían cambiado su posición rotundamente. Según informó el *Minneapolis Tribune* del 13 de diciembre de 1941, la Unión Central del Trabajo adoptó unánimemente un programa de "paz industrial" y "apoyo total a la guerra". Esa decisión señaló su completo abandono de la resistencia a las medidas de la clase dominante para imponerles a los trabajadores la carga de la guerra. En vez de combatir la política brutal de los capitalistas, la mayoría de los funcionarios sindicales en toda la ciudad ayudaron a la Casa Blanca mantener el control sobre las filas de los sindicatos.

La situación no era mejor en el Consejo Unido de Teamsters de Minneapolis. Había quedado despojado de toda figura dirigente digna de ese nombre, aun desde el punto de vista de las normas burocráticas. I.E. Goldberg, a quien Tobin había enviado a la ciudad como su portavoz, lo reconoció en un informe que mandó el 29 noviembre de 1941 a Joseph A. Padway, abogado general de la IBT. Goldberg se quejó de que "la situación no ha producido un dirigente destacado con las calificaciones necesarias para abordar nuestros problemas actuales".

En el seno del 544-AFL reinaba la ley de la selva burocrática. Tobin vigilaba de cerca y mantenía su dictadura de hierro sobre la organización. No se les concedió el más mínimo derecho democrático a las filas. A los funcionarios locales se les dio un control arbitrario sobre los trabajadores, siempre y cuando lo ejercieran con la más servil sumisión a la política de la IBT. Un aspecto fundamental de la línea impuesta a los transportistas de Minneapolis era el de apoyar los objetivos bélicos de Roosevelt en el exterior y colaborar con los patrones en el ámbito industrial a nivel nacional. Los lacayos de Tobin, por supuesto, aceptaron fácilmente esa perspectiva. No les preocupaba en absoluto las violaciones de los principios de clase que se cometían. Desde su óptica, lo único realmente importante era cómo llegar a ser el cabecilla del sindicato local de los Teamsters.

Dada la abundancia de estas ambiciones personales entre el personal del 544-AFL, no tardó mucho para que aflorara la disensión interna. Surgieron diferentes camarillas, cada una buscando apuñalar a las otras en una pugna por el poder sin otras cuestiones de por medio. A principios de 1942 esta situación llevó al despido de James Bartlett, el principal soplón del gobierno durante el juicio por sedición.

Supuestamente, otro miembro del plantel había sido despedido un poco antes. Este había usado una pistola, dizque obtenida por Bartlett, para amenazar a algunos de los funcionarios tobinistas. Cualesquiera que sean los hechos, la junta ejecutiva del 544-AFL aprovechó el incidente para lograr su objetivo deseado. Bartlett fue echado de su puesto sindical; después él se dedicó a administrar unas pistas de bolos (*bowling*) que había adquirido siendo funcionario de la IBT.

Mientras ocurría todo esto, los trabajadores de la industria del camionaje estaban sufriendo un embate patronal tras otro. Los convenios ventajosos para los patrones, firmados por los tobinistas, habían sido apenas el primer revés. Hasta las pésimas condiciones de empleo estipuladas en esos pactos turbios estaban siendo violadas con más y más frecuencia, y la mayoría de las quejas entabladas por los trabajadores quedaban sin resolver. Además, las condiciones de trabajo por lo general estaban yendo de mal en peor. En resumen, estaba quedando demostrado que los sindicatos pueden tener relaciones amigables con los patrones únicamente bajo las condiciones dictadas por estos últimos, y que los militantes que habían dirigido a los choferes de camión a partir de 1934 eran en la realidad culpables de una sola cosa: habían luchado consecuentemente contra la clase patronal, actuando siempre a favor de los intereses de los trabajadores.

Bajo esas condiciones, no tardó mucho para que los ánimos de rebeldía se propagaran nuevamente entre los empleados de la industria del transporte. Creció la resistencia a pagar las cuotas de miembros a la organización de Tobin. Pocos trabajadores asistían a las asambleas del 544-AFL, y los grupos de oposición entre las filas iban cobrando fuerza.

En esa situación prometedora, el Local 544-CIO hizo todo lo posible para mantenerse en estrecho contacto con los trabajadores combativos que buscaban alguna manera de defender sus intereses contra la pandilla de Tobin. Pero el esfuerzo se tenía que hacer en el marco de una situación financiera precaria. Los fondos eran tan escasos que fue necesario suspender la publicación del *Industrial Organizer* a finales de 1941. Después solo se publicaron dos ediciones especiales del periódico, en febrero y en mayo de 1942. Hasta pagar el alquiler de una sede modesta ya era un problema. En general la situación del sindicato solo permitía que el trabajo se hiciera con organizadores voluntarios, quienes disponían de muy pocos recursos.

A pesar de verse limitado, el 544-CIO logró aprovechar al máximo una oportunidad que se presentó en Waterman-Waterbury, una empresa que fabricaba calderas. Los empleados en el departamento de envíos pertenecían al 544-AFL, y en la sección de la producción se había establecido un sindicato amarillo. Cada una de estas agrupaciones tenía un convenio con la compañía, que no iban a vencer hasta el 1 de febrero de 1942.

Cuando Blair había certificado a los tobinistas como representantes oficiales de los empleados de la industria camionera en toda la industria, ya se había iniciado una campaña de reclutamiento en Waterman-Waterbury. La campaña se libró en colaboración con el Local 1140 de los mecanometalúrgicos del CIO, y los trabajadores respondieron con entusiasmo a la oportunidad de que el CIO los representara. Los obreros de la producción fueron integrados al Local 1140; los choferes, ayudantes y empleados del departamento de envíos al 544-CIO. Después se presentó la demanda al conciliador laboral del estado para que certificara a los dos locales del CIO como agentes negociadores para sus miembros. Pero el conciliador ordenó que los trabajadores cumplieran con los contratos dictados por los patrones que aún no habían vencido.

Los Locales 544 y 1140 del CIO habían anticipado una decisión engañosa por parte de la administración Stassen, y también habían presentado peticiones ante la Junta Nacional de Relaciones Laborales (NLRB) para exigir elecciones por parte de los trabajadores en la compañía. Este conflicto incluía a obreros de producción por los cuales la IBT normalmente no tendría jurisdicción, y por tanto se le habría hecho difícil a la NLRB respaldar un fallo impuesto por Stassen a favor del 544-AFL. Así que la agencia de Roosevelt decidió convocar a elecciones y las fijó para el 30 de enero de 1942.

A estas alturas los tobinistas se enloquecieron. Primero intentaron que el 544-CIO fuera excluido de la papeleta, alegando que la decisión anterior de Blair convirtió a su organización en el "representante exclusivo" de los empleados del transporte camionero en Minneapolis. Pero ese intento fracasó. Después consiguieron que el Local 359 del Sindicato de Empleados de Almacenes de la IBT apareciera en la papeleta —junto con el 544-AFL— para oponerse a ambos sindicatos del CIO. Durante la campaña electoral, la empresa se unió a los matones de Tobin para amenazar con represalias si los trabajadores no "votaban bien".

A pesar de estos actos de intimidación, los Locales 544 y 1140 del CIO ganaron la contienda con grandes mayorías. Los dos sindicatos del CIO se convirtieron así en los agentes negociadores debidamente certificados en la Waterman-Waterbury. La patronal no tuvo más remedio que reconocer este hecho.

Lo notable de la votación no era la cantidad de trabajadores que habían participado, un número relativamente pequeño. Lo que realmente importaba era que por primera vez desde el 9 de junio de 1941, se había permitido que un grupo de empleados de la industria camionera ejercieran el derecho democrático de nombrar el sindicato de su elección, y habían escogido el 544-CIO. Su decisión era una clara señal de lo que sería el resultado si se organizara una votación en el transporte motorizado a nivel industrial. Por esa razón la prensa patronal enterró los escasos artículos sobre los resultados electorales en la sección de anuncios en las páginas interiores. A pesar de esa evasiva, la noticia se regó rápidamente de boca en boca. Al mismo tiempo se corrió la voz de que se intentarían elecciones en otras compañías, y los militantes en todo el ámbito del transporte camionero se mostraron ansiosos por ayudar a lanzar esas iniciativas.

Tobin, que no era ningún tonto, pronto comprendió el significado de nuestra victoria en Waterman-Waterbury. Entonces presionó inmediatamente para que las autoridades llevaran a cabo otro caso fabricado contra nosotros.

Los medios para intentar ese objetivo ya estaban disponibles. Unos meses antes, el gran jurado del condado de Hennepin había formulado varios cargos de "malversación" y "hurto mayor" contra cuatro dirigentes del 544-CIO: Miles Dunne, Moe Hork, Kelly Postal y Nick Wagner. Desde entonces, sus juicios habían sido aplazados repetidas veces. Al dictar uno de los aplazamientos, el juez de distrito Frank E. Reed había comentado sarcásticamente, "Cuando llegue la primera parte de diciembre, puede que no haya acusados en este caso".

Se refería, por supuesto, al juicio federal por "sedición". Pero los acusados en ese caso fabricado no habían ido directamente de la corte a la prisión, a diferencia de lo que Reed, por su indirecta, parecía anticipar. Cinco miembros de la directiva del 544-CIO, que estaban entre los enjuiciados, habían sido declarados no culpables. Aunque otros de los dirigentes sindicales habían sido condenados, seguían libres bajo fianza en espera de una apelación ante las cortes superiores. Solo uno de los sindicalistas acusados se había retirado del escenario. Cuando Nick Wagner fue puesto en libertad por el juez Joyce, su abogado había llegado a un acuerdo para que le retiraran los cargos de malversación y hurto mayor, a condición de que se regresara a Chicago.

A excepción de Wagner, todos los dirigentes del 544-CIO se mantenían activos (Hansen y Hork aún no se habían mudado en busca de trabajo) y bajo su dirección el sindicato mostraba señales de vitalidad. Eso alarmó a los patrones y a Tobin. Juntos presionaron para que el gobierno tomara acción cuanto antes sobre las acusaciones presentadas por el condado de Hennepin. Hicieron de blanco principal a Kelly Postal, secretario-tesorero del sindicato.

Postal había sido acusado bajo seis cargos diferentes. Uno tenía que ver con un cheque por mil dólares fechado el 22 de enero de 1940, en medio de la demanda esquirol contra la directiva del Local 544. Era un cheque de caja, preparado como precaución contra los esquiroles que pretendían embargar los fondos del sindicato. El cheque fue canjeado finalmente el 11 de junio de 1941, después de que los miembros del sindicato —tras votar a favor de retirarse de la AFL y unirse al CIO— habían encomendado a los funcionarios a que tomaran todas las medidas necesarias para defender la propiedad del local contra sus enemigos. Antes de que Postal canjeara el cheque con ese propósito, el abogado le había informado que en semejantes ocasiones los tribunales habían fallado de manera uniforme que un sindicato local que se separaba tenía derecho a conservar su propiedad.

Pero el gran jurado había hecho caso omiso de esos precedentes judiciales. Cada cargo formulado contra los funcionarios del 544-CIO se basaba en la premisa falsa de que todos los fondos del local y otras pertenencias le correspondían a Tobin. Por tanto, en este caso se alegaba que Postal había "malversado" mil dólares de los fondos del presidente de la IBT.

Un juicio con jurado sobre esa acusación comenzó el 2 de febrero de 1942, ante el juez Levi H. Hall en un tribunal de distrito. Gilbert Carlson y D.J. Shama fueron los abogados defensores. La fiscalía, bajo la dirección del fiscal de condado Ed Goff, trató de sentar las bases con un argumento de "conspiración" que podría aplicarse muy ampliamente contra otros funcionarios y miembros activos del 544-CIO.

Para esto Goff dependió casi exclusivamente del testimonio de los tobinistas, cuyas fantasías ya habían sido rechazadas por el jurado en el juicio por sedición. Siete de estos personajes dudosos subieron al estrado. Cuatro de ellos habían sido testigos de la fiscalía en la corte federal. Otros dos eran de la misma calaña, ex miembros del Comité de 99. El séptimo era T.T. Neal, el administrador del 544-AFL nombrado por Tobin. Presentaron un cuento ensayado que se había creado para dar validez a la acusación.

Después de escuchar el testimonio tanto de la fiscalía como de la defensa, el juez Hall dictaminó lo siguiente: "Por resolución de la mayoría de los miembros del Local 544, le ordenaron [a Postal] entregar todos los fondos del sindicato al Comité de Defensa Sindical. No se puede negar que esta resolución, ordenando que entregara todos los fondos, fue abierta y declarada, y que se escuchó a través del sistema de altoparlantes, incluso por las personas congregadas fuera del edificio, según dijeron testigos del estado. Los miembros del sindicato deben haber pensado que tenían el derecho de transferir estos fondos mediante una resolución, como trataron de hacerlo. Postal, el acusado, era agente y custodio de los miembros y entregó el dinero siguiendo las instrucciones de estos".

El juez dio instrucciones al jurado para que emitiera un veredicto que absolviera a Postal del cargo por el que había sido enjuiciado.

La decisión de Hall fue una estocada contra los cargos fabricados de malversación y hurto mayor. Ratificó el derecho del sindicato local de mantener sus fondos al cambiar su afiliación de un sindicato matriz a otro. Y respaldó el argumento de la defensa de que la medida se había decidido en un voto democrático de los miembros. En cuanto a los reclamos de Tobin, el fallo no le concedió derecho alguno al respecto.

Parecía entonces que todo el complot para utilizar el tema de los fondos contra los dirigentes sindicales rebeldes estaba a punto de desmoronarse. Esto llevó a la pandilla de la IBT a desatar un ataque desesperado. Según se informa, después del veredicto en el caso de Postal, uno de ellos amenazó: "Vamos a parar a esa gente muy pronto". Miles Dunne, en una declaración pública, describió cómo lo hicieron:

"Diez minutos antes del mediodía del viernes 20 de febrero, tres hombres, cada uno con un revólver en la mano, entraron a la sede del Local 544-CIO en la 827 de la Avenida 12 Sur. En la sede estaban Kelly Postal, Ray Rainbolt y Harry DeBoer... Los organizadores del 544-CIO desconocían al trío de pistoleros. Llevaban abrigos oscuros. El más grande de los tres, además de la pistola, tenía un bate de beisbol envuelto.

"Los pistoleros ordenaron 'Manos arriba' a los dirigentes del 544-CIO. Cuando Rainbolt se rió, el más grande dijo, 'Esto no es una broma'. Los pistoleros registraron a los hombres del 544-CIO, no encontraron armas y les ordenaron que se pusiera de cara a la pared con las manos arriba.

"Les preguntaron los nombres a sus víctimas. Cuando DeBoer dio su nombre, el pistolero más grande alzó su bate y le pegó a DeBoer en la cabeza, la espalda y las piernas hasta que se desplomó en un rincón. El Sr. DeBoer ha estado representando al Local 544-CIO en las actuales negociaciones con la compañía Waterman-Waterbury, donde el 544-CIO hace poco le ganó a la AFL en las elecciones de la Junta Nacional de Relaciones del Trabajo.

"Los pistoleros ordenaron que Rainbolt y Postal guardaran silencio con las manos arriba, y se marcharon. Habían estado en la sede unos tres minutos.

"El Local 544-CIO reportó este ataque al jefe de detectives de Minneapolis y al fiscal de condado Ed Goff.

"El Local 544-CIO denuncia que Daniel J. Tobin, presidente de la Internacional de los Teamsters de la AFL, es responsable de este ataque armado contra dirigentes del Local 544-CIO. Si algún dirigente del Local 544-CIO resulta agredido o asesinado, lo consideraremos a Tobin personalmente responsable.

"Las tácticas como las que se emplearon hoy están en consonancia con la lucha inescrupulosa y violenta que Tobin ha estado librando en Minneapolis desde junio de 1941, contra los choferes y trabajadores de almacenes de esta ciudad. El Local 544-CIO llama la atención del movimiento obrero nacional a este ataque contra sus dirigentes por parte de los pistoleros de Tobin".

El *Minneapolis Tribune* del 22 de febrero de 1942 informó sobre el comunicado de Dunne, incluyendo las partes que culpaban a Tobin del ataque. Eso suscitó una reacción de los matones de la IBT, quienes actuaron como si se hubiera inventado un ataque imaginario como "típico truco de los Dunne". Pintando a las víctimas como criminales, protestaron hipócritamente en el *Minnesota Teamster*: "Una ley municipal dispone sanciones para los que den información falsa a la policía o a un periódico. La justicia exige que los culpables sean enjuiciados".

Ni la policía ni el fiscal de condado mostraron el menor interés en arrestar a los tres pistoleros. Pero a través de su propia investigación el 544-CIO obtuvo el número de placa del vehículo que habían usado, que era de otro estado. Esa información fue entregada a las autoridades, pero, como era de esperar, nunca se hizo nada al respecto.

Si los conspiradores reaccionarios pensaban que el ataque espantaría a los dirigentes del 544-CIO, se iban a decepcionar una vez más. El local del CIO prosiguió con las negociaciones en Waterman-Waterbury, y poco después obtuvo un convenio de un año con la compañía. Logró aumentos salariales que oscilaban entre 10 y 14 centavos la hora para las distintas categorías de empleo. Esto contrastaba notablemente con el aumento de seis centavos que el 544-AFL había aceptado para los trabajadores en otras empresas. Además se ganaron disposiciones para proteger los empleos y hacer cumplir el acuerdo, dos problemas vitales ante los cuales la AFL había fallado completamente.

La noticia del pacto con Waterman-Waterbury dio un mayor estímulo a los deseos de los transportistas de Minneapolis de retirarse de la AFL e ingresar al CIO. También asustó a los tobinistas y patrones confabulados, quienes lanzaron precipitadamente un doble contraataque contra nosotros. Una de sus maniobras tenía que ver con la decisión de Blair en septiembre pasado de certificar al 544-AFL como agente negociador para toda la industria.

El 544-CIO había impugnado la decisión de Blair, solicitando una revisión del caso ante los tribunales del condado de Ramsey. Los abogados de Tobin se opusieron enérgicamente a una revisión. Recurrieron a todos los argumentos imaginables. Hasta afirmaron que la certificación de la IBT había traído "paz, tranquilidad y descanso" a la industria. Sin embargo, el juez de distrito Carleton F. McNally parecía creer que el tribunal debía dar cierta apariencia de imparcialidad. Decidió revisar el caso. Lo estaba haciendo sin mucha prisa cuando Waterman-Waterbury firmó el convenio con el CIO.

Entonces McNally aceleró el proceso, al parecer bajo la presión de los patrones. No tardó en ratificar la decisión de Blair, la cual había privado a los trabajadores del transporte motorizado del derecho democrático a elegir su agente negociador. Su fallo significaba que aún no se permitirían elecciones de representación sindical en el transporte camionero en Minneapolis, a fin de prevenir el resurgimiento del 544-CIO.

Para entonces, la segunda fase del contraataque estaba muy avanzada. Había comenzado con una campaña de los tobinistas para que el gobierno enjuiciara nuevamente a Kelly Postal por las otras acusaciones pendientes contra él. Afirmaron que el primer juicio, por los de los mil dólares, había sido manejado mal por el fiscal de condado. Según el *Minnesota Teamster* del 12 de febrero de 1942, la "fiscalía incompetente" no había refutado el testimonio de la defensa de que la mayoría de los miembros del Local 544 se había integrado al CIO. Deberían haber usado "archivos" presentados en las anteriores audiencias de Blair para comprobar que "todos los miembros estaban en el 544-AFL". Además, la IBT podía ofrecer "evidencia que muestra las operaciones de los escisionistas".

En cuanto a las acusaciones contra Miles Dunne y Moe Hork, hasta la pandilla de Tobin parecía opinar que ellos no podían ser enjuiciados exitosamente. Ninguno de ellos había estado encargado directamente de los fondos del sindicato, a diferencia de Kelly Postal, secretario-tesorero del local. Al final los cargos contra Dunne y Hork fueron retirados discretamente, y este aspecto de la conspiración para asfixiar al 544-CIO se enfocó completamente en el secretario-tesorero.

El fiscal de condado Goff pronto anunció que Postal sería enjuiciado de nuevo. Esta vez el cargo era hurto mayor en primer grado por una suma de 5 mil dólares, que supuestamente le había desfalcado a Tobin. El dinero en cuestión había sido entregado al Local 977 de Empleados de Gasolineras de la AFL como un préstamo del Local 544. Puesto que los dos sindicatos tenían lazos estrechos, el préstamo se había tramitado —con la aprobación de los miembros del Local 544— como medio para proteger los fondos del local mientras se cambiaba de la AFL al CIO.

Para el segundo juicio, informó jubiloso el *Minnesota Teamster*, el fiscal de condado estaba haciendo "extensos preparativos". Presentaría "pruebas" sólidas, y resaltaría que Postal "tomó el dinero después de haberse salido del sindicato [IBT] y haber entrado al CIO".

Sin embargo, se toparon con un imprevisto al no encontrar un solo juez local que aceptara el caso. Entonces trajeron a un magistrado de otro distrito judicial, y los abogados defensores, Carlson y Shama, entablaron una declaración jurada de prejuicio en su contra. Se produjo un gran lío judicial. Al final el juicio fue presidido por Arthur W. Selover, uno de los jueces más reaccionarios en el distrito del condado de Hennepin. Para colmo, el jurado estaba lleno de personas de clase media que no sabían nada o poco sobre el movimiento obrero.

William Compton, un vicefiscal de condado, fue el fiscal en este juicio. En su discurso inicial, Compton siguió la línea de la IBT de que "solo una minoría conspirativa" en el Local 544 se había pasado al CIO "por sus motivos ocultos". Hizo desfilar a tobinistas por el estrado como testigos. Ellos inventaron historias acerca de una "conspiración trotskista". Pero ni siquiera estos fabricadores de mentiras se atrevieron a alegar que Postal se había robado fondos sindicales para uso propio. Lo que querían era pintar a todos los funcionarios y miembros activos del 544-CIO como "ladrones", afirmando que había existido una "conspiración" del CIO para "robarles fondos a los

Teamsters". El juez Selover aceptó este testimonio deshonesto, y repetidamente rechazó las objeciones de los abogados defensores.

Cuando la defensa comenzó su presentación el juez adoptó la táctica opuesta. Apoyó a la fiscalía para impedir testimonios que hubieran presentado el cuadro verdadero al jurado sobre la ruptura del local con Tobin. Pero la unión del juez y el fiscal no pudo impedir que Ray Rainbolt subiera al estrado. Rainbolt habló con autoridad como secretario de actas del Local 544 y como dirigente del Comité de Defensa Sindical, que se había formado en relación al cambio del local al CIO. Él rebatió las acusaciones contra Postal. En su testimonio dio cuenta de cada centavo de los fondos del Local 544 que fueron entregados al Comité de Defensa Sindical por decisión de los miembros. Cuando terminó, el abogado defensor señaló que no se había cometido ni hurto ni malversación. Al transferir su afiliación a otra organización matriz, el local simplemente había tomado medidas para proteger sus fondos, y se había hecho de forma completamente legal.

En definitiva no había diferencias reales entre los dos casos contra Postal. Los cargos, la supuesta evidencia de la fiscalía y la refutación por la defensa eran esencialmente lo mismo en cada caso. Pero esta vez la línea adoptada por el juez fue diferente. Hall había ratificado el derecho del Local 544 de guardar sus fondos cuando rompió con la IBT. Selover hizo lo opuesto.

Él citó una cláusula en la constitución de Tobin que decía que un local de los Teamsters no podía ser disuelto mientras siete miembros discreparan. Le dijo al jurado: "Si encuentran que siete miembros o más discreparon con la separación del AFL-544 para pasarse al CIO cuando se votó el pasado 9 de junio, entonces esa votación quedó sin efecto y el sindicato siguió existiendo y tiene derecho a todos los fondos incluidos los 5 mil dólares implicados en este caso".

En sus instrucciones al jurado, Selover hizo todo menos ordenarle directamente un veredicto de culpabilidad contra Postal. En efecto dictaminó que las "leyes" de Tobin estaban por encima de los derechos de los miembros del sindicato, que el Local 544 había actuado de manera "ilegal" al llevar a cabo una decisión tomada por el principio democrático de la norma de la mayoría y que la decisión de no subordinarse al veto de un puñado de secuaces del dictador de la IBT era un "crimen".

Después de recibir estas instrucciones, los jurados trataron de contemplar el veredicto. Unas horas más tarde, volvieron a acudir ante el juez y le dijeron que estaban estancados. Selover hizo su instrucción más explícita. Dijo que si el Local 544 había violado la constitución de la IBT, Postal debe ser declarado culpable. Bajo esa presión, el 24 de abril de 1942, el jurado finalmente regresó con un veredicto de culpable.

El juez Selover sentenció a Kelly Postal a una pena de hasta cinco años en una prisión estatal. La defensa inmediatamente presentó una moción para apelar la condena ante la Corte Suprema de Minnesota, y se otorgó un aplazamiento de la sentencia hasta que se resolviera ese procedimiento.

Los expertos en casos fabricados habían cometido otra injusticia atroz. Kelly era veterano de la Primera Guerra Mundial y había vivido muchos combates en las trincheras de primera línea. También era veterano de batallas con 30 años en el movimiento sindical, y durante todos esos años había luchado abnegadamente por los intereses de sus compañeros de clase. Ahora este hombre de principios e intachable integridad enfrentaba la posibilidad de estar recluido en una celda con el estigma de "malversador".

Aunque el 544-CIO estaba ansioso por salvar a Postal de esa suerte, ya no estaba en condiciones de recaudar las grandes sumas necesarias para financiar su apelación a un tribunal superior. Sindicalistas de base, que resentían profundamente este caso fabricado, enviaron contribuciones voluntarias. Pero no alcanzaban a cubrir los gastos necesarios, y no se podía esperar mucha ayuda de los funcionarios del CIO a nivel nacional.

Cuando este país había intervenido en la guerra en diciembre de 1941, John L. Lewis había encabezado una procesión de altos funcionarios sindicales a la Casa Blanca, donde le habían ofrecido a Roosevelt un compromiso de no salir en huelga. Por supuesto, lo habían hecho sin molestarse en consultar a las filas de antemano. Los burócratas sindicales simplemente habían decidido, por cuenta propia, ayudar al gobierno a regimentar a los trabajadores para servir al imperialismo en tiempos de guerra, les gustara o no a los trabajadores.

Como corolario, los burócratas habían tenido que hacer las paces entre sí, al menos temporalmente. Lewis puso fin a su riña con los burócratas de los gremios de oficios de la construcción en la AFL disolviendo el Comité Organizador de los Trabajadores de la Construcción Unidos (UCWOC), al cual se había afiliado el Local 544 cuando se retiró de la IBT.

La disolución del UCWOC dejó al 544-CIO totalmente solo. Aun antes, el local había quedado reducido a una sombra de lo que había sido, producto del ataque combinado de Tobin, los patrones y el gobierno. Ahora John L. Lewis le había desgarrado otro trozo a ese remanente, y ya prácticamente no quedaba más. Tras meses y meses de recia lucha, finalmente habíamos sufrido una derrota total.

Ya no existía una base realista para continuar la lucha sindical, aunque todavía había que encontrar una manera de defender a Kelly Postal. Así que el 544-CIO pidió ayuda del Comité de Defensa de los Derechos Civiles (CRDC), que respondió inmediatamente. George Novack, secretario ejecutivo del CRDC, rápidamente echó a andar una campaña para ganar apoyo para Postal en el movimiento obrero a nivel nacional. Sus acciones fueron reforzadas por James T. Farrell, presidente del CRDC, quien escribió un folleto en que describió los atropellos cometidos contra el dirigente del 544-CIO. Así se recaudaron suficientes fondos para sufragar la apelación de Postal ante los tribunales, y muchos sindicatos aprobaron resoluciones de protesta contra el caso fabricado.

El 18 de junio de 1943, la Corte Suprema de Minnesota ratificó la condena. Recurrió a un argumento falso como pretexto para la burda decisión. Según la corte, el veredicto mostró que el jurado había llegado a la conclusión de que hubo "mala fe de parte del acusado".

Tres días más tarde Kelly Postal fue encerrado en la penitenciaría estatal en Stillwater, Minnesota. Y tan pronto se cerró la puerta de la celda, el CRDC intensificó su campaña a su favor, reivindicando un indulto ejecutivo.

Para ayudar con la campaña, Postal envió el siguiente mensaje al CRDC cuando entró a la prisión: "Yo creo que el principio de la democracia sindical, que fue la cuestión principal en este caso, hizo que valiera la pena entablar la apelación [a la Corte Suprema de Minnesota]. Aunque hemos perdido la batalla, no hemos perdido la guerra. Amigos sindicalistas en todo el país se han enardecido ante lo que reconocen como una violación de la democracia sindical. Tengo confianza de que apoyarán el comité en la lucha por este principio".

Su predicción de que la lucha por el indulto suscitaría un notable apoyo popular resultó acertada. Miles de firmas fueron recogidas en peticiones circuladas en talleres y fábricas, terminales de camiones, sedes sindicales y reuniones de sindicatos. Warren K. Billings, el célebre prisionero de la guerra de clases se pronunció en apoyo a Postal, como también lo hizo A.J. Muste, secretario de la Fellowship of Reconciliation (Hermandad de la Reconciliación). Llegó apoyo de la sección de Minnesota de la Asociación Nacional para el Progreso de las Personas de Color. Tanto la Unión Americana de Libertades Civiles como la Liga de Defensa Obrera se plegaron a la lucha por un indulto.

Un claro indicio del alcance del movimiento de indulto puede apreciarse en un ataque difamatorio tobinista contra la campaña del CRDC, que apareció en el *Minnesota Teamster* del 9 de septiembre de 1943. Decía: "Esta semana, dirigentes sindicales de Minnesota hicieron una advertencia a los sindicatos en Minnesota contra una treta para solicitar fondos entre los sindicatos con el pretexto de lograr la excarcelación de un hombre que robó fondos sindicales... El pretexto para mendigar dinero de los sindicatos es el intento de lograr sacar de la prisión de Stillwater a Kelly Postal, quien recibió una condena de hasta cinco años por hurto mayor en primer grado".

Pero los hechos iban a demostrar que semejantes trucos sucios no lograrían su objetivo. Había demasiadas personas entre las filas del movimiento obrero que, a diferencia de la pandilla de Tobin, tenían principios. El apoyo a la petición de indulto siguió creciendo. Incluso llegó a ser tan fuerte que las autoridades de Minnesota decidieron que tendrían que hacer algo para eliminar la presión.

En la mañana del 29 de mayo de 1944, Postal recibió una orden inesperada de acompañar a un guardia de la prisión al despacho del alcaide. Ahí lo esperaban los miembros de la junta de libertad condicional. La junta le informó que estaba contemplando excarcelarlo si se iba de Minnesota. Según relató Kelly más tarde, uno de los miembros de la junta dijo: "Tobin y los funcionarios de la AFL de Minnesota se oponen a su excarcelación, pero nosotros no queremos tener que lidiar con otro caso como el de Mooney y Billings". Después lo regresaron a su celda para que lo meditara.

Si Kelly aceptaba la libertad condicional en vez de continuar la lucha por el indulto, no habría cuestiones de principios de por medio. Además, en su caso había una urgente necesidad personal de salir de la prisión lo antes posible. Su esposa estaba enferma de cáncer en fase terminal. Cuando él fue llevado a la prisión, ella se había ido a Oregon a vivir con una de sus hijas para contar con el cuidado necesario. Kelly quería desesperadamente estar con su esposa enferma, y por eso decidió aceptar la libertad condicional bajo las condiciones estipuladas por la junta.

En las últimas horas de la tarde del mismo día, Postal fue llevado de regreso al despacho del alcaide. Cuando les informó de su decisión, la junta le concedió la libertad condicional en el acto. Esa misma noche —habiendo cumplido unos 11 meses de su sentencia— Kelly fue puesto a bordo de un tren con rumbo a Canby, Oregon. Ahí quedó bajo la supervisión de las autoridades de Oregon, que exigieron que él empezara a trabajar inmediatamente en cualquier empleo que encontrara. Ese trabajo resultó ser uno de los más duros en un aserradero.

Para entonces, los 18 condenados en el juicio federal por sedición también se encontraban tras las rejas.

18

Campaña de indulto para los 18

Desde nuestra condena bajo la Ley Smith, el respaldo a nuestra apelación ante los tribunales superiores había ido creciendo constantemente. Era especialmente notable cuánto apoyo llegaba de los sindicatos. Durante el año 1942 unos 150 consejos centrales del trabajo y sindicatos locales, en representación de más de un millón de trabajadores, aprobaron resoluciones que protestaban contra la violación de nuestros derechos constitucionales. Y el Comité de Defensa de los Derechos Civiles recibió un flujo constante de aportes financieros de estas fuentes.

También creció la ayuda de otros sectores a un grado similar. Entre los que se pronunciaron en nuestra defensa había dirigentes negros, personalidades académicas y directores y escritores de publicaciones liberales. Diversos grupos radicales también se solidarizaron con los 18 en la lucha contra el caso fabricado bajo la Ley Smith. Sin embargo, el Partido Comunista no era uno de ellos; continuó aplaudiendo la caza de brujas desatada por Roosevelt contra nosotros.

Tan descarada fue la traición a los principios democráticos por parte del PC que su conducta fue denunciada explícitamente por Roger Baldwin, director de la Unión Americana de Libertades Civiles. Baldwin durante mucho tiempo había sido miembro de la Defensa Obrera Internacional (ILD), una organización otrora progresista que se había degenerado bastante al caer bajo el control estalinista. Pero en esta coyuntura él renunció abruptamente a la ILD. El *Daily Worker* del 9 de junio de 1942 informó sobre su decisión de una manera que reflejaba el orgullo "patriótico" del PC.

Este periodicucho, publicado por lacayos de la burocracia en Moscú, dijo: "El Sr. Baldwin dio como motivo de su renuncia el hecho de que la ILD apoya al gobierno por enjuiciar bajo cargos de sedición a los trotskistas de Minneapolis, a quienes él y su organización están defendiendo".

El dramático repudio de los esquiroles estalinistas por parte de Baldwin fue aún más excepcional por toda la histeria bélica que se estaba generando en esos momentos. La Casa Blanca estaba usando esa propaganda para pedir que se aceptara, por motivos "patrióticos", cada medida que tomaba en relación a la "guerra contra el fascismo". Por supuesto, esas medidas incluían el encarcelamiento de los 18, y el gobierno ejerció muchas presiones para tratar de impedir que se ampliara el movimiento en nuestra defensa. No solo eso. La administración Roosevelt buscó otros medios para silenciar las continuas denuncias de los guerreristas imperialistas por parte del Partido Socialista de los Trabajadores.

En el otoño de 1942 se llevó a cabo una maniobra que tenía las características de un nuevo complot contra nosotros. Un día, dos agentes del FBI se aparecieron en la sede nacional del PST en Nueva York. Se presentaron como agentes de la "división de sabotaje" del Departamento de Justicia y pidieron hablar con el principal oficial del partido. Ya que en esta ocasión habían llegado en plena luz del día, solicitando una consulta oficial, nos pareció aconsejable hablar con ellos. Pero no íbamos a dejar que alguien, estando solo, fuera expuesto a una posible trampa por parte de dos especialistas en casos fabricados, así que Jim Cannon y yo juntos participamos en la conversación.

Nos dijeron que el FBI estaba investigando un accidente ferroviario ocurrido alrededor de un año y medio atrás. Los agentes dijeron que el tren que viajaba antes o después del que se había accidentado llevaba como pasajeros a funcionarios de la Unión Soviética, y por eso ellos estaban investigando la posibilidad de que el accidente fuese producto de un fallido acto de sabotaje cometido por enemigos del régimen de Stalin. Después montaron un show de policía bueno/policía malo.

Uno de los hombres del FBI nos aseguró que no nos consideraban sospechosos definitivos. Simplemente estaban investigando todos los ángulos posibles, y en ese proceso habían venido a vernos porque se sabía que el partido se oponía a los estalinistas. "Para mostrar nuestra buena fe", agregó, ellos habían abordado primero a la dirección del PST, pero querían una lista de miembros del partido para hacerles preguntas a otros al respecto.

Les señalamos que el partido se oponía políticamente al sabotaje como táctica en la lucha por un cambio social y que nuestra posición sobre esta cuestión se había expresado públicamente muchas veces. Además, el gobierno conocía bien nuestra política, así que esta visita solo nos indicaba que estaban preparando otro burdo caso fabricado. Dijimos que era el colmo de la insolencia pedir nuestra cooperación en esto, y bajo ningún concepto les entregaríamos listas de miembros.

"Si no cooperan", amenazó entonces el policía malo, "podemos causarles muchos problemas".

"Es muy obvio", les contestamos, "puesto que su agencia ya está enviando a la cárcel a 18 de los nuestros en un caso fabricado bajo la Ley Smith. Pero no nos asustan. Vayan y causen sus problemas".

Inmediatamente después de la visita del FBI, Cannon emitió una declaración que informaba sobre lo sucedido, y se destacó en el *Militant* del 21 de noviembre de 1942. Después no se oyó más sobre este asunto específico, pero pronto supimos que el gobierno ya había tomado otra medida en la campaña para acosar al PST e interferir con su trabajo político.

Hacia finales de noviembre empezaron a acumularse las quejas de suscriptores al *Militant* de que no recibían el periódico. El servicio postal parecía ser de alguna manera el culpable, y Albert Goldman, nuestro abogado general, fue a Washington para averiguar lo que pasaba. Ahí descubrió que, a partir de la edición del 7 de noviembre de 1942, habían suspendido deliberadamente los envíos del periódico. Las autoridades postales rehusaron darle una explicación oficial. Pero sí admitieron "extraoficialmente" que también iban a retener futuros números del semanario trotskista hasta que el Departamento de Justicia los examinara para decidir si era "correo impermisible". Poco después nos notificaron que tres ediciones consecutivas, fechadas el 7, 14, y 21 de noviembre, iban a ser "desechadas", o sea, destruidas.

La destrucción de la edición del 21 de noviembre era especialmente diabólica. En primer lugar, contenía la declaración de Cannon sobre el ardid del FBI en torno al "sabotaje". La edición también informaba sobre la conducta arbitraria de los funcionarios postales. O sea, encima de todo, el gobierno estaba suprimiendo la noticia sobre la supresión del periódico, dado que los medios capitalistas no mencionaron el ataque contra nuestro semanario.

No obstante, la noticia sobre esta medida del gobierno contra nosotros se difundió, y la ACLU envió una protesta inmediatamente a Washington. Periódicos obreros y liberales, así como varias publicaciones radicales, pronto empezaron a hacer lo mismo. Pero los estalinistas no. Ellos se apresuraron a avalar la supresión del *Militant* y promover medidas similares contra toda publicación que criticara la administración Roosevelt.

Los secuaces del PC lograron lo que querían en un sentido. El gobierno no solo continuó censurando el *Militant*, permitiendo el envío de algunas ediciones tras largas demoras y destruyendo otras. En diciembre extendió esa práctica a nuestra revista teórica mensual, *Fourth International.*

El jefe de correos, Frank C. Walker, nos mandó una notificación para que nos presentáramos en una audiencia que se celebraría en Washington el 21 de enero de 1943. Dijo que ahí nos pedirían "aducir argumentos" para que las autoridades no le revocaran al *Militant* sus derechos de servicio postal de segunda clase. La amenaza era esencialmente una nueva violación de nuestros derechos democráticos. Si se llevaba a cabo, ese crimen gubernamental contra nosotros se multiplicaría a causa de factores materiales. Perder los derechos de servicio postal de segunda clase sería casi como ser excluidos del correo, debido a las tarifas más altas que cobraban por otras formas de servicio postal. Como mínimo, esta medida punitiva nos iba a crear serios obstáculos en la distribución de nuestra prensa.

También nos presentaron 27 extractos del *Militant* que el Departamento de Justicia había calificado como "objetables". Se encontraban en las siguientes categorías amplias:

denuncias de los objetivos imperialistas y las enormes ganancias derivadas de la guerra por el gran capital; críticas de la política nacional y exterior de Roosevelt; y la caracterización de la guerra como imperialista.

La audiencia fue realizada por tres de los lacayos oficiales de Walker. Goldman representó al *Militant* y Osmond K. Fraenkel compareció en nombre de la Unión Americana de Libertades Civiles. Tanto Goldman como Fraenkel presentaron extensos argumentos a favor del derecho legal del periódico a expresar las ideas expuestas. Además, dijo Goldman, se podía demostrar que los hechos en que se basaban las ideas presentadas eran totalmente acertados.

William C. O'Brien, abogado del Servicio Postal, se hizo cargo de la refutación de los argumentos de nuestra defensa. Resumió la esencia de los métodos de la administración Roosevelt al decir tajantemente: "Aquí no estamos interesados en cuestiones de veracidad y falsedad. No importa si todo lo que dice el *Militant* es cierto". La suspensión de los derechos de servicio postal, planteó, se justificaba por el "impacto" que pudieran tener sus ideas.

Tanto Goldman como Fraenkel atacaron ese grosero ejercicio de autoridad dictatorial. "Una vez que se establece como precedente que el factor decisivo es el posible impacto", protestó Goldman, "entonces hay un gran peligro de que llenen todas las cárceles del país".

Fraenkel declaró: "Este intento de revocar los derechos de servicio postal del *Militant* es la amenaza más grave a la libertad de prensa que ha surgido hasta ahora durante la guerra".

Durante la audiencia en Washington, se supo que el fiscal general Biddle había instado al jefe de correos Walker a que iniciara el proceso contra nuestro semanario. "Desde el 7 de diciembre de 1941, esta publicación ha intentado abiertamente disuadir a las masas del pueblo de participar en la guerra", le escribió Biddle a Walker el 28 de diciembre de 1942. Las ideas del periódico, dijo, parecían "dirigidas a engendrar oposición al esfuerzo bélico y a interferir con la moral de las fuerzas armadas". Por lo tanto, afirmó el fiscal general, "Le sugiero que quizás usted considere emitir una orden que pida que aduzcan argumentos para no negarle al *Militant* el privilegio del servicio postal de segunda clase".

Este era el mismo Biddle que había ejecutado la orden de Roosevelt de enjuiciarnos por sedición. En la audiencia postal lo representó el mismo Henry A. Schweinhaut que había sido el principal fiscal en el juicio federal de Minneapolis. Parecía que Schweinhaut estaba trabajando a tiempo completo en la persecución de los trotskistas. Más tarde Roosevelt lo recompensó por estos servicios nombrándolo juez federal.

Unas semanas después de la audiencia, el 3 de marzo de 1943, Walker le revocó al *Militant* los derechos de servicio postal de segunda clase. El periódico tuvo que ser enviado como material de tercera o cuarta clase, que tardaba mucho más en llegar, y era bastante más caro que por segunda clase. La revista mensual *Fourth Internationa*l no estaba directamente vinculada al asunto de los derechos de servicio de segunda clase, pero durante mucho tiempo enfrentó la censura y demoras en la entrega.

La medida que Walker tomó contra el *Militant* provocó un aumento en el apoyo a nuestra campaña de protesta. Pero la burocracia de Roosevelt persistió tercamente y hasta interfirió con nuestro acceso al servicio de correo de tercera y cuarta clase. La edición del 24 de abril de 1943, que contenía un manifiesto por el Primero de Mayo, fue catalogada como "correo impermisible". Las ediciones que sí se enviaron fueron retrasadas hasta dos semanas por la censura del Departamento de Justicia.

A esas alturas el *New York Times* se sumó a las críticas de la interferencia del gobierno contra nuestra prensa. El 28 de abril de 1943 este influyente periódico capitalista dijo en un editorial: "Es difícil simpatizar con los directores del *Militant*, quienes, es cierto, no aprueban la actual guerra... Pero las restricciones a la libertad de prensa siempre comienzan con publicaciones de las que podemos prescindir... cualquier periódico podría ser presionado, y entonces las opiniones impresas estarían a la merced del fiscal general y del jefe general de correos".

Pronto aparecieron críticas similares en la revista *Colliers*, un semanario nacional de extensa difusión, así como en el *Chicago Daily News*, el *Philadelphia Record* y el *Chicago Tribune*, importantes diarios capitalistas.

Luego disminuyó bastante la censura por el Departamento de Justicia y el retraso en la distribución postal del periódico. Sin embargo, tardó casi un año superar esas dificultades por completo. Los derechos de servicio postal de segunda clase del *Militant* no fueron restaurados hasta el 18 de marzo de 1944.

Mientras se desarrollaba la prolongada batalla en torno a la censura, otros sectores del gobierno también nos estaban dando golpes. El 20 de septiembre de 1943, el Tribunal Federal de Apelaciones del Octavo Circuito emitió un fallo, escrito en términos escurridizos, que ratificaba la condena de los 18 bajo la Ley Smith. Nuestros abogados entonces pidieron a la Corte Suprema de Estados Unidos que revocara el fallo del tribunal inferior. Era necesario hacer esto, afirmaron los abogados, porque la Ley Smith era inconstitucional y había sido utilizada contra nosotros de manera inconstitucional.

Nuestra petición destacaba la primera de las 10 enmiendas originales a la Constitución de Estados Unidos, conocidas como la Carta de Derechos. La Primera Enmienda dice

THE MILITANT

PUBLISHED IN THE INTERESTS OF THE WORKING PEOPLE

NEW YORK, N. Y., SATURDAY, MARCH 13, 1943 — FIVE (5) CENTS

MILITANT'S 2ND CLASS RIGHTS REVOKED

Arriba izquierda: El fiscal general Francis Biddle, quien en 1942 empezó a pedir que el servicio nacional de correos amordazara al *Militant*. Ese periódico "ha intentado abiertamente disuadir a las masas del pueblo de participar en la guerra", dijo.

Arriba derecha: Frank Walker, director general de correos. En marzo de 1943, Walker revocó los derechos de correo de segunda clase del *Militant*, obligándolo a usar servicios más costosos y lentos durante todo un año.

Abajo: Osmond Fraenkel de la Unión Americana de Libertades Civiles, quien le dijo a Walker: "La revocación de los derechos de servicios postales del *Militant* es la amenaza más grave a la libertad de prensa que ha surgido durante la guerra".

explícitamente: "El Congreso no hará ley alguna... que coarte la libertad de palabra o de prensa". Esa disposición, afirmamos, fue violada por la Ley Smith, la cual coartó nuestro derecho a expresar libremente nuestras ideas.

Pero la Corte Suprema de Estados Unidos se negó siquiera a revisar el caso de los 18, y su postura antidemocrática expuso un mito acerca del proceso judicial. Según la propaganda capitalista, el máximo tribunal actúa de manera objetiva y consecuente al interpretar los principios constitucionales a la luz de los tiempos y las condiciones cambiantes. Pero en realidad no es cierto, como lo demostró su actitud hacia nosotros.

Básicamente, el proceso jurídico está diseñado para responder a las necesidades de la clase dominante. La única constante es su defensa de las garantías constitucionales para los capitalistas: el derecho de la propiedad privada en los medios de producción y asuntos comparables. Sobre el papel, la Carta de Derechos es tan explícita como la protección constitucional de la propiedad capitalista. Pero la historia del tribunal supremo demuestra que las garantías para las masas explotadas, supuestamente inviolables, han sido socavadas y reducidas por diversos mecanismos legales, cada uno destinado a cumplir con las necesidades de los capitalistas en una determinada coyuntura.

Los derechos de los trabajadores han sido violados por acciones judiciales, luego parcialmente restaurados, después atropellados de nuevo. Esta pauta consecuente de inconsecuencia ha correspondido a los vaivenes de la lucha de clases.

En general la interpretación judicial de la Constitución ha reflejado dos tendencias opuestas: la protección más y más específica de los intereses capitalistas, y la erosión cada vez mayor de los derechos democráticos de los trabajadores.

El enfoque de clase aplicado por los tribunales se observa en su manejo de la Ley Smith. Cuando nuestro caso llegó a la Corte Suprema en 1943, el país estaba inmerso en un conflicto imperialista mundial. Las masas por lo general abrigaban la ilusión de que el gobierno libraba la guerra como una lucha progresista contra el fascismo, y eran muy generalizados los desacuerdos con nuestras razones para oponerse a la participación estadounidense en la guerra. En esas condiciones, un amplio sector de la población tendía a aceptar el uso de la Ley Smith contra nosotros: la primera vez que fue invocada.

Por otra parte, muchas otras personas comenzaron a preocuparse por los aspectos de la condena de los 18 que eran propios de una caza de brujas. La mayoría en esa categoría apoyaba la guerra, pero no quería que se crearan precedentes en nombre del "esfuerzo bélico" que socavarían sus propios derechos democráticos. Así que respondieron a nuestro llamamiento a protestar contra el caso fabricado de sedición.

La Corte Suprema —la cual, como dice el personaje "Sr. Dooley" de Finley Peter Dunne, "sigue los resultados electorales"— se enfrentaba así a un dilema. Quería ratificar nuestro encarcelamiento, pero no a riesgo de revolver un avispero político al declarar oficialmente que la Ley Smith era constitucional. Los jueces supremos decidieron que, en esa situación contradictoria, lo mejor era no hacer nada. Simplemente permitieron que la decisión de la corte inferior quedara vigente, dejando que fuéramos encarcelados de acuerdo con las necesidades de la clase gobernante en esos momentos. De esta manera, quedaba abierto el camino para que más tarde la Corte Suprema tomara una u otra decisión pragmática sobre la propia ley de control del pensamiento, según dictaran las circunstancias políticas después de la guerra.

Bastaron solo unos años para que se presentara esta ocasión. En 1949 el gobierno enjuició a los estalinistas bajo cargos de sedición, un hecho que demostró las nefastas consecuencias de la conducta sin principios del PC cuando apoyó el encarcelamiento de los 18. Ese mismo año varios dirigentes del Partido Comunista fueron declarados culpables bajo la Ley Smith. Ellos apelaron las condenas ante la Corte Suprema de Estados Unidos. Al oponerse a la apelación, el Departamento de Justicia se refirió al caso de Minneapolis como precedente judicial para el ataque al PC.

La arremetida del gobierno federal contra los estalinistas se dio en un ambiente político de "guerra fría" contra la Unión Soviética y otros estados obreros y de una caza de brujas en este país contra los que se oponían a la línea imperialista. Ese ambiente empeoró cuando estalló la guerra de Corea y una ola de ultraderechismo, encabezada por el senador Joseph R. McCarthy, empezó a dominar el escenario de Estados Unidos. En esas condiciones, el peso mismo de la reacción obstaculizó mucho el desarrollo de un movimiento en defensa de los dirigentes acosados del Partido Comunista. Además, se hizo doblemente difícil realizar acciones en su defensa a raíz de la conducta chivata del PC durante la Segunda Guerra Mundial y hasta qué punto había enajenado a los círculos obreros y liberales. Por eso no había muchas personas dispuestas a emular el Partido Socialista de los Trabajadores al defender los derechos constitucionales del PC como cuestión de principio democrático.

Cuando la apelación de las condenas de 1949 llegó a la Corte Suprema durante la guerra de Corea, el tribunal aprovechó plenamente el aislamiento que los propios estalinistas se habían ganado. El caso le sirvió de medio conveniente para tomar una decisión que ratificara la validez constitucional de la Ley Smith. La corte falló que esa ley iba dirigida contra la "promoción" de acciones violentas de oposición al gobierno, y no contra simples "debates" de ideas; que el Partido Comunista era una agrupación "altamente organizada" que estaba implicada en una "conspiración" para tomar el poder; y que era necesario usar la ley contra ese partido por el "carácter volátil de las condiciones mundiales".

Sin embargo, más tarde esa interpretación de la ley de control del pensamiento fue modificada drásticamente. Esto sucedió entre 1957 y 1961, cuando otras condenas bajo la Ley Smith fueron apeladas ante el tribunal superior. El gobierno alegó que todos los acusados en estos casos eran miembros del PC. Pero esta vez el tribunal consideró imprudente reiterar automáticamente el fallo que había dictado en el primer caso de los estalinistas.

El ambiente político estaba cambiando. La guerra de Corea había terminado y el macartismo había quedado desprestigiado. Se desarrollaban acciones de masas en la lucha de los negros por la plena igualdad. Estaba comenzando una radicalización estudiantil que luego iba a desencadenar protestas masivas contra la intervención estadounidense en Vietnam. Estaban surgiendo nuevas señales de disidencia en los sindicatos. En resumen, estaba creciendo un espíritu de inconformidad, con una marcada tendencia a evolucionar hacia una oposición más amplia a la represión de la clase dominante.

Ante esta situación, los jueces de la Corte Suprema decidieron cambiar de rumbo en relación a la Ley Smith. El objetivo principal era prevenir una campaña masiva por la anulación de la vil medida de control del pensamiento. La ley fue suavizada, revisándola a partir de una interpretación judicial. Los fallos revisados, dictados entre 1957 y 1961, pueden resumirse así:

El acto de abogar por medidas de fuerza contra el gobierno no podía ser proscrito siempre y cuando no hubiera intentos de incitar acciones con ese fin. En casos donde las autoridades sí alegaran planes para usar la fuerza y la violencia a fin de derrocar el gobierno capitalista, la organización en cuestión debía ser suficientemente grande y cohesionada como para significar un elevado peligro de lograr su meta. El grupo tenía que estar incitando en esos momentos a sus miembros para realizar acciones con el fin de derrocar el gobierno en el primer momento propicio. Solo los miembros activos de la organización acusada que fueran culpables de tener conocimiento e intención podían ser declarados culpables. Ser miembro no era razón suficiente, de por sí, para ser declarado culpable.

A partir de esta reinterpretación de la Ley Smith, la Corte Suprema anuló en algunos casos las condenas de supuestos miembros del PC. La exoneración de esas víctimas contribuyó a desalentar más juicios bajo esta ley por el momento, y eso a su vez redujo las presiones a favor de revocarla.

De esta manera se ha mantenido viva esta medida de control del pensamiento. Aún representa una vía legal para enjuiciar a personas —en violación de la Carta de Derechos— bajo cargos de "abogar" por el "futuro" derrocamiento del gobierno por la fuerza y la violencia. Y para lograr ese propósito, la ley puede recibir toda la fuerza necesaria con dictámenes judiciales cuando los amos capitalistas así lo deseen.

A medida que se agudice la lucha de clases en el futuro, podemos anticipar que la clase gobernante le pedirá al sistema judicial que establezca nuevos mecanismos jurídicos como los que se utilizaron entre 1943 y 1961. También podemos esperar que la Corte Suprema cumplirá con estas exigencias políticas. Su aplicación inconsecuente de la Ley Smith como instrumento de caza de brujas no deja dudas al respecto. Por ejemplo, si la corte hubiera aplicado la interpretación jurídica desarrollada en 1961 al caso de los 18, es muy posible que habría decidido exonerarnos. Pero en los momentos cuando le pedimos a los supremos jueces federales que protegieran nuestros derechos constitucionales, su respuesta fue seca y cobarde: "Petición denegada".

El tribunal ordenó que nos personáramos para ser encarcelados un mes más tarde, el 31 de diciembre de 1943. Nosotros respondimos al fallo antidemocrático de la corte con una declaración pública que afirmó:

"La historia demuestra que las prisiones y la fuerza jamás han destruido las ideas progresistas. Vamos a la cárcel con la confianza de que tarde o temprano nuestras ideas socialistas serán adoptadas por las masas que han sufrido un capitalismo moribundo. Saldremos de la prisión listos para continuar la lucha en nombre de las masas trabajadoras".

El 31 de diciembre, todos menos tres de los 18 nos juntamos en la sede del PST en Minneapolis. Desde ahí salimos en una columna de a dos, acompañados de periodistas y fotógrafos, por las calles concurridas del centro hasta el edificio del tribunal federal. Una vez puestos bajo custodia de los alguaciles federales, nuestra marcha continuó hacia la cárcel del condado, donde pasamos la víspera de Año Nuevo.

El día siguiente, el 1 de enero de 1944, Grace Carlson fue trasladada a la prisión federal de mujeres en Alderson, Virginia del Oeste, y 14 de nosotros fuimos llevados a la penitenciaría federal en Sandstone, Minnesota. Los 14 éramos Cannon, Cooper, Coover, DeBoer, Dobbs, Ray Dunne, Geldman, Goldman, Hamel, Hansen, Hudson, Morrow, Palmquist y Skoglund.

Por razones personales Kuehn, Russell y Shoenfeld se entregaron en un grupo aparte a alguaciles federales en Nueva York. Fueron recluidos en la prisión federal en

Danbury, Connecticut.

La vida entre rejas resultó especialmente difícil para Grace Carlson. Igual que Kelly Postal, ella estuvo sola en una celda, totalmente aislada de su partido. Los demás estábamos en condiciones relativamente mejores, en el sentido de que por lo menos seguíamos en estrecha asociación con algunos de nuestros camaradas.

Poco después de que fuéramos encarcelados, el juez Joyce le agregó un toque macabro al asunto. Ordenó destruir todos los materiales impresos que habían usado como "evidencia" contra nosotros en el juicio de 1941. Él simplemente cumplía con la rutina de la corte, pero parecía una culminación simbólica del caso fabricado por "sedición": la quema de nuestras publicaciones.

Entretanto, las autoridades penitenciarias nos habían informado sobre el tiempo que tardaría recuperar nuestra libertad. Nos dieron los datos pertinentes en pequeñas tarjetas con el rótulo "AVISO DE SENTENCIA AL RECLUSO".

SENTENCE NOTICE TO INMATE

DOBBS, Farrell — No. 2005-SS

White Age 36 Res. New York City, N.Y.

16 Mos. Conspiring to overthrow govt. by force, & subversive activities.
No Fine

Sentence Begins:	**Dec. 31, 1943**
Received:	**Jan. 1, 1944**
El. for Parole:	**June 9, 1944**
Cond. Rel. Date:	**Jan. 24, 1945**
Exp. of Sentence:	**Apr. 30, 1945**

(Corrected 1-1-45) — T. P. Hedges, Record Clerk

Tarjeta de aviso de sentencia de Farrell Dobbs

Book-Burning In Minneapolis

LAURA GRAY/MILITANT, 25 DE MARZO DE 1944

Quema de libros en Minneapolis

"Después de que fuimos encarcelados", dijo Dobbs, "el juez Joyce agregó un toque macabro. Ordenó destruir todos los materiales impresos que habían usado como 'pruebas' contra nosotros. Solo cumplía con la rutina de la corte, pero parecía una culminación simbólica del caso fabricado por 'sedición': la quema de nuestras publicaciones".

Como se verá, pusieron una fecha de cuándo cada uno de nosotros tendría la posibilidad de obtener la libertad condicional. Pero en el caso de los 18 no teníamos ninguna intención de buscar nuestra excarcelación de esa forma. A diferencia de la situación de Kelly Postal, ninguno de nosotros encaraba dificultades personales que hiciera urgente que saliéramos lo antes posible. Podíamos entonces llevar a cabo una lucha por el indulto presidencial, una táctica preferible en esa situación. Así podíamos subrayar que nuestros derechos habían sido violados y hacer presiones masivas directamente sobre Roosevelt, principal arquitecto del caso fabricado de "sedición".

Por esas razones se había lanzado una campaña de indulto inmediatamente después de que la Corte Suprema rechazó nuestra apelación. La organizó el Comité de Defensa de los Derechos Civiles, que para entonces estaba bien preparado. El comité publicó nuevos materiales para actualizar a la gente con los últimos acontecimientos del caso, y George Novack hizo una extensa gira por todo el país para estimular la campaña. Iniciamos una campaña de peticiones para obtener el apoyo de miles de personas en la lucha por un indulto presidencial incondicional a los 18. Al mismo tiempo buscamos declaraciones de apoyo de figuras notables en diferentes círculos, de la prensa obrera y liberal y de organizaciones de masas.

Warren K. Billings ayudó con una declaración en la que afirmaba: "Los mejores luchadores en la clase obrera han sido sometidos a cargos fabricados por la clase capitalista y sus agentes. Este es ciertamente el caso de los 18 de Minneapolis… Es un ataque contra todo el movimiento obrero y tiene que ser afrontado con la acción unitaria de todos los trabajadores".

Poco después de que fuimos encarcelados, la campaña del CRDC recibió un impulso, involuntariamente, de los propios cazadores de brujas. En febrero de 1944 a Albert Goldman le prohibieron ejercer la abogacía a raíz de su condena bajo la Ley Smith. Muy pronto se hicieron oír las protestas entre los círculos liberales y aumentó el apoyo a la demanda de indulto. Un número creciente de editores liberales, intelectuales destacados y figuras académicas empezaron a pronunciarse a favor nuestro.

Un buen número de dirigentes negros también se mostraron receptivos a la solicitud de apoyo a los 18. La NAACP y el movimiento por la Marcha en Washington le reclamaron a Roosevelt que corrigiera las injusticias contra nosotros. También se expresaron opiniones similares en otros ámbitos. Organizaciones que abarcaban desde pequeños agricultores hasta estudiantes se pronunciaron a favor nuestro. Además fueron creciendo las firmas de individuos en las peticiones de indulto.

Se prestó especial atención a las actividades del CRDC en el movimiento obrero. Desde el principio se buscaron declaraciones de apoyo de funcionarios sindicales que eran relativamente progresistas o al menos susceptibles a las presiones de fuerzas progresistas en sus organizaciones. Un ejemplo notable de la respuesta que buscábamos llegó de Gabriel De Angelis, secretario de finanzas del Local 365 del sindicato automotriz UAW-CIO en Long Island City, Nueva York. De Angelis abordó el caso de los 18 en una charla por la emisora radial WEVD en Nueva York. Según un reportaje en el *Militant* del 19 de junio de 1944, él dijo:

"Este enjuiciamiento es el ataque de mayor alcance del gobierno contra los derechos democráticos y sindicales en muchos años… Al negarse a revisar este caso, la Corte Suprema ha sentado un precedente sumamente peligroso que ahora puede ser usado contra otros sindicalistas y grupos minoritarios. Por eso mi sindicato… brinda su pleno apoyo moral y económico a este caso".

Asimismo los consejos estatales del CIO en Michigan y Nueva Jersey apoyaron la demanda del indulto. La postura adoptada por esos organismos influyentes estimuló respuestas de otros sectores sindicales, y la campaña para presionar a Roosevelt desde el seno del movimiento obrero fue cobrando fuerza.

Estos éxitos le permitieron al CRDC recaudar los fondos necesarios para la campaña de defensa. Había que pagar gastos legales, así como los costos de impresión, franqueo, etcétera, para la campaña de indulto. Era necesario brindar ayuda económica a las familias de los 18, y el comité enviaba 10 dólares por mes a cada uno de los presos, el máximo permitido por las autoridades. Esta última suma nos permitió obtener algunos "lujos" del comisariato de la prisión como hojitas de afeitar afiladas y jabón que no te despellejara. Además, el CRDC nos hizo llegar libros que queríamos estudiar durante nuestra inactividad política obligatoria.

Al ir creciendo el reclamo entre el movimiento obrero de que Roosevelt nos concediera un indulto presidencial, Tobin intentó desesperadamente frenar la marea. En algunos casos el jefe de la IBT escribió directamente a funcionarios sindicales que respaldaban nuestra causa. Les pidió que retiraran su apoyo, aduciendo que su postura era contraproducente porque los trotskistas estaban "empeñados en destruir el movimiento obrero americano penetrando desde adentro". A eso se sumó un ataque continuo en la revista de los Teamsters contra la campaña del CRDC. Por ejemplo, la edición de mayo de 1944 se opuso al indulto de los 18 afirmando que "algunos de esos hombres… luego fueron declarados culpables por malversación de fondos del sindicato en Minneapolis".

Las acciones asquerosas de Tobin fueron igualadas por las de los estalinistas, quienes competían con él al difamar el movimiento de indulto. El *Daily Worker* acusaba a los partidarios del CRDC de ser "instrumentos" manipulados por "agentes de Hitler". Los secuaces del PC también imitaron al dictador de la IBT al atacar directamente a figuras influyentes en el movimiento obrero que respaldaban la demanda de que Roosevelt nos pusiera en libertad. Así que no tardó mucho para que los dos formaran un tácito frente único, según se vio en los congresos estatales de la AFL y del CIO en Minnesota en 1944.

El encuentro de la AFL, dominado por Tobin, dejó constancia de que "condena los intentos de los 18 sediciosos sentenciados de usar el buen nombre de los sindicatos... en peticiones que piden su excarcelación". Esa posición se duplicó en la sesión del CIO controlada por los estalinistas, que votó a favor de condenar "las actividades perjudiciales y sediciosas de este grupo" y de oponerse a "toda ayuda o apoyo a los que están cumpliendo sentencias en la penitenciaría federal".

Como demostraron las acciones inescrupulosas de estos dos congresos, la reacción había cobrado plena influencia en el movimiento obrero en Minnesota. En ese ambiente el bloque de los estalinistas y el ala derecha cometió otro desafuero. El Partido de los Agricultores y Trabajadores (FLP) se disolvió en el Partido Demócrata.

Durante sus primeros años el FLP había funcionado como una agrupación política independiente que se oponía tanto a los demócratas como a los republicanos en Minnesota, basándose en un programa reformista. En esa época el movimiento estaba bajo el control nominal del movimiento sindical y gozaba del apoyo de casi todos los sindicatos del estado. Sin embargo, a partir de 1936 la organización reformista sufrió un cambio.

En esos momentos el Partido Comunista, que estaba efectuando un viraje hacia el "frente popular", hizo entrar sus fuerzas al FLP. Ahí los estalinistas comenzaron una alianza intermitente con los oportunistas del ala derecha. Entre los dos, gradualmente lograron convertir la organización de Minnesota en una herramienta del aparato político nacional de Roosevelt, especialmente en cuanto a los preparativos para el ingreso de Estados Unidos a la guerra. En Minnesota esta tendencia fue acompañada de cínicos pactos electorales con políticos demócratas locales y maniobras para despojar al movimiento obrero de protagonismo en la definición de las posiciones del partido.

Esto provocó una rebelión sindical contra el aparato burocrático del FLP. En 1939 la AFL de Minneapolis emprendió su propio camino en la política local. La Unión Central del Trabajo postuló su propio candidato para alcalde ese año y también en la primavera de 1941. Ambas campañas se llevaron a cabo con plataformas redactadas por los sindicatos, incluyendo posiciones en contra del involucramiento de Washington en la guerra imperialista. Esta formación política emergente estaba bien arraigada en la clase trabajadora, estaba sujeta al control de los sindicatos y tenía la posibilidad de convertirse en un partido obrero independiente basado en los sindicatos a nivel municipal y estatal. Pero todo esto cambió cuando el ataque al Local 544 salió a la luz a mediados de 1941.

En el enfrentamiento que se desarrolló, la Unión Central del Trabajo de Minneapolis capituló ante Tobin en la lucha sindical, y ante Roosevelt en torno a la guerra. El resultado natural fue una viraje de 180 grados en la línea política. Los burócratas de la AFL abortaron la tendencia progresista local hacia la formación de un partido obrero independiente, y empezaron a preparar los sindicatos para adaptarse al Partido Demócrata.

Cuando se dieron las elecciones de 1943 en Minneapolis, el organismo central de la AFL respaldó a Hubert H.

Humphrey como su candidato para alcalde. Él era una figura desconocida que venía desde fuera de las filas del movimiento obrero y buscaba ser elegido a un cargo público por primera vez. Anteriormente un candidato tenía que propugnar una plataforma obrera para recibir ese respaldo. Pero Humphrey obtuvo apoyo de los sindicatos a pesar de una declaración demagógica en la que dijo: "No me he comprometido ni con el movimiento obrero organizado ni con el capital organizado".

Poco después de los comicios municipales, la Unión Central del Trabajo auspició un banquete en que invitó a politiqueros de distintas tendencias a que hicieran discursos. Se sumaron a la convocatoria a la "unidad de todos los liberales" para apoyar a candidatos congresionales que estarían a favor de Roosevelt. Uno de los oradores fue Humphrey, quien comentó con falsa inocencia que, "después de todo lo que se ha dicho de unidad, tiene que haber un lugar que podamos llamar nuestro". Acto seguido, Humphrey presentó como el próximo orador al dirigente del Partido Demócrata en Minnesota.

Unos meses más tarde, en abril de 1944, los burócratas sindicales se unieron a los arribistas políticos y los estalinistas para destruir lo poco que quedaba del otrora pujante movimiento del FLP estatal. El FLP se vio absorbido por el Partido Demócrata en un congreso de fusión. Después de 26 años de existencia como fuerza independiente en la política de Minnesota, la organización reformista había pasado totalmente al sistema bipartidista capitalista. Para disfrazar esa capitulación, a la agrupación transformada le dieron el nombre híbrido "Partido Demócrata de los Agricultores y Trabajadores".

Este crimen se multiplicó, desde una perspectiva obrera, por el hecho de que la disolución del FLP se produjo en momentos cuando el sentimiento a favor de la acción política

LAURA GRAY/MILITANT, 17 DE FEBRERO DE 1945

Las cifras cuadran

La pizarra del trabajador dice: "Fórmula del Acero Chico: salarios congelados + impuesto de retención + alza del costo de vida = nivel de vida más bajo".

La pizarra del capitalista dice: "Fórmula del Robo Grande: ganancias + reservas + devolución de impuestos = multimillonarios de la guerra".

"En julio de 1942 Roosevelt declaró un 'congelamiento' de salarios y precios", dijo Dobbs. "Pero como siempre sucede bajo el capitalismo, las prácticas que se aplicaron no tenían nada de equitativo. El congelamiento salarial se aplicó estrictamente con un dictamen arbitrario llamado la 'fórmula *Little Steel*'" (Acero Chico), que topaba los salarios de obreros en cuatro empresas del acero más pequeñas que la gigantesca U.S. Steel (Bethlehem, Republic, Youngstown e Inland).

obrera independiente estaba cobrando fuerza rápidamente a escala nacional. Había acontecido mucho desde que la cúpula sindical se había comprometido a no hacer huelgas en diciembre de 1941. Roosevelt respondió a su acto servil con una declaración embustera de que se pediría "igualdad de sacrificio" tanto al capital como a los trabajadores. También se decretó un supuesto congelamiento de salarios y precios, pero como siempre sucede en el sistema actual, las prácticas que se aplicaron no tuvieron nada de equitativo.

El congelamiento salarial se hizo cumplir estrictamente, usando un decreto arbitrario llamado la fórmula *Little Steel* ("Acero Chico", un grupo de empresas del acero más pequeñas que la gigantesca U.S. Steel). En muchos casos también congelaron los empleos por decreto administrativo, y en toda la industria se intensificó el ritmo de producción. Pero el llamado control de precios fue una farsa. Los precios de las mercancías subieron más y más, causando una reducción del poder adquisitivo de los trabajadores y, por consiguiente, de su nivel de vida. En cambio, para los capitalistas, "igualdad de sacrificio" significó que sus ganancias se dispararon.

Ante estas flagrantes injusticias, en los sindicatos empezaron a crecer demandas para tomar medidas defensivas. Por ejemplo, el descontento entre los mineros del carbón se intensificó tanto que en 1943 John L. Lewis se vio obligado a abandonar su anterior compromiso de no hacer huelgas y a dirigir una lucha por aumentos salariales. A eso le siguió una serie de paros obreros, gracias a los cuales los mineros quebraron la "fórmula *Little Steel*" y ganaron importantes alzas salariales. Su victoria precipitó demandas generalizadas para que los burócratas sindicales retiraran todas las promesas de no hacer huelgas. Cuando la cúpula sindical no hizo caso a esos reclamos, los trabajadores comenzaron a tomar iniciativas propias.

Huelgas no autorizadas (*wildcat*), libradas en desafío de los altos funcionarios sindicales, estallaron en las industrias automotriz, del caucho y otros sectores.

Esta nueva tendencia en las actitudes políticas se manifestó notablemente en el congreso de la Liga No Partidista del Trabajo, celebrado en Detroit a mediados de 1943. Los delegados representaron a unos 200 mil miembros de los sindicatos afiliados al CIO en el condado de Wayne. Propusieron "establecer inmediatamente un partido independiente de trabajadores y pequeños agricultores" en Michigan.

Poco tiempo después se escucharon más expresiones a favor de la acción política obrera independiente entre los sindicatos de Nueva Jersey, Nueva York y Pennsylvania. Ya para el verano de 1944 había surgido una extensa campaña a favor de la creación de un partido obrero a nivel nacional.

Este auge de combatividad obrera, provocada por la política discriminatoria de Roosevelt dentro de Estados Unidos, ayudó mucho a ganar apoyo para la campaña del CRDC. Así fue posible, en agosto de ese año, y de una manera sumamente impresionante, entregar la petición formal a favor del indulto de los 18. Los preparativos necesarios para esa gestión ya se habían completado.

Anteriormente George Novack nos había visitado en las diferentes prisiones donde estábamos recluidos. Habíamos elaborado formulaciones apropiadas para contestar las preguntas que aparecían en la solicitud de indulto sobre nuestras futuras intenciones, si el presidente nos pusiera en libertad. Entre otras cosas, debíamos prometer que nunca más cometeríamos el "crimen" por el cual habíamos sido encarcelados. Por supuesto no hicimos nada por el estilo. Formulamos las respuestas a todas las preguntas de manera de reafirmar los principios socialistas revolucionarios por los cuales nos habían fabricado un caso.

El 3 de agosto de 1944, Novack viajó a Washington, donde entregó nuestras solicitudes a la Autoridad de Indultos Presidenciales. Trajo un formidable despliegue de materiales que expresaban el apoyo masivo al indulto de los 18. Había resoluciones de más de 300 organizaciones sindicales, grupos pro derechos de los negros y organizaciones obreras fraternales; peticiones firmadas por unas 12 mil personas; centenares de cartas de personajes importantes en los círculos sindicales, negros, liberales, fraternales y pro libertades civiles; decenas de editoriales y artículos de la prensa sindical, liberal y obrera que denunciaban las sentencias por sedición.

Entre los que reclamaban el indulto incondicional de los 18 había cuatro sindicatos internacionales: de Obreros Textiles, del CIO; de los Empleados del Comercio Minorista, Mayorista y de Tiendas por Departamentos, del CIO; de Empleados Unidos de Servicios del Transporte, del CIO; y del Sindicato Internacional de Trabajadores de Prendas de Mujer, de la AFL. Asimismo, varios altos funcionarios sindicales se habían sumado a la demanda: R.J. Thomas, presidente del sindicato automotriz UAW-CIO; John Green, presidente del Sindicato de Obreros de Astilleros y Construcción Naval, del CIO; Irving Abramson, presidente del Consejo del CIO en Nueva Jersey; y John Gibson, presidente del Consejo del CIO en Michigan. Además, centenares de sindicatos locales habían adoptado resoluciones de apoyo. En total se había recibido apoyo de organizaciones obreras que representaban a más de tres millones de miembros.

Del movimiento negro llegaron declaraciones a favor del indulto presidencial de parte de la NAACP, de la organización por la Marcha a Washington, del Comité del Trabajo Negro, de la Liga de Futuras Perspectivas y de la Liga por un Movimiento de Masas. Varios dirigentes, aca-

MILITANT

Arriba: Celebración en sede del PST en Minneapolis después de la excarcelación, 24 de enero de 1945. En el sentido del reloj, desde la persona más cercana: Clarence Hamel, Harry DeBoer, Farrell Dobbs, James P. Cannon, Emil Hansen, Oscar Coover, Carl Skoglund, Carlos Hudson, Jake Cooper, V.R. Dunne, Max Geldman.

démicos y religiosos negros se pronunciaron a favor nuestro en calidad individual. También expresaron su apoyo las dos organizaciones obreras fraternales más grandes: El Círculo de Trabajadores y el Fondo de Beneficios de Trabajadores.

Pero Roosevelt descartó con desprecio este masivo apoyo a la demanda de un indulto. Y ni se molestó en examinar personalmente una sola de las declaraciones a favor nuestro. Los que se encargaron del asunto fueron sus subordinados, quienes trataron de justificar la actitud soberbia del presidente con detalles técnicos administrativos.

El 6 de octubre de 1944, el abogado de indultos federales Daniel M. Lyons nos notificó que nuestras solicitudes habían sido denegadas. La solicitud no había sido entregada a Roosevelt, escribió Lyons, porque "la regla del presidente es que, sin una recomendación positiva del fiscal federal o del juez del proceso, normalmente no se le entrega una solicitud de indulto ejecutivo. Nuestro examen de la solicitud no muestra una justificación para presentar estos casos como excepción a la regla... [porque] el fiscal general considera que... no podría presentar este caso debidamente al presidente con una recomendación favorable a la concesión de clemencia".

La noticia de esta injusta decisión precipitó una nueva ola de protestas dirigidas a la Casa Blanca. Antes de que los 18 cumplieran sus sentencias, un total de 600 organizaciones sindicales y progresistas, en representación de unos seis millones de miembros, habían manifestado su desaprobación de la prepotente conducta del presidente.

El 20 de octubre de 1944, las autoridades otorgaron la libertad condicional a los seis que habían recibido sentencias de un año y un día. "Condicional" significaba que les habían concedido una reducción de la sentencia por buena conducta, pero si durante ese lapso los consideraban culpables de mala conducta, podrían encerrarlos nuevamente hasta que cumplieran la sentencia completa.

Se organizaron eventos públicos en Minneapolis y Nueva York para dar la bienvenida a los seis. Roger Baldwin de la ACLU habló en el encuentro de Nueva York. "Este ha sido el peor caso en muchos años", dijo, "y la mejor defensa que he visto en mucho tiempo".

Unas semanas más tarde, el 24 de enero de 1945, las autoridades permitieron que los 12 restantes de los 18 regresaran a casa bajo libertad condicional. Igual que los primeros en ser liberados, nosotros tuvimos que reportarnos regularmente a un agente de libertad condicional durante este "período de buena conducta". En nuestro caso, con sentencias de 16 meses, esto continuó hasta que completamos el plazo el 30 de abril de 1945.

No obstante, Carl Skoglund siguió siendo objeto nuevamente de medidas punitivas federales. El 3 de julio de 1942, el Servicio de Inmigración y Naturalización lo llevó ante el juez M.M. Joyce, el mismo que había presidido el juicio por sedición. Joyce le había denegado a Carl su solicitud de ciudadanía y había ordenado su deportación a Suecia. Pero las comunicaciones con ese país se interrumpieron bajo las condiciones de guerra, así que la orden no pudo ser ejecutada.

Cuando se terminó la guerra, el gobierno renovó su intento de deportar a Skoglund, y la CRDC organizó otra campaña en defensa suya. Durante varios años fue posible mantenerlo en libertad bajo fianza. Pero durante la época de McCarthy la situación cambió.

Abruptamente Carl fue detenido y recluido en la isla Ellis. Con menos de 24 horas de previo aviso, el gobierno realizó gestiones para deportarlo. Sus abogados rápidamente obtuvieron una orden judicial que frenó la deportación, pero las autoridades migratorias intentaron hacer caso omiso de la orden.

Lo llevaron sigilosamente a bordo de un barco que iba a salir rumbo para Suecia, y lo retuvieron ahí hasta unos 10 minutos antes de la salida. Solo entonces, después de las urgentes protestas que el comité de defensa realizó a través de Norman Thomas, dirigente del Partido Socialista, Skoglund fue regresado a tierra para continuar su detención en cumplimiento de la orden del juez.

Un poco más tarde, se logró que Skoglund saliera bajo fianza, pero su libertad de movimiento quedó muy limitada. Tenía que reportarse periódicamente al Servicio de Inmigración, donde los mezquinos burócratas lo sometían a vejaciones. La situación continuó más o menos así, con la constante amenaza de deportación sobre su cabeza, hasta el día de su muerte.

Mientras los 18 estuvimos presos, tuvimos mucho tiempo para cuestionarnos retrospectivamente sobre cómo habíamos manejado la lucha que estalló en 1941. ¿Podríamos haber encontrado la manera de aplazar el enfrentamiento con Tobin —nos preguntamos— hasta que mejoraran las condiciones objetivas? Nuestra conclusión fue que, ateniéndonos a los principios, no habría sido posible lograrlo.

El meollo de la disputa era la guerra, la cual eclipsó todas las demás cuestiones. Tobin estaba decidido a silenciar la oposición del Local 544 a la entrada de Washington al conflicto imperialista que ardía en esa época. Si le hubiéramos permitido eso —con la esperanza de evitar una pelea por el momento— habríamos dado la impresión de que apoyábamos tácitamente la política exterior de Roosevelt. Frente a ese problema crítico, habríamos terminado actuando como maldirigentes sindicales, y nuestro papel no habría sido mejor que el de la inescrupulosa burocracia sindical.

Además, una vez que le hubiéramos hecho concesiones al jefe de la IBT sobre un asunto tan decisivo, él nos habría exigido más. Otra concesión habría sido la de cumplir con su promesa de no hacer huelgas durante la guerra. Esa medida les permitió a los patrones eliminar muchos de los logros que los trabajadores habían conquistado en sus luchas. También nos habrían exigido actuar como rompehuelgas contra otros sindicatos. De esta manera, un intento de mantener relaciones armoniosas con Tobin nos habría desviado, paso por paso, de nuestra trayectoria de lucha de clases, hacia la política de colaboración de clases.

Dicho cambio de línea habría causado, a su vez, una desorientación de los cuadros del Partido Socialista de los Trabajadores que estaban en los Teamsters. Habrían tenido que violar más y más los conceptos revolucionarios que antes habían adoptado. Su conducta habría sido cada vez menos distinguible de la de los sindicalistas que sucumbieron a las presiones bélicas generadas por la clase capitalista. En esas condiciones, algunos de ellos hasta habrían dejado de pensar y actuar como socialistas revolucionarios después de un tiempo; posiblemente se habrían degenerado hasta convertirse en los típicos agentes de negocios que se encuentran en el movimiento sindical.

Sin embargo, nada de eso ocurrió. Mantuvimos nuestra línea de continuar la oposición pública del Local 544 a la guerra imperialista, rehusando aceptar una moratoria "patriótica" a la defensa de los intereses de los trabajadores. Mantuvimos nuestra línea de abogar por la independencia del movimiento obrero frente al estado capitalista, y de luchar por el control de los sindicatos por las filas, de acuerdo con los principios democráticos fundamentales.

Al llevar a cabo esta política, los cuadros del PST dieron un magnífico ejemplo con su conducta. Demostraron que hay una diferencia cualitativa entre un sindicalista apolítico y un militante revolucionario con formación política. Aunque enfrentaron desventajas insuperables, pelearon como leones hasta el final, costara lo que costara. Y siempre mantuvieron la mirada más allá de las dificultades personales y organizativas del momento, hacia los nuevos horizontes que se podrán alcanzar con una transformación socialista de la sociedad.

Tobin no captó a un solo renegado entre estos cuadros básicos. Y cuando los 28 fueron a juicio por sedición ante un tribunal federal, la fiscalía no pudo encontrar a un solo acusado dispuesto a convertirse en testigo del estado en un intento de salvarse. Se dio una impresionante demostración, bajo intenso fuego, de que el Partido Socialista de los Trabajadores es un partido que está verdaderamente consagrado a los principios socialistas revolucionarios, un partido dedicado al fiel servicio de la clase trabajadora.

Aunque perdimos la batalla inmediata, nuestra lucha ejemplar en Minneapolis contribuyó a la educación básica de los trabajadores. Antes de que llegara al final, habíamos obligado al demagogo de Roosevelt a mostrar abiertamente su rostro antiobrero, exponiendo el verdadero papel del gobierno capitalista en la lucha de clases. Igualmente, el enfrentamiento con Tobin sacó a la luz el papel traicionero de los burócratas sindicales en general, ya que él era ejemplo típico de esa calaña.

Será aleccionador para los miembros contemporáneos del movimiento obrero tener conocimiento de estos sucesos. Si se estudian en su conjunto, los acontecimientos de Minneapolis pueden ayudar a los trabajadores a prepararse bien —tanto en acciones sindicales como en la acción política independiente— para las luchas venideras contra los patrones, sus lacayos en el gobierno y sus servidores entre las filas del movimiento obrero.

Al recordar las represalias salvajes que las fuerzas de

la reacción cometieron contra nosotros, coincido con la opinión que Carl Skoglund una vez expresó al respecto. "Estos fueron los castigos que los patrones les impusieron a los militantes en la vanguardia de la lucha obrera", dijo. "Pero nuestras ideas siempre resultarán más poderosas que sus sanciones económicas, sus cortes y sus prisiones.

"Todavía somos los que recibimos los golpes. Pero nuestros principios —impulsados por otro poderoso movimiento de masas— están destinados a triunfar, como siempre triunfa la verdad.

"Estoy tan convencido de eso como estoy seguro que el amanecer sigue a la noche".

"La lucha por el socialismo ahora es más que la lucha para poner fin a la explotación del hombre por el hombre. Es una lucha para impedir que los guerreristas imperialistas aniquilen a la raza humana".

Manifiesto del PST, Militant, *18 de agosto de 1945*

LEON TROTSKY MEMORIAL ISSUE

THE MILITANT

PUBLISHED IN THE INTERESTS OF THE WORKING PEOPLE

NEW YORK, N. Y. SATURDAY, AUGUST 18, 1945 — PRICE: FIVE CENTS

THERE IS NO PEACE!

Only World Socialism Can Save Mankind From Atomic Destruction In Another Imperialist War

Workers Of America! You Must Take Power Into Your Own Hands!

MANIFESTO of the National Committee of the Socialist Workers Party

WORKERS, FARMERS — TOILERS OF AMERICA!

The second imperialist world war has ended. Six years of wholesale slaughter and devastation have been brought to an awful climax with the discovery of the atomic bomb and its use, with frightful effect, against the people of Japan.

THE ONLY VICTOR

Revulsion and Anxiety

Illusions Being Spread

Cold-Blooded Extermination

Admission of Bankruptcy

America Will Not Escape

No Time to Lose!

We Always Told the Truth

Rally For Socialism! Nation-Wide Trotsky Memorial Meetings -- See Page 4

En agosto de 1945, seis meses después de la excarcelación de dirigentes del PST y del Local 544 que dirigieron la campaña antiguerra en la clase trabajadora y el movimiento obrero, la Segunda Guerra Mundial terminó con el atroz bombardeo atómico que Washington desató contra Hiroshima y Nagasaki.

Arriba: El manifiesto del Partido Socialista de los Trabajadores publicado en el *Militant* del 18 de agosto de 1945: "¡No hay paz!" dice el titular. "¡Trabajadores de Estados Unidos! ¡Deben tomar el poder en sus propias manos!"

Epílogo

En su programa de transición para la revolución socialista, la Cuarta Internacional afirma: "Todas las habladurías según las cuales las condiciones históricas para el socialismo aún no han 'madurado' son producto de la ignorancia o de un engaño consciente. Los requisitos objetivos para la revolución proletaria no solo han 'madurado' sino que han empezado a pudrirse. Si no se lleva a cabo una revolución socialista en el próximo período histórico, toda la civilización humana se verá amenazada por una catástrofe. Ahora le toca al proletariado, es decir, ante todo a su vanguardia revolucionaria. La crisis histórica de la humanidad se reduce a la crisis de la dirección revolucionaria".

Esta última afirmación se ve confirmada en la historia de los Teamsters en Minneapolis. El problema de la dirección que hoy día enfrenta el movimiento obrero se ve claramente en el contraste entre la primera y la última fase de la historia del Sindicato General de Choferes.

En 1934, al inicio del período abarcado en los cuatro

tomos de mi relato sobre los acontecimientos en la Hermandad Internacional de Teamsters, los trabajadores en todo el país comenzaban a radicalizarse ante las presiones adversas de una severa crisis capitalista. Iban creciendo los ánimos de lucha entre los trabajadores, quienes se mostraban listos a escala de masas para la acción organizada en defensa de sus intereses de clase. El camino estaba abierto para forjar sindicatos fuertes. Estos podrían servir tanto de instrumentos directos de lucha en las industrias como de base para iniciar la acción política independiente por parte del movimiento obrero a nivel nacional en una lucha por el poder supremo.

En Minneapolis existía una situación inusual al momento del ascenso de la combatividad obrera. A nivel local existía una excepcional correlación de fuerzas entre las principales tendencias de izquierda. Entre los trotskistas expulsados del Partido Comunista en 1928 se encontraban, en su rama de Minneapolis, los sindicalistas más capaces. Cuando más tarde surgió la posibilidad de acciones de masas, estos luchadores fogueados tomaron la iniciativa para ayudar a los trabajadores a librar huelgas eficaces contra los patrones a favor de sus reivindicaciones. Al hacerlo, lograron derrotar a los secuaces estalinistas en una contienda directa por la dirección del principal contingente sindical de la ciudad: los empleados de la industria del transporte.

Teníamos una ventaja similar sobre los socialdemócratas. Muchos de ellos ya se habían separado de esa tendencia en Minnesota para ayudar a formar el Partido Comunista en 1919. Desde entonces los socialdemócratas habían estado bastante débiles en el estado, especialmente en Minneapolis, y a medida que se desarrollaron las luchas de los Teamsters, la mayoría de sus miembros combativos fueron captados para el partido trotskista.

En esta situación en que los trotskistas eran la fuerza predominante en el movimiento radical a nivel local, nos fue posible desempeñar un papel decisivo entre las amplias filas del movimiento obrero. Movilizamos en acción a los trabajadores del transporte camionero en Minneapolis a partir de nuestra línea de lucha de clases. Tanto la cúpula local de la AFL como la burocracia de la IBT se vieron flanqueados cuando se desarrolló el ímpetu de lucha necesario para que las filas sindicales echaran a un lado todos los obstáculos internos en su camino. Los patrones del transporte fueron derrotados en lucha y se consolidó una fuerte organización de los Teamsters en Minneapolis. Después extendimos nuestra trayectoria de lucha de clases a la región circundante en una campaña para sindicalizar a los choferes de larga distancia. En el plano electoral, cuando los estalinistas y las fuerzas de derecha dieron al traste con el Partido de los Agricultores y Trabajadores en Minnesota, nos esforzamos en pos de una reorganización de la acción política independiente de masas, con pasos que pudieran llevar a la creación de un partido obrero basado en los sindicatos y controlados por ellos.

Esos logros fueron posibles gracias a la interacción de dos factores básicos. Uno de estos fue la manera hábil y atenta en que los socialistas revolucionarios dirigieron a los trabajadores. El otro fue nuestra defensa activa de la democracia sindical. Fomentamos la plena participación de los miembros en los asuntos internos de la organización. Defendimos la libertad para expresar todos los puntos de vista, así como el derecho de los trabajadores a decidir la política del sindicato por voto mayoritario.

Al ir logrando éxitos en la lucha contra los patrones con esta combinación de dirección competente y democracia sindical interna, los trabajadores fueron cobrando conciencia de la tremenda fuerza que les daba la unidad de clase. También empezaron a comprender mejor lo que necesitaban para defender sus intereses. Pero entre sus filas variaba mucho el grado de entendimiento de las relaciones de clases bajo el capitalismo y del antagonismo inherente de los patrones hacia el movimiento obrero organizado. Los diferentes niveles de comprensión de esta cuestión fundamental incluían una simple conciencia sindical elemental, en la mayoría de los casos; niveles intermedios de entendimiento de la lucha de clases, entre un número más limitado de trabajadores; y una perspectiva socialista revolucionaria, en el caso de unos pocos.

Sin embargo, estas disparidades en los niveles de desarrollo no representaban un gran obstáculo mientras los trabajadores estuvieran en estado de ascenso. Los trabajadores que habían avanzado más podían aprovechar el ímpetu de la lucha para activar a sus compañeros rezagados. Tomando un paso oportuno a la vez, según el ritmo de los acontecimientos, era posible movilizar fuerzas eficaces para tomar acción en los ámbitos sindical y político.

En mis cuatro tomos he detallado la forma concreta en que se manejó la situación a cada etapa en el seno del movimiento de los Teamsters. El propósito de estos libros era más que ofrecer una simple descripción de los hechos. He tratado de situar al lector en la posición que ocupaban los revolucionarios que orientaron a las filas sindicales —mirando retrospectivamente por encima del hombro, por decirlo así— a medida que evaluaban cada nuevo problema y decidían cómo enfrentarlo. Mi objetivo era ayudar a encontrar claves para las maneras de transformar la potencial fuerza de clase del movimiento obrero en una fuerza dinámica y activa en la lucha contra los explotadores capitalistas.

El lector debe tener en cuenta, por supuesto, que tanto la estrategia como las tácticas específicas que se describen en los libros sobre los Teamsters se ajustaban a la situación concreta en un momento y lugar determinado. Por lo tanto, los métodos empleados en esa época no pueden ser aplicados mecánicamente bajo condiciones nuevas y diferentes. Pero una interpretación creativa de los conceptos fundamentales que pusimos en práctica durante el período de 1934 a 1941 resultará provechosa para los militantes que enfrenten los actuales problemas de dirección en el movimiento obrero.

"Una interpretación creativa de los conceptos que pusimos en práctica será provechosa para los militantes que enfrenten los actuales problemas de dirección en el movimiento obrero".

Esta serie sobre los Teamsters también aborda los orígenes de las fallas de la actual dirección de los sindicatos. Los principales hilos del análisis pueden resumirse brevemente así:

A nivel nacional, la correlación de fuerzas en la izquierda durante los años 30 era desfavorable para los trotskistas. Éramos un pequeño grupo de propaganda. Nuestras actividades tenían que concentrarse en aglutinar a los cuadros iniciales para la reconstrucción de un partido socialista revolucionario tras la estalinización del Partido Comunista. En ese sentido, la situación ventajosa de los compañeros en Minneapolis era excepcional. En otras partes del país nuestro movimiento no tenía ni la fuerza necesaria ni la oportunidad para desempeñar un papel de dirección en las luchas obreras al grado que nos fue posible en los Teamsters.

Tanto los estalinistas como los socialdemócratas eran más numerosos que nosotros a nivel nacional. Estas tendencias —que representaban dos formas distintas de reformismo— actuaban más o menos en colaboración con los sindicalistas empresariales que constituían la cúpula sindical. Por consiguiente, los trabajadores en Estados Unidos carecían de la dirección necesaria para ayudarlos a defender y promover sus intereses de clase.

Los maldirigentes lograron impedir que el ascenso del movimiento obrero fuera más allá de la sindicalización e incorporación al CIO de los obreros de producción en masa que no estaban organizados, aunque mucho más fue posible durante el apogeo de sus energías. Lograron atar el nuevo movimiento sindical industrial al Partido Demócrata, empezando con las elecciones nacionales de 1936, y así mantuvieron a los trabajadores sumidos en la política capitalista. Para mediados de 1937 ya se habían reestablecido, en gran medida, las normas de colaboración de clases en la política sindical. En lugar de recurrir al pleno uso del poder sindical, hicieron que el movimiento obrero dependiera de la ayuda de la administración Roosevelt. El resultado fue que el CIO sufrió un tremendo revés con la derrota de la huelga contra *Little Steel* ("Acero Chico", un grupo de empresas del acero más pequeñas que U.S. Steel).

A causa de esas fallas de la dirección, el impulso combativo de las masas insurgentes quedó paralizado y al final quebrantado. Aunque continuaron las huelgas de manera esporádica, la marea de la batalla había cambiado. Sobrevino un cambio de ánimo entre las filas sindicales. A los militantes les resultaba cada vez más difícil involucrar en la acción a los elementos reacios. Se fueron acentuando las actitudes de cautela, y se desarrolló un clima más conservador. Los mejores militantes se encontraron nadando más y más a contracorriente, salvo durante breves intervalos cuando surgían nuevas luchas.

Con este cambio de situación los burócratas dieron un paso tras otro para limitar el espíritu democrático y com-

"Para mediados de 1937, los maldirigentes estalinistas, socialdemócratas y sindicalistas empresariales habían reemplazado el pleno uso del poder sindical con la política de depender de la ayuda de la administración Roosevelt. El resultado fue un tremendo revés para el CIO con la derrota de la huelga de *Little Steel*".

BIBLIOTECA DEL CONDADO DE HENNEPIN

Arriba: Policía agrede a huelguistas de Republic Steel en Chicago, mayo de 1937, parte de una ofensiva contra huelgas en un grupo de empresas del acero conocido como *Little Steel* (Acero Chico). Diez trabajadores murieron en este ataque.

Tras la derrota, dice Dobbs, el ímpetu del combativo movimiento social del CIO "quedó paralizado y al final quebrantado. Aunque continuaron las huelgas esporádicamente, la marea de la batalla había cambiado".

bativo con el que había nacido el CIO. Consolidaron su control sobre esa organización al mismo tiempo que se fue reimponiendo el control dictatorial en la AFL. Poco a poco se vio socavada la democracia de las filas que se había establecido durante el ascenso obrero. Los sindicatos fueron sometidos progresivamente al control de una cúpula sindical presta para actuar "en asociación" con la clase patronal.

Roosevelt aprovechó la oportunidad creada por estos sucesos para llevar a cabo el principal objetivo de los imperialistas en esos momentos. Obtuvo el apoyo de la burocracia sindical para los preparativos de guerra, y como corolario necesario desató una caza de brujas contra los militantes que se oponían a su política exterior. Todo esto le resultó mucho más fácil a Roosevelt porque el movimiento obrero no había tomado un camino político independiente, y dejó así a los capitalistas en control del gobierno sin oposición. Roosevelt tuvo mano libre para recurrir a una amplia gama de métodos represivos, incluyendo la decisión de darle al FBI la función principal de policía política.

Esas eran las condiciones en 1941 cuando el Local 544 del Sindicato General de Choferes chocó con Daniel J. Tobin, presidente nacional de los Teamsters, en torno a la cuestión de la guerra. Para esa época, la evolución desfavorable a nivel nacional nos había puesto en una situación donde teníamos pocos aliados fiables y muchos enemigos. Bajo la orientación del FBI, oportunistas en el sindicato local habían organizado una camarilla que confabulaba con Tobin y con diversas agencias del gobierno para atacar a la dirección democráticamente electa del sindicato. Matones tobinistas, respaldados por lacayos de la AFL nacional, se sumaron al ataque. Estas fuerzas reaccionarias recibieron el apoyo del gobierno municipal, de las cortes del condado y del gobierno estatal. Encima de eso Roosevelt abrió tres frentes más contra nosotros: mediante la Junta Nacional de Relaciones Laborales, el Servicio de Inmigración y Naturalización y el Departamento de Justicia.

Ante tan formidable combinación de enemigos, un sindicato local aislado no tenía manera de defenderse exitosamente. No nos quedaba más remedio que librar una lucha de retaguardia, de la manera más hábil posible en un intento de reducir al mínimo las pérdidas ocasionadas por nuestra derrota.

El acoso contra el Local 544 fue solo el preludio de una mayor tragedia. Desde entonces, los trabajadores en su conjunto han pagado un precio muy elevado por la política colaboracionista de clases impuesta a los sindicatos por la traición de la burocracia. Este precio incluye la intervención de Washington en la Segunda Guerra Mundial y las guerras posteriores en Corea y Vietnam. Mientras exista el capitalismo monopolista, continuará el peligro de agresiones imperialistas contra otros países, junto con el peligro de un holocausto nuclear.

Mientras tanto, aquí en Estados Unidos la clase patronal ha impuesto severas restricciones a los sindicatos con leyes antiobreras, órdenes judiciales, enormes multas y casos fabricados contra sindicalistas. La inflación y el desempleo han disminuido el nivel de vida y erosionado la seguridad del empleo, y han arrojado a muchos a la pobreza. Sobre todo las nacionalidades oprimidas han sufrido la privación de sus derechos económicos, sociales y democráticos. Las mujeres siguen enfrentando la discriminación a todos los niveles. Las masas en general han sido objeto de ataques a sus derechos democráticos cuando el FBI, la CIA y otras agencias de la policía política han desbaratado sus intentos de organizarse en defensa de sus intereses. Por otra parte, la codicia capitalista ha llevado al deterioro y

“Los trabajadores han pagado un precio muy alto por el apoyo de la cúpula sindical al ingreso de Washington en la II Guerra Mundial y las guerras en Corea y Vietnam. Mientras exista el capitalismo, continuará la amenaza de agresiones imperialistas, junto con el peligro de un holocausto nuclear”.

JOSEPH HANSEN/MILITANT

THE MILITANT

A SOCIALIST NEWSWEEKLY/PUBLISHED IN THE INTERESTS OF THE WORKING PEOPLE

Vietnam rebel gains: a victory for all humanity

Boston school plan: retreat on desegregation

Chicago: Daley's cops exposed as spies, burglars

Unions mobilize for April 26 March for Jobs

Memos bare FBI plot to sabotage SWP campaigns

New stage in Portuguese revolution

Avances de rebeldes en Vietnam: victoria para toda la humanidad

11 DE ABRIL DE 1975

A diferencia de la mayoría de la cúpula sindical, dice Dobbs, los opositores de la guerra norteamericana contra Vietnam “salieron a las calles y organizaron uno de los más poderosos movimientos de masas en la historia de Estados Unidos. Ante esta resistencia, a los capitalistas estadounidenses les resultó políticamente insostenible continuar su intento de conquistar al pueblo de Vietnam, que se defendió con heroísmo y eficacia”.

Arriba: Nueva York, abril de 1967. Unas 400 mil personas marchan contra la guerra en Vietnam, reclamando: “¡Traigan a los soldados a casa ya!”

la eliminación de servicios sociales, a la destrucción del medio ambiente y otros crímenes contra el pueblo.

Uno de los principales factores que impide una lucha efectiva contra el deterioro económico y social es la degeneración acelerada de la cúpula sindical desde la Segunda Guerra Mundial. Después de la guerra, de 1945 a 1947, un resurgimiento masivo de combatividad obrera sacudió brevemente el control burocrático sobre los sindicatos. Pero una vez más los maldirigentes del movimiento obrero lograron impedir la formación de un partido obrero independiente, y mantuvieron a los trabajadores atados a la política capitalista. Desde entonces han progresado, paso a paso, a una mayor sumisión a la clase dominante.

Desde el punto de vista personal de los burócratas de la alta cúpula sindical, el capitalismo funciona de lo más bien. Los enormes sueldos, las cuentas de gastos y otros privilegios les permiten mantener un elevado nivel de vida. Su control de las organizaciones obreras de masas garantiza la seguridad de empleo —para ellos— y generosas pensiones cuando se jubilan. Por eso los burócratas sindicales, al igual que los patrones, consideran como "extremista irresponsable" a cualquiera que quiera cambiar el sistema imperante.

No obstante, para los farsantes sindicales hay un problema en esta situación que de otra forma les resultaría ideal. Tienen que mantener la ilusión de que están representando bien a los trabajadores en las negociaciones colectivas. Sin esa careta, quedaría expuesta su función básica en la práctica como agentes de la clase patronal y la mayoría de las filas del sindicato empezarían a buscar una forma de hacer una limpieza general y deshacerse de ellos. Para evitar ese peligro, de vez en cuando tienen que obtener concesiones de los patrones para los miembros. En general deben ser suficientes como para convencer a una parte considerable de los trabajadores de que es aceptable la línea colaboracionista de clases seguida por los burócratas. De esa manera, mientras la economía está en ascenso, pueden mantener un sector relativamente estable de miembros del sindicato para suprimir rebeliones internas.

Sin embargo, si la burocracia movilizara a las filas para arrancarles a los patrones las concesiones necesarias, se crearía un ambiente en que podría peligrar el control que la cúpula tiene sobre los sindicatos. Por tanto, han seguido otro rumbo. Los altos funcionarios sindicales han apoyado a la clase dominante en torno a casi todas las cuestiones sociales y políticas, esperando obtener a cambio por lo menos una respuesta mínima de los patrones a las demandas económicas de los trabajadores.

Estos funcionarios han avanzado mucho en el proceso de convertir los sindicatos en instrumentos auxiliares de represión que obran en complicidad con las autoridades capitalistas. Una de las consecuencias es que mantienen las negociaciones colectivas atrapadas entre las mordazas de un tornillo de banco. Una mordaza son las restricciones que el gobierno de los patrones les imponen a los sindicatos. La otra mordaza son los controles burocráticos dentro de los mismos sindicatos. Con esta combinación de fuerzas represivas, los trabajadores se han visto sometidos a una creciente explotación a manos de los capitalistas.

Prevalece una situación igualmente reprensible en cuanto a las luchas de los sectores doblemente oprimidos de la sociedad, como las nacionalidades oprimidas y las mujeres. La burocracia sindical mayormente les da la espalda a estos movimientos, o a lo sumo los apoya con declaraciones vacías. Pero si la clase gobernante se muestra abiertamente hostil a alguna tendencia opositora —como lo hizo, por ejemplo, en el caso de Malcolm X— los embusteros del movimiento obrero también se apresuran a oponerse a esa tendencia.

En la política exterior los altos funcionarios sindicales juegan un papel especialmente servil. Eso se ha ilustrado sobre todo con el criminal apoyo que George Meany y sus secuaces han dado a la salvaje agresión del imperialismo estadounidense contra el pueblo vietnamita, así como su reaccionaria oposición al movimiento americano contra la guerra.

Hasta ahora los burócratas sindicales se han salido con la suya en esta traición. Pero se van desarrollando nuevas tendencias que socavarán su control del movimiento obrero. El imperialismo norteamericano está enfrentando más y más dificultades en el epicentro de la creciente crisis mundial del capitalismo. Bajo estas condiciones, los métodos colaboracionistas de clases de la burocracia sindical tendrán menos y menos éxito en extraer concesiones de los patrones en las negociaciones colectivas. Y al mismo tiempo, la clase gobernante tomará medidas taimadas —como pasó con la artificiosa crisis financiera en Nueva York— para reducir el nivel de vida de los trabajadores a fin de proteger las ganancias capitalistas.

A medida que estas tendencias persistan y empeoren, los trabajadores se volverán más combativos, más desilusionados con la política oficial de los sindicatos, más rebeldes. La cúpula burocrática, cuyo dominio sobre los sindicatos se verá amenazado, seguramente reaccionará de forma brutal. Intensificarán el actual uso de acusaciones anti-rojos (*red-baiting*) y la violencia contra la oposición interna. Al tiempo que llevan a cabo esas acciones, reforzarán su alianza interesada con la clase patronal y el gobierno capitalista.

Al desarrollarse esta situación contradictoria, se podrá organizar oposición a la actual política oficial de los sindicatos a una escala cada vez mayor. Se podrá convencer a

“La burocracia sindical mayormente da la espalda a luchas de las nacionalidades oprimidas y las mujeres, o a lo sumo las apoya con declaraciones vacías”.

HARRY RING/MILITANT

Arriba: Malcolm X habla en mitin del Militant Labor Forum en Nueva York en mayo de 1964, auspiciado por el Partido Socialista de los Trabajadores. “Si la clase dominante se muestra abiertamente hostil a una tendencia opositora —como lo hizo en el caso de Malcolm X— los farsantes del movimiento obrero también se apresuran a oponerse a esa tendencia”, dice Dobbs.

Abajo: Springfield, Illinois, mayo de 1976. Miles marcharon en todo el país para apoyar la Enmienda Pro Igualdad de Derechos (ERA), modificación de la Constitución de Estados Unidos que habría prohibido la denegación de “la igualdad de derechos ante la ley… por motivos de sexo”.

Si los altos funcionarios hubieran movilizado el poder sindical para ganar la ERA, habrían elevado la conciencia y reforzado la unidad combativa de los trabajadores y sus aliados (la medida no fue aprobada porque faltó la ratificación de 3 de los 38 estados necesarios antes de la fecha límite de 1982).

un gran número de trabajadores, por etapas, de que adopten un programa de lucha de clases para defender sus intereses... si las fuerzas de izquierda entre ellos actúan con la paciencia y astucia necesaria.

Por ejemplo, no sería sensato empezar con un intento de destituir a los funcionarios titulares en una votación para que una nueva dirección pudiera establecer políticas correctas de inmediato. Normalmente a los burócratas les sería fácil contrarrestar esa táctica en la presente etapa. Solo tendrían que apelar a los sectores más atrasados de los miembros del sindicato, alegando que se trataba simplemente de los "de afuera" que intentaban reemplazar a los "de adentro". Dado que para muchos trabajadores los argumentos a favor de nuevas políticas parecerían algo remotos al escucharlos por primera vez, los reaccionarios podrían fácilmente opacar los verdaderos problemas. No habría posibilidades reales de destituir a los titulares de forma inmediata, y por lo contrario, se podría crear la falsa impresión de que estos son inmunes a ser removidos en una contienda electoral.

Si las fuerzas rebeldes más bien proponen desde un principio la adopción oficial —o al menos tolerancia— de políticas que permitan a los trabajadores defenderse de la ofensiva de los capitalistas contra su nivel de vida, se podrá obtener mejores resultados. A medida que las cosas empeoren bajo la presente dirección, sectores cada vez más amplios de los miembros estarán más dispuestos a considerar nuevas ideas y métodos de acción. Crecerá la conciencia de que el movimiento obrero va por mal camino en términos programáticos. Aumentará la presión a favor de un importante cambio de línea. Cuando los funcionarios titulares no puedan dar una respuesta adecuada, más y más trabajadores se darán cuenta de la necesidad de cambiar al personal directivo y estarán dispuestos a actuar en ese sentido.

En la primera fase, lo más probable es que los esfuerzos para reconstruir la dirección en ese sentido serán posibles principalmente a nivel del sindicato local. Pero las acciones a ese nivel ayudarán a ejercer fuertes presiones sobre los escalones inferiores de la estructura burocrática en general. En vez de que la burocracia divida a los trabajadores para mantener su dominio, los trabajadores podrán dividir a la burocracia en su lucha por el control del sindicato por parte de las filas.

Con esa orientación se pueden iniciar medidas para seguir la línea que se aplicó para convencer a William S. Brown, Patrick J. Corcoran, John T. O'Brien y otros funcionarios sindicales de que se pasaran al lado de los trabajadores durante la lucha en los años 30 para formar una organización más eficaz de los Teamsters. (Ver *Rebelión Teamster*, capítulo 4, y *Poder Teamster*, capítulos 13 y 17). Un reciente ejemplo positivo fue la campaña en 1977 llamada Steelworkers Fight Back (Obreros del Acero Resisten), por parte del director de distrito Ed Sadlowski y otros funcionarios locales y personal del Sindicato Unido de Obreros del Acero (UWWA) contra la incrustada burocracia colaboracionista de clases de I.W. Abel.

Los elementos pertinentes del programa de lucha de clases que los sindicatos necesitan deben ser presentados de una manera realista como demandas de transición. Entonces la radicalización obrera puede ser guiada desde su etapa actual hacia etapas superiores de desarrollo, en el sentido siguiente:

Las propuestas de acción inmediata deben enfocarse en problemas relacionados con las necesidades materiales apremiantes de los trabajadores y la defensa de sus derechos democráticos. También es importante que la lucha en torno a esas cuestiones esté en consonancia con los niveles

A medida que los trabajadores resistan los ataques patronales, "en vez de que la burocracia divida a los trabajadores para mantener su dominio, los trabajadores podrán dividir a la burocracia en su lucha por el control del sindicato por parte de las filas".

EARL DOTTER

KIPP DAWSON/MILITANT

Arriba: Como ejemplo de la dinámica de lucha de clases que describe arriba, Dobbs mencionó el movimiento Steelworkers Fight Back (Obreros del Acero Resisten) en 1975–77. En la foto, Ed Sadlowski (izq.), candidato del Steelworkers Fight Back para presidente del sindicato del acero, hace campaña en la fábrica South Works de la empresa U.S. Steel, agosto de 1976. Sadlowski no salió electo pero ganó un voto mayoritario en las grandes acerías.

Abajo: Campamento Solidaridad, Carterton, Virginia, octubre de 1989. Durante un paro de 11 meses contra la Pittston Coal en Virginia, Virginia del Oeste y Kentucky, 40 mil mineros sindicalizados en el este del país salieron en huelga de solidaridad. Más de 50 mil trabajadores visitaron el Campamento Solidaridad.

de conciencia entre los miembros del sindicato. A medida que fuerzas importantes van entrando en acción a través de estos métodos, varias cosas empiezan a ocurrir. Aumenta la combatividad de las filas. Se producen enfrentamientos cada vez más fuertes con los patrones, durante los cuales los trabajadores comienzan a desechar ilusiones en la colaboración de clases y adquirir conceptos de lucha de clases. Las lecciones aprendidas así en los conflictos industriales pueden preparar a las filas del sindicato para avanzar hacia la acción sobre un plano político. En resumen, se sientan las bases sobre las cuales se podrá comenzar a transformar los sindicatos en instrumentos capaces de desarrollar perspectivas revolucionarias de gran alcance.

"Las lecciones aprendidas en conflictos industriales pueden sentar las bases para comenzar a transformar los sindicatos en instrumentos capaces de desarrollar perspectivas políticas revolucionarias".

A medida que continúa el proceso de transición, desde donde se encuentran hasta donde debieran estar, se puede enfocar la atención de los trabajadores en cuestiones amplias que van mucho más allá de los problemas cotidianos del centro de trabajo. Aprenderán así a generalizar sus ideas en términos de clase, y de ahí se va desarrollando una perspectiva anticapitalista consciente.

Si en el transcurso de sus experiencias de lucha se ayuda a los trabajadores combativos a analizar las causas de los males económicos y sociales que enfrentan, si se les ayuda a percibir la esencia de un capitalismo caduco, ellos podrán ver que los problemas actuales no son casuales o episódicos, sino la consecuencia de una profunda crisis estructural del sistema. Entonces comprenderán por qué el movimiento obrero y sus aliados tienen que arrebatarles a los capitalistas el control del gobierno.

Una parte esencial del crecimiento de la conciencia de clase de los trabajadores es la comprensión de que hace falta un cambio fundamental en el papel de los sindicatos, que son la forma actual de la organización de masas de los trabajadores en Estados Unidos. Estos amplios instrumentos de lucha deben dejar de confiar en los llamados "amigos de los trabajadores" entre los políticos capitalistas. Deben poner fin a la contraproducente colaboración con el gobierno de los patrones que los maldirigentes burócratas han impuesto. Hay que convertir los sindicatos en mecanismos para la acción independiente y combativa por parte de los trabajadores en todo sentido. Hay que oponerse enérgicamente a las restricciones al derecho de la huelga, e insistir firmemente en la libertad de ejercer ese derecho. Debe establecerse la democracia interna del sindicato para que se puedan decidir todas las cuestiones por voluntad de la mayoría. Entonces y solo entonces podrán los sindicatos hacer valer su peso en los enfrentamientos con los patrones a nivel industrial.

Cuando hoy día surgen importantes conflictos industriales, el gobierno interviene a favor de la clase patronal, y esta interferencia se intensificará al agudizarse la decadencia del capitalismo. Por eso resultará cada vez menos posible recurrir únicamente a la acción sindical para resolver los problemas de los trabajadores, aun de manera limitada. Objetivamente, los conflictos industriales asumirán un carácter cada vez más político, y aun los trabajadores más poderosamente organizados afrontarán la urgente necesidad de actuar sobre un plano nuevo y más elevado: el plano político.

Por lo tanto, el trabajo de forjar un ala izquierda fuerte en los sindicatos se topará con obstáculos insuperables a menos que los trabajadores tomen acción para resolver el problema de la acción política. Hace falta librar una intensa campaña para que el movimiento obrero rompa con su subordinación a la política capitalista, y para crear una organización política obrera independiente. Al principio esta campaña tendrá que concentrarse en propaganda educativa a favor de un cambio de rumbo político para el movimiento obrero, pero no se debe realizar de una manera abstracta y rutinaria. Habrá muchas oportunidades para hacer concreta la propaganda recurriendo a las lecciones de los reveses provocados por el mal uso de la inherente fuerza política del movimiento obrero. Esto puede sentar las bases para avanzar, cuando resulte realista, hacia una campaña de agitación para convencer a las filas de la urgente necesidad de formar un partido obrero.

En el proceso de crear su propio partido de masas, basado en los sindicatos y controlado por ellos, los trabajadores organizados pueden atraer a trabajadores no sindicalizados, desempleados e indocumentados para incorporarlos a una amplia alianza política. Entonces el movimiento obrero podrá actuar con más unidad y métodos más avanzados de lucha.

Los trabajadores aprenderán a generalizar sus propias necesidades como clase, y a plantear sus reivindicaciones en términos políticos a los capitalistas como clase. Este tipo de enfrentamientos políticos —por ejemplo, la nacionalización de una determinada industria bajo el control obrero— elevará la acción sindical en su conjunto a un nivel más alto, y al mismo tiempo dará un nuevo impulso a las batallas sindicales. La creciente combatividad en el terreno industrial reforzará a su vez la actividad en el ámbito político. Así se desarrollarán procesos que interactúan entre sí, mediante los cuales los trabajadores podrán adquirir más conciencia de clase, una solidaridad más plena y por tanto una creciente capacidad de superar a los patrones en el combate.

Sin embargo, para lograr la unidad de las masas explotadas, hay que cambiar completamente otro aspecto de la actual política del movimiento sindical. El movimiento obrero debe defender y dar apoyo incondicional a las demandas de los negros, los chicanos, los puertorriqueños, los indígenas y otras minorías nacionales oprimidas, y también de las mujeres y los jóvenes.

Como insistió León Trotsky en discusiones durante los años 30, los trabajadores americanos deben aprender a actuar en términos políticos y pensar en términos sociales si han de alcanzar la conciencia de clase y solidaridad necesaria para vencer a los explotadores. Es exactamente lo opuesto de la estrecha política de colaboración de clases que siguen la burocracia sindical y las capas privilegiadas que esta representa. Por lo tanto, como cuestión de principio, el movimiento sindical debe emplear su poder para luchar activamente por demandas progresistas como los programas de acción afirmativa contra la discriminación racial y sexual en el empleo, en el sindicato, en la contratación, la vivienda, la salud y la educación. Debe luchar por el derecho al aborto y al cuidado infantil, contra la segregación racial en las escuelas mediante el transporte de los alumnos en autobús (*busing*), por el derecho a la educación bilingüe y bicultural, y por el derecho a la enseñanza universitaria gratuita para todos los jóvenes.

Si el movimiento obrero brinda este respaldo incondicional, se estará ayudando a sí mismo en un doble sentido. Cuando se fortalezcan las luchas anticapitalistas en otros frentes, le costará más a la clase patronal concentrar su fuego sobre los sindicatos. Entre más grande sea la envergadura de los enfrentamientos de masas contra el gobierno de los patrones, mejor podrá el movimiento obrero involucrar a sus aliados naturales en desarrollar la acción política independiente en gran escala. Así fue en los años

30, y esa perspectiva es aún más vigente hoy día, cuando las mujeres, las nacionalidades oprimidas y los trabajadores menores de 20 años ya representan la mayoría de la fuerza laboral en Estados Unidos y una parte importante del movimiento sindical.

Además, la experiencia de la guerra de Vietnam ofrece una lección importante para el movimiento sindical. Los burócratas sindicales tomaron el lado de los agresores imperialistas en el conflicto, perjudicando el bienestar del pueblo en Estados Unidos y violando los derechos de otra nación. Pero muchas personas en este país, que tuvieron la perspicacia y el valor de defender el principio democrático de autodeterminación para los pueblos coloniales, se opusieron a la agresión contra los vietnamitas. Llenando las calles en enormes manifestaciones de protesta, organizaron uno de los más poderosos movimientos de masas en la historia de Estados Unidos. Frente a esta resistencia a nivel interno, a los capitalistas estadounidenses les resultó políticamente insostenible continuar su intento de conquistar a toda costa al pueblo de Vietnam, el cual se defendió heroicamente y de manera efectiva. Al final los imperialistas terminaron frustrados y derrotados. Sus pretendidas víctimas hicieron valer el derecho de decidir los asuntos de su país de acuerdo a sus propios deseos. Aquí en Estados Unidos, todos los que luchaban por sus propios derechos democráticos, a favor de cambios en la política social y económica, cobraron un nuevo impulso de lucha gracias a la derrota propinada a los imperialistas norteamericanos en el exterior.

El movimiento obrero se puede beneficiar siguiendo el ejemplo del movimiento contra la guerra. Si los sindicalistas ayudan a las víctimas del imperialismo estadounidense en otros países —y al mismo tiempo respaldan todas las causas progresistas en Estados Unidos— obtendrán un apoyo extenso a favor de sus propias luchas. Así se podrá forjar un frente único anticapitalista a nivel nacional e internacional que, al cobrar fuerza, cambiará la correlación de fuerzas de clase y dará una ventaja decisiva a los trabajadores y sus aliados.

Al avanzar hacia la conquista de esas metas, también hay que tener en cuenta otro problema de vital importancia. La historia demuestra que, al crecer la resistencia de masas a la explotación de los capitalistas, ellos suplementarán el papel represivo del gobierno con ataques extralegales contra los rebeldes. Algunos aspectos de esta tendencia ya se conocen como parte de las luchas sociales y sindicales en Estados Unidos: por ejemplo, el uso de matones a sueldo y pistoleros extrajudiciales contra huelguistas, y del terrorismo estilo Ku Klux Klan contra las nacionalidades oprimidas. Son apenas precursores de las medidas mucho más severas que vendrán cuando se agudice la crisis social. La embestida extralegal más diabólica asumirá la forma de un movimiento fascista —fuertemente financiado por el capital monopolista— que tratará de aplastar los sindicatos y otras organizaciones protectoras de las masas oprimidas.

Al buscar medios de defensa contra estos ataques, sería fatal depender del gobierno de los patrones, por más liberal que sea su rostro. Los mismos políticos capitalistas que ocupan cargos públicos son instrumentos de la clase dominante, la cual instiga la violencia legal y extralegal que se usa para mantener a raya a las masas. Por tanto, estos politiqueros demócratas y republicanos no harán nada real que interfiera con las necesidades de sus amos, o sea, podemos prever que ellos van a proteger e instigar a las fuerzas represivas, ya sea de forma solapada o abierta.

Para protegerse de la violencia capitalista, los que van a ser blancos de ataque necesitan prepararse para la autodefensa, según lo que se requiera a cada etapa de la lucha de clases. Ante todo es el deber de los sindicatos tomar iniciativas al respecto, y es importante incorporar a todas las posibles víctimas de la violencia extrajudicial a un movimiento unitario de defensa que sea lo más amplio posible.

> **"La principal lección de nuestra experiencia no es que, con una correlación de fuerzas adversa, los trabajadores pueden ser vencidos, sino que con la debida dirección pueden vencer".**

En cada coyuntura de los conflictos sociales que se van desarrollando, los trabajadores y sus aliados necesitan la orientación de un partido socialista revolucionario. Esa es la razón de existir del Partido Socialista de los Trabajadores. Su análisis científico de la lucha de clases brinda, de la manera más plena, la conciencia política y el programa que el movimiento anticapitalista necesita. Por lo tanto está singularmente capacitado para elaborar las propuestas fundamentales, la estrategia general y métodos tácticos necesarios para la acción más efectiva de las masas.

En el transcurso de los acontecimientos, un número creciente de militantes llegarán a reconocer estos hechos y estarán dispuestos a sumarse a la construcción de dicho partido, como sucedió en Minneapolis en los años 30. Como miembros del partido revolucionario, aprenderán los fundamentos de la lucha contra la explotación capitalista así como las lecciones de anteriores luchas de clases a escala histórica mundial. Con esa formación estarán mejor equipados para aplicar principios válidos a los actuales conflictos. Podrán influir más en el amplio movimiento de masas para que este sea más efectivo en acción y tenga mejores perspectivas de triunfar.

En última instancia, el creciente tamaño numérico y papel influyente del partido socialista revolucionario es decisivo para que los trabajadores y sus aliados conquisten el poder supremo en Estados Unidos. Solo ese tipo de organización política avanzada, preparada para el combate de una forma científica, puede dirigir a las masas para que derroten a los capitalistas y su aparato represivo.

Entonces se podrá afirmar la voluntad de la mayoría y asumir así el poder estatal. Después será posible reorganizar las relaciones sociales y económicas sobre una base racional. Se podrá construir una sociedad culta de trayectoria socialista, donde haya paz, libertad, igualdad y seguridad para todos.

Como lo demuestra la historia de los Teamsters, la lección principal que los militantes obreros pueden aprender de la experiencia de Minneapolis no es que con una correlación de fuerzas adversa los trabajadores pueden ser vencidos, sino que, con la debida dirección, ellos pueden vencer.

ÍNDICE

También de Farrell Dobbs

Revolutionary Continuity
Marxist Leadership in the U.S.

(Continuidad revolucionaria: Liderazgo marxista en Estados Unidos)

Dos tomos:

Los primeros años, 1848-1917

Nacimiento del movimiento comunista, 1918-1922

US$16 cada uno. En inglés.

"Generaciones sucesivas de revolucionarios proletarios han participado en los movimientos de la clase trabajadora y sus aliados… Los marxistas de hoy no solo debemos rendirles homenaje por sus acciones. También tenemos el deber de aprender de lo que hicieron mal y lo que hicieron bien para que sus errores no sean repetidos". *—Farrell Dobbs*

50 años de operaciones encubiertas en EE.UU.

La policía política de Washington y la clase obrera norteamericana

LARRY SEIGLE, FARRELL DOBBS, STEVE CLARK

El artículo de Dobbs "La guerra imperialista y la clase trabajadora" concluye este relato sobre décadas de operaciones del FBI contra organizaciones obreras y otros opositores de la política del gobierno norteamericano. Describe la exitosa campaña que el Partido Socialista de los Trabajadores libró para exponer los esfuerzos bipartidistas por fortalecer el estado de "seguridad nacional" que es esencial para el dominio capitalista. US$12. También en inglés y persa.

Counter-Mobilization: A Strategy to Fight Racist and Fascist Attacks

(Contramovilización: Una estrategia para luchar contra ataques racistas y fascistas)

Cuando los opositores de grupos racistas y fascistas piden que se prohíba *lo que dicen*, estamos reforzando el estado capitalista que dirigirá su fuego contra los trabajadores, los sindicatos y nuestros aliados. Dobbs dice que los trabajadores con conciencia de clase debemos movilizarnos contra ellos y organizar la autodefensa contra *lo que hacen* las fuerzas derechistas. En inglés. US$8

WWW.PATHFINDERPRESS.COM

La crisis política de los gobernantes de EE.UU. y la respuesta del pueblo trabajador

El historial antiobrero de los Clinton

Por qué Washington le teme al pueblo trabajador

Jack Barnes

El autor pone al descubierto el historial de la Casa Blanca de los Clinton y su campaña presidencial en 2016. Explica por qué un número creciente de trabajadores y sindicalistas rehúsan ser víctimas de la crisis económica y cultural de los gobernantes capitalistas y sus guerras brutales. Los trabajadores buscan comprender —y resistir— el curso impulsado por el afán de lucro de los capitalistas, su gobierno y sus partidos políticos. US$10. También en inglés, francés y persa.

¿Son ricos porque son inteligentes?

Clase, privilegio y aprendizaje en el capitalismo

Jack Barnes

Expone las justificaciones de las capas profesionales bien remuneradas que insisten que su formación y "brillantez" las califican para "regular" la vida del pueblo trabajador porque, según ellos, no sabemos lo que nos conviene. US$10. También en inglés, francés y persa.

¿Es posible una revolución socialista en Estados Unidos?

Un debate necesario entre el pueblo trabajador

Mary-Alice Waters

Un "sí" inequívoco es la respuesta que nos da Waters. Posible, pero no inevitable. Eso depende de nosotros. US$10. También en inglés, francés y persa.

También de Pathfinder

**Malcolm X
la liberación de los negros
y el camino al poder obrero**
Jack Barnes

Este libro, al sacar lecciones de un siglo y medio de luchas, nos ayuda a comprender por qué la conquista revolucionaria del poder por la clase trabajadora hará posible la batalla final contra la explotación de clase y la opresión racista, y abrirá paso a un mundo basado en la solidaridad. Un mundo socialista. US$20. También en inglés, francés, persa, árabe y griego.

El socialismo en el banquillo de los acusados
Testimonio en el juicio por sedición
James P. Cannon

El programa revolucionario de la clase trabajadora, tal como fue presentado en respuesta a cargos de "conspiración sediciosa" en el juicio amañado de 1941 descrito en *Burocracia Teamster.* Los acusados eran dirigentes del movimiento obrero en Minneapolis y del Partido Socialista de los Trabajadores. US$16. También en inglés, francés y persa.

Trade unions in the epoch of imperialist decay
(Los sindicatos en la época de la decadencia imperialista)
León Trotsky, Farrell Dobbs, Carlos Marx

Material para pensar —y actuar— ofrecido por dirigentes de tres generaciones del movimiento obrero revolucionario moderno. Inapreciable para la educación política práctica de los trabajadores combativos que hoy están volviendo a aprender qué es una huelga y cómo se puede librar y ganar. En inglés. US$16

"Son los pobres quienes enfrentan el salvajismo del sistema de 'justicia' en EE.UU."

Cinco revolucionarios —presos 16 años en Estados Unidos bajo cargos falsos, entre los 7 millones de trabajadores atrapados en el sistema penal— recurren a su propia experiencia para explicar los estragos humanos causados por el sistema de "justicia" capitalista. Y lo que distingue a Cuba socialista. US$15. También en inglés, persa y griego.

The Transitional Program for Socialist Revolution

(El programa de transición para la revolución socialista)

Contiene discusiones entre dirigentes del Partido Socialista de los Trabajadores y León Trotsky en 1938. El producto de estas discusiones, un programa de demandas inmediatas, democráticas y de transición, fue adoptado por el PST. Este programa continúa siendo una guía de lucha para trabajadores comunistas hoy día. En inglés. US$20

Coal miners on strike

From the pages of the Militant

(Mineros del carbón en huelga: De las páginas del *Militant*)

La historia de dos batallas del sindicato minero UMW que repelieron los intentos de los patrones del carbón y del gobierno de destruir el sindicato y borrar los logros en la erradicación de la enfermedad "pulmón negro". Lo que demostraron la huelga de 111 días en 1977–78 y la huelga de 72 días en 1981, dicen los autores, "es el poder que realmente tiene la clase trabajadora en este país". En inglés. US$7

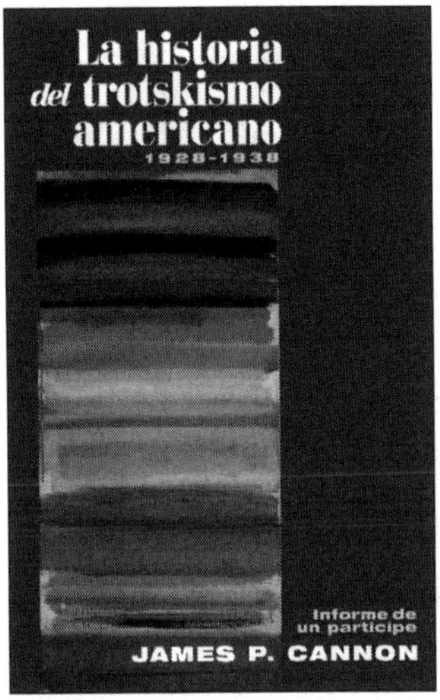

La historia del trotskismo americano, 1928-38
Informe de un partícipe
James P. Cannon

"El trotskismo no es un movimiento, una nueva doctrina, sino la restauración, el renacimiento del marxismo genuino tal como se expuso y se practicó en la Revolución Rusa y en los primeros días de la Internacional Comunista", dice Cannon, dirigente fundador del movimiento comunista en EE.UU. US$22. También en inglés y francés.

Labor's giant step
The first twenty years of the CIO: 1936-55
(El paso gigante del movimiento obrero)
Art Preis

La historia de las explosivas luchas obreras y batallas políticas de la década de 1930 que forjaron los sindicatos industriales. Y cómo esos sindicatos se convirtieron en vanguardia de un movimiento social de masas que comenzó a transformar la sociedad estadounidense. En inglés. US$30

La huelga de los obreros de la carne contra la Hormel en Austin, Minnesota, 1985–86
Fred Halstead

La recia huelga contra la Hormel inició una serie de batallas de los obreros empacadores de carne que —junto con huelgas de obreros papeleros, obreros de enlatadoras y mineros del carbón en el Oeste— marcó una ruptura en la desbandada de los sindicatos norteamericanos que había comenzado con la recesión de 1981–82. US$6. También en inglés.

Cuba y la revolución norteamericana que viene
Jack Barnes

Trata sobre las luchas del pueblo trabajador en el corazón del imperialismo, sobre los jóvenes atraídos a ellas y el ejemplo del pueblo cubano, que muestra que una revolución no solo es necesaria: se puede hacer. Trata sobre la lucha de clases en Estados Unidos, donde hoy día las fuerzas dominantes descartan la capacidad revolucionaria de los trabajadores y agricultores tan rotundamente como descartaron la del pueblo trabajador cubano. Y de forma igualmente errada. US$10

Fighting Racism in World War II
(La lucha contra el racismo en la Segunda Guerra Mundial)

Un recuento de las luchas contra el racismo y el terror de las turbas linchadoras de 1939 a 1945 ante los llamados patrioteros a aplazar la resistencia hasta la "victoria" de Washington en la Segunda Guerra Mundial. En inglés. US$25

Los cosméticos, las modas y la explotación de la mujer
Joseph Hansen, Evelyn Reed, Mary-Alice Waters

Explica cómo los capitalistas aprovechan la condición de segunda clase de la mujer y sus inseguridades económicas para promover los cosméticos y sacar ganancias. Y cómo el ingreso de millones de mujeres a la fuerza laboral ha cambiado irreversiblemente las relaciones entre las mujeres y los hombres.
US$15. También en inglés y persa.

Nueva Internacional

UNA REVISTA DE POLÍTICA Y TEORÍA MARXISTA

El imperialismo norteamericano ha perdido la Guerra Fría

JACK BARNES

El colapso de los regímenes en Europa Oriental y la URSS que se autodenominaban comunistas no significó que los trabajadores y agricultores ahí fueron derrotados. En los crecientes conflictos y guerras capitalistas de hoy, estos trabajadores son un obstáculo tenaz al avance del sistema de lucro, y al luchar adquieren experiencia de liderzago. En *Nueva Internacional* no. 5. US$15. También en inglés, francés, persa y griego.

En defensa de la tierra y del trabajo

"Todo avance en la agricultura capitalista es un avance, no solo en el arte de despojar al trabajador, sino en el arte de despojar la tierra . . . Por tanto, la producción capitalista solo se desarrolla socavando simultáneamente las fuentes originales de toda la riqueza: la tierra y el trabajador". —*Carlos Marx, 1867*

CUATRO ARTÍCULOS

EN NUEVA INTERNACIONAL NO. 7

- **Nuestra política empieza con el mundo**
  JACK BARNES
- **La agricultura, la ciencia y las clases trabajadoras**
  STEVE CLARK
- **El capitalismo, el trabajo y la transformación de la naturaleza: un intercambio**
  RICHARD LEVINS, STEVE CLARK

EN NUEVA INTERNACIONAL NO. 8

La custodia de la naturaleza también recae en la clase trabajadora
JACK BARNES, STEVE CLARK, MARY-ALICE WATERS

US$14 cada uno.

WWW.PATHFINDERPRESS.COM

La revolución socialista cubana

Nuestra historia aún se está escribiendo

La historia de tres generales cubano-chinos en la Revolución Cubana

"¿Cuál fue la principal medida en Cuba para eliminar la discriminación contra los chinos y los negros? Fue hacer la revolución socialista". Armando Choy, Gustavo Chui y Moisés Sío Wong describen el papel histórico de los cubanos de ascendencia china, desde las guerras de independencia contra España hasta la lucha de los trabajadores y agricultores desde los años 50 para hacer la Revolución Cubana y defender e impulsarla hoy.

US$17. También en inglés, persa y chino.

Las mujeres en Cuba

Haciendo una revolución dentro de la revolución

Vilma Espín, Asela de los Santos, Yolanda Ferrer

La integración de la mujer a las filas y a la dirección de la Revolución Cubana fue parte esencial de la trayectoria proletaria del liderazgo desde el principio. Esta es la historia de esa revolución.

US$20. También en inglés y griego.

El socialismo y el hombre en Cuba

Ernesto Che Guevara, Fidel Castro

La presentación más conocida de Che Guevara sobre las tareas políticas y los desafíos de la clase obrera al dirigir la transición del capitalismo al socialismo.

US$15. También en inglés, francés, persa y griego.

Somos herederos de las revoluciones del mundo

Discursos de la revolución de Burkina Faso, 1983–87

THOMAS SANKARA

Los campesinos y trabajadores en este país de África Occidental crearon un gobierno popular revolucionario y comenzaron a combatir el hambre, el analfabetismo y el atraso económico impuestos por la dominación imperialista, así como la opresión de la mujer heredada de siglos de sociedad de clases. US$10. También en inglés, francés y persa.

The Jewish Question

A Marxist interpretation

(La cuestión judía: Una interpretación marxista)

ABRAM LEON

Explica que las justificaciones históricas del antisemitismo se originan en el hecho de que los judíos surgieron como "pueblo-clase" de comerciantes y prestamistas en los siglos antes del capitalismo industrial. Y plantea cómo, en épocas de crisis, las clases dominantes propietarias promueven el odio antijudío para incitar a fuerzas reaccionarias y desorientar al pueblo trabajador sobre la verdadera causa de su empobrecimiento. En inglés. US$25

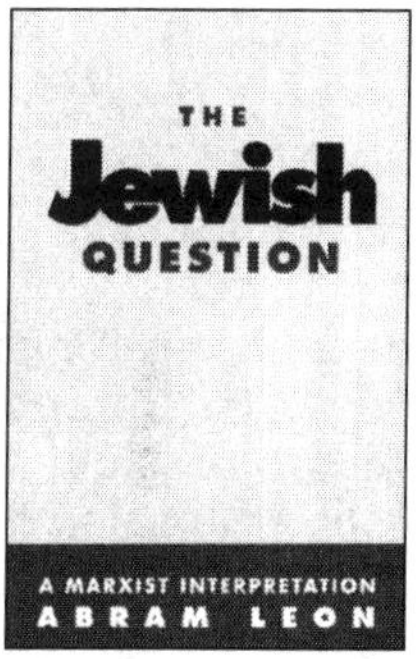

America's Revolutionary Heritage

(La herencia revolucionaria de Estados Unidos)

GEORGE NOVACK

Una historia materialista de la revolución norteamericana, la Guerra Civil y la Reconstrucción Radical, el genocidio contra los indígenas, la primera ola de la lucha por los derechos de la mujer y mucho más. En inglés. US$25

WWW.PATHFINDERPRESS.COM

Puerto Rico: La independencia es una necesidad

RAFAEL CANCEL MIRANDA

Este dirigente independentista puertorriqueño, uno de los cinco encarcelados por Washington por más de 25 años, hasta 1979, habla sobre la realidad brutal del coloniaje norteamericano, el ejemplo de la revolución socialista cubana y la lucha actual por la independencia. US$6. También en inglés y persa.

La revolución traicionada

¿Qué es y adónde va la Unión Soviética?

LEÓN TROTSKY

En 1917 los trabajadores y campesinos de Rusia hicieron una de las más profundas revoluciones de la historia. Sin embargo, al cabo de 10 años, una capa social privilegiada, cuyo principal vocero era José Stalin, ya consolidaba una contrarrevolución política. Un estudio sobre el estado obrero soviético y su degeneración. US$20. También en inglés, persa y griego.

El aborto: Derecho fundamental de la mujer

PAT GROGAN Y OTROS

Por qué el derecho al aborto es esencial no solo para la lucha por la emancipación plena de la mujer sino también para forjar un movimiento obrero unido y combativo. US$6. También en inglés.

El Manifiesto Comunista

CARLOS MARX Y FEDERICO ENGELS

Explica por qué el comunismo no es un conjunto de principios preconcebidos sino la línea de marcha de la clase obrera hacia el poder, que surge de "las condiciones reales de una lucha de clases existente, de un movimiento histórico que se desarrolla ante nuestros ojos". US$5. También en inglés, francés, persa y árabe.

¡Qué lejos hemos llegado los esclavos!

Sudáfrica y Cuba en el mundo de hoy

NELSON MANDELA, FIDEL CASTRO

Mandela y Castro, hablando juntos en Cuba en 1991, abordan el papel decisivo en la historia africana de la victoria de los combatientes cubanos, angolanos y namibios contra el ejército sudafricano que había invadido Angola con apoyo de Washington. US$10. También en inglés y persa.

La revolución granadina, 1979–83

Discursos de Maurice Bishop y Fidel Castro

El triunfo de la revolución en la isla caribeña de Granada en 1979 bajo la dirección de Maurice Bishop dio esperanzas a millones en el continente americano. Valiosas lecciones sobre el gobierno de trabajadores y agricultores que fue derrocado en 1983 en un golpe de estado estalinista. US$10

PATHFINDER EN EL MUNDO

Visite nuestro sitio web para una lista completa de títulos
y hacer pedidos

www.pathfinderpress.com

DISTRIBUIDORES DE PATHFINDER

ESTADOS UNIDOS
(y América Latina, el Caribe y el este de Asia)

Libros Pathfinder, 306 West 37th St., 13º piso
Nueva York, NY 10018

CANADÁ

Libros Pathfinder, 7107 St. Denis, suite 204
Montreal, QC H2S 2S5

REINO UNIDO
(y Europa, África, el Medio Oriente y el sur de Asia)

Libros Pathfinder, 83 Kingsland High St., 2º piso
Dalston, Londres E8 2PB

AUSTRALIA
(y el sureste de Asia y Oceanía)

Libros Pathfinder, Suite 22, 10 Bridge St.
Granville, NSW 2142

NUEVA ZELANDA

Pathfinder, 188a Onehunga Mall Rd., Onehunga, Auckland 1061
Dirección Postal: P.O. Box 13857, Auckland 1643

Afíliese al Club de Lectores de Pathfinder
para obtener un 15% de descuento en todos los títulos de la Pathfinder y mayores descuentos en ofertas especiales. Inscríbase en www.pathfinderpress.com o a través de los distribuidores listados arriba.
US$10 al año